Susanna Nocchi

Grammatica pratica della lingua italiana

regole · esercizi · test

EDIZIONE AGGIORNATA
con nuovi esercizi, testi audio
e il fumetto "Chi ha ucciso l'italiano?"

Direzione editoriale
Ciro Massimo Naddeo

Redazione
Diana Biagini, Marco Dominici, Chiara Sandri

Layout e copertina
Lucia Cesarone

Impaginazione
Ornella Ambrosio

Illustrazioni
Luca Usai

Fonti iconografiche
pagina 23 vectorhome/123rf, pagina 26 tomxox/123rf, pagina 153 alex74/123rf, pagina 245 grgroup/123rf

© 2021 ALMA Edizioni
Tutti i diritti riservati

Prima edizione: 2002
Ultima edizione aggiornata: marzo 2022

Printed in Italy
ISBN 978-88-6182-736-3

ALMA Edizioni
via Bonifacio Lupi 7
50129 Firenze
info@almaedizioni.it
www.almaedizioni.it

L'Editore è a disposizione degli aventi diritto per eventuali omissioni o inesattezza.
I diritti di traduzione, di memorizzazione elettronica, di riproduzione e di adattamento totale o parziale,
con qualsiasi mezzo (compresi i microfilm e le copie fotostatiche), sono riservati per tutti i Paesi.

INDICE

1. SOSTANTIVO
Sostantivi in -o e in -a / Sostantivi in -e ... p. 6
Altri sostantivi ... p. 9

2. ARTICOLO
Articolo determinativo ... p. 12
Articolo indeterminativo ... p. 15
Articolo determinativo e indeterminativo ... p. 18

3. ESSERE E AVERE
Essere e avere ... p. 20

4. AGGETTIVO
Aggettivo qualificativo 1° gruppo / Aggettivo qualificativo 2° gruppo ... p. 24

5. PRESENTE DEI VERBI REGOLARI
Presente dei verbi regolari ... p. 28

TEST DI CONTROLLO
Unità 1 – 5 ... p. 34

CHI HA UCCISO L'ITALIANO? crimini grammaticali a fumetti • livello A1 ... p. 38

6. PRESENTE DEI VERBI IRREGOLARI ... p. 40
Verbi modali e verbo *sapere*
Altri verbi con presente irregolare ... p. 43

7. FORMA DI CORTESIA
Forma di cortesia ... p. 48

8. VERBO STARE
Presente progressivo (*stare* + gerundio) ... p. 51
Stare per + infinito ... p. 53

9. POSSESSIVI
Possessivi ... p. 55
Possessivi e articoli ... p. 58

10. VERBI RIFLESSIVI E RECIPROCI
Verbi riflessivi e reciproci ... p. 61

TEST DI CONTROLLO
Unità 6 – 10 ... p. 67

11. FORMA IMPERSONALE
Forma impersonale ... p. 72
Forma impersonale dei verbi riflessivi ... p. 74

12. PASSATO PROSSIMO
Passato prossimo ... p. 76
Avere o *essere*? ... p. 79
Alcuni verbi con participio passato irregolare ... p. 82

13. PRONOMI DIRETTI
Pronomi diretti ... p. 88
Pronomi diretti con participio passato ... p. 92

14. PREPOSIZIONI
Preposizioni di luogo — p. 95
Preposizioni di tempo — p. 97
Altre preposizioni — p. 99
Preposizioni articolate — p. 101
Di + articolo con significato partitivo — p. 105

15. PRONOMI INDIRETTI
Pronomi indiretti — p. 107

TEST DI CONTROLLO
Unità 11 – 15 — p. 111

16. IMPERFETTO
Forme dell'imperfetto — p. 116
Uso dell'imperfetto — p. 118
Passato prossimo o imperfetto di alcuni verbi — p. 120

17. PRONOMI COMBINATI
Pronomi indiretti con pronomi diretti — p. 123
Pronomi riflessivi con pronomi diretti — p. 126

18. CONDIZIONALE
Condizionale semplice — p. 129
Condizionale composto — p. 133

19. AVVERBI
Avverbi — p. 137

20. PARTICELLE CI E NE
Particella ci con significato locativo — p. 140
Altri significati della particella ci — p. 142
Particella locativa ci con i pronomi diretti — p. 144
Particella ne con significato partitivo — p. 146
Altri significati della particella ne — p. 148
Particella ci con particella ne — p. 150
Particella ne con pronomi diretti e riflessivi — p. 152

TEST DI CONTROLLO
Unità 16 – 20 — p. 154

CHI HA UCCISO L'ITALIANO? crimini grammaticali a fumetti • livello A2 — p. 159

21. FUTURO
Futuro semplice — p. 161
Futuro anteriore — p. 164

22. COMPARATIVO E SUPERLATIVO
Comparativo di maggioranza e minoranza — p. 167
Superlativo relativo e superlativo assoluto — p. 168
Comparativi e superlativi particolari — p. 171

23. PRONOMI RELATIVI CHE E CUI
Pronomi relativi che e cui / Pronome relativo chi — p. 173
Pronome relativo "possessivo" — p. 175
Pronome relativo il quale — p. 177

24. TRAPASSATO PROSSIMO
Trapassato prossimo — p. 179

25. IMPERATIVO DIRETTO
Imperativo diretto (tu – noi – voi) / Verbi con imperativo irregolare p. 183
Imperativo diretto negativo p. 184
Imperativo diretto e pronomi p. 187

TEST DI CONTROLLO
Unità 21 – 25 p. 189

CHI HA UCCISO L'ITALIANO? crimini grammaticali a fumetti • livello B1 p. 193

26. CONGIUNTIVO
Forme del congiuntivo presente p. 195
Forme del congiuntivo passato p. 196
Concordanza del congiuntivo presente e passato p. 198
Forme del congiuntivo imperfetto / Forme del congiuntivo trapassato p. 200
Concordanza del congiuntivo imperfetto e trapassato p. 202
Uso del congiuntivo p. 205

27. IMPERATIVO INDIRETTO
Imperativo indiretto (forma di cortesia) p. 209

28. PERIODO IPOTETICO
Periodo ipotetico p. 213

29. FORMA PASSIVA
Forma passiva / Forma passiva con il verbo *essere* p. 218
Forma passiva con il verbo *venire* p. 220
Il *si* passivante p. 222
Forma passiva con il verbo *andare* p. 224

TEST DI CONTROLLO
Unità 26 – 29 p. 226

30. PASSATO REMOTO E TRAPASSATO REMOTO
Passato remoto p. 231
Trapassato remoto p. 236

31. CONCORDANZA DEI TEMPI DELL'INDICATIVO
Concordanza dei tempi dell'indicativo (1) p. 238
Concordanza dei tempi dell'indicativo (2) p. 239

32. INDEFINITI
Aggettivi indefiniti / Pronomi indefiniti / Aggettivi, pronomi, avverbi indefiniti p. 242

33. FORME IMPLICITE
Gerundio presente e gerundio passato p. 247
Infinito passato p. 251
Participio passato p. 252

34. DISCORSO INDIRETTO
Discorso indiretto con frase principale al presente p. 253
Discorso indiretto con frase principale al passato p. 257
Discorso indiretto con i verbi *chiedere* e *domandare* p. 261

TEST DI CONTROLLO
Unità 30 – 34 p. 263

CHI HA UCCISO L'ITALIANO? crimini grammaticali a fumetti • livello B2 p. 268

SOLUZIONI p. 270

INDICE ANALITICO p. 287

1 SOSTANTIVO

Sostantivi in -o e in -a

libr**o** ▸ libr**i**
ragazz**o** ▸ ragazz**i**
tavol**o** ▸ tavol**i**

- Normalmente i sostantivi in **-o** sono maschili.
  Il plurale dei sostantivi in **-o** è **-i**.

penn**a** ▸ penn**e**
ragazz**a** ▸ ragazz**e**
pizz**a** ▸ pizz**e**

- Normalmente i sostantivi in **-a** sono femminili.
  Il plurale dei sostantivi in **-a** è **-e**.

- **Sostantivi in -o e in -a**

	singolare	plurale
maschile	-o	-i
femminile	-a	-e

Sostantivi in -e

ristorant**e** ▸ ristorant**i** *(m)*
pension**e** ▸ pension**i** *(f)*

- I sostantivi in **-e** sono maschili o femminili.

- Generalmente sono maschili:

padr**e** ▸ padr**i** *(m)*
fior**e** ▸ fior**i** *(m)*

  a) i sostantivi che indicano uomini;

  b) i sostantivi in **-ore**.

- Generalmente sono femminili:

madr**e** ▸ madr**i** *(f)*
stazion**e** ▸ stazion**i** *(f)*
television**e** ▸ television**i** *(f)*
stagion**e** ▸ stagion**i** *(f)*

  a) i sostantivi che indicano donne;

  b) i sostantivi in **-zione**, **-sione**, **-gione**.

nipot**e** *(m/f)* ▸ nipot**i** *(m/f)*

- Alcuni sostantivi in **-e** sono maschili e femminili.

- **Sostantivi in -e**

	singolare	plurale
maschile / femminile	-e	-i

SOSTANTIVO 1

ESERCIZI

1 Scrivi i sostantivi italiani che conosci. Sono maschili o femminili? Controlla sul dizionario.

maschile	femminile
ristorante	pizza

2 Anna è al supermercato con la lista della spesa. Metti i sostantivi nella colonna giusta, come nell'esempio.

maschile	femminile
vino	aranciata

(lista: aranciata, pasta, vino, formaggio, birra, acqua, prosciutto, frutta, gelato, verdura, aglio, marmellata, olio, burro, panna)

3 Collega i sostantivi maschili con Marco e i sostantivi femminili con Anna, come nell'esempio.

marito, ragazza, studentessa, cameriera, cantante, commesso, insegnante, moglie, cameriere, ragazzo, italiana, italiano, segretario, dottore, uomo, dottoressa, attore, madre, segretaria, commessa, studente, attrice, donna, padre

Marco — Anna

4 ~~Cancella~~ i sostantivi femminili, la prima lettera dei sostantivi maschili dà il nome di un famoso italiano.

▶ burro   ~~mozzarella~~   orologio   stazione   acqua   chiave
  madre   tavolo   passione   estate   nave   treno
  pensione   impiegato   bicicletta   ora   cane   errore
  borsa   gente   lavoro   televisione   luce   casa
  patata   infermiera   ambizione   libro   italiano   cucina

Il nome è: B _ _ _ _ _ _ _ _ _ _

ALMA Edizioni | Grammatica pratica della lingua italiana

1 SOSTANTIVO

ESERCIZI

5 Osserva i sostantivi sottolineati nel testo: sono maschili o femminili? Singolari o plurali? Scrivili al posto giusto nella tabella, come nell'esempio.

Questa è la camera di Piero. Ci sono un letto, un armadio e due porte (una per il terrazzo). In camera c'è anche una libreria con molti libri, e, sopra il letto, due scaffali con libri e una gabbia con due uccelli. Vicino al letto di Piero c'è un comodino, con una lampada e una sveglia elettronica. Vicino alla sveglia Piero tiene sempre un bicchiere e una bottiglia di acqua. Alle pareti ci sono quadri e fotografie.

maschile		femminile	
singolare	plurale	singolare	plurale
		camera	

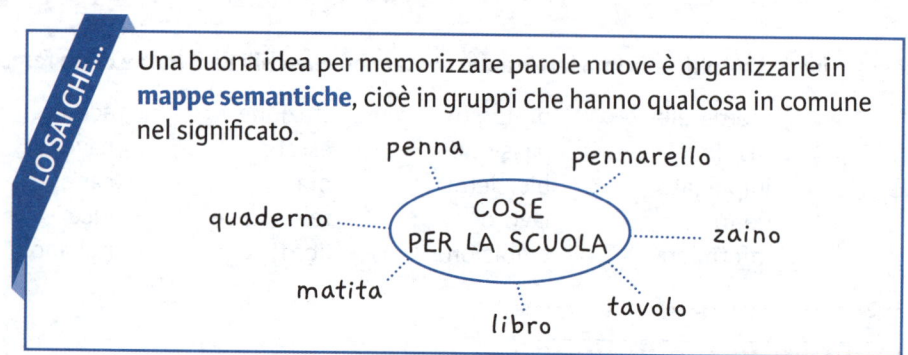

LO SAI CHE... Una buona idea per memorizzare parole nuove è organizzarle in **mappe semantiche**, cioè in gruppi che hanno qualcosa in comune nel significato.

8   ALMA Edizioni | Grammatica pratica della lingua italiana

SOSTANTIVO 1

Altri sostantivi

città ▸ città *(f)* università ▸ università *(f)* gioventù ▸ gioventù *(f)*	• I sostantivi in **-tà** e **-tù** sono femminili e con plurale invariabile.
radio ▸ radio *(f)* moto(cicletta) ▸ moto(ciclette) *(f)* foto(grafia) ▸ foto(grafie) *(f)* auto(mobile) ▸ auto(mobili) *(f)*	• Pochi sostantivi femminili finiscono in **-o**; questi hanno spesso il plurale invariabile.
crisi ▸ crisi *(f)* analisi ▸ analisi *(f)* tesi ▸ tesi *(f)*	• Alcuni sostantivi in **-si** sono femminili; questi sostantivi hanno il plurale invariabile.
autobus ▸ autobus *(m)* computer ▸ computer *(m)* bar ▸ bar *(m)* yogurt ▸ yogurt *(m)*	• Normalmente i sostantivi **stranieri** che finiscono in consonante sono maschili e con plurale invariabile.
problema ▸ problemi *(m)* poeta ▸ poeti *(m)* cinema(tografo) ▸ cinema(tografi) *(m)*	• Ci sono alcuni sostantivi maschili in **-a**; questi hanno spesso il plurale **-i**.
farmacista ▸ farmacisti / farmaciste artista ▸ artisti / artiste dentista ▸ dentisti / dentiste analista ▸ analisti / analiste	• I sostantivi in **-ista** possono essere maschili e femminili. Il plurale è doppio: **-i** se maschile, **-e** se femminile.
giornalaio ▸ giornalai orologio ▸ orologi operaio ▸ operai	• Normalmente i sostantivi maschili in **-io** al plurale hanno una sola **-i**: **-io** ▸ **-i**.
tedesco ▸ tedeschi albergo ▸ alberghi	• Alcuni sostantivi maschili in **-co** e **-go** formano il plurale in: **-co** ▸ **-chi** / **-go** ▸ **-ghi**.
amico ▸ amici psicologo ▸ psicologi	• Altri sostantivi maschili in **-co** e **-go** formano il plurale in: **-co** ▸ **-ci** / **-go** ▸ **-gi**.
amica ▸ amiche collega ▸ colleghe	• I sostantivi femminili in **-ca** e **-ga** al plurale hanno una **-h-**: **-ca** ▸ **-che** / **-ga** ▸ **-ghe**.
arancia ▸ arance camicia ▸ camicie scheggia ▸ schegge ciliegia ▸ ciliegie	• I sostantivi femminili in **-cia** e **-gia**, se preceduti da consonante perdono la **-i-** al plurale, se preceduti da vocale mantengono la **-i-** al plurale.
uomo ▸ uomini	• Il plurale del sostantivo **uomo** è **uomini**.
uovo *(m)* ▸ uova *(f)*	• Il sostantivo maschile **uovo**, ha un plurale irregolare e femminile: **uova**.
mano *(f)* ▸ mani *(f)*	• **mano** ▸ **mani** è un sostantivo femminile.
braccio *(m)* ▸ braccia ginocchio *(m)* ▸ ginocchia *(f)* dito *(m)* ▸ dita *(f)* labbro *(m)* ▸ labbra *(f)*	• I sostantivi maschili che indicano parti del corpo come **braccio**, **ginocchio**, **dito** e **labbro**, hanno il plurale femminile in **-a**.

1 SOSTANTIVO

ESERCIZI

1 Scrivi il sostantivo corretto, singolare o plurale, come negli esempi.

singolare	plurale
uomo	uomini
città	città
	dentisti
	autobus
	cuoche
mano	
computer	
	università
orologio	
amica	
	foto
greco	
	pacchi
programma	
	baci
radio	
	uova
	spiagge
camicia	
crisi	
dito	

2 Trova le coppie con il plurale corretto, segui l'itinerario e arrivi al nome del lago più grande d'Italia.

sport / sport	sport / sports	sport / sporti	sport / sporte
pacco / pacci	pacco / pacchi	pacco / pacche	pacco / pacchii
operaio / operaii	operaio / operae	operaio / operaie	operaio / operai
albergo / alberghi	albergo / albergi	albergo / algerghe	albergo / alberge
radio / radii	radio / radi	radio / radio	radio / radie
greco / grechi	greco / grecii	greco / greci	greco / greche
problema / probleme	problema / problema	problema / problemii	problema / problemi
▼	▼	▼	▼
Lago di Como	Lago Maggiore	Lago Trasimeno	Lago di Garda

SOSTANTIVO 1

ESERCIZI

3 Scegli il sostantivo corretto, come nell'esempio.

Una città

La **città** / **citté** / **citta** è sul **mare** / **mari** / **maro** Adriatico. Ha pochi **abitante** / **abitanti** / **abitanto** d'inverno, ma d'estate ci sono sempre molti **turista** / **turisti** / **turiste**: specialmente **tedesci** / **tedesco** / **tedeschi**, **slavo** / **slava** / **slavi** e **scandinavi** / **scandinava** / **scandinave**. Ci sono molte **spiaggi** / **spiaggie** / **spiagge** private e pubbliche, lunghe lunghe e con **bambina** / **bambini** / **bambino** che giocano con la sabbia, **ragazzi** / **ragazzo** / **ragazza** che giocano con il pallone e **personi** / **persona** / **persone** al sole. La sera aprono i **ristorante** / **ristoranti** / **ristoranto**, le **discotece** / **discoteca** / **discoteche** e i **bar** / **bars** / **bari** e la **notta** / **notti** / **notte** è lunghissima e divertentissima!

4 Non sai come si chiama la città dell'esercizio 3? Scegli la parola corretta.
Le iniziali delle parole corrette formano il nome della città.

1. La capitale d'Italia è **Torino** / **Milano** / **Roma**.　　　R
2. La vespa è **un'automobile** / **un insetto** / **un cibo**.　　__
3. Il Tirreno è **un lago** / **un mare** / **un fiume**.　　__
4. La Sardegna è **un'isola** / **una città** / **una nazione**.　　__
5. Dopo la sera viene **il giorno** / **la notte** / **la mattina**.　　__
6. Un'isola vicina a Capri è **Ischia** / **Sicilia** / **Elba**.　　__

5 Scrivi il plurale dei sostantivi, come nell'esempio.

Marco compra:

 3 (pesce) _pesci_

 2 (fiasco) _____ di vino

 3 (salsiccia) _____

 6 (arancia) _____

 2 (pacco) _____ di pasta

 4 (yogurt) _____

 2 (gelato) _____

 1 kg di (asparago) _____

 6 (pesca) _____

 4 (ananas) _____

 1 kg di (ciliegia) _____

6 Completa i sostantivi con le lettere mancanti.

singolare	plurale
spiaggia	s__iagge
problema	problem__
poeta	p__eti
autobus	a__tobus
film	__ilm
università	universit__
moglie	mo__li
superficie	superfic__
serie	ser__e

singolare	plurale
cinema	cinem__
foto	f__to
radio	radi__
mano	__ani
valigia	valig__e
banca	banc__e
amico	ami__i
amica	amich__

ALMA Edizioni | Grammatica pratica della lingua italiana

2 ARTICOLO

Articolo determinativo

il treno ▸ **i** treni
lo spettacolo ▸ **gli** spettacoli

il suono ▸ **i** suoni
il ristorante ▸ **i** ristoranti

lo studente ▸ **gli** studenti
lo sport ▸ **gli** sport

lo zaino ▸ **gli** zaini

lo psicologo ▸ **gli** psicologi

lo yogurt ▸ **gli** yogurt

l'amico ▸ **gli** amici
l'italiano ▸ **gli** italiani

la donna ▸ **le** donne
la pensione ▸ **le** pensioni
la ragazza ▸ **le** ragazze

l'amica ▸ **le** amiche
l'italiana ▸ **le** italiane
l'ora ▸ **le** ore

- Ci sono due articoli determinativi maschili: **il** ▸ **i** e **lo** ▸ **gli**.

- Normalmente con parole maschili che iniziano con consonante usiamo l'articolo **il** ▸ **i**.

- Usiamo l'articolo **lo** ▸ **gli** con sostantivi maschili che cominciano con:

   a) **s** + consonante;

   b) **z**;

   c) **p** + **s**;

   d) **y**;

   e) vocale (in questo caso l'articolo **lo** perde la vocale **-o** e diventa **l'**).

- L'articolo determinativo femminile è **la** ▸ **le**.

- L'articolo **la** perde la vocale **-a** e diventa **l'** prima di sostantivi femminili singolari che cominciano con vocale (**a**, **e**, **i**, **o**, **u**).

- **Articolo determinativo**

	singolare	plurale
maschile	il	i
maschile	lo / l'	gli
femminile	la / l'	le

ALMA Edizioni | Grammatica pratica della lingua italiana

ARTICOLO 2

ESERCIZI

1 Cosa desiderano per regalo Giorgio e Alessandra? Metti ogni parola al posto giusto nella tabella.

Giorgio: lavatrice nuova • occhiali da sole • scarpe di Ferragamo • vestito di Armani • zaino Invicta • casco • moto • appartamento in centro

Alessandra: bicicletta nuova • stivali di Dolce e Gabbana • orologio • borsa di Gucci • computer portatile • automobile elettrica • biglietti per La Scala

il	lo	l' (m)	i	gli	la	l' (f)	le
					lavatrice nuova		

2 Scegli l'articolo corretto.

1. **La / Le** mattina beve **lo / il** caffellatte.
2. Legge **le / il** giornale.
3. Mangia **gli / i** biscotti.
4. Prende **la / il** valigetta.

5. Bacia **le / la** moglie.
6. Saluta **lo / la** famiglia.
7. Compra **lo / il** biglietto.
8. Prende **la / l'** autobus.

3 Scegli l'articolo corretto.

Vacanze romane

Tutti **le / gli / i** stranieri conoscono Roma, **il / le / la** capitale d'Italia. **Il / Le / I** turisti di solito visitano **le / i / gli** monumenti famosi, come **lo / il / la** Colosseo, **lo / la / il** Foro Romano e **la / le / lo** Basilica di San Pietro. Oppure vanno a vedere **la / i / le** piazze più belle, come Piazza di Spagna, con **la / il / i** scalinata di Trinità dei Monti, o Piazza Navona, con **lo / la / il** bellissima fontana del Bernini. A Roma però ci sono anche molte cose da fare di notte. **Lo / Il / La** notte romana è vivace e divertente, **i / le / gli** ristoranti sono ottimi, **la / i / le** osterie sono piene, **le / gli / i** bar sono aperti fino a tardi. Dopo **le / lo / la** cena **gli / il / i** romani vanno a ballare, **i / gli / le** discoteche del centro sono molto frequentate. E per chi rimane fuori tutta **il / le / la** notte, è normale fare **il / lo / la** colazione al bar con **i / gli / le** amici prima di andare a casa.

ALMA Edizioni | Grammatica pratica della lingua italiana

2 ARTICOLO — ESERCIZI

4 Metti l'articolo maschile: **il**, **i**, **lo** o **gli**?

Uno sport famoso

È per _____ italiani _____ sport preferito. _____ bambini giocano sempre con _____ genitori; _____ studenti giocano dopo la scuola con __ amici. Il fine settimana _____ appassionati di questo sport vanno a vedere una partita della squadra preferita e _____ stadi sono sempre pieni di tifosi.

Durante la partita _____ spettatori guardano _____ 22 uomini che per 90 minuti rincorrono _____ pallone per fare goal. Alla fine, _____ tifosi vanno al bar per commentare la partita e spesso non sono d'accordo.

Conosci questo sport? Come si chiama? IL _ _ _ _ _ _

5 Metti l'articolo determinativo corretto e decidi se le frasi sono vere o false, come nell'esempio.

Le abitudini alimentari italiane

In Italia:

		vero	falso
Es:	Molta gente mangia _il_ melone con _il_ prosciutto.	☒	☐
1.	A colazione molti mangiano ____ cornetto.	☐	☐
2.	Dopo pranzo molti bevono ____ cappuccino.	☐	☐
3.	Prima di pranzo tutti bevono ____ amaro.	☐	☐
4.	A Natale e Capodanno è normale bere ____ spumante.	☐	☐
5.	Per primo è normale mangiare ____ insalata.	☐	☐
6.	A colazione molti mangiano ____ zuppa di pesce.	☐	☐
7.	Alle 17 molti bambini fanno ____ merenda.	☐	☐
8.	È normale bere ____ latte a pranzo.	☐	☐
9.	Normalmente gli italiani bevono ____ birra con la pizza.	☐	☐
10.	Per aperitivo molti bevono ____ prosecco.	☐	☐
11.	Molti italiani mangiano ____ spaghetti.	☐	☐
12.	Con il pesce gli italiani bevono ____ vino rosso.	☐	☐

6 Nel testo ci sono 4 articoli sbagliati. Quali sono?

Di solito i italiani vanno in vacanza ad agosto. Dai primi giorni di agosto le file sulle autostrade sono lunghissime. Milioni di italiani prendono le auto e lasciano le città. Per chi preferisce il mare ci sono le isole, la spiagge dell'Adriatico o del Tirreno e quelle del Mar Ionio. Per chi preferisce la montagna ci sono gli Appennini o le Alpi con i bellissimi parchi nazionali e i rifugi montani. Anche la campagna è bella: i colline toscane con i borghi medievali, la campagna umbra o quella piemontese. Molti italiani amano gli laghi: il Lago di Garda, il Lago di Como e il Lago Maggiore al Nord, il Trasimeno e il Lago di Burano al centro. Alcuni però preferiscono rimanere in città. L'estate in città come Roma, Firenze, Milano, Bologna, Napoli è divertente: ci sono concerti, cinema all'aperto, spettacoli di teatro e danza. Insomma la scelta è varia!

ARTICOLO 2

Articolo indeterminativo

un treno
uno spettacolo

un suono
un amico
un albergo

- Ci sono due articoli indeterminativi maschili: **un** e **uno**.

- Usiamo **un** con la maggior parte dei sostantivi maschili.

- Usiamo **uno** con sostantivi maschili che cominciano con:

uno studente
uno sport
uno zaino
uno psicologo
uno yacht

a) **s** + consonante;
b) **z**;
c) **p** + **s**;
d) **y**.

una madre
una pensione

- L'articolo indeterminativo femminile è **una**.

un'italiana
un'ora

- Usiamo **un'** con sostantivi femminili che cominciano con vocale.

- **Articolo indeterminativo**

maschile	un
maschile	uno
femminile	una / un'

ESERCIZI

1 Metti l'articolo: **un**, **uno**, **una** o **un'**?

1. _____ giornale
2. _____ sedia
3. _____ spazzolino
4. _____ ombrello
5. _____ oliva
6. _____ zaino
7. _____ bicicletta
8. _____ automobile

2 ARTICOLO — ESERCIZI

2 Metti i sostantivi sotto l'articolo giusto, come nell'esempio.

La mia città ha

ristorante indiano • servizio taxi • zoo • spiaggia • cinema • hotel • stadio • pizzeria • università • scuola • parco • supermercato • banca • ospedale • autostrada • discoteca • ufficio postale • stazione • teatro

un	uno	una	un'
ristorante indiano			

3 Scegli l'articolo indeterminativo corretto e indovina chi sono questi personaggi.

a. È **un' / una / un** donna italiana, **un' / un / uno** imprenditrice, **uno / una / un** stilista e **un / una /un'** influencer molto famosa. Scrive **uno /un / una** blog di moda che ha **un' / un / uno** enorme successo. È in **uno / una / un** serie TV con suo marito Fedez, **un' /un / uno** cantante rapper italiano. Partecipa a trasmissioni e film o parla del suo successo nel lavoro. All'università di Harvard, gli studenti di **un / un' / uno** corso di marketing studiano il suo blog.

Come si chiama questa imprenditrice? ☐ Chiara Ferragni ☐ Monica Bellucci

b. È **un / una / un'** attore comico italiano e anche **uno / un / una** regista. Vive in Italia ed è sposato con **un / una / un'** attrice. **Un / Una / Uno** suo film è vincitore di **uno / un / una** Oscar. Il film è la storia di **un / uno / un'** ebreo durante la Seconda Guerra Mondiale. Questo uomo ha **un / una / uno** moglie e **una / uno / un** figlio. La famiglia finisce in **una / uno / un** campo di concentramento. Questo attore ha anche fatto **una / uno / un** bellissima lettura della Divina Commedia di Dante, nelle piazze italiane, che ha avuto **una / uno / un** grandissimo successo.

Come si chiama questo attore? ☐ Elio Germano ☐ Roberto Benigni

c. È **uno / un' / un** italiano, **uno / una / un** inventore, **uno / un / una** pittore, **uno / una / un** scienziato e **uno / un / una** grande scrittore. È **uno / una / un** rappresentante dell'Umanesimo italiano. **Uno / Un' / Una** opera molto famosa di questo grande italiano è in **uno / una / un** stupendo museo di Parigi. È **una / uno / un** quadro di **un / una / uno** donna con **uno / un / una** sorriso enigmatico. Suo è anche **un / uno / una** modello del primo aereo.

Come si chiama questo artista? ☐ Raffaello Sanzio ☐ Leonardo da Vinci

4 Metti l'articolo indeterminativo corretto e decidi se le affermazioni sono vere o false, come nell'esempio.

		vero	falso
Es:	Il postino è _un_ uomo che porta la posta.	☒	☐
1.	Il cane è ____ animale.	☐	☐
2.	Il barista è ____ uomo che lavora in ____ bar.	☐	☐
3.	La commessa è ____ donna che lavora in casa.	☐	☐
4.	Il tiramisù è ____ dolce.	☐	☐
5.	Il pesto è ____ persona che parla molto.	☐	☐
6.	Gli Uffizi sono ____ museo di Livorno.	☐	☐
7.	La Torre pendente è ____ monumento di Pisa.	☐	☐
8.	La pizza è ____ piatto tipico di Torino.	☐	☐
9.	Sofia Loren è ____ attrice italiana.	☐	☐
10.	Il portiere di notte lavora in ____ albergo.	☐	☐
11.	Il "corretto" è ____ esercizio di grammatica.	☐	☐
12.	Il limoncello è ____ liquore.	☐	☐

ESERCIZI

ARTICOLO 2

5 Di chi è questa valigia? Metti in ogni valigia gli oggetti che appartengono a queste persone. Aggiungi a ogni parola l'articolo indeterminativo corretto, come negli esempi.

- _un_ costume
- _uno_ striscione con scritto FORZA ROMA
- _un_ computer portatile
- ____ agenda
- ____ biglietto da visita
- ____ biglietto per lo stadio
- ____ camicia hawaiana
- ____ cartella di documenti
- ____ cravatta
- ____ giornale sportivo
- ____ maglietta della squadra
- ____ maschera subacquea
- ____ paio di pantaloncini sportivi
- ____ passaporto
- ____ penna
- ____ sciarpa della squadra
- ____ telo da spiaggia
- ____ tubetto di crema solare

turista

tifoso

manager

6 Metti l'articolo indeterminativo corretto.

1. Massimo è ____ insegnante paziente.
2. Questa è ____ estate caldissima.
3. Ho ____ zio molto simpatico.
4. Grazia è ____ insegnante paziente.
5. A colazione mangio ____ yogurt.
6. Paul è ____ inglese, di Londra.
7. In centro c'è ____ cinema.
8. Vivo in ____ appartamento grande.
9. Eleanor è ____ inglese, di Liverpool.
10. Jessica è ____ amica di mio fratello.
11. Farid è ____ studente marocchino.
12. Lorenzo è ____ amico di Carla.

LO SAI CHE...

Le **percentuali** (%) hanno quasi sempre l'articolo e sono sempre maschili. L'articolo si adatta alla lettera con cui inizia il numero della percentuale.

Es:
*Le famiglie italiane senza un computer o un collegamento a Internet sono **il** 30%.*
*Spendo **l'**80% dello stipendio.*

2 ARTICOLO

Articolo determinativo e indeterminativo

ESERCIZI

1 Metti gli articoli: usa gli articoli determinativi negli spazi _____ e gli articoli indeterminativi negli spazi ....

_____ Italia è .... penisola con la forma simile a .... stivale. _____ italiani sono circa sessanta milioni e _____ regioni italiane sono venti. _____ italiano non è la sola lingua parlata in Italia; ci sono anche _____ tedesco, _____ francese, _____ catalano, _____ greco, _____ sloveno e _____ albanese. Roma, _____ capitale d'Italia, si trova nel Lazio: è .... città molto bella e i suoi monumenti e musei sono famosi in tutto _____ mondo. Dentro _____ città di Roma c'è .... stato indipendente, molto piccolo e molto potente, _____ Vaticano, centro della religione cattolica. Ma _____ Vaticano non è _____ unico stato indipendente in Italia. C'è .... altro stato piccolissimo, vicino al mare Adriatico, in cima a .... montagna: _____ stato di San Marino. Insomma, _____ penisola italiana presenta molte realtà differenti e .... grande varietà di culture.

2 Scegli l'articolo corretto.

Che film è?

È **il / un** film italiano molto famoso e vincitore di **un / l'** Oscar. **La / Una** storia si svolge su **un' / l'** isola greca durante **la / una** Seconda Guerra Mondiale. Otto soldati italiani e **un / il** asino sono obbligati a rimanere sull'isola per 3 anni. Dopo un po' i soldati fanno amicizia con **la / una** gente del posto. Dimenticano **una / la** guerra e **un / i** problemi. Alla fine della guerra però tornano in Italia. Solo **il / un** soldato rimane sull'isola perché ama **la / una** donna: vive lì e apre **il / un** ristorante. Conosci il film?
Se non conosci il nome rispondi a questa domanda: come si chiama il mare d'Italia?

M _ _ I _ _ _ _ _ _ N _ _ Il nome è anche il titolo del film.

3 Metti l'articolo determinativo o indeterminativo.

1. _____ Italia è nell'Europa meridionale.
2. _____ Vaticano è _____ stato indipendente.
3. Venezia è _____ città del Veneto.
4. Dante è _____ famoso poeta italiano.
5. Ferragosto (15 agosto) è _____ festa nazionale.
6. _____ Chianti è _____ vino toscano.
7. _____ 17 è un numero sfortunato.
8. _____ "torta co' bischeri" è _____ ottima torta toscana.
9. Di solito _____ italiani dopo pranzo bevono _____ caffè.

ARTICOLO 2

ESERCIZI

4 Articolo determinativo o indeterminativo? Completa la barzelletta con gli articoli della lista.

il • il • il • il • l' • l' • un • un • un • un

Due carabinieri* sono in ____ palazzo.

Cercano ____ criminale che abita all'ultimo piano.

Devono prendere ____ ascensore.

____ carabiniere dice all'altro: "Chiama ____ ascensore."

____ secondo carabiniere allora urla: "Ascensore!"

____ primo carabiniere arrabbiato dice:

"Stupido! Usa ____ dito!"

____ secondo carabiniere allora mette ____

dito in bocca e urla: "Ascensore!"

*In Italia ci sono due forze dell'ordine: Polizia e Carabinieri. Sui Carabinieri esistono molte barzellette.

5 Metti l'articolo determinativo o indeterminativo corretto.

Lettera del giorno • Una famiglia allargata

Cara Direttrice,

mi chiamo Maria e sono ____ insegnante di storia e ho ____ figlio di 16 anni che si chiama Edoardo. Io e ____ padre di Edoardo siamo divorziati da cinque anni e io ora sono sposata con Carlo, ____ uomo meraviglioso che, come me, è ____ insegnante di storia. Carlo ha ____ figlia, Cosetta, di 10 anni, che vive con noi e Peppina, ____ nostra gatta. Cosetta è ____ bambina allegra, che ama ____ sport e ____ studio. ____ vita in famiglia con Cosetta non è ____ problema, infatti lei è contenta di vivere con noi. ____ problemi, purtroppo, sono con Edoardo, che è un po' geloso di Carlo, penso. Edoardo è ____ ragazzo chiuso e non parla molto in famiglia, quando Carlo organizza ____ vacanze o ____ fine settimana per tutta ____ famiglia, Edoardo preferisce sempre andare con ____ amici. Non sappiamo più cosa fare. So che Edoardo ha ____ ragazza, e che vuole stare con lei, ma sono sicura anche che ____ sua relazione con Carlo è problematica, per questo non sta volentieri con noi e ____ sua sorellina.

Ho bisogno di ____ consiglio, che devo fare?

ALMA Edizioni | Grammatica pratica della lingua italiana

3 ESSERE E AVERE

Essere e avere

essere

Sono stanco.
Sei a casa oggi?
Signor Rosi, Lei è umbro?
Siamo in ritardo.
Siete stressati?
I libri sono a scuola.

avere

Ho fame!
Quanti anni hai?
Il bambino ha sete.
Abbiamo sempre sonno.
Avete fretta?
Sandro e Pia hanno paura.

Nel frigorifero c'è una bottiglia d'acqua.
Carlo non c'è, è a scuola.
Sul tavolo ci sono molti giornali.
Nella classe ci sono dieci studenti.

- **essere** e **avere** sono verbi irregolari.

- **esserci** (essere + ci) si usa per indicare la presenza di oggetti o persone in un posto.
  Ha due forme: **c'è** (singolare), **ci sono** (plurale).

- **essere** e **avere**

	essere	avere
io	sono	ho
tu	sei	hai
lui / lei / Lei	è	ha
noi	siamo	abbiamo
voi	siete	avete
loro	sono	hanno

ESERCIZI

1 Completa la coniugazione del presente indicativo di *essere* e *avere*.

	essere	avere
io		
tu		hai
lui / lei / Lei	è	
noi	siamo	
voi		avete
loro		

ESERCIZI — ESSERE E AVERE 3

2 Scegli la frase corretta per ogni persona e poi coniuga il verbo.

avere sonno • avere caldo • essere arrabbiato • `essere triste` • avere fame
essere contento • avere sete • essere sorpreso • avere freddo

1. Maria
è triste

2. Ugo
_____

3. Laura
_____

4. Paola
_____

5. Rita
_____

6. Luigi
_____

7. Sergio
_____

8. Fabio
_____

9. Carlo
_____

3 ESSERE E AVERE

ESERCIZI

3 **Scegli la forma corretta del verbo essere.**

Es: Berlino **sono / è** la capitale della Germania.
1. Molti italiani **sono / siamo** appassionati di opera.
2. La "Madama Butterfly" **è / sono** un'opera di Giacomo Puccini.
3. Quando vediamo "La bohème" *(noi)* **siete / siamo** sempre commossi.
4. La Scala e il San Carlo **sono / siete** famosi teatri d'opera.
5. "Nabucco" e "Rigoletto" **siamo / sono** opere di Giuseppe Verdi.
6. Luciano Pavarotti **sei / è** un famoso tenore italiano.
7. Quando *(voi)* **sono / siete** a Verona andate all'Arena a vedere l'Aida.
8. Mimì **sei / è** la protagonista de "La bohème".
9. "Io **sei / sono** un melomane" significa: io **sei / sono** un appassionato d'opera.

4 **Scegli la forma corretta del verbo avere e indovina la nazionalità.**

Es: Rita **ha / ho** venti anni.

a. La nostra nazione è nel Nord Europa e **ha / avete** un clima molto umido. Tutti pensano che *(noi)* **avete / abbiamo** un carattere riservato e molto tranquillo ma non sempre è vero, perché alcuni di noi, quando **hanno / hai** la possibilità di andare allo stadio a vedere una partita di calcio, diventano molto passionali. **Avete / Abbiamo** una monarchia e parliamo una lingua che molti studiano.

Sai chi siamo? ☐ i finlandesi ☐ gli inglesi ☐ i danesi

b. Siamo nel continente americano. La nostra nazione **hanno / ha** una gran numero di italiani e le famiglie italiane qui **avete / hanno** una lunga tradizione. **Avete / Abbiamo** una lingua parlata anche in Europa e la nostra musica e le nostre danze **hanno / ha** fan in tutto il mondo. Se voi italiani **abbiamo / avete** quello di Venezia, noi **hai / abbiamo** quello di Rio.

Sai chi siamo? ☐ i messicani ☐ i cileni ☐ i brasiliani

c. Se *(tu)* **hai / ha** voglia di passare delle belle vacanze vieni da noi! **Avete / Abbiamo** isole bellissime e un clima caldo. La nostra nazione **hai / ha** una storia antica e i nostri filosofi **ha / hanno** una parte importante nella storia della filosofia. Per scrivere **ho / abbiamo** un alfabeto particolare.

Sai chi siamo? ☐ i greci ☐ gli spagnoli ☐ i portoghesi

5 **Metti i verbi essere e avere al presente e indovina di quale città si parla.**

Questa *(essere)* _____ la città più importante della Toscana. *(Avere)* _____ circa 400.000 abitanti. Il turismo *(essere)* _____ importantissimo per la sua economia, infatti le sue opere d'arte *(essere)* _____ conosciute e famose in tutto il mondo. In questa città ci *(essere)* _____ molti musei, come la Galleria degli Uffizi, che *(avere)* _____ moltissimi visitatori ogni anno. Il suo centro storico *(essere)* _____ un gioiello del Rinascimento italiano: qui ci *(essere)* _____ monumenti famosi come il Duomo, il Battistero e il Campanile di Giotto. Le chiese poi *(avere)* _____ tutte opere d'arte da ammirare. Se *(tu / essere)* _____ in questa città devi vedere il Ponte Vecchio, con le botteghe di gioiellieri che *(avere)* _____ le vetrine più belle del mondo; e devi andare al giardino di Boboli: un parco che *(essere)* _____ a sud del fiume Arno, dietro il Palazzo Pitti. Dentro il giardino di Boboli c'*(essere)* _____ una strana fontana molto famosa.

Quale città è? __ __ __ __ __ __ __ __

ESERCIZI

ESSERE E AVERE 3

6 **C'è** o **ci sono**? Scegli l'espressione corretta.

1. Nel nord Italia **c'è / ci sono** le Alpi.
2. Vicino Roma **c'è / ci sono** il mare.
3. A Milano **c'è / ci sono** la nebbia.
4. A Venezia **c'è / ci sono** i canali.
5. In Puglia non **c'è / ci sono** montagne.
6. In Emilia Romagna **c'è / ci sono** la Pianura Padana.
7. In Umbria non **c'è / ci sono** il mare.
8. In Italia **c'è / ci sono** molte isole.

7 Metti il presente di **essere**, **avere** o **c'è / ci sono**, come nell'esempio.

Il parco di Pinocchio

A Collodi, in Toscana _c'è_ un parco dedicato a Pinocchio.

Pinocchio _____ un personaggio di un libro italiano che _____ moltissimi lettori in tutto il mondo.

La storia di Pinocchio, infatti, _____ molto famosa e su di lui _____ anche molti film di successo.

Dentro il parco _____ una villa con un giardino bellissimo.

Nel giardino _____ molte fontane e un labirinto.

Il parco di Pinocchio _____ un museo interattivo multimediale, con video e storie.

Nel giardino _____ le statue di tutti i personaggi del libro.

Ogni giorno nel parco _____ molti visitatori, specialmente classi e famiglie con bambini.

8 Abbina domande e risposte. Poi scegli il verbo corretto, come nell'esempio.

1. Hai tempo di prendere un caffè?
2. Come stai?
3. Guardiamo un film?
4. **Sei / Hai** sete?
5. Che ore sono?
6. Che **sei / hai**? Piangi?
7. Cuciniamo qualcosa?

a. No, **sono / ho** sonno. Vado a letto.
b. **È / Sono** mezzogiorno.
c. No, **sono / ho** fretta, non ho tempo.
d. Sì. Questo film è tristissimo.
e. Sì, **sono / ho** fame.
f. Non bene, **sono / ho** mal di testa.
g. Sì, prendiamo una birra.

LO SAI CHE... Spesso usiamo **avere da** con il significato di **dovere**.

Es:

*Oggi non vengo al mare, **ho da** studiare (devo studiare).*

*Diego **ha** sempre **da** fare (deve fare molte cose, è impegnato).*

4 AGGETTIVO QUALIFICATIVO

Aggettivo qualificativo – 1° gruppo

l'albergo caro ▸ gli alberghi cari
la macchina cara ▸ le macchine care
lo spettacolo bello ▸ gli spettacoli belli
la vacanza bella ▸ le vacanze belle
il treno lento ▸ i treni lenti
la commessa lenta ▸ le commesse lente
l'aereo pieno ▸ gli aerei pieni
la borsa piena ▸ le borse piene
lo studente bravo ▸ gli studenti bravi
la studentessa brava ▸ le studentesse brave

- Gli aggettivi del 1° gruppo hanno quattro terminazioni:

  maschile singolare: **-o**
  maschile plurale: **-i**
  femminile singolare: **-a**
  femminile plurale: **-e**

- Aggettivo qualificativo – 1° gruppo

	singolare	plurale
maschile	-o	-i
femminile	-a	-e

Aggettivo qualificativo – 2° gruppo

l'albergo grande ▸ gli alberghi grandi
la macchina grande ▸ le macchine grandi
lo spettacolo interessante ▸ gli spettacoli interessanti
la vacanza interessante ▸ le vacanze interessanti
il treno veloce ▸ i treni veloci
la commessa veloce ▸ le commesse veloci
l'aereo inglese ▸ gli aerei inglesi
la borsa inglese ▸ le borse inglesi
lo studente intelligente ▸ gli studenti intelligenti
la studentessa intelligente ▸ le studentesse intelligenti

- Gli aggettivi del 2° gruppo hanno due terminazioni (il maschile e il femminile sono uguali):

  maschile / femminile singolare: **-e**
  maschile / femminile plurale: **-i**

- Aggettivo qualificativo – 2° gruppo

	singolare	plurale
maschile / femminile	-e	-i

AGGETTIVO QUALIFICATIVO 4

ESERCIZI

1 Leggi il testo e trova tutti gli aggettivi. Sono maschili o femminili? Singolari o plurali? Scrivili al posto giusto nella tabella, come negli esempi.

Cosa serve per leggere un libro?

Lo scrittore Italo Calvino dice che serve un libro **interessante**, tempo **abbondante**, una persona rilassata, la porta chiusa, la televisione spenta, una posizione comoda. Naturalmente non è facile trovare la posizione ideale per leggere. Le gambe sono allungate e i piedi distesi, la luce non troppo forte e non troppo debole. Insomma l'atmosfera deve essere adatta [...]

(adattato da I. Calvino, "Se una notte d'inverno un viaggiatore")

maschile		femminile	
singolare	plurale	singolare	plurale
interessante abbondante			

2 Trova gli aggettivi corretti per Andrea e Simona.

alta
anziano
basso
bionda
calvo
felice

giovane
miope
stanco
riccia
sportiva
triste

Andrea è ...
Simona è ...

3 Scegli le combinazioni corrette. Seguile e trovi il nome del punto più a sud dell'Italia.

un cane bianca	un cane bianche	un cane bianco	un cane bianchi
un letto grandi	un letto grande	un letto granda	un letto grando
un gatto nero	un gatto neri	un gatto nera	un gatto nere
un film americane	un film americana	un film americani	un film americano
un lavoro stressanti	un lavoro stressante	un lavoro stressanta	un lavoro stressanto
▼	▼	▼	▼
Linosa	Lampedusa	Pantelleria	Siracusa

4 AGGETTIVO QUALIFICATIVO

ESERCIZI

4 Scegli l'aggettivo corretto, come nell'esempio.

Quale animale domestico?

Molti amano avere un animale in casa. Alcune persone preferiscono i cani, perché dicono che sono **fedele / fedeli** e **simpatiche / simpatici**, altre persone vogliono i gatti, perché sono più **eleganti / elegante** e **puliti / pulite**. Sapete però che ogni segno zodiacale ha un animale **ideali / ideale**?

L'animale **perfetto / perfette** per l'Ariete, per esempio, è il cane.

Il Toro deve prendere un animale **pigro / pigri** o **lenta / lento**, come la tartaruga, o un animale **solitaria / solitario** e **indipendente / indipendenti** come il gatto.

Per la Bilancia il gatto non va bene, perché non è abbastanza **affettuose / affettuoso**.

L'Acquario sta bene con cani **anziane / anziani** perché ha una personalità **generoso / generosa** e **gentili / gentile**.

Per le persone della Vergine va bene un animale **precise / preciso** e **ordinato / ordinata** come il gatto della Birmania, che è anche **intelligente / intelligenti** e **socievoli / socievole**.

I Gemelli invece apprezzano molto i pappagalli, **chiacchierona / chiacchieroni** come loro, oppure i cani Beagle, perché hanno un **grandi / grande** cuore.

Se vuoi avere informazioni **precisi / precise** sull'animale ideale per il tuo segno puoi visitare il sito astrocenter.it.

5 Completa l'aggettivo nella forma corretta e decidi se le frasi sono vere o false, come nell'esempio.

	vero	falso
In Italia:		
Es: L'inverno è molto cald**o**.	☐	☒
1. Al sud la temperatura primaverile è fredd__.	☐	☐
2. I mesi estiv__ sono cald__.	☐	☐
3. Il 15 agosto è una festa nazional__.	☐	☐
4. D'estate c'è pioggia abbondant__.	☐	☐
5. D'inverno comincia l'anno scolastic__.	☐	☐
6. Il primo maggio è un giorno festiv__.	☐	☐
7. D'inverno le località sciistiche sono pien__ di turisti.	☐	☐
8. Nel periodo invernal__ c'è il Carnevale.	☐	☐

ESERCIZI

AGGETTIVO QUALIFICATIVO 4

6 Metti gli aggettivi nella forma corretta, come nell'esempio.

Nuria è una ragazza (argentino) _argentina_, vive in Italia da un anno e lavora in una (famoso) _____ banca internazionale, nel centro di Torino. Al lavoro ci sono molti colleghi (straniero) _____ e Nuria parla spesso in inglese, ma è molto (bravo) _____ anche in italiano e ogni lunedì fa un corso di lingua online, con un'insegnante (privato) _____. Gli appartamenti in città sono molto (caro) _____, quindi Nuria abita in periferia, con Luke, un collega (inglese) _____ e Federica, una studentessa (romano) _____ molto (simpatico) _____ e (socievole) _____. L'appartamento è in un palazzo (grande) _____, in una zona (tranquillo) _____ ed è vicino a un (piccolo) _____ parco. Nuria è (contento) _____ perché ha una camera (grande) _____ e (luminoso) _____ e Luke e Federica sono compagni (perfetto) _____: (ordinato) _____, (pulito) _____ e (simpatico) _____. La cucina purtroppo è un po' (piccolo) _____ ed è difficile organizzare una (bello) _____ cena con gli amici, perché ci sono solo quattro sedie (vecchio) _____ e un tavolo per quattro persone. Per fortuna nel quartiere ci sono molti ristoranti (italiano) _____, (indiano) _____ e (cinese) _____ e un'autentica pizzeria (napoletano) _____ dove Nuria, Luke e Federica vanno spesso.

7 Riscrivi il testo cambiando le parole **evidenziate** con quelle che hanno il significato opposto, come nell'esempio.

L'appartamento di Mario è **piccolo**, ma **bello**. Ci sono **poche** stanze e la camera da letto è **piccola**.
In camera Mario ha un letto **grande**, un tavolo **vecchio**, una libreria **nuova** e delle **belle** foto dei suoi viaggi.
Mario infatti è un **bravo** fotografo. Mario abita a Roma, ma ora è a Firenze perché la sua ragazza, Alessandra, abita lì.
Alessandra è più **giovane** di Mario. È **simpatica** e **interessante**.

L'appartamento di Mario è grande, ma...
_____
_____
_____

LO SAI CHE...

Attenzione! L'aggettivo **bello** si comporta come un articolo determinativo quando è prima del sostantivo.

Es:
Che ragazzo bello! ma ▸ *Che bel ragazzo!*
(perché: il ragazzo)

Laura ha gli occhi proprio belli! ma ▸ *Che begli occhi ha Laura!*
(perché: gli occhi)

ALMA Edizioni | Grammatica pratica della lingua italiana

5 PRESENTE DEI VERBI REGOLARI

Presente dei verbi regolari

1. parl**are** ▸ **Parlo** inglese e francese.
2. ved**ere** ▸ **Vedo** un film.
3a. part**ire** ▸ **Parto** alle 16.
3b. cap**ire** ▸ Non **capisco**.

- I verbi regolari italiani si dividono in 3 gruppi: **-are, -ere, -ire**.

- **gruppo 1: verbi in -are**

io	(comprare) Compr**o** un giornale.	**-o**
tu	(parlare) Parl**i** inglese?	**-i**
lui / lei / Lei	(giocare) Simona gioc**a** a tennis.	**-a**
noi	(lavorare) Lavor**iamo** in banca.	**-iamo**
voi	(ascoltare) Ascolt**ate** la radio.	**-ate**
loro	(suonare) Suon**ano** la chitarra.	**-ano**

- **gruppo 2: verbi in -ere**

io	(vedere) Ved**o** la TV.	**-o**
tu	(chiudere) Chiud**i** la porta.	**-i**
lui / lei / Lei	(scrivere) Signora, a chi scriv**e**?	**-e**
noi	(mettere) Mett**iamo** un maglione.	**-iamo**
voi	(leggere) Legg**ete** un libro.	**-ete**
loro	(rispondere) Rispond**ono** bene.	**-ono**

- **gruppo 3a: verbi in -ire**

io	(partire) Part**o** per Napoli.	**-o**
tu	(dormire) Dorm**i** sempre troppo.	**-i**
lui / lei / Lei	(sentire) Carlo sent**e** la musica.	**-e**
noi	(aprire) Apr**iamo** la finestra.	**-iamo**
voi	(offrire) Offr**ite** voi il caffè?	**-ite**
loro	(seguire) Segu**ono** le istruzioni.	**-ono**

- **gruppo 3b: verbi in -ire (-isc-)**

io	(capire) Non cap**isc**o.	**-isc-o**
tu	(capire) Cap**isci** l'italiano?	**-isc-i**
lui / lei / Lei	(finire) La lezione fin**isce** alle 13.	**-isc-e**
noi	(pulire) Pul**iamo** il bagno.	**-iamo**
voi	(preferire) Prefer**ite** vino o birra?	**-ite**
loro	(costruire) Costru**iscono** una casa.	**-isc-ono**

- **Verbi regolari – indicativo presente**

	am-are	ved-ere	apr-ire	cap-ire
io	am-**o**	ved-**o**	apr-**o**	cap-**isc-o**
tu	am-**i**	ved-**i**	apr-**i**	cap-**isc-i**
lui / lei / Lei	am-**a**	ved-**e**	apr-**e**	cap-**isc-e**
noi	am-**iamo**	ved-**iamo**	apr-**iamo**	cap-**iamo**
voi	am-**ate**	ved-**ete**	apr-**ite**	cap-**ite**
loro	am-**ano**	ved-**ono**	apr-**ono**	cap-**isc-ono**

PRESENTE DEI VERBI REGOLARI

ESERCIZI

1 I mestieri. Cosa fanno queste persone? Unisci a ogni mestiere la frase corretta, come nell'esempio.

1. Il postino
2. Il commesso
3. Lo spazzino
4. La barista
5. Il pittore
6. La cantante
7. L'infermiera
8. Il cuoco
9. Il militare
10. La casalinga
11. L'impiegata
12. L'ingegnere
13. Lo scrittore

a. scrive libri.
b. lavora in casa.
c. canta le canzoni.
d. pulisce le strade.
e. porta la posta.
f. prepara da mangiare.
g. lavora in ufficio.
h. serve i clienti di un negozio.
i. lavora in un ospedale.
l. progetta macchine.
m. lavora nel bar.
n. dipinge quadri.
o. esegue gli ordini.

2 Completa la coniugazione del presente.

	parlare	vedere	partire	finire
io	parlo		parto	
tu				finisci
lui / lei / Lei	parla	vede		
noi			partiamo	
voi				finite
loro				

3 Verbi in *-are*. Metti i verbi al presente, come nell'esempio.

Es: Luisa *(parlare)* __parla__ troppo.

1. Io *(lavorare)* _____ in banca.
2. Stefano *(parlare)* _____ bene l'inglese perchè *(abitare)* _____ in America.
3. Quando *(voi / giocare)* _____ a calcio?
4. *(io / Pensare)* _____ spesso alla mia famiglia.
5. Scusi, a che ora *(arrivare)* _____ il treno?
6. Perché non *(tu / comprare)* _____ un biglietto della lotteria?
7. Anna *(portare)* _____ la figlia a scuola.
8. Normalmente gli italiani *(studiare)* _____ inglese a scuola.
9. *(noi / Tornare)* _____ a Roma lunedì.
10. Francesca *(suonare)* _____ il violino.

5 PRESENTE DEI VERBI REGOLARI — ESERCIZI

4 **Verbi in -ere.** Metti i verbi al presente, come nell'esempio.

Es: A chi *(tu / scrivere)* __scrivi__ questa e-mail?

1. *(tu / Vedere)* _____ quella donna? È russa.
2. *(io / Perdere)* _____ sempre le chiavi di casa.
3. Scusi, *(Lei / chiudere)* _____ la porta per piacere?
4. *(io / Vivere)* _____ in Inghilterra da 4 anni.
5. Se non *(voi / mettere)* _____ l'indirizzo corretto, il pacco non arriva.
6. Loro non *(permettere)* _____ al figlio di uscire la sera.
7. Noi *(vivere)* _____ in un appartamento.
8. Paola *(cadere)* _____ spesso da cavallo.
9. Alberto è un pittore e *(vendere)* _____ molti quadri.
10. Noi *(vedere)* _____ molti film in lingua originale.

5 **Verbi in -ire.** Metti i verbi al presente, come nell'esempio.

Es: Di solito *(noi / dormire)* __dormiamo__ otto ore.

1. ■ Quale vino *(Lei / preferire)* _____?
   ● D'estate *(io / preferire)* _____ il bianco.
2. L'aereo per Parigi *(partire)* _____ alle 18:30.
3. A che ora *(tu / finire)* _____ di lavorare?
4. *(tu / Sentire)* _____ questa musica?
5. Il concerto *(finire)* _____ fra un'ora.
6. Anna *(dormire)* _____ sempre troppo.
7. Loro non *(capire)* _____ l'inglese.
8. Oggi *(offrire)* _____ noi!
9. Oggi *(io / pulire)* _____ il bagno.
10. A che ora *(voi / partire)* _____?

6 **Verbi in -are, -ere, -ire.** Metti i verbi al presente.

1. Paola *(vivere)* _____ a Venezia e *(lavorare)* _____ in un negozio di abbigliamento.
2. Quando *(io / studiare)* _____ *(io / ascoltare)* _____ sempre la radio.
3. Ornella e Luca *(partire)* _____ oggi per le vacanze. *(Prendere)* _____ il treno fino a Napoli e poi il traghetto fino a Ischia.
4. Perché non *(tu / pulire)* _____ la cucina, quando *(tu / mangiare)* _____?
5. Voi *(lavorare)* _____ troppo.
6. Signor Fabi, se *(preferire)* _____ un appuntamento per la prossima settimana, io sono libero martedì.
7. Annalisa *(giocare)* _____ molto bene a tennis.
8. Quando l'insegnante *(parlare)* _____ veloce, gli studenti non *(capire)* _____ quasi niente.
9. Questo esercizio non *(finire)* _____ mai!
10. Signora, *(vedere)* _____ quella fontana? L'autobus *(passare)* _____ proprio là davanti.

PRESENTE DEI VERBI REGOLARI

ESERCIZI

7 Leggi il testo e **sottolinea** tutti i verbi al presente. Poi scrivi l'infinito e la persona di ogni verbo **sottolineato**, come nell'esempio.

Chi non <u>conosce</u> Facebook?	conosce: conoscere, terza persona singolare
Voi usate questo famosissimo social network? Su Facebook succedono molti fatti strani, ecco alcuni esempi:	
Primo episodio: Un ragazzo e una ragazza con lo stesso nome e cognome diventano amici su Facebook, e, dopo un po' di mesi, decidono di incontrarsi. Ora sono felicemente sposati.	
Secondo episodio: Un ragazzo italo-egiziano cerca e trova la madre e la sua famiglia italiana con Facebook.	
Terzo episodio: Una donna ritrova dopo 8 anni il suo gatto quando legge la pagina Facebook del WWF.	
Quarto episodio: Una classe di studenti contatta la maestra della scuola elementare dopo 34 anni.	

8 Chi sono queste persone? Scegli il verbo corretto e indovina il personaggio.

a. Sono italiano e **giro / gira** tutto il mondo per cantare, ma **vivi / vivo** in Italia. Gli italiani mi **conoscete / conoscono** perché **vedono / vedo** i miei concerti alla televisione e **comprate / comprano** i miei dischi. Mi **chiama / chiamo** Andrea, sono un tenore e **canto / canta** molti tipi di musica, classica, opera e moderna.

  Sai chi sono? ANDREA B _ _ _ _ _ _

b. Sono una persona molto importante. **Abita / Abito** in un piccolo stato indipendente dentro l'Italia. **Ho / Ha** un lavoro di responsabilità e spesso **viaggiamo / viaggio** molto. Di solito **porta / porto** abiti bianchi e lunghi e uno strano cappellino sulla testa e la domenica molta gente **aspetta / aspettano** di vedermi quando **apre / apro** la finestra per parlare. Le guardie del mio stato **parlano / parlate** tedesco perché sono tutte svizzere.

  Sai chi sono? IL P _ _ _

c. Sono italiana, **viaggia / viaggio** molto e **vivo / vivi** fra gli Stati Uniti e l'Italia. **Lavoriamo / Lavoro** nella famosa casa di moda creata da mio fratello, Gianni. Uomini e donne **indossiamo / indossano** i vestiti che io **disegno / disegna**. Per molte persone i prodotti della mia azienda **rappresentiamo / rappresentano** il vero lusso. Mi **chiami / chiamo** Donatella.

  Sai chi sono? DONATELLA V _ _ _ _ _ _

9 Metti i verbi al presente.

Il Primo Maggio in Italia

Il Primo Maggio è una festa nazionale in Italia: la Festa dei Lavoratori. Quasi nessuno (*lavorare*) _____ e molti (*approfittare*) _____ della giornata libera per andare con la famiglia in campagna, specialmente se il tempo è bello. Questa festività (*risalire*) _____ al 1886, quando, durante una protesta dei Knights of Labor, a Chicago, la polizia (*aggredire*) _____ i protestanti. Così (*nascere*) _____ la festa del Primo Maggio. In diversi paesi europei la festività del Primo Maggio (*diventare*) _____ ufficiale nel 1889 e due anni dopo in Italia. Il regime fascista (*cancellare*) _____ questo giorno di festa e (*inserire*) _____ al suo posto la celebrazione della Festa del Lavoro Italiano, il 21 aprile. Dopo la fine della Seconda Guerra Mondiale, comunque, la Repubblica Italiana (*riprendere*) _____ questo giorno festivo. Ora la Festa dei Lavoratori è molto importante in Italia, e dal 1990 i sindacati italiani, CGIL, CISL e UIL, (*organizzare*) _____ a Roma un concerto per celebrare questo giorno e centinaia di migliaia di persone (*partecipare*) _____ al concerto.

5 PRESENTE DEI VERBI REGOLARI — ESERCIZI

10 Metti i verbi al presente e indovina di quali città parliamo.

1. In questa città gli abitanti *(viaggiare)* _____ con barche, vaporetti o a piedi e ogni anno a febbraio o a marzo *(organizzare)* _____ delle bellissime feste in maschera. La città *(ospitare)* _____ un famoso Festival Internazionale del Cinema e, ogni due anni, *(allestire)* _____ la Biennale d'Arte Moderna. È una città particolare, eccezionale e con un'atmosfera un po' magica.
   Come si chiama? __ E __ __ Z __ __

2. Quando *(tu / visitare)* _____ questa città trovi tantissime cose da fare e da vedere. Se *(tu / decidere)* _____ di girare il centro, *(scoprire)* _____ degli angoli molto particolari e interessanti. Se *(tu / camminare)* _____ lungo il mare *(tu / vedere)* _____ un vulcano famosissimo dietro la città. Poi, se *(tu / passare)* _____ da questa città a Natale, devi visitare via San Gregorio Armeno, che in quel periodo *(diventare)* _____ una strada bellissima e particolare, con molti negozi di artigiani che *(vendere)* _____ le statue del presepe. Gli abitanti di questa città *(mangiare)* _____ la vera pizza originale e *(preparare)* _____ il caffè più buono d'Italia.
   Come si chiama? __ __ P __ __ I

3. È una piccola città della Basilicata. Gli abitanti di questa città *(abitare)* _____ in collina, in una zona con molte rocce. Questa città è famosa per i Sassi, che sono un patrimonio dell'Unesco. Quando i turisti *(camminare)* _____ fra i Sassi *(ammirare)* _____ le antiche case di questa città, che sono scavate come grotte dentro la collina. Qui i turisti *(visitare)* _____ anche la cattedrale medievale, e le chiese di San Francesco e di San Domenico. Non lontano dalla città *(noi / trovare)* _____ anche un bel castello, il Castello Tramontano.
   Come si chiama? M __ __ __ __ A

11 Metti i verbi al presente.

L'amica geniale

È una serie di quattro romanzi di una famosissima e misteriosa scrittrice italiana: Elena Ferrante.
Nessuno *(conoscere)* _____ la vera identità di questa scrittrice e alcuni *(affermare)* _____ che forse è un uomo. I romanzi *(raccontare)* _____ la storia di due donne, Elena (Lenù) e Raffaella (Lila) e *(descrivere)* _____ circa 60 anni della loro vita. Lenù e Lila *(crescere)* _____ in un quartiere della periferia di Napoli e *(diventare)* _____ grandi amiche. Le loro vite però *(cambiare)* _____ molto negli anni e, a volte, le due amiche *(perdere)* _____ i contatti. Nei romanzi *(noi / leggere)* _____ non solo le loro avventure, ma *(noi / vedere)* _____ anche la vita nell'Italia di quegli anni.
Questi romanzi *(essere)* _____ l'ispirazione per una famosa serie televisiva.

> **LO SAI CHE...**
> Spesso usiamo il **tempo presente** al posto del futuro, se nella frase c'è un'espressione di tempo (per es. **domani**, il **mese prossimo**, **fra qualche mese**, ecc.).
>
> Es:
> **Domani** parto per le vacanze.
> **Giovedì prossimo** arrivano i miei amici.

PRESENTE DEI VERBI REGOLARI 5

ESERCIZI

12 Metti i verbi al posto giusto nel testo, come nell'esempio.

mettono • vediamo • sono • organizzano • hanno • è • cresce • troviamo
preferisce • seguono • cambia • sono • amano

Secondo un'inchiesta del Ministero degli Esteri e della Società Geografica Italiana, l'interesse per la lingua italiana nel mondo ____è____ alto. Ma perché gli stranieri studiano l'italiano? La prima motivazione degli studenti stranieri è l'interesse per la cultura italiana. I corsi di italiano degli Istituti Italiani di Cultura nel mondo _____ moltissimi e il numero degli studenti _____ ogni anno. La zona del mondo dove _____ il maggiore aumento dei corsi è l'America Latina, dove gli Istituti _____ quasi 1800 corsi di italiano. Anche gli studenti dell'Europa centro-occidentale _____ molti. Anche in Giappone la lingua italiana è molto amata, Tokyo e Osaka _____ due Istituti Italiani di Cultura e offrono 440 corsi di italiano in queste due sedi. Perché gli stranieri _____ la nostra lingua? Il 56% indica "Tempo libero e interessi vari" come fattore di interesse. Per queste persone la lingua italiana è ancora una lingua di cultura. Al secondo posto _____ "Studio" (21%), poi "Lavoro" (13%) e "Motivi personali e familiari" (10%). Naturalmente la motivazione _____ in relazione alla posizione geografica. Questi risultati sono condizionati dagli studenti europei, dove gli Istituti sono più numerosi. Ma gli studenti africani _____ come prima motivazione "Lavoro" (50%), il Medio Oriente sceglie "Studio" (75%) e l'America Latina di solito _____ "Motivi personali e familiari" (37%). Oceania e Nord America _____ le preferenze europee, e preferiscono la cultura.

13 Leggi le presentazioni di Andrea, Veronica e Caterina e scrivi una piccola relazione su di loro, descrivendoli alla terza persona singolare, come negli esempi.

Ciao. Mi chiamo Andrea Fiorini e ho 26 anni. Sono di Milano e abito in centro, dove lavoro in una agenzia turistica dal lunedì al venerdì. Di solito comincio a lavorare alle 9:00 e finisco alle 5:00, poi, tre volte alla settimana, gioco a tennis con un amico. Non sono fidanzato perché preferisco rimanere libero e indipendente. Ho molti amici e una vita molto attiva. La sera esco spesso.

a. Si chiama Andrea Fiorini e ha 26 anni...

Buonasera. Mi chiamo Veronica Biaggi e ho 49 anni. Sono di Reggio Emilia, ma vivo a Bologna dove insegno in una scuola elementare. Sono sposata e ho due figli, un maschio e una femmina. Nel tempo libero leggo molto, sono appassionata di libri e spendo molti soldi nelle librerie. Qualche volta penso di scrivere un libro per bambini, ma ora non ho molto tempo. Forse in futuro…

b. Si chiama Veronica Biaggi e ha 49 anni...

Mi chiamo Caterina Cussu, ho 28 anni, sono sarda e vivo a Nuoro, dove lavoro in una società informatica come designer grafico. È un lavoro molto creativo e qualche volta, quando non ho idee, prendo la macchina e giro lungo la costa, a pensare. Non sono sposata né fidanzata. Viaggio volentieri e conosco sempre nuove persone.

c. Si chiama Caterina Cussu, ha 28 anni...

TEST DI CONTROLLO

unità 1 • 5

Hai fatto progressi? Controlla.
Ogni esercizio ripete uno o più argomenti grammaticali, se raggiungi più della metà del totale: BRAVO!
In caso contrario ripeti l'argomento che ti dà più problemi.

1 SOSTANTIVI (MASCHILE E FEMMINILE)
Dividi i sostantivi in maschili e femminili.

cameriere • stazione • orologio • casa • autobus • padre • salame • vino • pane • stagione • film • città • bar • bicicletta • birra • cinema • mano • fiore • problema • radio

maschile	femminile
cameriere	

ogni sostantivo esatto vale 1 punto — totale: ___ / 19

2 SOSTANTIVI (SINGOLARE E PLURALE)
Trasforma i sostantivi dal singolare al plurale.

singolare	plurale
penna	penne
amico	
libro	
amore	
operaio	
infermiere	
avvocato	
uomo	
professoressa	
mano	
amica	

singolare	plurale
pesca	
università	
foto	
bar	
disco	
giornale	
letto	
albergo	
caffè	
pizzeria	

ogni plurale esatto vale 1 punto — totale: ___ / 20

TEST DI CONTROLLO

unità 1 • 5

3 ARTICOLI DETERMINATIVI
Completa il testo con gli articoli determinativi.

Al momento, in Italia, _____ situazione del mercato del lavoro femminile è molto debole perché _____ sistema economico è debole. _____ tasso di occupazione in generale è più basso della media europea e _____ differenza fra occupazione femminile e maschile è molto alta. Secondo _____ dati dell'Istituto di Statistica (ISTAT), _____ occupazione maschile è circa il 70%, ma quella femminile è solo _____ 47%. _____ bassa partecipazione delle donne al mercato del lavoro è concentrata specialmente al Sud e fra _____ donne che hanno più di 45 anni. Inoltre, nonostante _____ ottimi risultati scolastici, le donne hanno difficoltà a ottenere _____ ruoli direttivi e, spesso, _____ stipendio è più basso di quello di un uomo allo stesso livello. Insomma, c'è ancora molto da fare per _____ parità fra uomo e donna.

ogni articolo corretto vale 2 punti **totale: ___ / 26**

4 ARTICOLI DETERMINATIVI E INDETERMINATIVI
Completa il testo con gli articoli determinativi o indeterminativi.

Bologna è una città dell'Emilia-Romagna, _____ regione del centro-nord Italia. _____ origini di Bologna sono del IX secolo avanti Cristo. Quando nel 189 a.C. diventa _____ colonia romana, _____ suo nome cambia da Felsina (_____ suo nome etrusco) a Bononia. _____ periodo più importante e ricco nella storia di Bologna è il secolo XI, quando _____ città diventa comune libero e nasce _____ università. _____ università di Bologna rimane per secoli una delle più importanti in Europa. _____ centro della città ha ancora _____ vie medievali e _____ antiche torri. _____ due torri più famose sono _____ Torre degli Asinelli (secolo XII) e _____ Torre della Garisenda (fine secolo XI). Ora Bologna è _____ importante centro artistico e intellettuale. _____ studenti del DAMS, _____ Accademia delle Arti e dello Spettacolo, rendono _____ città molto vivace e divertente. _____ ristoranti sono ottimi, _____ osterie sono famose per _____ musica dal vivo e _____ vino. Insomma _____ vita a Bologna è piena di stimoli, è _____ città bella e ricca di cultura e arte e molti ancora la chiamano: la grassa.

ogni articolo corretto vale 2 punti **totale: ___ / 50**

5 ESSERE E AVERE
Scegli il verbo corretto: essere o avere?

L'Italia **è / ha** 20 regioni e, naturalmente, ogni regione **ha / è** molte città, cittadine e paesi che **hanno / sono** molto differenti fra loro. Spesso anche i dialetti **hanno / sono** molto diversi e, secondo alcuni, anche gli abitanti delle diverse regioni, o delle diverse città, **sono / hanno** caratteri diversi. Per esempio dicono che, se **hai / sei** di Genova, in Liguria, non **hai / sei** generoso. Oppure, se **sei / hai** di Milano, in Lombardia, **hai / sei** sempre fretta, non **sei / hai** molta pazienza e **sei / hai** piuttosto arrogante. Di noi toscani dicono che **abbiamo / siamo** anticlericali e satirici e anche nella stessa Toscana ci **sono / hanno** molte rivalità fra le città e tutti parlano male dei vicini. Dei sardi si dice che **sono / hanno** molto orgogliosi, come anche i siciliani. Qualche volta parlare male delle altre città o delle altre regioni **è / ha** uno dei giochi preferiti, ma, in fondo in fondo, nessuno ci crede poi molto (o quasi...).

ogni verbo corretto vale 1 punto **totale: ___ / 15**

ALMA Edizioni | Grammatica pratica della lingua italiana

TEST DI CONTROLLO

unità 1 • 5

6 PRESENTE DI ESSERE, DI AVERE E DEI VERBI REGOLARI
Metti i verbi al presente.

Una domenica a digiuno

Aldo torna oggi dalla Francia. È domenica. L'aereo *(arrivare)* _____ all'aeroporto alle 11. Aldo *(aspettare)* _____ le valigie, *(prendere)* _____ un taxi e all'una *(essere)* _____ a casa.

"*(io / Avere)* _____ fame.", *(pensare)* _____, quindi *(aprire)* _____ il frigorifero e *(vedere)* _____ un cartone di latte vecchio, due pomodori e un vasetto di maionese. Allora *(decidere)* _____ di uscire per comprare qualcosa da mangiare, ma il paese *(essere)* _____ deserto. *(Essere)* _____ agosto, *(essere)* _____ una giornata molto calda e Aldo, dalle finestre aperte, *(sentire)* _____ i profumi del pranzo. La fame *(aumentare)* _____, Aldo *(prendere)* _____ la macchina e *(cominciare)* _____ a girare in cerca di un supermercato aperto… niente! *(Essere)* _____ domenica, nessuno *(lavorare)* _____! Lo stomaco *(essere)* _____ vuoto, la testa *(girare)* _____, i pochi ristoranti del paese *(essere)* _____ chiusi perché tutti *(essere)* _____ in vacanza. Aldo *(avere)* _____ paura di morire di fame… Almeno un gelato!

Alla fine, disperato, *(entrare)* _____ in una gelateria, *(comprare)* _____ un chilo di gelato e lo *(portare)* _____ a casa. Poi *(finire)* _____ tutto il gelato e *(decidere)* _____ di andare a letto, perché *(avere)* _____ un gran mal di pancia! A letto *(pensare)* _____: "*(io / Odiare)* _____ le domeniche d'agosto!".

ogni verbo corretto vale 3 punti   **totale: ____ / 93**

7 SOSTANTIVI, AGGETTIVI, VERBI E ARTICOLI
Fai delle frasi al presente, come nell'esempio. Attenzione a non dimenticare gli articoli!

1. tedesco / essere / lingua / germanico. ▶ *Il tedesco è una lingua germanica.*
2. italiani / normalmente / prendere / vacanze / ad agosto. ▶ _____
3. d'inverno / montagne / italiano / essere / pieno / di sciatori. ▶ _____
4. Sardegna / avere / mare / bellissimo. ▶ _____
5. montagna / più / alto / degli Appennini / essere / in Abruzzo. ▶ _____
6. sciatori / estivo / preferire / Monte Rosa. ▶ _____
7. isole Tremiti / essere / tre isole / italiano. ▶ _____
8. turisti / tedesco / amare / spiagge / italiano. ▶ _____
9. molto / turisti / visitare / cascate delle Marmore / in Umbria. ▶ _____
10. fiume / più / lungo / d'Italia / essere / Po. ▶ _____
11. Po / nascere / sulle Alpi e / finire / nel mare Adriatico. ▶ _____

ogni frase corretta vale 4 punti   **totale: ____ / 40**

TEST DI CONTROLLO

unità 1 • 5

8 **PRESENTE DI ESSERE, AVERE E DEI VERBI REGOLARI**
Metti i verbi al presente.

Una storia telefonica

29 dicembre ▸ Per Gianni le vacanze cominciano oggi, finalmente! *(Essere)* _____ all'aeroporto, e *(pensare)* _____: "Oh, che bello! Ora *(partire)* _____ e questo pomeriggio sarò ad Amsterdam. Non *(io / vedere)* _____ l'ora di incontrare i miei amici e festeggiare il Capodanno con loro!". Purtroppo il tempo è proprio brutto, *(cominciare)* _____ a nevicare sempre di più e l'aeroporto *(chiudere)* _____. Gianni è deluso e arrabbiato, *(aspettare)* _____ per qualche ora, ma niente da fare: tutti i voli *(essere)* _____ cancellati! Allora *(spedire)* _____ un messaggio al suo amico Stefan, ad Amsterdam, e *(scrivere)* _____: "Che sfortuna! Sono bloccato. Non *(io / organizzare)* _____ più un viaggio in inverno!".
Dopo qualche minuto, Gianni *(sentire)* _____ il suono di un messaggio, *(prendere)* _____ il telefono e *(leggere)* _____: "*(tu / Avere)* _____ ragione. Non è una buona idea organizzare viaggi in questo periodo. Mi dispiace per la tua vacanza. Però io *(essere)* _____ Stefania, non Stefan ☺. Gianni controlla il numero e *(capire)* _____ che è quello di Stefania, una vecchia amica dell'università che non vede da tanti anni. Allora risponde: "Scusa Stefania, che stupido! *(Essere)* _____ all'aeroporto. Tu dove *(essere)* _____? E dove *(passare)* _____ il Capodanno?". Gianni e Stefania *(continuare)* _____ a chattare per diversi giorni.
31 dicembre ▸ Gianni e Stefania *(avere)* _____ un appuntamento in città per prendere un caffè. Sono entrambi soli per Capodanno e *(pensare)* _____ di rivedersi e, se tutto va bene, passare il Capodanno insieme. Secondo te cosa *(succedere)* _____?

ogni verbo corretto vale 2 punti   totale: ____ / 48

9 **SOSTANTIVI, AGGETTIVI, VERBI E ARTICOLI**
Fai delle frasi al presente, come nell'esempio. Attenzione a non dimenticare gli articoli!

1. giovani / italiano / studiare / principalmente / inglese.
   ▸ *I giovani italiani studiano principalmente l'inglese.*
2. Valle d'Aosta / avere / due / lingua / ufficiale / e / essere / regione / più piccolo / in Italia.
3. nel mondo / esserci / circa 67 / milione / di / persona / che parlare / italiano.
4. molto / argentini / essere / di famiglia / italiano / e / parlare / italiano.
5. anche in Australia / vivere / molto / famiglie / di origine / italiano.
6. abitanti / della Corsica / capire / bene / italiano.
7. anche / tanto / albanesi / comprendere / italiano / perché / vedere / televisione / italiano.
8. legge / italiano / proteggere / 12 / comunità / linguistico / minoritario.
9. questo / lingue / essere / in programmi / televisivo / e radiofonico.

ogni frase corretta vale 4 punti   totale: ____ / 32

CHI HA UCCISO L'ITALIANO?
crimini grammaticali a fumetti • livello A1

CHI HA UCCISO L'ITALIANO?

testi: C. PEGORARO • disegni: G. FERRARI

UNA DI QUESTE PERSONE MENTE E HA ANCHE FATTO UN ERRORE DI GRAMMATICA.

CHI HA UCCISO L'ITALIANO?

FINE

6 PRESENTE DEI VERBI IRREGOLARI

Verbi modali e verbo sapere

Voglio un po' di silenzio!
Lina **vuole** il motorino.
Sandro **deve** entrare in ufficio alle 9.
Dobbiamo studiare di più.
Non puoi **venire** al parco?
I bambini non **possono** uscire da soli.
Non **so** guidare la macchina.
Sapete usare il computer?

- I verbi modali **volere**, **potere**, **dovere** e il verbo **sapere** hanno il presente irregolare.

Voglio mangiare un po'.
Devo cambiare i soldi.
Posso fumare?
Scusi, **può chiudere** la finestra?

- Normalmente i verbi modali **volere**, **dovere** e **potere** sono seguiti da infinito.

Non **so giocare** a tennis.
(= non so come fare a giocare)

- **Sapere** normalmente significa: avere l'abilità di fare una cosa.

Oggi **non posso** giocare a tennis.
(= non ho tempo / il medico non mi dà il permesso)

- **Potere** di solito significa: avere la capacità fisica di fare una cosa o avere il permesso di fare una cosa.

- **Verbi modali e verbo sapere**

	volere	potere	dovere	sapere
io	voglio	posso	devo	so
tu	vuoi	puoi	devi	sai
lui / lei / Lei	vuole	può	deve	sa
noi	vogliamo	possiamo	dobbiamo	sappiamo
voi	volete	potete	dovete	sapete
loro	vogliono	possono	devono	sanno

ESERCIZI

1 Scegli la forma corretta dei verbi modali.

Es: Laura non **posso** / <u>**può**</u> mangiare le pesche. È allergica.
1. Oggi *(io)* **devo** / **deve** telefonare a Massimo.
2. Aldo e Giacomo **vogliamo** / **vogliono** studiare lo spagnolo.
3. Noi bambini non **possiamo** / **possono** giocare in giardino.
4. Se *(tu)* **voglio** / **vuoi** superare l'esame **deve** / **devi** studiare con impegno.
5. Luca non **può** / **posso** mangiare la torta perché ha mal di stomaco.
6. Gli studenti **dovete** / **devono** fare molti compiti.
7. Scusi, *(Lei)* **puoi** / **può** spegnere la sigaretta?
8. A che ora *(voi)* **dovete** / **deve** partire?
9. Perché le ragazze non **volete** / **vogliono** venire al cinema?
10. Non *(tu)* **può** / **puoi** stare in casa ogni domenica!

PRESENTE DEI VERBI IRREGOLARI

ESERCIZI

2 **Potere** o **sapere**? Collega la frase giusta a ogni disegno.

1.

2.

3.

a. non sa mangiare con le bacchette
b. non sa leggere
c. non può parlare
d. non può mangiare la torta
e. non può leggere
f. non sa parlare
g. non sa sciare
h. non può sciare

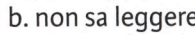
4.

5.

6.

7.

8.

3 **Potere** o **sapere**? Scegli il verbo corretto per ogni frase, come nell'esempio.

Es: Ho mal di denti, non **posso** / **so** parlare.

1. **Sai** / **Puoi** suonare la chitarra?
2. Oggi non **so** / **posso** venire al cinema perché ho da fare.
3. Scusi, **può** / **sa** che ore sono?
4. Luigi lavora in Francia, ma non **sa** / **può** una parola di francese.
5. **Potete** / **Sapete** chiamare la polizia? Non ho il telefono.
6. No, mia figlia non **sa** / **può** venire in piscina, non **sa** / **può** nuotare.
7. Se non vanno in macchina **sanno** / **possono** prendere il treno.
8. Non **possiamo** / **sappiamo** dove abita Piera.
9. **Possiamo** / **Sappiamo** venire a casa tua oggi?
10. **Sapete** / **Potete** giocare a bridge domani sera?

6 PRESENTE DEI VERBI IRREGOLARI

ESERCIZI

4 **Scegli il verbo corretto.**

Marta e Alice sono gemelle e studiano nella stessa scuola, ma in due classi diverse. Marta è un tipo attivo ed è molto brava in tutti gli sport, Alice invece è più brava in italiano e filosofia e preferisce i libri allo sport. Domani Marta ha un compito di italiano e non **vuole / sa / deve** andare a scuola perché ha paura di prendere un brutto voto, quindi chiede ad Alice se **deve / può / sa** prendere il suo posto e fare il compito per lei, infatti la professoressa non la **vuole / deve / può** riconoscere!
Alice risponde di sì, ma dice che allora Marta **sa / vuole / deve** prendere il suo posto alla partita di pallavolo di venerdì perché lei non **sa / deve / può** giocare bene e non **può / deve / vuole** fare una brutta figura.
I genitori di Marta e Alice naturalmente non **sanno / devono / vogliono** niente di tutto questo e sono orgogliosi perché le loro figlie sono brave in tutto!

5 **Fai delle frasi al presente, come nell'esempio. Attenzione agli articoli e alle concordanze!**

Es: studenti / italiano / dovere / studiare / lingua / straniero.
▸ *Gli studenti italiani devono studiare una lingua straniera.*

1. Tutti / italiano / sapere / chi / essere / Dante Alighieri.
   ▸ _____

2. studenti / italiano / normalmente / dovere / studiare / questo / autore / a scuola.
   ▸ _____

3. opera / più / famoso / di Dante Alighieri / essere / Divina Commedia, / capolavoro / famosissimo / in / tutto / mondo.
   ▸ _____

4. Divina Commedia / risalire / al XIV secolo.
   ▸ _____

5. Questo / opera / descrivere / viaggio / di / uomo, Dante, / attraverso / Inferno, / Purgatorio e / Paradiso.
   ▸ _____

6. poeta / dovere / attraversare / questo / tre / mondo / per ottenere / salvezza.
   ▸ _____

7. Noi lettori / italiano / moderno / riuscire / a capire / lingua / di / questo / opera.
   ▸ _____

8. Infatti Dante / non volere / usare / latino / come altro / poeti / del periodo / ma preferire / usare / lingua / parlato / a Firenze.
   ▸ _____

9. primo / libro / che / descrivere / Inferno / essere / ispirazione / per molto / film, / fumetto, / videogiochi / e / musical.
   ▸ _____

10. Chi / non / sapere / almeno / inizio / dell'Inferno?
    ▸ _____

PRESENTE DEI VERBI IRREGOLARI   6

Altri verbi con presente irregolare

	andare	bere	dare	dire	fare	fuggire
io	vado	bevo	do	dico	faccio	fuggo
tu	vai	bevi	dai	dici	fai	fuggi
lui / lei / Lei	va	beve	dà	dice	fa	fugge
noi	andiamo	beviamo	diamo	diciamo	facciamo	fuggiamo
voi	andate	bevete	date	dite	fate	fuggite
loro	vanno	bevono	danno	dicono	fanno	fuggono

	morire	parere	piacere	porre	rimanere	riuscire
io	muoio	paio	piaccio	pongo	rimango	riesco
tu	muori	pari	piaci	poni	rimani	riesci
lui / lei / Lei	muore	pare	piace	pone	rimane	riesce
noi	moriamo	paiamo	piacciamo	poniamo	rimaniamo	riusciamo
voi	morite	parete	piacete	ponete	rimanete	riuscite
loro	muoiono	paiono	piacciono	pongono	rimangono	riescono

	salire	scegliere	sciogliere	sedere	spegnere	stare
io	salgo	scelgo	sciolgo	siedo	spengo	sto
tu	sali	scegli	sciogli	siedi	spegni	stai
lui / lei / Lei	sale	sceglie	scioglie	siede	spegne	sta
noi	saliamo	scegliamo	sciogliamo	sediamo	spegniamo	stiamo
voi	salite	scegliete	sciogliete	sedete	spegnete	state
loro	salgono	scelgono	sciolgono	siedono	spengono	stanno

	tenere	tradurre	trarre	uscire	valere	venire
io	tengo	traduco	traggo	esco	valgo	vengo
tu	tieni	traduci	trai	esci	vali	vieni
lui / lei / Lei	tiene	traduce	trae	esce	vale	viene
noi	teniamo	traduciamo	traiamo	usciamo	valiamo	veniamo
voi	tenete	traducete	traete	uscite	valete	venite
loro	tengono	traducono	traggono	escono	valgono	vengono

6 PRESENTE DEI VERBI IRREGOLARI

ESERCIZI

1 Completa la coniugazione del presente.

	dire	rimanere	scegliere	sedere	tenere	tradurre
io				siedo		traduco
tu	dici					
lui / lei / Lei		rimane	sceglie		tiene	
noi			scegliamo	sediamo		
voi		rimanete				traducete
loro	dicono				tengono	

2 Ricostruisci le frasi, come nell'esempio.

Es: che ora / domani? / parti / a ▸ A che ora parti domani?

1. andare / vogliamo / in vacanza. ▸ _____
2. rimane / studiare. / perché / Renato / a casa / deve ▸ _____
3. più birra. / beviamo / d'estate ▸ _____
4. la / stranieri / italiana / per / incomprensibile. / è / politica / gli ▸ _____
5. mancia / non / perché / la / dai / al cameriere? ▸ _____
6. venire / a ballare. / posso / non ▸ _____
7. il / sa / Marco / tedesco. ▸ _____
8. domani? / fai / cosa ▸ _____
9. non usciamo / perché / stasera? ▸ _____

3 Paola è in vacanza con tre amici e scrive una mail a casa. Completa la mail con i verbi della lista, come nell'esempio.

andiamo • andiamo • fa • facciamo • facciamo • preferiscono • siamo
state • stiamo • usciamo • vado • vanno • vengono • viene

Nuovo messaggio

Ciao a tutti!
Come ___state___ ? Noi qui a Sorrento _____ benissimo! _____ in una pensione molto carina e non troppo cara. Ogni mattina _____ al mare, dove _____ una bella nuotata e poi, quando _____ troppo caldo e _____ molta gente, andiamo al bar e _____ colazione. Qualche volta (io) _____ con Serena al mercato mentre Sergio e Giorgio _____ tornare alla pensione a riposarsi. Sorrento è bellissima e le serate sono davvero divertenti!! I sorrentini sono simpatici e, quando io e Serena _____ e _____ a ballare da sole (Sergio e Giorgio qualche volta non _____ perché _____ a pescare di notte), offrono sempre da bere e ci fanno compagnia. Insomma, una pacchia!

Ciao e a presto!

Paola

PRESENTE DEI VERBI IRREGOLARI — 6

ESERCIZI

4 Metti i verbi al presente, come nell'esempio.
Poi scegli la risposta che preferisci. Quando hai finito, controlla il punteggio e scopri se sei ottimista o pessimista.

Test psicologico – Sei ottimista o pessimista?

andare • volere • essere • essere • essere

1. Quando (tu) _____ invitato/a a una festa
- a. (tu) _____ molto contento/a.
- b. trovi una scusa e non (tu) _____.
- c. (tu) _vuoi_ sapere chi c'è.
- d. (tu) _____ imbarazzato/a.
- e. pensi al vestito da mettere.

2. Il tuo mese preferito è
- a. marzo.
- b. dicembre.
- c. giugno.
- d. ottobre.
- e. agosto.

dovere • volere • stare • essere • avere

3. Cosa pensi del tuo aspetto?
- a. Quando (io) _____ uscire, passo molto tempo a curare il mio look.
- b. _____ abbastanza bene.
- c. (Io) _____ migliorare.
- d. Non _____ molta importanza.
- e. _____ perfetto.

stare • essere • fare • avere • volere

4. Cosa (tu) _____ se (tu) _____ essere simpatico/a a qualcuno?
- a. Mostri sicurezza.
- b. Mostri che (tu) _____ interessato/a.
- c. (Tu) _____ in silenzio.
- d. Parli dei problemi che (tu) _____.
- e. Ascolti.

volere • essere • essere

5. Cosa pensi delle tue esperienze?
- a. _____ interessanti.
- b. Sono personali e riservate.
- c. Non _____ opportuno raccontarle a tutti.
- d. _____ raccontarle solo a persone fidate.
- e. Le racconto ad amici.

Punteggio

	a	b	c	d	e
1	10 punti	0 punti	5 punti	2 punti	8 punti
2	10 punti	1 punto	7 punti	0 punti	4 punti
3	8 punti	5 punti	0 punti	2 punti	10 punti
4	10 punti	9 punti	0 punti	3 punti	6 punti
5	10 punti	0 punti	5 punti	2 punti	8 punti

Risultati

da 0 a 15
Sei molto pessimista e ansioso/a, malinconico/a e triste. Cerca di essere più positivo/a.

da 15 a 30
Oscilli fra pessimismo e ottimismo. Qualche volta sei disorientato/a e qualche volta pieno/a di energia.

da 30 a 50
Sei prevalentemente ottimista e soddisfatto/a della vita. Hai molti amici e sei contento/a.

6 PRESENTE DEI VERBI IRREGOLARI

ESERCIZI

5 Scegli la forma corretta del verbo e decidi se le frasi sono vere o false.

Usi, costumi e regole italiani

		vero	falso
1.	Gli attori italiani **dicono / danno** che il colore viola porta sfortuna.	☐	☐
2.	Se prendi l'autobus **vuoi / devi** comprare il biglietto.	☐	☐
3.	Quando compri qualcosa **devi / puoi** tenere sempre lo scontrino.	☐	☐
4.	Il Primo Maggio gli italiani **salgono / vanno** al lavoro.	☐	☐
5.	Nei dialetti meridionali **è / sono** possibile dire "pure" al posto di "anche".	☐	☐
6.	I giovani italiani **vanno / rimangono** a vivere da soli molto presto.	☐	☐
7.	Quasi tutti in Italia **vanno / fanno** in vacanza ad agosto.	☐	☐
8.	Per viaggiare nell'Unione Europea gli italiani **vogliono / devono** usare il passaporto.	☐	☐
9.	Se un'amica **dà / tiene** un esame, **diamo / diciamo** "In bocca al lupo".	☐	☐
10.	Se vuoi essere formale **dici / dai** del Lei.	☐	☐

6 Scegli il verbo giusto e forma il presente, come nell'esempio.

Es: Piero (**sapere / <u>volere</u> / fare**) _vuole_ diventare architetto.

1. Non *(io)* (**potere / sapere / bere**) _____ comprare quella macchina. È troppo cara!
2. Prima di mangiare *(tu)* (**volere / dovere / sapere**) _____ bere un aperitivo?
3. Scusi, (**sapere / dire / potere**) _____ dove è l'ufficio postale più vicino?
4. Noi (**fare / dovere / dire**) _____ sempre la verità.
5. Il fine settimana voi (**morire / andare / fare**) _____ spesso una gita fuori città.
6. Silvia e Barbara (**venire / essere / stare**) _____ bene.
7. Gli italiani (**uscire / fare / bere**) _____ colazione con un cappuccino e un cornetto.
8. D'estate in Italia (**salire / volere / venire**) _____ molti turisti.
9. Non *(io)* (**morire / riuscire / fare**) _____ a dormire.

7 Trova i 2 verbi sbagliati nel testo.

Il caffè

Come tutti sanno, gli italiani bevono molti caffè durante il giorno: molte persone fanno il caffè a casa con la moka (una caffettiera tipica per l'espresso che esiste dal 1933), altri vanno al bar. Quello che gli italiani chiamano caffè è naturalmente l'espresso, che alcuni bevono con un po' di latte (macchiato) e che al nord molti bevono "corretto", con un po' di grappa o cognac. Al bar, la mattina, molti italiani fa colazione con un cappuccino o un caffè, in piedi. Molti impiegati smettono di lavorare a metà mattina, usciamo e vanno a prendere il caffè. Anche agli amici a casa di solito gli italiani offrono un caffè, non un tè.

ESERCIZI

PRESENTE DEI VERBI IRREGOLARI 6

8 Metti i verbi al presente.

Pollicino sposa la grande principessa

Questa è la storia di Pollicino, un bambino che
(essere) _____ piccolo come un pollice.
Quando Pollicino (diventare) _____ adulto, la madre
gli (dire) _____ :"Pollicino, (dovere) _____
trovare una moglie". Così lui e la madre (andare) _____ in giro
per il mondo per trovare una moglie per Pollicino.
Dopo pochi giorni, (loro / arrivare) _____ al palazzo del re,
dove il re (vivere) _____ con la figlia, una principessa bellissima,
ma enorme, come un gigante.
Quando la principessa (vedere) _____ Pollicino si innamora
subito e (volere) _____ sposarlo. Il giorno della festa Pollicino
(sedere) _____ vicino alla principessa, ma non (riuscire) _____
a mangiare perché il tavolo è troppo grande per lui. La principessa (sapere) _____ del problema
del marito, quindi prende Pollicino con due dita e lo (mettere) _____ sul tavolo. Pollicino è contento
perché finalmente (potere) _____ mangiare, e tutto (andare) _____ bene.
Quando arriva il dessert però, c'è un problema. Il dolce è in una grande scodella piena di crema e Pollicino
non (potere) _____ arrivare alla crema.
Pollicino (salire) _____ sul bordo della scodella e si siede lì. Mentre (stare) _____
seduto sul bordo della scodella Pollicino vede un biscotto nel budino di crema e lo (volere) _____
mangiare. Così salta sul biscotto e comincia a mangiare. Dopo pochi minuti però, la principessa,
che non (sapere) _____ che suo marito Pollicino (essere) _____ dentro la scodella
a mangiare, mette il suo enorme cucchiaio nel budino e fa cadere Pollicino nella crema.
Il povero Pollicino non (riuscire) _____ a uscire dalla crema, (bere) _____ troppa crema
e (morire) _____.
E questa è la storia del brevissimo matrimonio di Pollicino e della grande principessa.

(adattata da G. Rodari, "Enciclopedia della favola")

LO SAI CHE... C'è un grande gruppo di verbi con l'infinito in **-durre**. Questi verbi sono irregolari e seguono tutti la stessa irregolarità.

Es:

*L'Italia **produce** molte auto. (produrre)*

*Oggi **introduciamo** un nuovo argomento. (introdurre)*

7 FORMA DI CORTESIA

Forma di cortesia

frase informale: Scusa, **sei** il fratello di Mario?
forma di cortesia: Scusi, **Lei è** il fratello di Mario?

frase informale: **Giovanni**, a che ora **pensi** di partire?
forma di cortesia: **Signor Testi**, a che ora **pensa** di partire?

frase informale: Ciao **Anna**, come **stai**?
forma di cortesia: Buongiorno **signora**, come **sta**?

Buonasera Signori, cosa **bevete**?

Buonasera Signori, cosa **bevono**?

- Per la forma di cortesia usiamo **Lei** (terza persona singolare femminile). Il verbo quindi è alla terza persona singolare.

- Spesso per la forma di cortesia plurale usiamo **Voi** (seconda persona plurale).

- Qualche volta, in situazioni molto formali, per la forma di cortesia plurale usiamo **Loro** (terza persona plurale).

- Forma di cortesia

singolare	**Lei**
plurale	**Loro** *(non molto usato)* **Voi** *(più usato)*

ESERCIZI

1 Collega ogni dialogo al disegno giusto.

1.

2.

3.

a.
- ■ Buongiorno Signora Sodini, come va?
- ● Molto bene, grazie Signor Loppi. E Lei?
- ■ Niente male, grazie. Lavora qui vicino?
- ● Sì, proprio qui davanti.
- ■ Viene a prendere un caffè con me?
- ● Perché no. Ho dieci minuti liberi.

b.
- ■ Buona sera Professor Nucci.
- ● Ciao Roberto! Tutto bene?
- ■ Abbastanza. Però ho qualche problema con la tesi. Ha un po' di tempo?
- ● Certo. Andiamo nel mio ufficio.
- ■ Grazie Professore.

c.
- ■ Franco, come va?
- ● Ciao Lucia! Che fai qui?
- ■ Vado in palestra qui vicino. Tu abiti sempre in via S. Stefano?
- ● Sì, perché non passi da casa mia dopo la palestra?
- ■ Va bene. A dopo.

ESERCIZI

FORMA DI CORTESIA 7

2 Andrea Felici e Federica Giusti si incontrano. Metti in ordine il dialogo, come nell'esempio.

a. Sì, perché?

b. Bene, grazie! Hai 5 minuti?

c. Abbastanza bene e tu?

d. Prendi un caffè con me?

e. Ciao Federica, come stai?

f. Ciao Andrea!

g. Ottima idea, Andrea!

_f_ / _e_ / __ / __ / __ / __ / __

3 Adesso trasforma il dialogo dell'esercizio 2 nella forma di cortesia, come nell'esempio.

Buongiorno signor Felici!
Buongiorno signora Giusti, come...

4 Scegli la forma corretta nel dialogo fra la professoressa Cini e Luca Mancini. Usa la forma di cortesia per la professoressa, ma non per Luca, come negli esempi.

- Buongiorno professoressa. **Vuole** / Vuoi parlarmi?
- Sì, Luca, **vieni** / viene un attimo qui. Lo sa / sai che hai / ha dei problemi in italiano, no?
- Sì, ma non so cosa fare. Non ho tempo di studiare tutto quello che Lei fai / fa in classe.
- E perché no? Per gli altri non è un problema. Tu cosa hai / ha di speciale?
- Scusi, non sai / sa che sono nel gruppo sportivo della scuola e che gioco a calcio nella squadra degli Under 21 del paese?
- Va bene, ma lo sport non deve prendere il posto dello studio, tu che pensa / pensi?
- Forse hai / ha ragione professoressa, ma deve / devi sapere che io voglio diventare un calciatore professionista e non posso perdere tempo con l'italiano. Se ascolta / ascolti i calciatori famosi quando parlano capisci / capisce cosa voglio dire.
- Ma Luca! Non puoi / può pensare solo al calcio! Se ha / hai sfortuna e questa carriera non va? Cosa fai / fa?
- Forse posso fare l'allenatore...

ALMA Edizioni | Grammatica pratica della lingua italiana

7 FORMA DI CORTESIA

ESERCIZI

5 Metti i verbi al presente e completa le interviste.

a. Sandro ha 16 anni e lavora part-time in un fast food.

Giornalista:	Ciao Sandro.
Sandro:	Buonasera.
Giornalista:	Da quanto tempo *(lavorare)* _____ qui?
Sandro:	Da pochi mesi.
Giornalista:	E quante ore *(dovere)* _____ fare al giorno?
Sandro:	Normalmente lavoro 3 giorni alla settimana, sei ore al giorno.
Giornalista:	Lo stipendio è buono? Quanto *(prendere)* _____ all'ora?
Sandro:	Mah, circa 5 euro, non molto.
Giornalista:	Allora perché *(volere)* _____ lavorare? Non *(potere)* _____ rimanere a casa a studiare o andare in giro con gli amici?
Sandro:	È vero. Ma preferisco avere un po' di soldi da spendere ed essere indipendente.
Giornalista:	Capisco Sandro. Ciao e buon lavoro.
Sandro:	Arrivederci e grazie.

b. Il padre di Sandro, Orlando Pistola, ha 57 anni ed è direttore di banca.

Giornalista:	Buongiorno signor Pistola.
Signor Pistola:	Buongiorno a Lei.
Giornalista:	Cosa *(pensare)* _____ del lavoro di Sandro?
Signor Pistola:	Non capisco perché vuole lavorare. Noi non abbiamo problemi economici e io posso pagare tutto quello che vuole.
Giornalista:	Ma non *(credere)* _____ che un piccolo lavoro può essere importante per un giovane?
Signor Pistola:	Un lavoro in un fast food? Penso proprio di no! E poi i giovani devono stare insieme, andare al cinema, andare a ballare, divertirsi insomma!
Giornalista:	*(Andare)* _____ mai a trovare Sandro al lavoro?
Signor Pistola:	*(Scherzare)* _____? No. Mai. Sandro sa che io non sono contento del suo lavoro, è senza futuro.
Giornalista:	Lei non *(mangiare)* _____ mai in un fast food?
Signor Pistola:	No, no. Io mangio solo in ristoranti di qualità e non voglio incontrare mio figlio che fa il cameriere.
Giornalista:	Ma perché *(essere)* _____ così rigido?
Signor Pistola:	Perché il figlio di un direttore di banca non può fare un lavoro così!
Giornalista:	Capisco, arrivederLa.
Signor Pistola:	ArrivederLa.

> **LO SAI CHE...**
> Mussolini, durante la dittatura, ha deciso di eliminare l'uso del pronome **Lei**, usato nella forma di cortesia e ha imposto l'uso del **Voi**. Ancora oggi nelle regioni del Sud molte persone usano il **Voi** invece del **Lei** come forma di cortesia.

VERBO STARE 8

Presente progressivo (stare + gerundio)

presente:
Di solito **telefono** a mia madre ogni settimana.

presente progressivo:
Sto telefonando a mia madre. *(in questo momento)*

presente:
Il film **comincia** alle 8:30.

presente progressivo:
Vieni! Il film **sta cominciando**! *(proprio adesso)*

- Il presente progressivo si usa per esprimere un'azione che accade nel momento in cui la persona parla.

Fai silenzio, **sto** ascolt**ando** la radio.
Isa **sta** mett**endo** i piatti sulla tavola.
Corri!! Il treno **sta** part**endo**!
La lezione **sta** fin**endo**.

- Il presente progressivo si forma con il presente del verbo **stare** + il **gerundio**.
Il gerundio si forma dall'infinito del verbo.
Le terminazioni del gerundio sono:
   - **-are** ▸ **-ando**
   - **-ere** ▸ **-endo**
   - **-ire** ▸ **-endo**

I ragazzi **stanno** bev**endo** il vino.
Alessandro **sta** fac**endo** la doccia.
Cosa **sta** dicendo? Non capisco. C'è troppo rumore.

- Alcuni verbi formano il gerundio dalla prima persona del presente:
   bevo ▸ **bevendo**
   faccio ▸ **facendo**
   dico ▸ **dicendo**

- **Presente progressivo**
   (presente verbo stare + gerundio)

	stare	gerundio
io	**sto**	
tu	**stai**	
lui / lei / Lei	**sta**	**parlando**
noi	**stiamo**	**scrivendo**
voi	**state**	**partendo**
loro	**stanno**	

8 VERBO STARE

ESERCIZI

1 Cosa stanno facendo? Unisci ogni frase al disegno giusto.

a. stanno dormendo
b. stanno cantando
c. sta mangiando
d. sta leggendo un libro
e. sta aprendo la porta
f. stanno piangendo
g. sta facendo il caffè
h. sta telefonando

2 Completa il testo con il presente del verbo stare, come nell'esempio.

Due guardie di un parco __stanno__ facendo il solito giro di controllo e vedono un uomo nel laghetto.

L'uomo _____ muovendo le braccia, mentre alcune persone intorno al laghetto _____ guardando.

Una delle due guardie dice all'altra: "Ehi! Quell'uomo _____ facendo il bagno!",

e va verso il laghetto. Quando arriva più vicino la guardia grida:

"Ehi! Non sa che è proibito fare il bagno nel laghetto?".

L'uomo risponde: "Non _____ facendo il bagno,

_____ affogando!". Allora la guardia, tranquilla,

dice: "Va bene. Allora può continuare.".

VERBO STARE   8

ESERCIZI

3 Che stanno facendo queste persone? Scegli il verbo giusto per ogni persona e forma il gerundio, come nell'esempio.

seguire la partita • tagliare la carne • preparare il pane • **dire la messa** • intervistare una persona
fare una multa • scrivere alla lavagna • vendere un mazzo di fiori • ballare • pettinare una cliente

Es: Il sacerdote sta _dicendo la messa._
1. La giornalista sta _____
2. Il fornaio sta _____
3. La parrucchiera sta _____
4. L'insegnante sta _____
5. Il vigile sta _____
6. La ballerina sta _____
7. Il tifoso sta _____
8. La fioraia sta _____
9. Il macellaio sta _____

4 Metti i verbi al presente progressivo.

È il 25 dicembre, il giorno di Natale e cosa (fare) _____ _____ gli italiani?
Sicuramente non tutti (passare) _____ _____ questo giorno di festa nello stesso modo;
le tradizioni natalizie in Italia sono molto diverse da zona a zona e da regione a regione.
Alcuni fanno insieme il cenone di Natale già il 24, altri invece passano la festa con i familiari solo il 25
e organizzano un grande pranzo di Natale. Se avete un amico italiano, probabilmente in questo giorno di festa
(mangiare) _____ _____ cose molto diverse, a seconda di dove abita. I triestini amano la "putizza",
un dolce fatto con frutta secca, mentre oggi i mantovani (preparare) _____ _____ i tortelli di zucca,
o la polenta. Una famiglia della provincia di Varese, invece, forse (gustare) _____ _____ gli agnolotti
in brodo e il tacchino ripieno con le castagne. E quasi tutti i lombardi finiscono il pranzo di Natale con il panettone.
I vostri amici sardi, invece, forse (cucinare) _____ _____ il "porceddu" e tanti dolci fatti in casa.
I lucani (riposare) _____ _____ dopo la grande mangiata della notte del 24 dicembre (almeno 13 portate!).
Anche in Calabria il pranzo di Natale ha almeno 13 pietanze, fatte con alimenti poveri e semplici. Se avete un amico
napoletano, forse (mangiare) _____ _____ tagliatelle, tacchino al forno, fritti e struffoli, e molti altri
dolci tipici. La notte del 24 le cene napoletane sono molto ricche, con vongole, baccalà e capitone, fritti e torte salate.
Insomma, si potrebbe continuare a descrivere cosa (gustare) _____ _____ ogni singolo italiano per
molte pagine perché la cucina italiana è incredibilmente varia e il periodo natalizio è davvero ricchissimo di tradizioni.

Stare per + infinito

Sono le otto. Luigi **sta per arrivare**.
Pronto? Ciao Giorgio, scusa ma **sto per uscire**,
perché non chiami domani?
Prendo l'ombrello. **Sta per piovere**.

• L'espressione verbale **stare per** + **infinito** si usa per descrivere un'azione che succede in un futuro molto vicino.

ESERCIZI

1 Unisci le parole a sinistra con quelle a destra e forma le frasi.

1. Metti l'impermeabile perché
2. Corri! L'autobus
3. Devo entrare subito a teatro perché
4. Dobbiamo comprare i biglietti aerei per Roma al più presto perché
5. Se vuoi parlare con Paolo devi telefonare subito perché

a. stanno per finire.
b. sta per partire.
c. sta per uscire di casa.
d. sta per piovere.
e. sta per cominciare lo spettacolo.

8 VERBO STARE — ESERCIZI

2 Riscrivi le frasi usando l'espressione **stare per + infinito**, come nell'esempio.

Es: Luisa esce di casa fra pochi secondi. ▸ _Luisa sta per uscire di casa._

1. Il treno parte fra pochi secondi. ▸ _____
2. Il film comincia fra pochi minuti. ▸ _____
3. L'anno finisce fra pochi giorni. ▸ _____
4. I miei genitori arrivano fra pochi minuti. ▸ _____
5. Mi sento male, fra poco svengo. ▸ _____
6. Mancano solo 2 chilometri, fra poco arriviamo. ▸ _____
7. Prendiamo l'ombrello, fra pochi secondi piove. ▸ _____
8. Non uscire, fra pochissimo nevica. ▸ _____
9. Sono stanco, fra poco vado a letto. ▸ _____
10. Il sole tramonta fra pochissimo. ▸ _____

3 Scegli per ogni disegno l'azione giusta, usando la forma **stare per + infinito**, come nell'esempio.

1. _Sta per leggere un libro._ 2. _____ 3. _____

a. uscire di casa
b. mettere lo zucchero nel caffè
c. mangiare   d. fare una doccia
e. leggere un libro   f. aprire la finestra
g. entrare in casa   h. bere

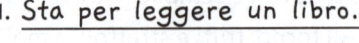

4. _____ 5. _____

6. _____ 7. _____ 8. _____

POSSESSIVI 9

Possessivi

Il **mio** professore è molto simpatico.
Non voglio spendere i **miei** soldi.
Questa è la **mia** casa.
Le **mie** amiche sono americane.
Dov'è il **tuo** amico?
Posso prendere i **tuoi** libri?
La **tua** macchina è molto bella.
Quanto costano le **tue** scarpe?

▪ Conosci Michela Murgia?
• Sì, sto leggendo **il suo** ultimo **libro**.
Carlo è siciliano. **La sua famiglia** viene da Catania.

Signore, posso vedere il **Suo** passaporto?
Il nostro giardino confina con **il vostro**.

I ragazzi vengono alla festa con **le loro** fidanzate.
Questa è **la loro** casa.

- I possessivi **mio**, **tuo**, **suo**, **nostro**, **vostro**, hanno 4 terminazioni come gli aggettivi del 1° gruppo.

- I possessivi concordano sempre con il nome a cui si riferiscono.

- I possessivi hanno quasi sempre l'articolo determinativo.

- Il possessivo **loro** è invariabile.

- Possessivi

maschile		femminile	
singolare	plurale	singolare	plurale
il mio	i miei	la mia	le mie
il tuo	i tuoi	la tua	le tue
il suo	i suoi	la sua	le sue
il nostro	i nostri	la nostra	le nostre
il vostro	i vostri	la vostra	le vostre
il loro	i loro	la loro	le loro

ESERCIZI

1 **Scegli l'aggettivo possessivo corretto.**

Mi chiamo Sonia e abito a Ferrara, in Emilia Romagna.
Le mie / La mia / Il mio città mi piace molto, ma **il mio / i miei / la mia** sogno è di vivere al mare. Per fortuna ho una cara amica a Rimini, Alice, e spesso vado da lei per qualche giorno. **Il mio / La sua / Le sue** casa non è molto vicina al centro, ma quando andiamo a fare spese prendiamo **il suo / le mie / la sua** macchina e arriviamo in città in pochi minuti. La casa di Alice è grande e ha un bel giardino, così qualche volta porto anche Titto, **la mia / i miei / il mio** cane, perché **i loro / i miei / le mie** vicini di casa non sono contenti quando Titto rimane in casa da solo.
Di solito è tranquillo, ma loro hanno una gatta antipaticissima che spesso innervosisce il povero cane.
Sono sicura che **la loro / i loro / il suo** gatta odia Titto e che **i miei / le mie / i suoi** vicini fanno di tutto per creare problemi. Se tutto va bene però cambio casa fra qualche mese e vado a vivere con **il mio / la mia / le mie** amica Alice, così finalmente io e **la mia / il mio / i miei** Titto possiamo vivere tranquilli, lontani da quella gatta antipatica!

9 POSSESSIVI

ESERCIZI

2 Completa i possessivi e poi unisci le frasi di sinistra con i nomi di destra, come nell'esempio.

a. Insegno ai vostr_i_ figli.
b. Le mi__ opere sono nei musei.
c. Curo il tu__ giardino.
d. Riparo il motore della vostr__ macchina.
e. I nostr__ pazienti hanno paura di noi.
f. Preparo le tu__ medicine.
g. Le mi__ mani sono agili.
h. Pubblico i mie__ libri.

1. i dentisti
2. il giardiniere
3. la scrittrice
4. il maestro
5. la farmacista
6. il meccanico
7. l'artista
8. la pianista

3 Scegli il possessivo corretto e poi la risposta giusta, come nell'esempio.

Es: **Il suo / La sua** città più importante è Torino. ☐ Toscana ☐ Lazio ☒ Piemonte
1. **Il suo / La sua** monumento più famoso è la torre pendente. ☐ Pisa ☐ Roma ☐ Milano
2. **Le loro / La loro** lingua è il tedesco. ☐ polacchi ☐ svedesi ☐ austriaci
3. Ha **il tuo / la tua** foto sopra. ☐ bancomat ☐ passaporto ☐ codice fiscale
4. Tiene **il nostro / i nostri** soldi. ☐ banca ☐ scuola ☐ museo
5. **La sua / Le sue** università è la più antica del mondo. ☐ Bologna ☐ Firenze ☐ Siena
6. **Le sue / I suoi** abitanti parlano italiano e tedesco. ☐ Genova ☐ Venezia ☐ Bolzano
7. Contiene **le tue / i tuoi** vestiti. ☐ armadio ☐ frigorifero ☐ letto

4 Completa il testo con i possessivi.

Campanilismo

L'Italia ha venti regioni. Forse gli italiani non sono sempre orgogliosi della _____ nazionalità, ma la provenienza regionale è sempre importante.
In Toscana questa situazione è ancora più forte: ogni toscano è molto legato alla _____ città, al _____ paese o al _____ quartiere. Chi abita a Lucca pensa: "La _____ città è più elegante e i _____ concittadini sono raffinati e interessanti, invece la gente di Pisa è davvero antipatica!".
Gli abitanti di Pisa pensano: "La _____ città è bellissima, la _____ università è famosa, i fiorentini sono solo arroganti, quelli di Lucca sono tutti avari e montanari e quelli di Livorno, con il _____ porto, sono proprio volgari!".
Invece quelli che vivono a Livorno pensano: "Mamma mia come sono antipatici i pisani! Sono arroganti e superbi! La _____ città almeno è più vivace e il _____ mare è più bello!".
I fiorentini invece sono convinti che la _____ città è il centro dell'Italia e l'unico posto in cui si parla veramente italiano.
Ma come è possibile, visto che tutte le altre città e paesi toscani credono la stessa cosa?

56 ALMA Edizioni | Grammatica pratica della lingua italiana

ESERCIZI

POSSESSIVI 9

5 Lucia sta organizzando un fine settimana al mare per lei e Lico, suo marito, in Sicilia. Questa è la lista di cose che le servono. Completa la lista di Lucia. Segui l'esempio.

1. i documenti (di Lucia e Lico)
2. la prenotazione dell'albergo (di Lucia e Lico)
3. i biglietti aerei (di Lucia e Lico)
4. le valigie (di Lucia e Lico)
5. il costume da bagno (di Lucia)
6. il costume da bagno (di Lico)
7. i vestiti (di Lucia)
8. i vestiti (di Lico)
9. i cosmetici (di Lucia)
10. i sandali nuovi (di Lucia)
11. le pillole contro il mal di mare (di Lucia)
12. l'attrezzatura da sub (di Lico)
13. i medicinali (di Lico)
14. l'abbronzante (di Lucia e Lico)
15. le riviste (di Lucia e Lico)

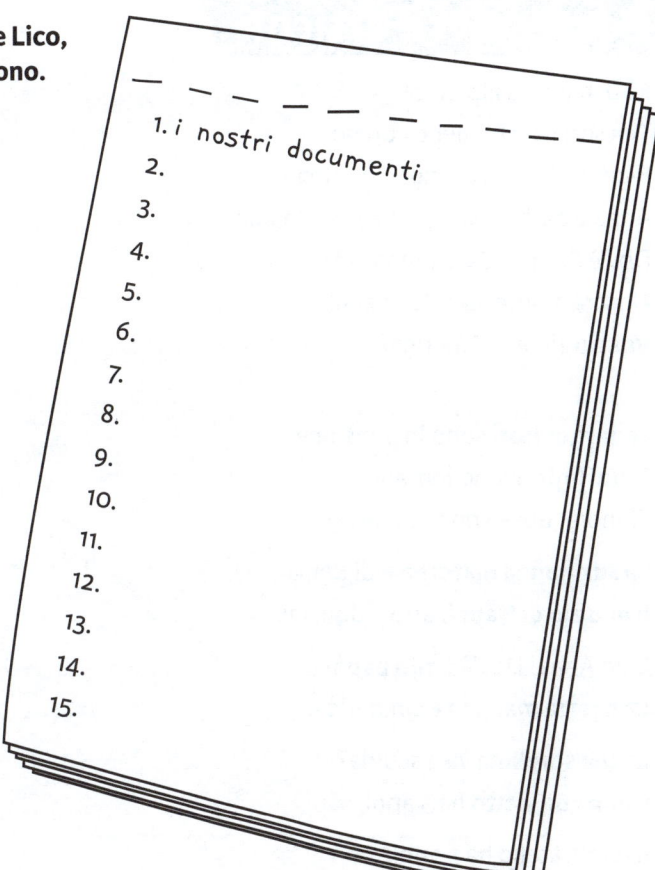

1. i nostri documenti
2.
3.
4.
5.
6.
7.
8.
9.
10.
11.
12.
13.
14.
15.

LO SAI CHE...
Spesso usiamo le espressioni **i miei, i tuoi** o **i suoi** al posto di **i miei** genitori, **i tuoi** genitori, **i suoi** genitori.

Es:
*Come stanno **i tuoi**?*
(i tuoi genitori)

9 POSSESSIVI

Possessivi e articoli

Mio marito è albanese.
Tua sorella non viene con noi.
Signora Rossi, **Suo** figlio è tornato?
Anna è partita, **suo** padre non sta bene.
Dov'è Sergio? **Sua** nonna sta male.
Nostra nipote va all'università.
Vostro zio è in America?

I miei genitori sono in pensione.
I suoi figli vivono lontano.
Signora, dove sono **le Sue** figlie?

La sua nonna materna è di Roma.
Il mio zio di Napoli arriva domani.

Ciao Anna! Dov'è **il tuo papà**?
La nostra mamma è simpatica.

La tua sorellina va a scuola?
Il mio cuginetto ha 3 anni.

Il loro fratello ha 3 anni.
I loro fratelli sono ingegneri.

- Normalmente **non** usiamo **mai** l'articolo prima di aggettivi possessivi che si riferiscono a sostantivi singolari che indicano persone della famiglia: **padre**, **madre**, **nonno**, **nonna**, **zio**, **zia**, **fratello**, **sorella**, **cugino**, **cugina**, ecc.

- Usiamo l'articolo con:
  a) i nomi di famiglia al plurale:
     genitori, **figli**, **figlie**, **nipoti**, **mariti**, **mogli**, ecc.

  b) i nomi di famiglia determinati:
     nonna materna, **zio di Napoli**, ecc.

  c) i nomi di famiglia colloquiali:
     papà, **mamma**, ecc.

  d) i nomi di famiglia alterati:
     sorellina, **fratellino**, **cuginetto**, ecc.

  e) l'aggettivo possessivo **loro** (singolare e plurale).

ESERCIZI

1 **Leggi il testo e rispondi alle domande.**

Una famiglia allargata

Mi chiamo Paolo, ho 13 anni e vivo a Bolzano. Il mio patrigno, Claudio, lavora all'ufficio postale centrale della città e la mia mamma si occupa della casa e della famiglia. Siamo sette figli. Ho quattro fratelli e due sorelle: il mio fratello maggiore, Massimo, ha 17 anni ed è un adolescente pieno di problemi. Il suo fratello gemello Christian invece è più simpatico. Io, Massimo e Christian siamo figli del primo marito di nostra madre. Nostro padre è americano e i nostri genitori sono divorziati. Ora nostra madre vive con Claudio e ha quattro figli con lui. I nostri due fratellastri, Giorgio e Roberto, hanno 9 e 7 anni e le nostre sorelline, Anna e Grazia, sono piccole: la prima ha 4 anni e la seconda ha solo un anno. Le due bambine sono davvero carine, Grazia è una bambina molto dolce e simpatica.

Di dove è il padre di Paolo? _____
Quanti anni ha Christian? _____
Quanti anni ha Anna? _____

ESERCIZI

POSSESSIVI 9

2 Guarda l'albero genealogico di Mario e completa le frasi, come nell'esempio.

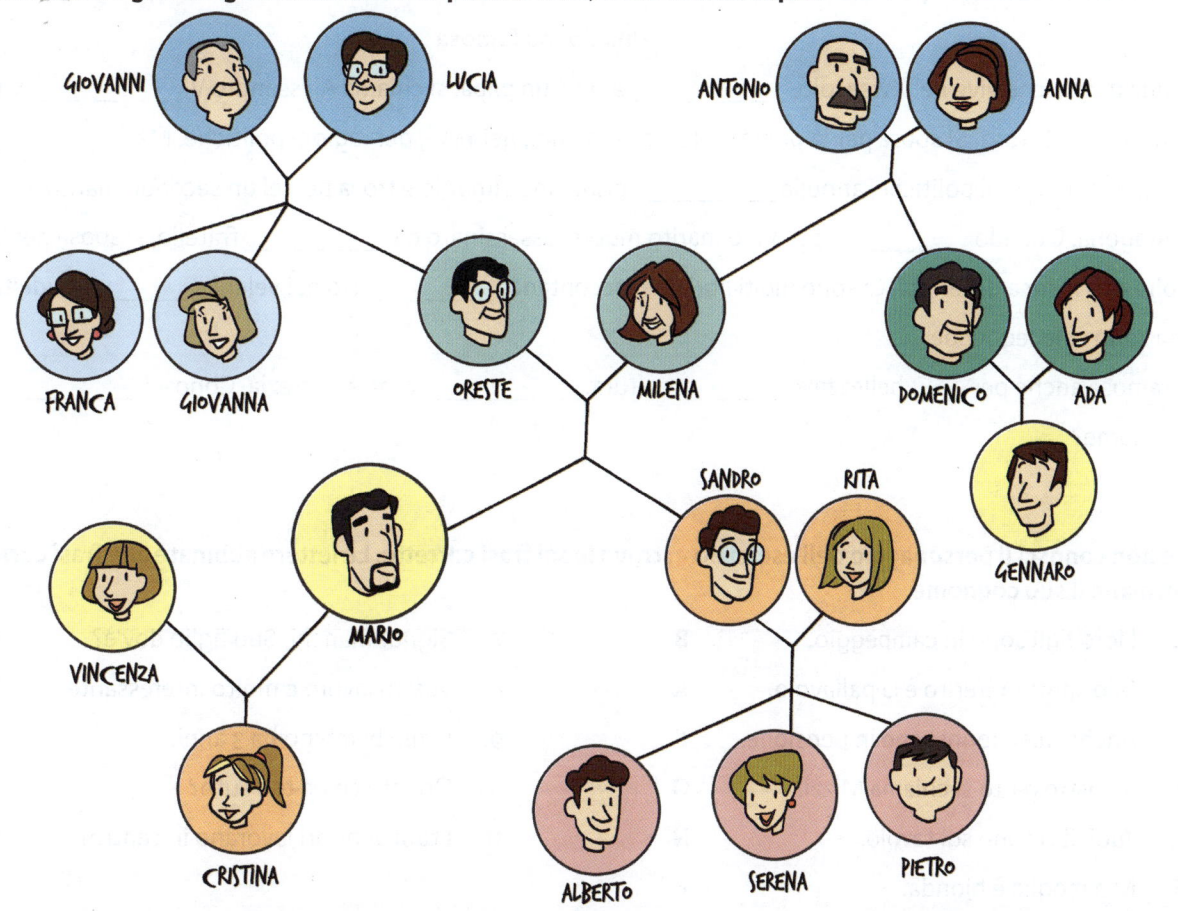

Es: __Il suo__ nonno paterno si chiama Giovanni.

1. _____ nonna materna si chiama _____.

2. _____ moglie si chiama _____.

3. _____ fratello si chiama Sandro.

4. _____ nipoti si chiamano _____, _____ e _____.

5. _____ genitori si chiamano _____ e _____.

6. _____ figlia si chiama _____.

7. _____ zie si chiamano _____, _____ e _____.

8. _____ zio si chiama _____.

9. _____ cugino si chiama _____.

3 Inserisci l'aggettivo possessivo corretto nei dialoghi. Con o senza articolo?

a.
- Pronto!
- Ciao Teresa, posso parlare con _____ madre?
- Mi dispiace, non c'è. È fuori con _____ papà.
- Va bene, richiamo dopo.

b.
- Pronto signor Bianchi buongiorno, sono Aldo Rossi.
- Buongiorno, forse Lei vuole _____ padre. Io sono Sergio.
- Giovanni Bianchi è _____ padre?
- Sì, vuole parlare con lui?
- Sì, grazie.

9 POSSESSIVI

ESERCIZI

4 Completa il testo con i possessivi corretti (con o senza articolo).

Una donna famosa

È una donna che vive nel XV secolo, _____ padre è un papa: si chiama Alessandro VI. _____ vita è molto avventurosa. Si sposa per la prima volta a soli 12 anni, nel 1492, per ragioni politiche. Ma _____ padre, sempre per ragioni politiche, annulla _____ primo matrimonio e trova per lei un secondo marito, Alfonso d'Aragona. Quando _____ secondo marito muore, assassinato da _____ fratello, si sposa per la terza volta con il duca di Ferrara. Ci sono molti libri che raccontano _____ uso dei veleni e _____ crudeltà, ma sono solo leggende.

È famosa anche per _____ bellezza e _____ cultura. _____ nome è Lucrezia. Conosci _____ cognome?

5 Se non conosci il personaggio dell'esercizio 4, trova le sei frasi corrette. Le lettere abbinate alle frasi corrette formano il suo cognome.

1.	I loro figli sono in campeggio.	**B**	7.	Signor Bianchi, Suo figlio dov'è?	**G**
2.	Mio sport preferito è la pallavolo.	**A**	8.	Vostro lavoro è molto interessante.	**E**
3.	Anche miei nonni sono in pensione.	**F**	9.	Il mio bambino ha 3 anni.	**I**
4.	Il nostro gatto si chiama Mizzi.	**O**	10.	Quanto costa tua auto?	**V**
5.	Tuoi libri sono sul tavolo.	**N**	11.	I tuoi genitori lavorano in centro?	**A**
6.	Mia moglie è bionda.	**R**			

nome: LUCREZIA   cognome: __ __ __ __ __ __

6 Completa il testo con i possessivi corretti (con o senza articolo).

Un personaggio particolare

Si chiama Giuseppe Garibaldi e tutti noi italiani conosciamo _____ nome perché è un personaggio storico molto interessante e importante per _____ storia. Nasce nel 1807 a Nizza, ma _____ famiglia è italiana, della Liguria. _____ padre è un capitano navale e lui è il secondo di 6 figli. _____ fratello Angelo diventa console negli Stati Uniti e _____ fratelli lavorano in mare. Noi italiani lo consideriamo _____ padre della patria, perché dà aiuto alle insurrezioni e alle battaglie per unire l'Italia. Nel maggio del 1860 parte con circa 1000 persone da Quarto, vicino a Genova, per arrivare, via mare, in Sicilia e cominciare l'unificazione dell'Italia. Dopo _____ partecipazione all'unità d'Italia, offre anche _____ collaborazione alla guerra di secessione americana, ma _____ offerta non è accettata dal governo nordista americano. Nel 1871 fonda la prima società per la protezione degli animali in Italia.

VERBI RIFLESSIVI E RECIPROCI 10

Verbi riflessivi e reciproci

Purtroppo **mi alzo** sempre alle 3:30. Sono un panettiere.
Bruno **si sente** un po' male oggi.

Mi lavo le mani con il sapone.
Come **ti** chiami?
Anna **si** trucca e esce per incontrare gli amici.

Marta e Carlo **si vedono** ogni sabato.
(= Marta vede Carlo e Carlo vede Marta)

Io e Claudia **ci sposiamo** a luglio.
(= io sposo Claudia e Claudia sposa me)

lavare: Marco lava la macchina.
lavarsi (riflessivo): Marco **si lava** con il sapone.

amare: Marco ama Giulia.
amarsi (reciproco): Marco e Giulia **si amano**.

Domani **mi** devo alzare presto.
Domani devo alzar**mi** presto.

Ti vuoi sedere qui?
Vuoi seder**ti** qui?

Sono le otto, Mario **si** sta per alzare.
Sono le otto, Mario sta per alzar**si**.

- **I verbi riflessivi** descrivono un'azione del soggetto su se stesso o che lo riguarda personalmente.

- Con i verbi riflessivi si usano i pronomi riflessivi **mi**, **ti**, **si**, **ci**, **vi**, **si**.

- **I verbi reciproci** descrivono un'azione che si svolge tra due o più persone. La forma di questi verbi è uguale a quella dei verbi riflessivi.

- Quasi tutti i verbi italiani possono avere una forma riflessiva o reciproca.

- Quando c'è un verbo modale o fraseologico (**potere**, **volere**, **dovere**, **sapere**, **cominciare a**, **stare per**, **stare + gerundio**, **finire di**) + l'infinito di un verbo riflessivo o reciproco, il pronome può andare prima del verbo o dopo l'infinito.

- **Verbi riflessivi e reciproci**

		alzarsi
io	mi	alzo
tu	ti	alzi
lui / lei / Lei	si	alza
noi	ci	alziamo
voi	vi	alzate
loro	si	alzano

- **Principali verbi riflessivi e reciproci**

abbracciarsi	interessarsi
abituarsi a	lamentarsi
accorgersi di	mettersi a
addormentarsi	pettinarsi
alzarsi	pentirsi di
amarsi	preoccuparsi
annoiarsi	radersi
arrabbiarsi	rilassarsi
baciarsi	sdraiarsi
chiamarsi	sedersi
comportarsi	sentirsi
conoscersi	spazzolarsi
decidersi a	sposarsi
dimenticarsi di	svegliarsi
divertirsi	trovarsi
farsi	truccarsi
impegnarsi	vergognarsi
innamorarsi di	vestirsi

10 VERBI RIFLESSIVI E RECIPROCI

ESERCIZI

1 Scegli la forma corretta del verbo e trova la risposta esatta.
Le lettere iniziali delle risposte corrette formano un verbo riflessivo.

1. La gente che **si mettono / si mette** questo colore può essere sfortunata.
   ☐ nero ☐ viola ☐ rosso

2. In questa stagione molti italiani vanno al mare e **si riposano / ci riposano**.
   ☐ inverno ☐ estate ☐ autunno

3. Se (*tu*) **mi sveglio / ti svegli** presto la mattina devi usare questo oggetto.
   ☐ mamma ☐ sveglia ☐ caffè

4. A Natale molti italiani **ci divertiamo / si divertono** a giocare a questo gioco.
   ☐ tombola ☐ scacchi ☐ nascondino

5. I tifosi di questa squadra **ci scontriamo / si scontrano** spesso con i tifosi del Milan.
   ☐ Parma ☐ Roma ☐ Inter

6. Sono buone da mangiare fritte, di solito **si troviamo / si trovano** vicino ai laghi.
   ☐ serpenti ☐ galline ☐ rane

7. Se (*noi*) **vi sentite / ci sentiamo** molto male all'improvviso, chiamiamo il Pronto...
   ☐ Soccorso ☐ Dottore ☐ Emergenza

8. Questa isola **si trova / mi trovo** davanti a Napoli e vicina a Capri.
   ☐ Vulcano ☐ Elba ☐ Ischia

Il verbo riflessivo è _ _ _ _ _ _ _ _

2 Metti i verbi al presente e poi indovina il titolo di questo famoso film del 1953.

Siamo dei fannulloni!

Il film descrive la vita di un gruppo di cinque amici che vivono in una piccola città che
(*trovarsi*) _____ _____ sul mare Adriatico: Rimini. Sono cinque ragazzi intorno ai 30 anni.
La loro vita (*svolgersi*) _____ _____ in un modo tipico per alcuni uomini italiani di quel periodo.
Sono tutti coccolati dalla mamma, non (*interessarsi*) _____ _____ a niente,
(*alzarsi*) _____ _____ tardi la mattina, passano tutto il giorno senza fare nulla e a perdere tempo.
Quando stanno in gruppo (*divertirsi*) _____ _____ molto, (*farsi*) _____ _____
molti scherzi e giocano come dei bambini, ma quando sono soli (*annoiarsi*) _____ _____
e (*intristirsi*) _____ _____ . Nessuno di loro (*vergognarsi*) _____ _____ di questo tipo
di vita, anzi, (*farsi*) _____ _____ tutti dare i soldi dai genitori perché non hanno un lavoro
ma hanno molti vizi: sigarette, bar, donne. Non sono interessati a trovare un lavoro o a sposarsi e quando
alla fine uno di loro (*sposarsi*) _____ _____ , loro (*sentirsi*) _____ _____ quasi
traditi dall'amico. Poi però la loro vita lenta e pigra ricomincia come prima.
Il regista di questo film (*chiamarsi*) _____ _____ Federico Fellini.

Qual è il titolo? ☐ "La dolce vita" ☐ "I vitelloni" ☐ "Amarcord"

VERBI RIFLESSIVI E RECIPROCI

ESERCIZI

3 Valeria, Giacomo, Anna e Claudia sono in vacanza.
Completa le tre mail con i verbi e indovina dove si trovano queste persone.

a. Valeria e Giacomo scrivono una mail ai genitori.

si salutano • si travestono • ci divertiamo • si conoscono • si divertono • ci troviamo

Nuovo messaggio

Ciao! Qui va tutto bene! Noi __ _____ moltissimo! Ci sono feste bellissime ogni giorno e la pensione dove __ _____ è proprio centrale. Fa freddo ma tutti __ _____ lo stesso e girano per la città con dei costumi incredibili! L'atmosfera è fantastica! Le maschere sono meravigliose.

Anche se non __ _____, tutti __ _____ e __ _____ insieme! Ed è ancora più bello perché non ci sono macchine, solo battelli e gondole cariche di maschere!

Baci da _____

Valeria e Giacomo

b. Anna scrive al ragazzo.

mi innamoro • si offrono • ti preoccupi • si trova

Nuovo messaggio

Ciao amore! Che peccato che non sei qui con me, il posto è bellissimo! La famiglia di Concetta è molto simpatica, tutti __ _____ sempre di fare i ciceroni*! Oggi siamo nella bellissima Valle dei Templi che __ _____ a ovest dell'isola. Domani invece andiamo verso est, prima a vedere Taormina e poi a una festa vicino all'Etna! *(tu)* Non __ _____, vero? I ragazzi sono simpatici, ma sono tutti poco interessanti e, come sai, io __ _____ solo di tipi particolari.

Saluti dalla _____

Anna

*ciceroni : guide turistiche

c. L'insegnante di inglese di Claudia scrive alla Signora Biagi.

si diverte • si impegna • vi sentite • si trova • si sforza

Nuovo messaggio

Salve! Qui va tutto bene! Claudia __ _____ presso una famiglia che abita un po' fuori città. Viene ogni giorno alle lezioni di inglese che facciamo nel college e dice che __ _____ molto e che è molto contenta della famiglia. Il pomeriggio facciamo spesso delle escursioni nei dintorni. Oggi andiamo a passeggiare a Hyde Park e a Portobello Road. So che Claudia __ _____ di parlare inglese con tutti e vedo che __ _____ molto nel corso di lingua. Sono sicura comunque che sa già tutto, visto che Claudia dice che voi __ _____ quasi ogni giorno.

Tanti saluti da _____

Caroline Smith

10 VERBI RIFLESSIVI E RECIPROCI

ESERCIZI

4 **Cambia le forme del riflessivo, come nell'esempio.**

Es: Mi voglio lavare. ▸ _Voglio lavarmi._ / Sto per incontrarmi con Anna. ▸ _Mi sto per incontrare con Anna._

- Ciao Silvio, scusa ma devo sfogarmi. Sono furioso! ▸ _____
- Che succede?
- Non sopporto più mia madre! Ogni giorno una nuova!
- Hai ragione, qualche volta non si sa controllare. ▸ _____
  Qual è l'ultimo problema?
- Ora dice che devo trasferirmi in un altro appartamento ▸ _____
  perché con me qui non si può sentire libera. ▸ _____
- Beh, forse ha ragione, no? Ormai hai 38 anni e vivi ancora
  con tua madre. Non ti senti a disagio?
- Per niente! Io sto bene qui, non voglio andare a vivere da solo.
  Non so nemmeno farmi un uovo! ▸ _____
  Perché devo organizzarmi una nuova vita, cercare un'altra casa, ▸ _____
  eccetera?
- Ma perché non cominci ad abituarti a vivere da solo? ▸ _____
  Vieni a stare un po' qui da me.
- Allora sei d'accordo con mia madre! E io che ti considero un amico!!

5 **Riflessivo o no? Scegli la forma corretta.**

1. I ragazzi **si vedono / vedono** sempre al bar.
2. Quando vanno al bar, **vedono / si vedono** sempre molta gente.
3. Il cane **si alza / alza** la gamba e fa la pipì.
4. **Mi alzo / Alzo** sempre alle 6:00 per portare il cane fuori a far pipì.
5. Quando parla, Franco riesce ad **annoiarsi / annoiare** tutti.
6. Quando vado all'opera **annoio / mi annoio** da morire.
7. Sandra e Amelia domani **incontrano / si incontrano** due fratelli.
8. Andrea e Maria **incontrano / si incontrano** ogni martedì in piscina.
9. La mamma **si chiama / chiama** i figli per il pranzo.
10. Mia madre **si chiama / chiama** Milena.

6 **Coniuga i verbi fra parentesi.**

La domenica di Stefania e Jacopo

Finalmente, la domenica, Jacopo e Stefania possono passare la giornata insieme, perché non lavorano. Di solito (svegliarsi) _____ con calma, verso le 8-9 di mattina e (godersi) _____ un paio d'ore a letto. Poi (alzarsi) _____, (prepararsi) _____ un bel brunch e (sedersi) _____ in cucina, o in terrazza, a mangiare, parlare e leggere il giornale. Quando (decidersi) _____ ad alzarsi da tavola e fare qualcosa sono spesso già le 2 passate. Qualche volta rimangono in casa a fare pulizie e guardare la TV, oppure escono e vedono amici. Purtroppo non (incontrarsi) _____ spesso con gli amici perché non hanno molto tempo libero. D'inverno prendono spesso la macchina e vanno in montagna sulla neve, dove (divertirsi) _____ moltissimo. Le loro domeniche sono sempre una scoperta e un gran divertimento, perché (vedersi) _____ così poco che ogni volta (raccontarsi) _____ moltissime cose e (innamorarsi) _____ di nuovo.

ESERCIZI — VERBI RIFLESSIVI E RECIPROCI — 10

7 Una coppia sfasata. Stefania è un'insegnante di educazione fisica in un liceo del centro e Jacopo, il suo ragazzo, lavora nella biblioteca universitaria. Compila la loro giornata tipica. Segui l'esempio.

Stefania	Jacopo
svegliarsi alle 6 di mattina	svegliarsi alle 6 con Stefania
alzarsi	innervosirsi un po' perché è presto
prepararsi per uscire e andare a correre nel parco	riaddormentarsi
tornare a casa	alzarsi alle 7
farsi la doccia	farsi un caffè e fumarsi una sigaretta
vestirsi	lavarsi e prepararsi per uscire
truccarsi	prendere il motorino per andare al lavoro
pettinarsi	lavorare fino alle 18
prendere la bici	andare a casa
arrivare a scuola	rilassarsi davanti alla tv
ritornare a casa nel pomeriggio	preparare la cena per sé e Stefania
fare un po' di pulizie	cenare con Stefania
incontrarsi con le amiche del pilates	uscire con amici
tornare a casa per cena	tornare a casa tardi
cenare con Jacopo	fare attenzione a non svegliare Stefania
andare a letto presto e addormentarsi quasi subito	addormentarsi verso l'una di notte
si sveglia alle 6 di mattina	si sveglia alle 6 con Stefania

LO SAI CHE...

Nella lingua parlata spesso preferiamo usare il verbo riflessivo invece di quello non riflessivo per dare intensità alla frase.

Es:

*"Che sete! Ora **mi bevo** una spremuta d'arancia."*
invece di *"Che sete! Ora **bevo** una spremuta d'arancia."*

10 VERBI RIFLESSIVI E RECIPROCI

ESERCIZI

8 Risolvi il cruciverba.

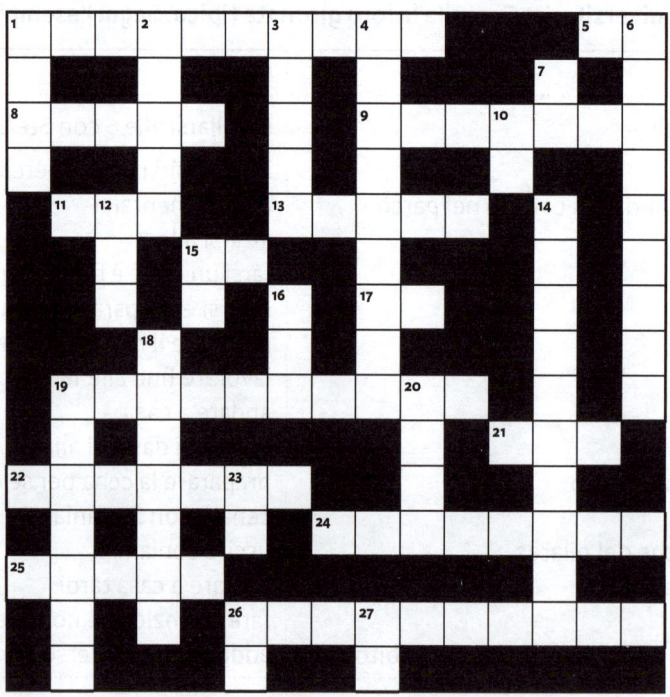

Orizzontali →

1. Che barba! Durante le lezioni di latino noi _____ sempre moltissimo!
5. La sigla della città di Asti.
8. La città toscana del famoso Palio.
9. Il matrimonio di Lucia è domani. _____ con Carlo nella chiesa del paese.
11. L'articolo determinativo per "studenti".
13. L'opposto dell'est.
15. Oggi studio _____ biblioteca.
17. L'articolo determinativo per "stazione".
19. Serena _____ sempre di artisti. Ora è innamorata di un pittore.
21. L'abbreviazione di "eccetera" in italiano.
22. Roberto va a lavorare oggi, perché _____ molto meglio di ieri. Il mal di stomaco è passato.
24. Dopo la cena tutti _____ da tavola e vanno a guardare la TV.
25. Il nome del poeta Alighieri.
26. Giovanna _____ i capelli tutte le sere prima di andare a dormire.

Verticali ↓

1. Il posto dove abito.
2. I genitori dei miei genitori.
3. Uno dei mari della Calabria.
4. Durante la settimana io _____ sempre prestissimo, alle 5:30 di mattina!
6. Oggi sei nervosissimo! (Arrabbiarsi) _____ sempre!
7. Il contrario di "sì".
10. La sigla della città di Pisa.
12. Il maschile di "lei".
14. Manuela e Laura _____ con ombretto, rossetto e mascara.
15. L'articolo determinativo per "cuore".
16. L'articolo indeterminativo per "regola".
18. Oggi ho la febbre. Non _____ bene.
19. L'Italia ha la forma di uno _____.
20. La capitale d'Italia.
23. Non mi piace il caffè, preferisco bere il _____.
26. Il contrario di "giù".
27. Il fiume più lungo d'Italia.

TEST DI CONTROLLO
unità 6 • 10

Hai fatto progressi? Controlla.
Ogni esercizio ripete uno o più argomenti grammaticali, se raggiungi più della metà del totale: BRAVO!
In caso contrario ripeti l'argomento che ti dà più problemi.

1 **PRESENTE DEI VERBI REGOLARI E IRREGOLARI**
Metti i verbi tra parentesi al presente.

L'arte del caffè

Chi *(sapere)* _____ fare un buon caffè?
Noi italiani *(amare)* _____ questa bevanda ma, anche nel nostro paese, non sempre *(noi / bere)* _____ un buon caffè. Il modo italiano di bere il caffè *(essere)* _____ ormai esportato in tutto il mondo, tutti *(conoscere)* _____ la parola "espresso" e spesso *(ordinare)* _____ un caffè all'italiana, ma non sempre *(ottenere)* _____ proprio un vero espresso. Infatti, quello che all'estero *(chiamarsi)* _____ "espresso" spesso è solo un caffè normale in quantità minore.
Per fortuna *(esserci)* _____ l'Istituto Nazionale Espresso Italiano che *(organizzare)* _____ ogni anno un corso per riconoscere un buon caffè, e così tutti *(sapere)* _____ esattamente come *(dovere)* _____ essere un buon caffè.
L'espresso è un modo per cominciare la giornata o per fare una pausa.
Spesso *(noi / bere)* _____ un caffè con gli amici per rilassarci e passare il tempo a chiacchierare e con il rituale del caffè il tempo *(dilatarsi)* _____.
Ovviamente, come per molti altri popoli, anche noi italiani *(andare)* _____ a prendere un caffè perché *(volere)* _____ concentrarci prima di iniziare il lavoro o di affrontare una discussione.
Insomma, il caffè *(divenire)* _____ quasi un momento sacro e gli italiani *(potere)* _____ fare fanatiche discussioni su come *(dovere)* _____ essere un buon caffè o su quanto l'umore del barista *(influenzare)* _____ il gusto dell'espresso. Se *(voi / ordinare)* _____ il caffè al bar *(dovere)* _____ sapere che non *(essere)* _____ una buona idea prenderlo molto presto la mattina, perché la macchina *(dovere)* _____ funzionare da almeno due o tre ore per fare un buon caffè. E, prima di bere l'espresso *(voi / bere)* _____ sempre un bicchiere d'acqua per pulirvi la bocca, così *(potere)* _____ apprezzare meglio il sapore. Inoltre, se *(voi / fare)* _____ un giro per i posti di lavoro, *(vedere)* _____ moltissime macchine del caffè perché alcuni *(dire)* _____ che la pausa-caffè in azienda *(migliorare)* _____ la produttività.
La cosa importante, naturalmente, è che *(dovere)* _____ essere buono.

(adattato da www.lastampa.it)

ogni verbo corretto vale 1 punto   totale: ____ /32

TEST DI CONTROLLO

unità 6 • 10

2 PRESENTE DEI VERBI IRREGOLARI
Risolvi il cruciverba.

Orizzontali →
1. Sigla della città di Palermo.
2. La prima persona singolare di "dare".
3. La terza persona singolare di "andare".
4. La prima persona singolare di "dovere".
6. Io, _____, lui...
7. Unione Europea.
9. La terza persona plurale di "sapere".
10. La terza persona singolare di "sedere".
11. L'articolo determinativo per "uova".
12. La terza persona singolare di "potere".
13. La seconda persona plurale di "rimanere".
17. _____, voi, loro.
18. Un suono che torna indietro.
19. La terza persona singolare di "venire".
22. La seconda persona singolare di "stare".
24. La prima persona plurale di "dire".
25. uno + uno = d_____
26. La seconda metà di "cane".
27. _____ mangio mai le olive.
28. La terza persona plurale di "scegliere".

Verticali ↓
1. Il contrario di "meno".
2. La seconda persona plurale di "dire".
3. La lettera "v".
5. La terza persona singolare di "volere".
6. La terza persona singolare di "tenere".
8. La seconda persona singolare di "uscire".
9. La seconda persona plurale di "sapere".
13. La terza persona plurale di "riuscire".
14. La prima persona singolare di "morire".
15. La sigla della città di Napoli.
16. La seconda persona plurale di "finire".
20. La terza persona plurale di "uscire".
21. Il contrario di "sempre".
23. La prima persona singolare di "andare".
25. L'articolo indeterminativo per "scienziato".

ogni parola corretta vale 1 punto   totale: ___ /35

FORMA DI CORTESIA
Cambia il testo di questa e-mail da informale a formale, come nell'esempio.

> Cara Federica,
> ho avuto il tuo indirizzo e-mail dalla tua segreteria. Mi chiamo Chiara Passanti e sono una lettrice di italiano per stranieri nella tua stessa università. So che tu lavori per la sezione informatica e ti occupi del laboratorio linguistico del Dipartimento di Lingue e vorrei sapere se puoi dire ad uno dei tecnici di laboratorio di installare sui computer un programma molto importante per i miei corsi: Second Life. Il programma è scaricabile direttamente da Internet, dà accesso ad un mondo virtuale dove io insegno italiano e non crea problemi di virus. Ho parlato con un tecnico che dice che ha bisogno della tua autorizzazione ma, secondo me, non ha provato a parlare con te. Provi tu a comunicare con lui? Spero davvero di avere il tuo aiuto e che si possa risolvere questo problema al più presto. Come forse sai, i corsi cominciano fra 2 settimane, e senza accesso a questo programma io non posso insegnare.
> Grazie mille e ciao.
> Chiara

Gentile signora Aceti, ho avuto il Suo indirizzo e-mail dalla...

ogni cambiamento corretto vale 2 punti   totale: ___ /24

TEST DI CONTROLLO
unità 6 • 10

4 FORMA DI CORTESIA
Il signor Manetti va dal medico. Ci sono 5 errori nel dialogo. Non sempre la forma di cortesia è rispettata. Trova gli errori.

- ■ Buongiorno Signor Manetti, mi dica. Che problemi ha?
- ● Buongiorno dottoressa. Ho una brutta tosse da diverse settimane e non capisco cosa può essere.
- ■ Ha la febbre?
- ● No, niente febbre, solo questa tosse continua.
- ■ Se hai tempo facciamo un controllo completo. Può venire a sedersi qui e togliersi la camicia?
- ● Certo dottoressa, ecco.
- ■ Ora deve tossire un po', così posso sentire dove è il problema.
- ● Cough... Cough...
- ■ Uhm... una brutta tosse. La notte dormi bene?
- ● Non tanto. Mia moglie dice che russo molto e tossisco in continuazione. Cosa pensi dottoressa, è grave?
- ■ No. Non mi sembra grave ma si deve curare, signor Manetti. Ora si può rivestire. Intanto scrivo una ricetta.
- ● Mentre scrivi posso uscire a fumarmi una sigaretta?
- ■ Ma fuma??? E quanto?
- ● Non troppo, il solito pacchetto al giorno.
- ■ Un pacchetto al giorno? Ma Lei è pazzo! Devi smettere subito! È l'unico modo per curare la tosse!
- ● Ma non voglio smettere di fumare! Io voglio solo smettere di avere la tosse!

ogni errore trovato vale 1 punto   totale: ___/5

5 PRESENTE PROGRESSIVO
Scegli la forma corretta del verbo.

1. Di solito a cena **mangiamo / stiamo mangiando** una pizza.
2. Quando **state andando / andate** in vacanza?
3. **Faccio / Sto facendo** la doccia! Non posso rispondere al telefono.
4. Mario **sta giocando / gioca** spesso a tennis.
5. Di solito il sabato **sto andando / vado** in piscina.
6. Oggi **andiamo / stiamo andando** in piscina. Venite anche voi?
7. Perché non mi **stai ascoltando / ascolti** mai quando parlo?
8. Mi dispiace, Claudio. Non puoi venire ora a casa mia, **esco / sto uscendo** proprio in questo momento.
9. Fai silenzio, per favore. **Studio / Sto studiando**.
10. Dove **abitate / state abitando**?

ogni verbo corretto vale 2 punti   totale: ___/20

TEST DI CONTROLLO

unità 6 • 10

6 PRESENTE PROGRESSIVO E STARE PER + INFINITO
Decidi se mettere i verbi fra parentesi nella forma progressiva (stare + gerundio) o nella forma con stare per + infinito.

Finalmente, dopo diversi anni all'università, Serena *(laurearsi)* _____. Questa settimana ha deciso di rimanere in casa perché *(preparare)* _____ la presentazione della sua ricerca alla commissione di laurea. È quasi pronta, deve solo stampare il documento. Sa che l'inchiostro nella stampante *(finire)* _____, ma spera di riuscire a stampare tutto senza problemi. Purtroppo, proprio mentre *(stampare)* _____ le ultime pagine, la stampante si blocca. L'inchiostro è finito! Sono le 2 del pomeriggio, i negozi sono chiusi e non riaprono fino alle 4. Che fare? Serena *(mettersi)* _____ a piangere dalla rabbia, vuole finire tutto presto, perché deve portare la presentazione al suo professore che in questo momento *(lavorare)* _____ all'università, ancora per poche ore. Allora pensa di telefonare a Luca, che ha una stampante, forse può andare a casa sua... Drriiinnn...

"Pronto" risponde Luca. "Ciao Luca, sono Serena, scusa, *(tu / lavorare)* _____?".
"No, Serena, *(leggere)* _____, dimmi.". "La mia stampante non funziona. Posso venire ad usare la tua?".
"Serena, sono in treno. *(Andare)* _____ a Milano a una mostra, mi spiace.". "Non fa niente Luca, grazie lo stesso.". Serena riattacca, non sa come risolvere la situazione. Telefona al professore.
"Professore, buona sera. È ancora all'università?". "Sì, Serena. *(Aspettare)* _____ la tua copia della presentazione. Ma devo andare fra poco. L'università *(chiudere)* _____. Ci sono problemi?".
"Sì. Non riesco a stampare la presentazione. ...Posso mandarLe direttamente il file?"
"Va bene, ma è urgente."
"Certo, professore. *(Inviare)* _____ il file proprio in questo momento. Grazie!".
Che sollievo, crisi passata!

ogni verbo corretto vale 2 punti　　　　　　　　　　　　　　　　　　　　　　　　totale: ___ /24

7 VERBI RIFLESSIVI E RECIPROCI
Paola scrive un resoconto della sua giornata, completa tu il suo diario.

7:00	▸ alzarsi / lavarsi / vestirsi / prepararsi la colazione	Alle 7:00 mi alzo,
8:00	▸ uscire per andare al lavoro / prendere l'autobus	_____
8:30	▸ prendersi un caffè al bar	_____
9:00	▸ entrare al lavoro	_____
13:00	▸ prendersi un panino al bar / fumarsi una sigaretta	_____
14:00	▸ finire la pausa / ricominciare a lavorare	_____
18:00	▸ uscire dall'ufficio	_____
19:00	▸ arrivare a casa / rilassarsi / bersi un prosecco	_____
20:00	▸ prepararsi la cena / cenare	_____
21:00	▸ farsi la doccia / prepararsi per uscire con gli amici	_____
notte	▸ tornare a casa stanca, ma contenta	_____

ogni verbo corretto vale 1 punto　　　　　　　　　　　　　　　　　　　　　　　　totale: ___ /20

TEST DI CONTROLLO

unità 6 • 10

8 POSSESSIVI
Guarda l'albero genealogico di Saverio e completa le frasi, come nell'esempio.

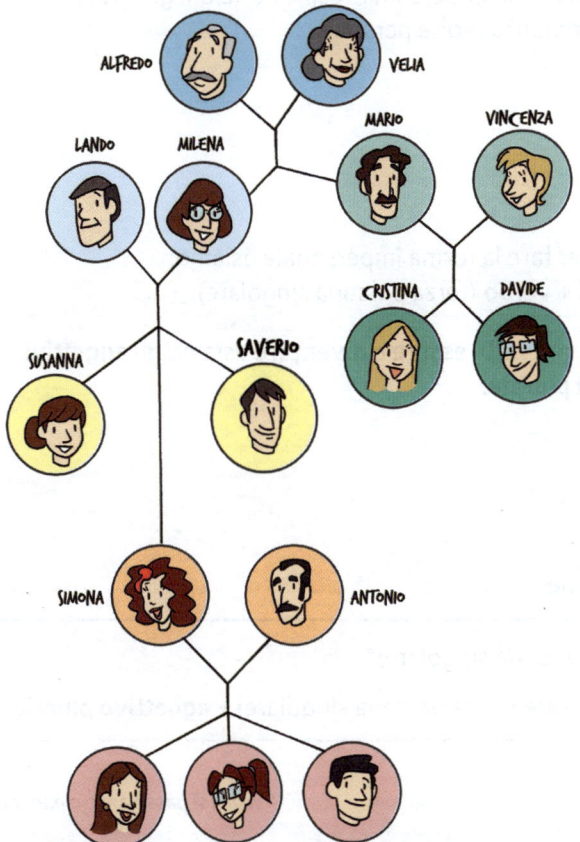

1. Davide è _suo cugino._
2. Velia è _____
3. Susanna è _____
4. Mario è _____
5. Marta è _____
6. Marta e Alice sono _____
7. Velia e Alfredo sono _____
8. Lando e Milena sono _____
9. Antonio è _____
10. Cristina e Davide sono _____
11. Vincenza è _____

ogni frase corretta vale 1 punto   totale: ___/10

9 PRESENTE E CONCORDANZE
Forma le frasi facendo attenzione agli articoli e alle concordanze.

Es: Giovanni / mattina / alzarsi / alle 7:00 / e / (lui) andare / al lavoro / con / suo / fidanzata.
Giovanni la mattina si alza alle 7:00 e va al lavoro con la sua fidanzata.

1. Mio / madre / chiamarsi / Anna.

2. Quando / Paolo alzarsi / presto / essere / sempre / nervoso.

3. Giorgio / andare / a casa / domani.

4. (noi) Venire / al mare / con / nostro / genitori.

5. Paolo / dire / che / suo / nonna / essere / tedesco.

6. Quando / (tu) dormire / poco / (tu) essere / insopportabile.

7. Se / (noi) dimenticarsi / di telefonare / a / nostro / padre / lui / non / venire / alla stazione.

ogni frase corretta vale 4 punti   totale: ___/28

ALMA Edizioni | Grammatica pratica della lingua italiana

11 FORMA IMPERSONALE

Forma impersonale

A Natale **si mangia** sempre troppo.
(= *In generale tutti a Natale mangiano troppo.*)

D'estate **si beve** più che d'inverno.
(= *D'estate la gente beve più che d'inverno.*)

Alle feste **si canta** e **si balla**.
(= *Alle feste la gente canta e balla.*)

Da Roma a Milano **si fa** prima con il treno che con la macchina.

Quando **si è** timid**i** è difficile fare amicizia.
Se si dorme poco **si diventa** nervos**i**.

- La forma impersonale esprime azioni generali, comuni a molte persone.

- Per fare la forma impersonale usiamo:
  si + verbo (terza persona singolare).

- Con i verbi **essere** e **diventare** usiamo **gli aggettivi** al **plurale**.

- **Forma impersonale**

  > **si + verbo** (terza persona singolare)*
  >
  > **si + essere / diventare** (terza persona singolare) + **aggettivo plurale**

  ** Vedi **Il si passivante** a pag. 222.*

ESERCIZI

1 Scegli la forma corretta dei verbi.

1. In Italia **va / si va** in vacanza ad agosto.
2. Quando usciamo con la macchina, non **si beve / beviamo** mai alcolici.
3. Con gli occhiali **vede / si vede** meglio.
4. La mia famiglia di solito **si mangia / mangia** a mezzogiorno.
5. Quando piove **stanno / si sta** bene in casa.
6. Quando fa troppo caldo **lavora / si lavora** male.
7. Aldo e Claudia oggi **vanno / si va** a ballare.
8. Se si fa sport **vive / si vive** meglio.
9. Quando si va in chiesa normalmente **prego / si prega**.

FORMA IMPERSONALE 11

ESERCIZI

2 Dove siamo quando facciamo queste azioni?
Metti i verbi alla forma impersonale e indovina dove facciamo tutte queste azioni, come nell'esempio.

a letto • al parco • in palestra • in montagna • in biblioteca • in discoteca
all'ippodromo • a scuola • allo stadio

1. leggere, parlare a voce bassa, studiare: dove? _Si legge, si parla a voce bassa, si studia: in biblioteca._
2. parlare a voce alta, ballare, bere: dove? _____
3. faticare, diventare forti, sudare: dove? _____
4. dormire, riposare, sognare: dove? _____
5. giocare, scommettere, vincere, perdere: dove? _____
6. camminare, passeggiare, portare il cane: dove? _____
7. sciare, camminare, giocare con la neve: dove? _____
8. studiare, imparare, leggere: dove? _____
9. tifare per la squadra preferita, urlare, andare con gli amici: dove? _____

3 Qui hai molte azioni tipiche delle quattro stagioni italiane.
Metti ogni azione alla forma impersonale e poi completa la tabella come nell'esempio.

Le quattro stagioni

cominciare a uscire per fare delle passeggiate • andare a sciare • andare al mare
stare in casa con il riscaldamento acceso • andare in campagna a fare un picnic
cucinare con i funghi • cominciare ad andare a scuola • finire di andare a scuola
andare alle feste di Carnevale • cucinare per il pranzo di Pasqua • fuggire dal caldo della città
stare insieme per festeggiare il Natale • andare alle feste di Capodanno

primavera	estate	autunno	inverno
Si comincia a uscire per fare delle passeggiate.			

ALMA Edizioni | Grammatica pratica della lingua italiana

11 FORMA IMPERSONALE

Forma impersonale dei verbi riflessivi

Quando si è stanchi e stressati **ci si deve rilassare** un po'.
In Italia **ci si sposa** sempre più tardi.
Al giorno d'oggi **ci si diverte** con sport sempre più estremi.
Quando non **ci si ama** più **ci si separa**. O no?

- La forma impersonale del verbo riflessivo è:
  ci + si + verbo (terza persona singolare)
  sposarsi ▸ **ci si** spos**a**
  divertirsi ▸ **ci si** divert**e**

- **Forma impersonale dei verbi riflessivi**

  ci + si + verbo (terza persona singolare)

ESERCIZI

1 Che si fa se...?
Scegli i verbi corretti per ogni situazione e usa la forma impersonale e quella impersonale riflessiva, come nell'esempio.

lavarsi • divertirsi • **lamentarsi** • vestirsi eleganti • sentirsi male • allenarsi molto

1. avere mal di denti: _lamentarsi_ ▸ _Se si ha mal di denti, ci si lamenta._
2. guardare un film comico: _____ ▸ _____
3. bere troppo: _____ ▸ _____
4. essere invitato a una festa formale: _____ ▸ _____
5. volere vincere in uno sport: _____ ▸ _____
6. essere sporco: _____ ▸ _____

2 Cosa si fa con questi oggetti?
Trova un'azione adatta ad ogni oggetto e usa la forma impersonale, come nell'esempio.

scrivere • viaggiare • tenersi aggiornati • tenersi svegli • **tagliare il pane** • entrare a teatro • mangiare
tagliare la carta • comunicare • vedere meglio • ripararsi dalla pioggia

Es: Con il coltello: 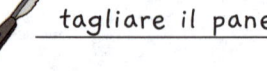 _tagliare il pane_ ▸ _Si taglia il pane._

1. Con le forbici:
_____
▸ _____

2. Con la forchetta:
_____
▸ _____

3. Con la penna:
_____
▸ _____

4. Con l'ombrello:
_____
▸ _____

5. Con il telefono:
_____
▸ _____

6. Con gli occhiali:
_____
▸ _____

7. Con il giornale:
_____
▸ _____

8. Con il biglietto:
_____
▸ _____

9. Con la macchina:
_____
▸ _____

10. Con il caffè:
_____
▸ _____

FORMA IMPERSONALE 11

ESERCIZI

3 Metti il verbo nella forma corretta, impersonale o non impersonale, come negli esempi.

1. Oggi Paolo (andare) __va__ al mare.
2. D'estate (andare) __si va__ al mare.
3. Anna la sera (uscire) _____ spesso con gli amici.
4. D'estate nei posti di vacanza (uscire) _____ tutte le sere e (andare) _____ a dormire tardi.
5. I Rossi (andare) _____ a dormire verso le 10.
6. Quando vado a sciare (alzarsi) _____ presto.
7. Quando si va a sciare, (alzarsi) _____ presto.
8. Quando io e mia moglie andiamo da Paolo (annoiarsi) _____ sempre a morte.
9. Ad andare in vacanza da soli (annoiarsi) _____.
10. Quando si lavora con il caldo (stancarsi) _____ di più.
11. Con il suo lavoro Carlo (stancarsi) _____ molto.

4 Metti i verbi al presente, terza persona singolare. Decidi se usare o no la forma impersonale.

Recentemente l'Italia (mostrare) _____ un maggiore interesse per la lettura.
In Italia infatti, secondo l'Istituto Nazionale di Statistica (ISTAT) (leggere) _____ di più.
L'ISTAT (indicare) _____ che negli ultimi tempi ci sono molti più lettori.
(Sapere) _____ però che questi sono lettori "deboli", che leggono al massimo tre libri l'anno,
infatti, se (osservare) _____ con attenzione, (notare) _____ che sono principalmente
persone che leggono un solo libro all'anno.
Nell'indagine (vedere) _____ che il lettore medio è molto giovane (il 65,4% ha 11-14 anni)
e (vivere) _____ principalmente al Nord. Normalmente (avere) _____ un buon titolo
di studio, (ricoprire) _____ alti incarichi o è studente. Non (essere) _____ chiara
la ragione del basso numero di lettori forti, chi (leggere) _____ almeno dodici libri l'anno.
Eppure (parlare) _____ spesso dell'Italia come di un paese in cui (scrivere) _____,
(pubblicare) _____ e, specialmente, (tradurre) _____ molto.
Chi (comprare) _____ tutti questi libri?

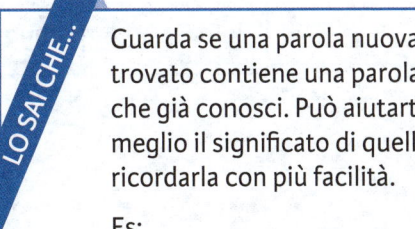

LO SAI CHE... Guarda se una parola nuova che hai trovato contiene una parola più breve che già conosci. Può aiutarti a capire meglio il significato di quella parola e a ricordarla con più facilità.

Es:
Il **riscaldamento** non funziona.
(riscaldamento ▸ riscaldare ▸ caldo)

12 PASSATO PROSSIMO

Passato prossimo

Il mese scorso **ho comprato** un motorino.
Ieri **sono andato** al cinema.

Questa mattina **ho telefonato** a mia madre.
Paolo **è uscito** con gli amici.

mangi**are** ▸ mangi**ato**:
Ieri sera abbiamo mangi**ato** veramente bene!

conosc**ere** ▸ conosc**iuto**:
Alla festa ho consoci**uto** il fratello di Alessandro.

fin**ire** ▸ fin**ito**:
Ornella e Tiziana hanno fin**ito** le vacanze.

Franco **ha** parlat**o** con l'insegnante.
Francesca **ha** parlat**o** con l'insegnante.

Ennio e Franco **hanno** parlat**o** con l'insegnante.
Francesca e Liliana **hanno** parlat**o** con l'insegnante.

Franco **è** andat**o** via.
Francesca **è** andat**a** via.

Ennio e Franco **sono** andat**i** via.
Francesca e Liliana **sono** andat**e** via.

- Il **passato prossimo** si usa per esprimere alcune azioni o fatti del passato più o meno vicino.

- Il passato prossimo si forma con:
presente di avere / essere + participio passato del verbo

- Il participio passato si forma così:
verbi in **-are** ▸ participio passato **-ato**
verbi in **-ere** ▸ participio passato **-uto**
verbi in **-ire** ▸ participio passato **-ito**

- Il participio passato dei verbi con **avere** finisce in **-o**.

- Il participio passato dei verbi con **essere** si comporta **come un aggettivo** con 4 terminazioni (**-o**, **-a**, **-i**, **-e**) e concorda con il soggetto del verbo.

- **Passato prossimo**

	presente avere / essere + participio passato	
io	**ho parlato**	**sono andato/a**
tu	**hai parlato**	**sei andato/a**
lui / lei / Lei	**ha parlato**	**è andato/a**
noi	**abbiamo parlato**	**siamo andati/e**
voi	**avete parlato**	**siete andati/e**
loro	**hanno parlato**	**sono andati/e**

PASSATO PROSSIMO 12

ESERCIZI

1 Trova per ogni persona la ragione del suo stato d'animo, come nell'esempio.

1. Giulia è stanca perché...

a. ha dimenticato le chiavi di casa e ha dovuto chiamare i pompieri per entrare.

2. Carlo e Gianni sono tristi perché...

b. hanno appena saputo che le loro amiche tedesche sono tornate in Germania.

3. Paola e Gigi sono stanchi perché...

c. ha lavorato troppo e non è ancora andata a casa.

4. Serena e Marta sono nervose perché...

d. ha passato l'esame ed è finalmente diventata avvocata.

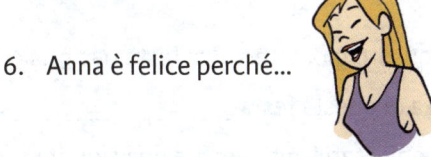

5. Sergio è arrabbiato perché...

e. si sono sposati oggi e la festa del matrimonio è durata tanto.

6. Anna è felice perché...

f. sono partite per le vacanze e hanno dimenticato di spegnere il gas.

2 Completa i verbi al passato prossimo coniugando l'ausiliare **avere** e **essere**.

Ieri *(io / avere)* _____ comprato una nuova auto. Appena *(avere)* _____ ritirato la macchina, *(essere)* _____ partito subito e *(essere)* _____ andato a fare un giro in campagna. Purtroppo, la benzina *(essere)* _____ finita quando *(io / essere)* _____ arrivato in aperta campagna (in una zona senza campo per il cellulare) così, *(avere)* _____ dovuto lasciare la macchina lì e fare l'autostop. *(Essere)* _____ passati tre ragazzi che mi *(avere)* _____ portato fino in città. Quando *(essere)* _____ arrivato a casa *(avere)* _____ telefonato alla mia ragazza, Amelia, che *(essere)* _____ venuta a prendermi con la sua macchina. Poi *(essere)* _____ andati insieme a comprare la benzina e *(essere)* _____ andati a prendere la mia macchina. Che brutto inizio!

3 Metti il participio passato dei verbi.

Si chiama Guglielmo, è *(diventare)* _____ famoso come scienziato e inventore. Fra il 1800 e il 1900 ha *(studiare)* _____ l'elettromagnetismo e ha *(inventare)* _____ la radio. È *(andare)* _____ in Inghilterra a fare le sue ricerche e ha *(sposare)* _____ un'irlandese, poi è *(partire)* _____ per l'America dove ha *(continuare)* _____ a fare esperimenti. Nel 1909 ha *(ricevere)* _____ il Premio Nobel per la fisica. L'Inghilterra lo ha *(nominare)* _____ baronetto* e l'Italia senatore a vita e marchese. Sai chi è?

baronetto: Sir

12 PASSATO PROSSIMO

ESERCIZI

4 Non sai chi è il personaggio dell'esercizio 3? Scegli le forme corrette del passato prossimo nelle frasi, come nell'esempio. Le lettere abbinate alle forme corrette compongono il suo cognome.

1. Ieri le ragazze **sono andate (M)** / **sono andati (F)** al mare. M
2. L'Italia **è diventato (L)** / **è diventata (A)** una Repubblica nel 1946. __
3. Giulia **ha comprata (B)** / **ha comprato (R)** un libro a sua sorella. __
4. I miei **sono partito (I)** / **sono partiti (C)** questa mattina. __
5. La mia amica **ha passato (O)** / **ha passata (N)** l'esame. __
6. Pierino **è caduta (C)** / **è caduto (N)** dalla bicicletta. __
7. Ieri **ho ricevuto (I)** / **ho ricevuta (S)** il tuo regalo. __

5 Metti i verbi della lista al posto giusto.

ha voluto • ha cucinato • è diventato • ha infilato • è stato • ha avuto • hanno mangiato • è diminuita
ha scritto • è andato • è arrivata • hanno dato • è tornata • si sono seduti • è arrivato

La festa del papà

In Italia la festa del papà è il 19 marzo, giorno di San Giuseppe. Una volta questo giorno era una festa nazionale, ma nel 1977 _____ un giorno feriale, per questo l'importanza di questa festa _____.
La storia dice che la festa del papà _____ origine nel 1908 negli Stati Uniti, perché una signora _____ festeggiare suo padre; poi questa festa _____ anche in Europa.
Oggi Daniele, che ha 7 anni, _____ a scuola e _____ una letterina di auguri per il babbo.
La mamma quando _____ a casa dal lavoro _____ le frittelle di riso, un dolce toscano per la festa del papà. Quando Daniele _____ a casa _____ il biglietto di auguri sotto il piatto del babbo e, quando tutti _____ a tavola per cenare, il babbo ha trovato il biglietto ed _____ molto contento. Poi _____ insieme e dopo cena Daniele e la mamma _____ il loro regalo al papà: un giallo.

LO SAI CHE...

Volere, potere, dovere e **sapere** (verbi modali) normalmente usano come ausiliare **avere** quando sono da soli.

Es:
"Hai telefonato al dottore?".
"No, non **ho** potuto / No, non **ho** voluto."

Se questi verbi sono seguiti da un altro verbo invece prendono di solito l'ausiliare del verbo che segue.

Es:
Non **sono** potuto andare a teatro. (perché **andare** vuole **essere**)
Non **siamo** voluti tornare a casa da soli. (perché **tornare** vuole **essere**)

PASSATO PROSSIMO 12

Avere o essere?

Il bambino **ha finito** **il gelato**.
(cosa? ▸ *il gelato)*

Mario **ha sposato** **Marella**.
(chi? ▸ *Marella)*

Ho studiato **italiano** tutto il giorno.
(cosa? ▸ *italiano)*

Abbiamo incontrato **Anna**.
(chi? ▸ *Anna)*

- **Tutti** i verbi transitivi (verbi che hanno un oggetto diretto) formano il passato prossimo con l'ausiliare **avere**.

Mi sono alzata alle 6:00.
Ci siamo conosciuti un mese fa.

- **Tutti** i verbi riflessivi formano il passato prossimo con l'ausiliare **essere**.

Questa borsa **è costata** molto.
L'ascensore **è salito** al primo piano.
Le vacanze **sono cominciate** ieri.

- **Quasi tutti** i verbi intransitivi (verbi che non hanno un oggetto diretto) formano il passato prossimo con l'ausiliare **essere**. Fra questi ci sono:

Renata **è restata** a casa.
Oliviero **è rimasto** in albergo.

a) **verbi di stato**: **(re)stare**, **rimanere**, ecc.

Siamo **andati** al mare.
Il treno **è partito** un'ora fa.

b) **verbi di movimento**: **andare**, **venire**, **arrivare**, **partire**, **tornare**, **entrare**, **uscire**, **cadere**, ecc.

Mio nonno **è morto** molto tempo fa.
Ieri **è nata** mia nipote.
La festa **è finita** a mezzanotte.

c) **verbi di cambiamento**: **diventare**, **morire**, **nascere**, **invecchiare**, **iniziare**, **cominciare**, **finire**, ecc.

L'Islanda mi **è piaciuta** moltissimo.
Luca mi **è sembrato** un po' triste.

d) **verbi impersonali**: **piacere**, **dispiacere**, **bastare**, **parere**, **succedere**, **sembrare**, ecc.

Ho **visto** un bellissimo film.
Siete **venuti** alla festa?
Che è **successo**?

- **Molti** verbi hanno un participio passato irregolare.

12 PASSATO PROSSIMO — ESERCIZI

1 Leggi questa mail. Trova i verbi al passato prossimo e dividili in due colonne: verbi con **avere** e verbi con **essere**. Poi scrivi anche l'infinito, come negli esempi.

Nuovo messaggio

Cara Marcella, non ci sentiamo da alcuni mesi ormai, ma in questi ultimi tempi <u>ho avuto</u> davvero molto da fare e da organizzare, mi dispiace. Ora finalmente <u>ho trovato</u> un po' di tempo per scrivere, quindi ti racconto cosa ho fatto in questo periodo. Per prima cosa, ora abito a Milano. Mi sono laureata nel giugno scorso e, dopo la laurea, sono partita con alcune amiche per fare un giro d'Europa in InterRail. Siamo andate in Austria, Germania, Danimarca e Norvegia; siamo arrivate fino a Capo Nord e poi siamo tornate verso sud, passando dalla Svezia. È stata una vacanza bellissima come puoi immaginare! Ci siamo divertite un mondo e abbiamo incontrato tantissima gente! Pensa che in Svezia è successa una cosa davvero strana! In un ostello di Stoccolma, dove abbiamo dormito per 2 notti, abbiamo conosciuto un gruppetto di italiani che stavano facendo un giro simile al nostro. Abbiamo passato un paio di giorni con loro e io... beh... fra tutti quei bellissimi svedesi alti e biondi... non mi sono innamorata di Salvo? Uno dei ragazzi del gruppo, un siciliano che lavora qui a Milano. Ora hai capito perché sono venuta a vivere qua. Quando sono tornata dalla vacanza ho cominciato a cercare lavoro in questa città, per stare vicino a Salvo. Alla fine ho trovato un posto come traduttrice / interprete alla Fiera di Milano, ho fatto le valigie e mi sono trasferita qui. Che ne pensi? È stata una grossa decisione, non è stato facile lasciare Perugia... ma sono contenta di essere qui con Salvo. E tu che fai? Come va?
Scrivi presto e raccontami tutto di te.
Baci, Carolina

avere		essere	
passato prossimo	infinito	passato prossimo	infinito
ho avuto	avere		
ho trovato	trovare		

ESERCIZI

PASSATO PROSSIMO 12

2 Avere o essere? Scegli la forma corretta del verbo.

Silvia e Ennio **hanno divorziato / sono divorziate** poche settimane fa; quindi **si hanno messo / si sono messi** d'accordo e **hanno organizzato / sono organizzati** una bellissima festa. Sono ancora buoni amici anche se non vogliono più vivere insieme perché non si amano più. Noi amici **abbiamo andato / siamo andati** quasi tutti, anche Paul e la moglie, che **sono arrivati / hanno arrivato** dalla Germania. La festa **ha durato / è durata** fino alla mattina, gli invitati **sono ballati / hanno ballato**, **hanno mangiato / sono mangiati** e **si sono divertiti / hanno divertito** come matti. Alla fine della festa Silvia e Ennio **hanno tornato / sono tornati** a casa con i loro nuovi partner.

3 Avere o essere? Cambia il testo al passato prossimo.

Tangentopoli

Durante i primi anni '90 scoppia un grave scandalo nella vita politica italiana. La polizia e i magistrati cominciano a controllare gli affari di personaggi politici e di famosi imprenditori e trovano le prove delle relazioni illegali tra politica, mondo degli affari e mafia. Molti uomini di governo corrotti diventano ricchissimi grazie ai soldi della mafia. Dopo questo periodo di continui scandali i maggiori partiti spariscono. Alcuni fondano nuove organizzazioni politiche e altri cercano di rifondare i vecchi partiti con nuovi nomi. Da allora inizia quella che molti chiamano la Seconda Repubblica.

Durante i primi anni '90 è scoppiato un grave scandalo nella vita politica italiana.

La polizia e i magistrati _____

_____

_____

_____

_____

_____

4 Metti i verbi al passato prossimo.

Ah! L'amore!

Questa è la storia di un uomo innamorato e un po' ingenuo. Un uomo di 34 anni, che *(passare)* _____ diversi anni in carcere, *(ottenere)* _____ a ottobre il permesso di uscire per sette giorni, ma quando *(uscire)* _____ non *(ritornare)* _____ più. La polizia lo *(cercare)* _____ per mesi, ma non *(trovare)* _____ nessuna traccia. L'uomo però, innamorato di una donna detenuta nel carcere femminile, non *(sapere)* _____ resistere alla tentazione e *(andare)* _____ a trovarla. Naturalmente i poliziotti del carcere femminile *(controllare)* _____ i suoi documenti quando lui *(entrare)* _____, lo *(riconoscere)* _____, lo *(arrestare)* _____ e lo *(riportare)* _____ dentro.
Vero amore o...?

12 PASSATO PROSSIMO

Alcuni verbi con participio passato irregolare

verbo	participio passato	esempio
accendere	acceso	Non ho acceso la luce perché è ancora chiaro.
accorgersi	accorto	Non ti sei accorto che il gatto è uscito?
aprire	aperto	Ha aperto Lei la porta?
bere	bevuto	Chi ha bevuto l'ultima birra?
chiedere	chiesto	Abbiamo chiesto informazioni a un vigile.
chiudere	chiuso	I negozi hanno chiuso alle 19:00.
correre	corso	Sono corsa qui appena ho saputo dell'incidente.
decidere	deciso	Allora hai deciso dove andare in vacanza?
dire	detto	Ho già detto tutto alla polizia.
dividere	diviso	Hanno diviso l'appartamento.
essere	stato	Ieri siamo state al cinema.
fare	fatto	Ho fatto la spesa al mercato.
leggere	letto	Mio padre ha letto tutta l'enciclopedia.
mettere	messo	Hai messo i soldi in banca?
morire	morto	Suo nonno è morto tre anni fa.
nascere	nato	Dante è nato a Firenze.
offendere	offeso	Aldo ha offeso Beppe.
offrire	offerto	Gigi ha offerto il pranzo.
perdere	perso	Ho perso le chiavi di casa.
porre	posto	Il professore ha posto alcune domande agli studenti.
prendere	preso	Questa estate avete preso tanto sole.
rimanere	rimasto	Sei rimasto in città a Ferragosto?
rispondere	risposto	Non ha risposto alla mia domanda, Signor Rossi.
rompere	rotto	Ho rotto un bicchiere.
scegliere	scelto	Alla fine ho scelto la gonna blu.
scendere	sceso	Siamo scesi al pianterreno.
scrivere	scritto	Abbiamo scritto una mail a Ilaria.
spegnere	spento	Hanno spento tutte le luci.
stare	stato	È stato in casa tutto il giorno.
succedere	successo	Che è successo?
tradurre	tradotto	Hanno tradotto il libro di Queneau.
vedere	visto	Hai visto la mia bici nuova?
venire	venuto	Non è venuto quasi nessuno alla festa.
vincere	vinto	La Francia ha vinto i Mondiali del 2018.
vivere	vissuto	Ho vissuto due anni in Germania.

ESERCIZI

PASSATO PROSSIMO 12

1 Cosa hanno fatto? Metti i verbi al passato prossimo e rispondi alle domande.

1. ■ Cosa ha fatto il maestro quando Luca e Filippo hanno cominciato a litigare?
   • (Correre) _____ a dividere i due e (dire) _____ ai bambini di smettere.

2. ■ Cosa hanno fatto i bambini quando è iniziato il temporale?
   • (Accendere) _____ la luce e (chiamare) _____ i genitori.

3. ■ Cosa ha fatto Paola il giorno del suo compleanno?
   • (Decidere) _____ di non dire niente a nessuno e (stare) _____ a casa.

4. ■ Cosa hanno fatto gli italiani nel 1943?
   • (Perdere) _____ la guerra e (chiedere) _____ l'aiuto degli americani.

5. ■ Cosa è successo nel 1996 nel mondo del cinema?
   • (Morire) _____ Marcello Mastroianni.

6. ■ Che cosa hai fatto? Perché l'appartamento è distrutto?
   • Perché quando (uscire) _____ non (spegnere) _____ il gas e così (scoppiare) _____ un incendio.

7. ■ Che cosa ha fatto Sergio quando è nata sua figlia?
   • (Scegliere) _____ il miglior champagne, (offrire) _____ da bere a tutti e (fare) _____ festa.

8. ■ Che cosa ha fatto Amelia per protesta contro il problema del traffico in città?
   • (Scrivere) _____ una lettera al giornale che nessuno (leggere) _____.

9. ■ Che cosa è successo? Perché Simona non guida più?
   • (Andare) _____ troppo veloce, (avere) _____ un incidente, così (prendere) _____ una multa e (perdere) _____ la patente.

10. ■ Che cosa hanno fatto Valerio e Ugo negli ultimi 10 anni?
    • (Rimanere) _____ in Germania, (vivere) _____ a Stoccarda, (aprire) _____ un ristorante, (fare) _____ i soldi, (venire) _____ in Italia e (comprare) _____ una casa nel loro paese di origine.

12 PASSATO PROSSIMO — ESERCIZI

2 Cosa hanno fatto? Forma delle frasi con i verbi della lista, come nell'esempio.

vincere la lotteria • nascere • bere • fare il bagno • chiudere la porta
prendere l'autobus • scendere le scale • rompere il bicchiere • morire

Es: ha bevuto   1. _____   2. _____

  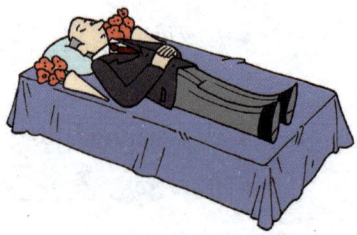

3. _____   4. _____   5. _____

 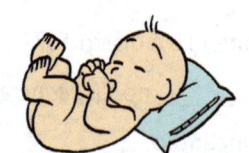 

6. _____   7. _____   8. _____

3 Cosa ha fatto ieri la signora X? Descrivi la giornata della signora X. Usa i verbi della lista. Poi indovina che lavoro fa.

alle	verbi	ieri
8:00	alzarsi e fare colazione	si è alzata e ha fatto colazione
9:00	prendere l'auto e uscire per andare al lavoro	1.
10:30	avere un appuntamento con alcuni avvocati	2.
12:00	studiare un caso importante	3.
13:00	fare una pausa pranzo con i colleghi	4.
14:00	occuparsi di un omicidio nella città	5.
15:00	parlare con i giornalisti	6.
17:00	prendere un caffè con un giudice	7.
18:00	dare gli ordini per il lavoro notturno	8.
19:00	andare al corso di judo	9.
21:00	tornare a casa stanchissima	10.
22:30	andare a letto e leggere un giallo	11.

Hai capito che lavoro fa? LA C _ M _ _ I _ S _ R _ _ A DI P _ _ _ IZ _ _ A

PASSATO PROSSIMO 12

ESERCIZI

4 Metti i verbi al tempo corretto.

La vita di Roberto

Trenta anni fa *(innamorarsi)* _____ di una compagna del liceo.

Venti anni fa *(sposare)* _____ l'ex compagna di liceo.

Venticinque anni fa *(laurearsi)* _____ in ingegneria e *(trovare)* _____ subito un buon lavoro.

Oggi *(possedere)* _____ una barca e passa le vacanze in mare.

Al momento *(dirigere)* _____ una piccola agenzia di viaggi-avventura.

Roberto non *(volere)* _____ mai _____ avere una macchina.

Ora *(andare)* _____ spesso in palestra e *(fare)* _____ sport.

Ieri *(cominciare)* _____ il torneo di tennis di Wimbledon, ma Roberto non *(avere)* _____ il tempo di vederlo.

▸ Oggi *(stare)* _____ con il fratello della ex moglie.

▸ Cinque anni fa *(loro / separarsi)* _____.

▸ Quattro anni fa *(licenziarsi)* _____ e *(cominciare)* _____ una nuova attività.

▸ Un paio di anni fa *(vendere)* _____ la casa di famiglia in montagna.

▸ L'apertura dell'agenzia *(costare)* _____ molto, ma lui *(essere)* _____ contento di aprirla.

▸ Ora lui *(desiderare)* _____ comprare un'automobile elettrica.

▸ In passato *(giocare)* _____ per un po' di tempo a tennis.

▸ Domani lui e il compagno *(partire)* _____ per una vacanza negli Emirati Arabi.

5 Trova i participi passati irregolari dei verbi della lista, come nell'esempio. Cerca nelle quattro direzioni ↓ ↑ ↘ ↗.

accendere • aprire • chiudere
decidere • dire • dividere
leggere • mettere • nascere
offrire • prendere • rimanere
rispondere • rompere • scegliere
stare • tradurre • vincere
vivere • vedere

X	B	C	E	Z	G	M	F	L	L	T	E	I	O	A
O	Q	N	N	S	Y	M	E	J	N	P	U	F	H	M
A	F	R	P	L	P	W	X	L	A	K	Z	L	W	O
C	C	F	I	Y	O	F	K	A	M	H	X	L	T	O
C	D	H	E	S	R	I	M	A	S	T	O	R	T	D
E	I	N	I	R	P	O	G	O	H	V	E	U	F	E
S	V	R	A	U	T	O	F	S	V	P	S	F	O	C
O	I	T	X	T	S	O	S	E	A	S	Q	T	C	I
B	S	G	X	C	O	O	D	T	I	L	T	L	O	S
Q	O	S	C	E	L	T	O	V	O	E	E	S	H	O
T	R	A	D	O	T	T	O	M	D	N	E	T	O	J
V	I	S	T	O	S	Q	Z	E	A	R	C	T	T	X
H	Z	R	V	N	E	S	J	S	P	K	T	L	F	O
W	Y	Y	A	W	C	H	D	U	S	Y	O	Y	Q	C	V
S	T	A	T	O	C	X	F	O	R	V	I	N	T	O

12 PASSATO PROSSIMO

ESERCIZI

6 Metti i verbi al passato prossimo e indovina di quali personaggi si parla.

a. Questo personaggio *(nascere)* _____ a Firenze nel 1469 ed *(morire)* _____ nella stessa città nel 1527. Per molti lui *(introdurre)* _____ la scienza politica moderna. *(Interessarsi)* _____ molto di politica per tutta la vita e *(scrivere)* _____ opere politiche e letterarie. *(Vivere)* _____ a Firenze e *(viaggiare)* _____ molto in Italia e in Francia come ambasciatore della Repubblica Fiorentina. Nel 1513 *(finire)* _____ in prigione e, dopo, *(andare)* _____ in esilio. In esilio *(scrivere)* _____ un'opera molto famosa, "Il Principe", e *(comporre)* _____ poesie e altre opere.
Il suo nome è Niccolò, conosci il cognome?

- **Completa il cognome di questo personaggio con le lettere legate ai participi passati corretti.**

  1. rompere: **rosto (E)** / **rotto (A)**
  2. offendere: **offeso (C)** / **ofeso (G)**
  3. prendere: **presto (L)** / **preso (H)**
  4. accorgersi: **accorgiuto (A)** / **accorto (E)**
  5. tradurre: **tradutto (T)** / **tradotto (L)**

  M ___ ___ ___ IAV ___ L ___ I
     (1) (2) (3)   (4)   (5)

b. Questa pittrice *(nascere)* _____ a Roma nel 1593. *(Imparare)* _____ a dipingere dal padre pittore. Purtroppo, non *(diventare)* _____ famosa solo per il suo talento, ma perché a vent'anni *(denunciare)* _____ un collaboratore del padre per violenza sessuale. La donna *(rappresentare)* _____ la sua rabbia in due quadri molto famosi. Nel 1612 *(sposare)* _____ un pittore di Firenze e *(trasferirsi)* _____ a vivere in questa città. A Firenze *(migliorare)* _____ come artista e *(lavorare)* _____ per le famiglie nobili di tutta Europa. *(Morire)* _____ a Napoli nel 1656.
Il suo nome è Artemisia, conosci il cognome?

- **Completa il cognome di questo personaggio con le lettere legate ai participi passati corretti.**

  1. leggere: **letto (N)** / **lesso (C)**
  2. mettere: **metto (B)** / **messo (L)**
  3. scegliere: **scelso (I)** / **scelto (E)**

  GE ___ TI ___ ___ SCHI
     (1)   (2) (3)

c. È un compositore e violinista barocco famosissimo, che *(vivere)* _____ fra il XVII e il XVIII secolo. Non sappiamo molto della sua vita, ma sappiamo che *(cominciare)* _____ a studiare violino con suo padre e che *(diventare)* _____ sacerdote. *(Comporre)* _____ molto ed *(essere)* _____ famoso in molte corti d'Europa. *(Scrivere)* _____ musica per i re e i nobili del tempo, ma *(rimanere)* _____ povero ed *(morire)* _____ a Vienna, in povertà. Una sua famosissima opera si chiama "Le quattro stagioni".
Il suo nome è Antonio, conosci il suo cognome?

- **Completa il cognome di questo personaggio con le lettere legate ai participi passati corretti.**

  1. chiudere: **chiuso (I)** / **chiusto (E)**
  2. chiedere: **chieso (N)** / **chiesto (V)**
  3. spegnere: **spetto (L)** / **spento (D)**
  4. accendere: **accento (E)** / **acceso (I)**

  V ___ ___ AL ___ ___
    (1) (2)   (3) (4)

PASSATO PROSSIMO 12

ESERCIZI

7 Metti le seguenti notizie al passato prossimo, come nell'esempio. Fa' attenzione ad usare l'ausiliare corretto.

Strane notizie

1. Succede ad agosto. Un uomo prende l'auto e va al mare. Quando arriva si accorge di non avere il costume, quindi parcheggia in fretta e entra in un negozio per comprarlo. Quando torna però non trova più l'auto. Telefona ai carabinieri e, quando arrivano, spiega la situazione. Dopo quasi un'ora però si ricorda la posizione dell'auto... in un'altra strada... I carabinieri non si arrabbiano, per fortuna.

   È successo ad agosto...

2. Un gruppo di amici decide di fare un picnic in campagna. Ognuno porta qualcosa da mangiare o da bere, ma nessuno pensa a portare cucchiai, forchette e coltelli. Uno di loro propone di andare in un paese vicino a comprarli, ma alla fine preferiscono mangiare con le mani e si divertono tantissimo. Nel pomeriggio fanno tutti un bagno nel fiume vicino e giocano nell'acqua. Tornano a casa stanchi e contenti.

   Un gruppo di amici ha deciso di fare un picnic in campagna...

3. Daria e Karen organizzano un'escursione in montagna. La camminata della mattina è bellissima, dopo circa tre ore le ragazze si fermano vicino a una fattoria, dove comprano del formaggio fresco e del pane e si siedono a mangiare e a riposarsi. Al ritorno Daria vuole passare a visitare una chiesetta dall'altra parte della montagna. Camminano per due ore, ma sul sentiero sbagliato e così devono tornare indietro. Alla fine fanno alcuni chilometri in più, ma riescono ad arrivare alla chiesetta e a visitarla. È una bella esperienza.

   Daria e Karen hanno organizzato un'escursione in montagna...

13 PRONOMI DIRETTI

Pronomi diretti

- Usi il computer per lavoro?
- Sì, **lo** uso spesso. (**lo** = *il computer*)
- Ogni quanto guardi la TV?
- **La** guardo ogni sera. (**la** = *la TV*)

Io non mangio mai le olive. **Le** odio! (**le** = *le olive*)
Gli anni della guerra? **Li** ricordo benissimo! (**li** = *gli anni*)
Piero **ci** saluta sempre. (**ci** = *noi*)

- **Mi** ami? (**mi** = *me*)
- Certo! **Ti** amo da morire. (**ti** = *te*)

Vi chiamiamo domani. (**vi** = *voi*)

Signora, **La** chiamo domani. (**La** = *Lei*)

- Dov'è la scuola?
- Non **lo** so. (**lo** = *dove è la scuola*)

Il biglietto? Lo compro domani.
Sandra, la chiamo più tardi.
Lo dico sempre io **che Susi è una brava ragazza!**
Non **li** sopportiamo **quei due!**

Ho comprato un'auto nuova. **La** vuoi vedere?
Ho comprato un'auto nuova. Vuoi veder**la**?
L'ultimo libro di Baricco? **L'**ho appena cominciato a leggere.
L'ultimo libro di Baricco? Ho appena cominciato a legger**lo**.

- Usiamo i pronomi diretti per sostituire un oggetto diretto (senza preposizione).
  I pronomi diretti si usano **sempre** prima del verbo.

- Con la forma di cortesia si usa il pronome diretto di terza persona femminile **La**.

- Il pronome diretto può sostituire anche una frase.

- Qualche volta si usa il pronome diretto insieme all'oggetto diretto. È una forma enfatica, che dà più rilievo all'oggetto.

- Quando c'è un verbo modale o fraseologico (**potere, volere, dovere, sapere, cominciare a, stare per, finire di**) + l'infinito, il pronome diretto può andare prima del verbo o dopo l'infinito.

- Pronomi diretti

	singolare	plurale
prima persona	mi	ci
seconda persona	ti	vi
terza persona maschile	lo	li
terza persona femminile	la (La)	le

PRONOMI DIRETTI 13

ESERCIZI

1 Unisci le immagini e le frasi, come nell'esempio.

a. le forbici
b. gli asparagi
c. il gelato
d. la birra
e. gli spaghetti

1. Lo esportiamo in tutto il mondo.
2. Di solito la beviamo quando mangiamo la pizza.
3. Lo usano gli studenti.
4. Sono perfetti per fare il risotto.
5. Li mangiamo con la forchetta.
6. Le usiamo per tagliare le cose.
7. Mi aiuta a avere i denti puliti.
8. Ci protegge quando piove.
9. Le mangiamo a primavera.
10. La usiamo per preparare il caffè.

f. le ciliegie
g. lo zaino
h. la moka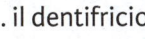
i. il dentifricio
l. l'ombrello

2 Unisci le domande alle risposte adatte, come nell'esempio.

1. Guardi spesso la TV?
2. Ogni quanto chiami i tuoi genitori?
3. Leggi il giornale?
4. Parli inglese?
5. Bevi mai il caffè?
6. Conosci quelle ragazze là?
7. Come fai la pizza?
8. Perché non prendi mai l'autobus?
9. Dove compri i libri?
10. Perché porti gli occhiali?

a. Li compro sempre al mercatino dell'usato.
b. Certo, lo leggo ogni giorno.
c. Li porto solo per leggere perché sono un po' astigmatico.
d. No, non la guardo molto, solo qualche sera.
e. Lo studio, ma non lo parlo molto bene.
f. Lo prendo ogni mattina a colazione.
g. È semplice: la preparo con farina, sale, lievito, acqua e un pochino di olio di oliva.
h. Normalmente li sento una volta alla settimana.
i. Sì, vengono a scuola con me. Le conosco bene.
l. Non lo sopporto! È sempre in ritardo e sempre pieno!

LO SAI CHE... Se usi i suffissi **-ino** o **-etto** il significato del sostantivo cambia; **-ino** e **-etto** hanno il significato di "piccolo".

Es:
Vicino a casa mia c'è un **laghetto**. (piccolo lago)
Anna dorme nel **lettino**. (letto piccolo)

Attenzione! Questi suffissi non funzionano sempre!
Es:
Ho un **tavolino** in sala. (piccolo tavolo)
Ho un ***tavoletto** in sala. (tavoletto non esiste!)

13 PRONOMI DIRETTI

ESERCIZI

3 **Scrivi nella tabella a cosa si riferiscono i pronomi diretti evidenziati nel dialogo, come negli esempi.**

Tre italiani sono in un aereo che va da New York a Roma. Durante il volo si verificano dei problemi ai motori e la situazione sembra preoccupante.

passeggero 1: Oddio, mamma mia! E ora? Speriamo bene! Per fortuna che ho sempre con me il mio corno rosso che **mi** protegge! Signora, **lo** vuole toccare?

passeggera: No, no, grazie. Io non sono superstiziosa. Ma forse **lo** vuole provare il signore vicino a me.

passeggero 2: No, nemmeno io sono superstizioso, e comunque secondo me non c'è nessun pericolo. Questo volo **lo** prendo spesso e i problemi di solito **li** risolvono subito.

passeggera: Forse ha ragione. Io però capisco anche il signore qui accanto: io non ho portafortuna, ma porto sempre con me una foto dei miei figli; quando **la** prendo e **li** guardo, sento che le cose andranno bene. In qualche modo, anche loro **mi** proteggono.

passeggero 2: Beh, una foto dei nostri cari è qualcosa di diverso da un talismano.

passeggero 1: E perché, scusi? In fondo, sono tutti e due oggetti che secondo noi danno sicurezza e quasi protezione, come due talismani.

passeggero 2: Certo, questo è vero. Io però continuo a preferire la protezione dei meccanici dell'aereo che ogni giorno **lo** controllano come si deve.

passeggera: Lei deve essere una persona molto concreta. Di che segno è?

passeggero 2: Signora, così come non credo nei talismani, non credo nemmeno nell'oroscopo. **Lo** trovo una perdita di tempo. Sono uno scienziato e l'astrologia non ha alcuna base scientifica.

passeggero 1: Scusate, l'aereo ora è più stabile, il pericolo sembra passato, forse grazie ai nostri talismani o alla sua scienza. Perché non ci rilassiamo con un bicchiere di prosecco? Se mi permettete, **lo** offro io.

passeggero 2: Grazie molto gentile, **lo** bevo con piacere.

passeggera: Io di solito non bevo alcolici, ma per questa volta accetto volentieri!

pronome	si riferisce a...
mi	me (passeggero 1)
lo	il corno rosso
lo	
lo	
li	
la	

pronome	si riferisce a...
li	
mi	
lo	
Lo	
lo	
lo	

4 **Scegli il pronome corretto e indovina che cosa stiamo preparando.**

a. Prendiamo l'olio e **li / lo** mettiamo in una padella. Quando l'olio è caldo, prendiamo uno spicchio d'aglio, **lo / la** sbucciamo, **la / lo** tagliamo e **lo / la** mettiamo nell'olio. Poi facciamo a pezzetti un peperoncino e **la / lo** aggiungiamo al tutto. Quando gli spaghetti sono pronti **lo / li** buttiamo nella padella e **li / lo** facciamo saltare nell'olio.

Sai che ricetta è? SPAGHETTI A __ L __ O, O __ __ O E PE __ __ R __ NC __ __ O

b. Prendiamo dei biscotti Savoiardi e **li / la** bagniamo con un pochino di Marsala e molto caffè. Prendiamo delle uova, del mascarpone e dello zucchero e **li / le** mescoliamo insieme. Quando la crema di mascarpone è pronta **le / la** mettiamo sopra i biscotti. Poi prepariamo altri biscotti e **li / lo** mettiamo sopra alla crema e quindi **la / li** ricopriamo con altra crema. Infine prendiamo del cacao in polvere e **li / lo** spargiamo sulla crema di mascarpone.

Conosci questo dolce italiano? T __ R __ M __ S __

PRONOMI DIRETTI

ESERCIZI

5 Andiamo al cinema? Completa le frasi con i pronomi diretti e poi rispondi alla domanda.

1. È un posto dove si girano molti film italiani. Tutti _____ conoscono. Si chiama Cinecittà.

   Dov'è?   ☐ A Venezia   ☐ A Roma   ☐ A Milano

2. È un festival del cinema molto importante. I cinefili _____ seguono molto. Il premio al vincitore è il Leone d'Oro.

   Dove si tiene?   ☐ A Bologna   ☐ A Cannes   ☐ A Venezia

3. Ha vinto l'Oscar nel 1997 con "La vita è bella". In Italia i suoi film sono molto famosi e tutti _____ trovano molto divertenti.

   Come si chiama?   ☐ Benigni   ☐ Moretti   ☐ Tornatore

4. La Roma degli anni '60 è molto famosa. Ormai tutti _____ ricordano grazie ad un grande film: "La dolce vita".

   Chi è il regista?   ☐ De Sica   ☐ Fellini   ☐ Antonioni

5. Questo film ha vinto l'Oscar nel 2014. Il protagonista è il giornalista Jep Gambardella, _____ seguiamo nella sua vita in una Roma bellissima e decadente.

   Sai come si chiama?   ☐ "Caro diario"   ☐ "La grande bellezza"   ☐ "Chiamami col tuo nome"

6. Sono film italiani che copiano un tipo di cinema americano. Sergio Leone è stato uno dei registi più famosi di quei film.

   Come _____ chiamiamo?   ☐ Spaghetti western   ☐ Macaroni western   ☐ Linguine western

7. È un regista famoso, molti _____ conoscono anche come scrittore e poeta. È morto a Ostia, assassinato.

   Il suo nome è Pier Paolo...   ☐ Zeffirelli   ☐ Visconti   ☐ Pasolini

---

LO SAI CHE...

I film del grande regista Fellini hanno lasciato molte tracce nella lingua italiana. Molti dei personaggi del suo famoso film "La dolce vita" portavano un maglione aderente, a collo alto. Ora quel tipo di maglia, nel linguaggio della moda si chiama "dolcevita".

13 PRONOMI DIRETTI

ESERCIZI

6 Inserisci il pronome diretto corretto negli spazi vuoti.

a. Il 13 dicembre è il giorno dedicato a una santa di origine siciliana, Lucia, vissuta nel terzo secolo d.C. Secondo la leggenda, Lucia e la madre diventano cristiane, ma non possono dir____ pubblicamente, per paura delle persecuzioni degli imperatori romani contro i cristiani. La famiglia di Lucia ____ costringe a fidanzarsi con un uomo molto ricco, ma Lucia non ____ vuole sposare e vuole invece rinunciare alle sue ricchezze e regalar____ ai poveri della sua città. Quando il fidanzato ____ scopre, ____ denuncia come cristiana. Lucia è arrestata, i giudici ____ accusano di essere una strega e ____ condannano al rogo. Ma Lucia non muore. Allora ordinano a un soldato di uccider____ con la spada. Così Lucia diventa martire e santa nel mondo cristiano. Il giorno di Santa Lucia è una grande tradizione anche in Svezia e in molte città italiane del Nord, dove il 13 dicembre arriva con un asinello e porta i doni ai bambini buoni. A Verona le famiglie lasciano qualcosa da mangiare per la Santa e l'asinello e lasciano anche dei piatti vuoti e lei ____ riempie con i dolci tipici di questa festa. La notte del 12 dicembre i bambini vanno a letto presto e chiudono forte forte gli occhi, perché, se Santa Lucia ____ trova svegli, ____ acceca con la cenere.

b. Un'altra donna famosa che porta dolci e regali è la Befana. Questa vecchietta arriva ogni anno a portare i regali ai bambini e tutti la aspettano la notte prima del 6 gennaio. Quella notte i bambini lasciano delle calze vuote e lei ____ riempie di dolci per i bambini buoni e di carbone per quelli cattivi. Di solito la Befana arriva su una scopa o su un asinello. Sapete che la tradizione della Befana è stata promossa molto durante il Fascismo che ____ ha sempre considerata una tradizione tipica italiana, molto più di Babbo Natale?

Pronomi diretti con participio passato

- Hai comprato il latte? ■ Sì, **l'**ho comprat**o** ieri.
- Hai mangiato tu la torta? ■ Sì, **l'**ho mangiat**a** tutta.
- Hai cambiato le scarpe? ■ Sì, **le** ho cambiat**e**.
- Hai cucinato gli spaghetti? ■ No, non **li** ho cucinat**i**.

Giulia, sai bene che io **ti** ho amat**a** tanto!
Giulia, sai bene che io **ti** ho amat**o** tanto!
Mario non **ci** ha vist**i**.
Mario non **ci** ha vist**o**.

- Hai visto l'ultimo film di Moretti? ■ Sì, **l'**(lo) ho visto due volte.
- Hai comprato l'insalata? ■ No, non **l'**(la) ho comprata.

- Dopo i pronomi diretti **lo**, **la**, **li**, **le** il participio passato concorda con i pronomi (**-o**, **-a**, **-i**, **-e**).

- Dopo i pronomi diretti **mi**, **ti**, **ci**, **vi** il participio passato può concordare o non concordare con i pronomi.

- Solamente **la** e **lo** prendono l'apostrofo prima di una parola che inizia con vocale o con **h**.

ESERCIZI

1 Sto organizzando una festa di compleanno. Questa è la lista delle cose che devo fare e che ho già fatto. Unisci le parole a sinistra con la frase corretta a destra.

1. La torta...
2. Gli invitati...
3. Le bibite...
4. Da mangiare...
5. I giochi...
6. I due signori del piano di sotto...

a. devo ancora farlo.
b. devo avvisarli perché sono un po' anziani.
c. li ho chiamati tutti.
d. li ho messi sul tavolo.
e. devo ordinarla.
f. le ho già comprate.

PRONOMI DIRETTI 13

ESERCIZI

2 Scegli l'espressione corretta.

Una storia incredibile

È stata una rapina un po' particolare quella di ieri a un ufficio postale romano.

I rapinatori infatti **l'hanno organizzati / l'hanno organizzata** con molta fantasia.

Tre ragazzi sono arrivati alla posta con un pacco molto pesante e **l'hanno portato / l'hanno portati** dentro.

Hanno detto: "Dobbiamo **spedirla / spedirlo** può aprire la porta?" e **l'hanno data / l'hanno dato** a un impiegato.

L'impiegato si è avvicinato alla porta e **l'ha aperto / l'ha aperta** per far passare il pacco. Improvvisamente un uomo molto piccolo è uscito dal pacco, ha puntato la pistola sugli impiegati e **lo ha minacciato / li ha minacciati**.

Gli altri tre ragazzi **lo hanno raggiunto / li hanno raggiunti** e hanno rubato tutti i soldi contenuti nella cassaforte della posta.

(adattato da repubblica.it)

3 Inserisci il pronome diretto corretto e completa il participio passato.
Poi trova a chi si riferisce la frase, come nell'esempio.

Bruno: il goloso • **Gioia e Pino: i paurosi** • **Aldo: l'amicone** • **Maria e Barbara: le chiacchierone**
Marta: la timida • **Marco e Roberto: i viziati** • **Vincenzo: il ritardatario** • **Carla e Sonia: le pigre**
Ursula: l'artista • **Sandra: l'imbranata** • **Stefania: la sportiva**

1. Ha conosciuto Piera e _l'_ ha subito invitat_o_ alla sua festa. ▸ _Aldo: l'amicone_.
2. È subito diventata tutta rossa quando Stefano __ ha chiamat__ per salutar__. ▸ _____.
3. Mi sono nascosto dietro la porta e quando loro sono entrati in camera __ ho spaventat__ moltissimo!
   ▸ _____.
4. Quella donna è incredibile! Non solo __ ho portat__ alla stazione, ma ho anche dovuto aiutar__ a trovare il treno e il binario. Poi ha anche perso il biglietto! ▸ _____.
5. È sempre in ritardo! È normale. Non porta mai l'orologio. Probabilmente __ ha lasciat__ da qualche parte.
   ▸ _____.
6. È molto attiva! __ ho vist__ prima al parco a correre. Forse adesso __ trovi in piscina. ▸ _____.
7. Sono così noiose! Non__ vediamo spesso. Stanno sempre in casa, quando __ abbiamo chiamat__ prima stavano guardando la TV. ▸ _____.
8. Dov'è la torta? Scommetto che ha mangiat__ tutta lui! Quando c'è qualcosa di dolce in casa __ fa sempre sparire! ▸ _____.
9. Dicono che è una pittrice molto brava. I suoi quadri alcuni __ trovano bellissimi ma io non __ ho mai capit__.
   ▸ _____.
10. Oddio quanto parlano quelle due! __ ho incontrate per strada alle 3:00 e ___ ho potute lasciare solo dopo più di un'ora! ▸ _____.
11. I gemelli? Non __ho mai sopportat__! Vogliono sempre tutto e subito! ▸ _____.

13 PRONOMI DIRETTI

ESERCIZI

4 Inserisci i pronomi della lista al posto corretto.

mi • l'(la) • l'(la) • mi • lo • l'(lo) • li • l'(lo) • li • l'(lo) • li • lo • l'(la)

Indovina cosa è successo. Qualche mese fa ho partecipato a un concorso su una rivista e… **l'** ho vinto! Ho vinto un fine settimana a Istanbul e sono stata felicissima perché **l'** ho sempre voluta visitare; infatti tutti gli amici che ci sono andati **l'** hanno descritta come una città affascinante. Quando la rivista **mi** ha contattata ho saputo che il premio era per due persone, allora mi sono chiesta chi invitare. Ho telefonato a mia sorella, ma quando **l'** ho invitata, mi ha risposto che non può lasciare il cane da solo a casa. Quel cane è come un figlio e lei **lo** porta ovunque e non esce mai senza di lui! Allora ho pensato a Andrea e **l'** ho chiamato subito, ma anche lui ha risposto di no. I genitori non stanno molto bene e lui **li** deve assistere e **li** deve aiutare se hanno bisogno. Alla fine ho deciso di partire da sola, ho trovato i dettagli della compagnia aerea e dell'albergo, **li** ho chiamati e ho cambiato le prenotazioni senza grossi problemi. Il giorno della partenza, all'aeroporto, poco prima di imbarcarmi, qualcuno **mi** ha chiamata… Joe! Un mio ex compagno di università, americano. Ho scoperto che lavora per un giornale che **l'** ha mandato a Istanbul per un servizio di una settimana. Sono stata proprio contenta di veder**lo**! E alla fine abbiamo passato molto tempo insieme e mi sono divertita molto più che con mia sorella o Andrea. ☺

5 Riscrivi questa storia sostituendo i pronomi diretti ai complementi quando è possibile, come nell'esempio.

La Nutella

La Nutella è sicuramente uno dei prodotti italiani più famosi al mondo, tutti i bambini amano **la Nutella** e le mamme fanno fatica a fermare i bambini quando sono davanti al barattolo.
Il creatore della Nutella è stato Pietro Ferrero, negli anni '50. Ferrero aveva una pasticceria ad Alba, in Piemonte, una regione che produce molte nocciole e usa molto le nocciole in cucina.
Siccome l'Italia non produce cacao e deve importare il cacao, il prezzo della cioccolata in Italia varia molto. Alla fine degli anni '40 in un periodo in cui il cacao era molto caro, in Piemonte hanno pensato alle nocciole e hanno usato le nocciole per produrre un tipo di cioccolato più economico che contiene le nocciole: il Gianduia. Da questa idea Pietro Ferrero nel 1951 ha inventato la Supercrema. Ferrero ha fatto diventare la Supercrema un prodotto di successo e molti italiani hanno cominciato a comprare la Supercrema. Poi, negli anni '60 Michele, il figlio di Pietro, ha modificato il prodotto del padre e ha chiamato il prodotto del padre con un nuovo nome, Nutella. Il nuovo nome del prodotto è formato con una parola inglese "nut" perché Michele ha deciso di commercializzare il prodotto in tutta Europa e infatti, da allora, tutta l'Europa conosce questo prodotto e apprezza questo prodotto. Il logo e il nome della Nutella sono nati proprio in quel periodo e la famiglia Ferrero non ha più cambiato il logo e il nome. In Italia la Nutella non è solo una crema amata e popolare, ma anche un fenomeno culturale.
Molti ricercatori e giornalisti hanno studiato la Nutella in saggi e relazioni accademiche. Cantanti famosi, come Giorgio Gaber, i Negrita e Ivan Graziani hanno cantato la Nutella. Per non parlare di un librettino divertente, "Nutella Nutellae", che ha avuto un successo incredibile. La casa editrice ha venduto il libro a sole 1000 lire (più o meno 50 centesimi di euro) del tempo e più di un milione di italiani ha comprato il libro della Nutella, e ha reso il libro della Nutella uno dei libri più venduti in Italia in quel periodo.

La Nutella è sicuramente uno dei prodotti italiani più famosi al mondo, tutti i bambini la amano e…

PREPOSIZIONI 14

Preposizioni di luogo

Domani vado **a Palermo**.
Di solito facciamo le vacanze **a Capri**.

- Normalmente la preposizione di luogo **a** si usa con i nomi di:
  a) città
  b) isole piccole

Parigi è **in Francia**.
La montagna **in Calabria** è molto bella.
L'anno prossimo voglio andare **in Africa**.
Sandro abita **in Corsica**.

- Normalmente la preposizione di luogo **in** si usa con i nomi di:
  a) nazioni
  b) regioni
  c) continenti
  d) isole grandi

Vieni **da Marco** stasera?
Domani c'è una festa **da me**.

- Normalmente la preposizione di luogo **da** si usa con:
  a) i nomi di persona
  b) i pronomi di persona

Quando **parti per** Vienna?
Se vado a Torino **passo per** Genova.

- Normalmente la preposizione di luogo **per** si usa con i verbi:
  a) **partire**
  b) **passare**

Sono di Bari, ma abito all'estero.
Alberto **torna da** Ischia sabato prossimo.
Questo regalo **viene da** Parigi.
L'università è **vicino a** casa mia.
Anna vive **lontano da** Roma.

- Altre espressioni di luogo molto usate sono:
  a) **essere di**
  b) **tornare da**
  c) **venire da**
  d) **vicino a**
  e) **lontano da**

ESERCIZI

1 Scegli la preposizione corretta e indovina di chi o di che cosa si parla nei testi.

a. È stata una famosa famiglia **di / in** Firenze, molto potente e importante **a / in** tutta la Toscana. Ha fatto molto per l'economia e le arti **da / in** Toscana dal Medioevo al Rinascimento. Un componente famoso di questa famiglia si chiama Lorenzo.

   Chi sono? I M _ _ _ _ _ I

b. Si chiama Giacomo, è **da / di** Venezia ma muore **a / in** Boemia, nel XVIII secolo. Figlio di attori, viaggia molto **a / in** Europa e vive **a / in** molte città. Poi finisce in prigione **in / a** Venezia per magia e massoneria. Alla fine evade e fugge **da / di** Venezia, e vive **in / a** tutta Europa come diplomatico e cavaliere. Scrive le sue memorie, dove parla molto delle sue avventure con le donne.

   Chi è? C _ _ _ _ N _ _ _ A

c. È un dolce molto famoso **a / in** Italia e anche all'estero. Viene **a / da** Milano ma è esportato anche **a / in** Europa e **in / a** America. È un tipo di dolce che mangiamo quando passiamo il Natale **a / da** parenti e amici. La sua forma è simile alla cupola di una chiesa.

   Sai che dolce è? IL P _ _ _ _ _ _ _ _ _ E

14 PREPOSIZIONI

2 **Conosci l'Italia? Completa le frasi con in o a, come nell'esempio.**

1. Il fiume Po nasce _in_ Piemonte e finisce in mare ___ Emilia Romagna.
2. ___ Sardegna, ___ Alghero, la gente parla catalano.
3. ___ Ischia* ci sono sorgenti termali ottime per la salute.
4. ___ Matera, ___ Basilicata, ci sono delle case molto particolari, scavate nella montagna.
5. Il Lago di Como è vicino ___ Milano.
6. Molti italiani dopo la Prima Guerra Mondiale sono emigrati ___ America e ___ Australia.
7. Ci sono molti italiani che vivono ___ Germania e tornano ___ Italia per le vacanze.

Ischia: piccola isola vicino Napoli

3 **Conosci l'Italia? Completa le frasi con da o di. Poi decidi se le frasi sono vere o false, come nell'esempio.**

		vero	falso
1. La famosa torta "pastiera" viene _da_ Napoli.		☒	☐
2. Il fiume Tevere passa ___ Firenze e ___ Pisa.		☐	☐
3. Il vino Brunello viene ___ Montalcino.		☐	☐
4. Napoli è molto lontana ___ Amalfi.		☐	☐
5. Sophia Loren è ___ Milano.		☐	☐
6. Il carnevale ___ Venezia è famoso.		☐	☐
7. Gli Appennini vanno ___ nord a sud.		☐	☐
8. Il liquore limoncello è ___ Verona.		☐	☐

4 **Scegli le preposizioni di luogo corrette nei dialoghi.**

a. ■ Pronto? Ciao Andrea, sono Silvia.
   ● Ciao bella, come stai?
   ■ Bene grazie, sono **in / a** Siena. Rimango qualche giorno.
   ● Bello, allora stasera vieni a cena **a / da** me. Ok?
   ■ Grazie, perché no? Vengono anche Alberto e Sandro?
   ● Come no! Loro vengono sempre **a / da** me il sabato sera. Poi andiamo **in / da** un nostro amico che ha un locale.
   ■ Perfetto! Non vedo l'ora. Ciao!

b. ■ Pronto signora, sono Giacomo Nicoli, vorrei parlare con Elisabetta.
   ● Elisabetta non c'è, mi dispiace. Non abita più qui.
   ■ Ah, posso avere il nuovo telefono?
   ● Betti non vive più **in / a** Genova, ora abita **in / a** Inghilterra, lavora là.
   ■ Bello! È **in / a** Londra?
   ● Sì, abita **a / da** sua zia che è sposata con un inglese, Le do il numero.
   ■ Grazie.

PREPOSIZIONI 14

5 Completa con le preposizioni.

Nuovo messaggio

Cara Anna,

ho un problema. Mia figlia Pia è sposata e ha due bambini. Lei e il marito abitano ___ Livorno, non molto lontano ___ casa mia, visto che io e mio marito abitiamo ___ Pisa. Il problema è che quando vengono a pranzo o a cena ___ noi, o quando noi andiamo ___ loro e mangiamo insieme, io non sopporto il marito di mia figlia! Lui mangia come un maiale! Non ha educazione a tavola, fa rumori mentre mangia e parla con la bocca piena. Anche i figli stanno diventando come lui. Mia figlia dice che io sono esagerata e che lui non mi piace perché è ___ Livorno. È vero che preferisco le persone ___ Pisa, ma io non sopporto più di avere quell'uomo qui ___ me. Che devo fare?

6 In questo testo ci sono 4 preposizioni di luogo sbagliate. Quali sono?

Due innamorati

Domani mi sposo. La festa è a Roma ed è ben organizzata: ci sono 140 invitati. Molti miei amici vengono a Roma da Milano, da Firenze e da Bologna. I genitori del mio fidanzato, Fritz, devono venire da Monaco, perché la sua famiglia abita a Germania. Vogliamo fare una festa sulla via Appia, quindi, visto che probabilmente la festa finisce tardi, alcuni miei amici dormono in albergo in Roma. I genitori di Fritz invece stanno a noi, perché abbiamo una casa grande. Sono molto felice di sposare Fritz, in viaggio di nozze andiamo a Africa e io non vedo l'ora di partire. Sono sicuro che Fritz è l'uomo della mia vita. Voglio vivere con lui qui in Italia, se possibile.

Preposizioni di tempo

Aspetto l'autobus **da** mezz'ora *(e sono ancora qui ad aspettarlo)*. Studio inglese **da** molto tempo *(e ancora lo studio)*. Vivo a New York **da** 3 anni *(e ancora ci vivo)*.	• Normalmente si usa la preposizione di tempo **da** per esprimere un tempo continuato, cioè un'azione che sta ancora continuando nel presente.
Ho aspettato l'autobus **per** mezz'ora *(sono andato via, non lo aspetto più)*. Voglio vivere all'estero (**per**) un po' di tempo. Rimango a Milano (**per**) 2 mesi.	• Normalmente si usa la preposizione di tempo **per** per esprimere un tempo determinato, cioè un'azione chiusa da limiti di tempo, nel passato o nel futuro. Qualche volta **per** si può eliminare.
Da bambina ho vissuto in Libano. Mio padre **da** giovane ha lavorato molti anni negli Stati Uniti.	• Normalmente si usa la preposizione **da** per indicare la condizione o l'età di una persona nel passato.
Mi alzo **tra** 5 minuti. Il prossimo treno parte **fra** un'ora.	• Normalmente si usano le preposizioni di tempo **tra / fra** per esprimere un periodo preciso nel futuro.
Lavoro **da** settembre **a** giugno. Sergio studia **da** mattina **a** sera.	• Normalmente si usano le preposizioni di tempo **da... a...** per esprimere un periodo determinato, con un inizio preciso e una fine.

14 PREPOSIZIONI

ESERCIZI

1 Scegli la preposizione di tempo corretta.

Una storia comune

Sonja vive a Roma **da / fra** 3 anni. La sua storia è piuttosto comune: è arrivata a Roma 3 anni fa per rimanere solo **per / da** un anno, imparare l'italiano e tornare a casa. Invece ha trovato un lavoro in un pub e lì ha conosciuto un ragazzo, Antonio. Si sono innamorati e hanno passato ogni fine settimana insieme, **per / da** mattina **a / da** sera. Ormai stanno insieme **fa / da** più di due anni e pensano di sposarsi **fa / fra** un anno.

2 Completa con le preposizioni di tempo.

Antonio e Sonja si sposano

Antonio pensa: "Oddio! Questa è una giornata importante. Sono nervoso, è il giorno del mio matrimonio e sono qui davanti alla chiesa che aspetto da un'eternità! Per di più non fumo ___ 5 mesi e ho deciso che non voglio più fumare ___ tutta la vita. È troppo pericoloso e fa male alla salute. Pensare che ___ 15 anni ho fumato 30 sigarette al giorno e ora... zero! Ma oggi è una giornata particolare, no? Quando arriva Sonja? La cerimonia comincia ___ 10 minuti. Gli invitati sono tutti in chiesa e aspettano ormai ___ mezz'ora! Dov'è? Perché non viene? Forse ha cambiato idea? Mamma mia! Chi mi dà una sigaretta?"

3 Completa il testo con le preposizioni della lista.

da • da • fra • per • per • da

Le origini della cucina italiana

La cucina italiana è famosa in tutto il mondo ___ almeno cinquant'anni, ma quando è nata?
Le civiltà greca ed etrusca sono state importanti per le origini della cucina italiana. Prima dei Romani gli Etruschi erano in Etruria (Italia centrale) ___ molto tempo, mentre i Greci erano nell'Italia del Sud ___ molto prima.
I Greci sono rimasti nell'Italia meridionale ___ circa cinque secoli e sono stati quasi certamente loro che hanno introdotto il vino. Le tradizioni greca ed etrusca sono poi passate nella cultura gastronomica dell'antica Roma dove, in età imperiale, ___ circa 300 anni, la cucina ha avuto una grande importanza e raffinatezza. Il generale e console romano Lucullo, per esempio, ha dato origine all'aggettivo "luculliano", usato per descrivere un pranzo ricchissimo. Dopo la dominazione romana la cucina italiana si è sviluppata sempre più localmente, con produzioni regionali e influenzate dalle dominazioni straniere. Anche ora alcune abitudini straniere sono entrate nei nostri usi alimentari.
E chissà come sarà la nostra cucina ___ altri cento anni?

PREPOSIZIONI 14

ESERCIZI

4 Scegli la preposizione di tempo corretta.

L'Unità d'Italia

L'Italia è una nazione unica **da / fa** poco più di 160 anni, dal 1861. Per questo è difficile parlare di italianità quando gli italiani sono stati uniti solo **fra / per** così poco tempo. Solo 200 anni fa infatti l'Italia era divisa in molti stati. Dopo l'unificazione gli italiani hanno cominciato a parlare e a scrivere in una sola lingua; **dal / al** 1861 **dal / al** 1911 la percentuale di analfabeti è scesa dal 75% al 38%. Ma ancora oggi molti parlano il dialetto in casa e con gli amici. Chissà, forse **in / fra** altri 50 anni nessuno lo parlerà più.

5 Scegli la preposizione di tempo corretta.

- ■ Accidenti! Sono in ritardo! Le lezioni iniziano **fra / da** mezz'ora, ma anche oggi ho perso l'autobus. È passato **da / a** dieci minuti!
- ● Ma di solito non hai lezione **a / in** mezzogiorno?
- ■ **Da / Per** un mese l'orario è cambiato.
- ● E **a / tra** che ora passa il prossimo autobus?
- ■ **In / Fra** 5 minuti, credo, non sono sicuro.
- ● Ma come! Vivi qui **in / da** quasi un anno e ancora non conosci gli orari? Se vuoi posso accompagnarti io in Vespa, ma dobbiamo partire subito.
- ■ Grazie mille!

Altre preposizioni

Andiamo **in** pizzeria? Andiamo **alla** pizzeria "**Bellanapoli**"? Laura deve andare **in** farmacia. Laura deve andare **alla** farmacia **di via Ripetta**.	● Spesso con i luoghi che finiscono in **-ia** si usa la preposizione **in**. Quando il luogo è determinato, si usa la preposizione articolata **alla**.
Questa maglia è **di cotone**. Il tavolo che voglio comprare è **di legno** scuro.	● Per esprimere il materiale si usa di solito la preposizione **di**.
Che sete! Compro **qualcosa da bere**. Non ho **niente da mangiare** in frigorifero. Oggi ho **troppo da fare**.	● Quando c'è un verbo dopo un pronome indefinito (**qualcosa**, **niente**, **molto**, **troppo**, ecc.) si usa normalmente la preposizione **da** prima del verbo.
Serena cerca **un vestito da mettere** al matrimonio di Lucia. Ci sono i **bambini da portare** a scuola.	● Quando c'è un verbo dopo un sostantivo spesso si usa la preposizione **da** prima del verbo.
Ho comprato **qualcosa di carino** per il compleanno di Vania. Ieri non ho fatto **niente di particolare**.	● Quando c'è un aggettivo dopo un pronome indefinito si usa normalmente la preposizione **di** prima dell'aggettivo.
Lucia mi ha regalato delle tazzine **da caffè**. *(tazzine per bere caffè)* Dimentico sempre gli occhiali **da sole**. *(occhiali che usiamo quando c'è il sole)* Ho dei nuovi occhiali **da vista**. *(occhiali che usiamo per vedere meglio)*	● Qualche volta si usa la preposizione **da** per indicare l'uso e la destinazione dell'oggetto.

14 PREPOSIZIONI — ESERCIZI

1 Unisci le frasi tra loro e <u>sottolinea</u> la preposizione corretta.

1. Bella quella camicia! È **di** / a seta?
2. Volete niente **di / da** mangiare?
3. Ciao, hai un po' di tempo?
4. Sei già stato **a / in** panetteria?
5. Vieni al cinema stasera?
6. Cosa avete fatto ieri?
7. Che fame!
8. Che cosa metti domani alla festa?
9. Non ho niente **a / da** bere per la cena di domani.
10. Ti piace questa maglia?

a. Probabilmente metto qualcosa **di / in** elegante.
b. Vuoi qualcosa **di / da** mangiare?
c. Sì, ma preferisco le maglie **per / di** pura lana.
d. No, ma sembra seta, vero?
e. Se vuoi, porto un po' di vino io.
f. Grazie, abbiamo già mangiato.
g. Mi dispiace, devo correre **in / a** farmacia, sta per chiudere!
h. Sì, ho già comprato il pane.
i. Non abbiamo fatto niente **a / di** speciale.
l. Non posso. Ho molto **a / da** studiare per un esame.

2 Scegli la preposizione corretta.

Caccia al tesoro

Mauro è una persona molto attiva, ha sempre mille cose **da / a / per** fare e, quando non lavora, inventa sempre qualcosa **da / di / su** nuovo e interessante per passare il tempo. Il mese scorso ha organizzato una caccia al tesoro per gli amici. È stata davvero divertente. I partecipanti hanno avuto molti enigmi **a / da / di** risolvere e diverse cose **per / da / di** fare: il giro del paese in bicicletta, salire sul campanile della chiesa, correre **a / in / da** macelleria a trovare della carne di tacchino… Le squadre poi hanno anche dovuto organizzare una sfilata di moda con abiti **a / da / di** materiali alternativi, come carta e plastica. Alla fine della caccia tutti i partecipanti, stanchissimi, sono andati **in / per / a** pizzeria insieme e poi hanno continuato la serata **a / in / da** birreria.

3 Completa i testi con le preposizioni della lista.

di • di • da • da • da • fra • fra • fra • in • in • in • in • in

Animali italiani

a. Vi ricordate dell'animale che ha allattato Romolo e Remo, i fondatori ___ Roma? È un animale che è presente ___ Italia ___ molto tempo. Vive prevalentemente ___ regioni appenniniche, sulle Alpi, nel Lazio e ___ Toscana. È sensibile e intelligente, ma rappresenta qualcosa ___ pericoloso per molti allevatori, che hanno paura di lui, perché mangia pecore e galline. Di solito ha ___ 2 e 8 piccoli. Questo animale è presente anche in un modo di dire comune nella lingua italiana. Infatti, prima di un esame diciamo "In bocca al __ __ __ __".

- Scegli la frase corretta fra quelle seguenti e le lettere correlate ti danno il nome di questo animale.
    1. **Voglio qualcosa di leggere. (C)** / **Voglio qualcosa da leggere. (L)**
    2. **Ho studiato italiano da 4 anni. (A)** / **Ho studiato italiano per 4 anni. (U)**
    3. **Ci vediamo fra cinque minuti. (P)** / **Ci vediamo in cinque minuti. (N)**
    4. **Partiamo per Milano. (O)** / **Partiamo a Milano. (E)**

b. Questo animale vive principalmente ___ un famoso parco nazionale ___ Abruzzo, dove trova sempre qualcosa ___ mangiare e viene protetto. Può essere molto grande e pesare ___ gli 80 e i 360 kg. È un animale solitario e per questo difficile ___ vedere, anche nel parco. Per questo quando diciamo a qualcuno "Sei un __ __ __ __" significa che questa persona non sta volentieri ___ la gente.

- Scegli la frase corretta fra quelle seguenti e le lettere correlate ti danno il nome di questo animale.
    1. **Ho comprato una nuova sciarpa di lana. (O)** / **Ho comprato una nuova sciarpa con lana. (R)**
    2. **Vivo a Roma da poco. (R)** / **Vivo a Roma in poco. (A)**
    3. **Che begli occhiali per sole. (N)** / **Che begli occhiali da sole. (S)**
    4. **Fra due mesi mi laureo. (O)** / **Da due mesi mi laureo. (A)**

ESERCIZI — PREPOSIZIONI 14

4 Metti le preposizioni corrette.

Vivo all'estero ___ molti anni, ma sono ancora in contatto con gli ex compagni di scuola e, quando sono in ferie ___ Italia, organizziamo sempre qualcosa ___ fare tutti insieme. Quando il tempo è bello ci piace andare ___ camminare ___ collina e poi concludere la giornata ___ pizzeria, oppure compriamo qualcosa ___ mangiare in rosticceria e andiamo tutti ___ Carlo, che ha una casa grande e ama organizzare cene con gli amici. Quest'anno però abbiamo in programma qualcosa ___ davvero particolare: partiamo ___ Gardaland, il parco giochi vicino ___ Verona. L'idea è di andare ___ un fine settimana e divertirci come ai tempi delle gite scolastiche. Non vedo l'ora!

Preposizioni articolate

L'auto **del (di + il)** padre di Silvia è rotta.
Andiamo **al (a + il)** cinema stasera?
Questo vino viene **dalla (da + la)** California.
Nello (in + lo) zaino c'è il libro di matematica.
Non sono mai andata **sulle (su + le)** Alpi.

Stasera esco **con le** mie amiche.
I giocattoli sono **per i** bambini.
Tra le due ragazze preferisco Daria.

In America parlano inglese. / **Negli** Stati Uniti parlano inglese.
Kurt vive **in** Olanda. / Kurt vive **nei** Paesi Bassi.
Studio spesso **in** biblioteca. / Studio spesso **nelle** biblioteche.

Lavoro **in** ufficio. / Lavoro **nell'**ufficio al primo piano.
La domenica Carla va **in** chiesa. / La domenica Carla va **nella** chiesa di S. Eusebio.
Vado **a** scuola. / Vado **alla** scuola di via Manzoni.

- Qualche volta le preposizioni sono seguite da un articolo determinativo. In questo caso le preposizioni **di**, **a**, **da**, **in**, **su** si uniscono all'articolo e formano una **preposizione articolata**.

- Le preposizioni **con**, **per**, **tra / fra** non si uniscono all'articolo.

- Non ci sono molte regole per decidere l'uso delle preposizioni articolate. Normalmente si usano:
  a) al plurale;

  b) prima di un sostantivo determinato, specifico.

- Preposizioni articolate

	il	lo	la	i	gli	le	l'
di	del	dello	della	dei	degli	delle	dell'
a	al	allo	alla	ai	agli	alle	all'
da	dal	dallo	dalla	dai	dagli	dalle	dall'
in	nel	nello	nella	nei	negli	nelle	nell'
su	sul	sullo	sulla	sui	sugli	sulle	sull'

14 PREPOSIZIONI

ESERCIZI

1 Completa con le preposizioni, articolate e non, come nell'esempio.

1. • Vai a teatro, stasera?
   ■ No, vado (a + il) __al__ cinema.
2. • Di chi è quel motorino?
   ■ È (di + la) _____ mia amica.
3. L'Italia si estende (da + le) _____ Alpi fino (a + l') _____ isola di Lampedusa.
4. • Dove sono le chiavi?
   ■ In casa, (in + la) _____ mia borsa.
5. • Sei venuta (con + la) _____ macchina di tuo padre?
   ■ No, sono venuta in motorino.
6. (Su + il) _____ tavolo in cucina ci sono i bicchieri da vino.
7. Scusi, fate riduzioni (per + gli) _____ studenti?
8. Perché non ci vediamo (fra + le) _____ nove e le dieci?
9. • Dove avete parcheggiato?
   ■ (Tra + la) _____ Mercedes e la Volvo.
10. Traiano è stato uno (di + gli) _____ imperatori di Roma.

2 Scegli la preposizione corretta.

Un mito della canzone italiana: il Festival di Sanremo

Non è possibile pensare **a / alla** musica leggera italiana senza nominare il Festival di Sanremo. Questo popolarissimo festival della canzone è nato **in / negli** anni '50, precisamente nel 1951. In quegli anni l'Italia era povera, divisa **da / dalla** Guerra Fredda e **dai / dalle** tensioni politiche fra sinistra e centro. Il Festival è riuscito a mettere d'accordo tutti gli italiani. La canzone che ha vinto per prima è stata "Grazie **dei / di** fiori" cantata da Nilla Pizzi. Incredibilmente, nonostante i grandissimi cambiamenti **in / nella** musica popolare italiana, le vecchie canzoni **del / di** Festival di Sanremo sono ancora conosciute e amate da tutti.

Sai in che regione si trova Sanremo? _____

3 Se non sai qual è il nome della regione dell'esercizio 2, scegli le frasi corrette. Le lettere abbinate ti danno il suo nome.

1. La biblioteca di università di Roma è grande. **T**
2. Mi piacerebbe andare in Stati Uniti. **O**
3. Ieri sono andata alla piscina comunale. **L**
4. Sono venuto al lavoro con la bici di mia sorella. **I**
5. Ho avuto un incidente in auto di mia madre. **S**
6. È proibito camminare su prati. **C**
7. A Carnevale c'è sempre tanta gente per le strade. **G**
8. Sono tornato ieri dagli Stati Uniti. **U**
9. Ho appena telefonato a miei genitori. **A**
10. Anna si sposa nella chiesa del paese. **R**
11. È bellissimo fare trekking sulle Alpi. **I**
12. Sei mai andato in Paesi Bassi? **N**
13. Ci vediamo a teatro di piazza Manzoni. **A**
14. Ruth viene dai Paesi Bassi. **A**

Il nome della regione è _____

Ora correggi le frasi sbagliate.

_____
_____
_____
_____

ESERCIZI

PREPOSIZIONI 14

4 Scegli la preposizione articolata corretta e decidi se la frase è vera o falsa, come nell'esempio.

Credenze e superstizioni

		vero	falso
Es:	Guardarsi **nell'** / **negli** occhi durante un brindisi porta fortuna.	☒	☐
1.	Mettere le chiavi **sui** / **sul** letto porta sfortuna.	☐	☐
2.	**Ai** / **Agli** studenti prima **dell'** / **degli** esami si dice: "Buona fortuna!".	☐	☐
3.	Quello che fai il primo **dall'** / **dell'** anno lo fai tutto l'anno.	☐	☐
4.	17 è il numero **nella** / **della** fortuna.	☐	☐
5.	Aprire un ombrello **al** / **all'** interno di una casa porta fortuna.	☐	☐
6.	Se passi sotto **alla** / **della** scala sei fortunato.	☐	☐
7.	Far cadere l'olio **sull'** / **sul** tavolo porta sfortuna.	☐	☐

5 Metti le preposizioni articolate della lista.

degli • degli • dei • della • della • sull'

La lingua italiana

Un'indagine dell'Istat _____ uso _____ lingua italiana e i dialetti ha mostrato che circa il 94% _____ italiani parla l'italiano in almeno una situazione (famiglia, amici, estranei), ma solamente il 45,9% lo parla in famiglia e il 49,6% con gli amici. La situazione naturalmente cambia a seconda _____ regione di appartenenza. Ad esempio, mentre circa il 74,9% _____ toscani parla l'italiano, in Veneto quasi la metà _____ abitanti parla il dialetto sia in famiglia che con gli amici.

(adattato da B. Mastragostino, "Italiano, una lingua televisiva")

6 Metti le preposizioni della lista.

di • agli • di • ai • in • nelle • sul • dell' • in • nelle

Sean ha studiato italiano in un'università _____ Irlanda del Nord e, dopo la laurea, ha deciso di fare l'assistente _____ lingua inglese in una scuola italiana. Il governo italiano, infatti, offre questa possibilità _____ studenti o _____ laureati stranieri che vogliono insegnare la loro lingua in Italia. Gli assistenti _____ lingua possono scegliere tre destinazioni _____ liste del ministero. Sean voleva andare _____ Marche, _____ Veneto o _____ Campania. È stato chiamato in una scuola a Chioggia, una cittadina _____ mare, vicina a Venezia, che gli è piaciuta molto.

(adattato da "In Italia")

14 PREPOSIZIONI — ESERCIZI

7 Metti le preposizioni corrette (articolate o non).

La storia del caffè

Il caffè viene _____ Yemen. Più precisamente da Moka, una città sulle coste _____ Mar Rosso. Moka è ora il nome _____ una famosa caffettiera italiana e di un tipo di caffè che si beve molto _____ America e _____ Europa del Nord. _____ dove viene la parola caffè? Viene _____ parola *qahwa* che significa "qualcosa che dà energia, forza". Questa bevanda è stata subito amata _____ Medio Oriente, dove, _____ XVI secolo sono nati i primi posti pubblici per bere caffè. I viaggiatori europei lo hanno scoperto proprio in queste sale. _____ Italia il caffè è stato prima introdotto _____ Venezia, dai mercanti, ma all'inizio ha avuto poco successo per l'alto costo e perché per molti sacerdoti era qualcosa _____ diabolico, proibito ai cristiani. Quando hanno chiesto a Clemente VIII, papa _____ 1600, di prendere una decisione sul caffè, lui lo ha assaggiato e lo ha trovato così buono che, da quel giorno, ha dato il permesso di berlo con tranquillità anche _____ mondo cattolico. Così dal Settecento nella Penisola sono nati molti locali per bere il caffè. Alcuni sono aperti ancora oggi: il Caffè Florian _____ Venezia, il Caffè Greco _____ Roma e il Pedrocchi _____ Padova. _____ quel periodo gli italiani non hanno più smesso di bere caffè.

8 Metti le preposizioni corrette (articolate o non), poi scrivi sotto ogni frase la persona che la pronuncia.

un milionario • il padrone di un ristorante • una guida turistica • la maschera a teatro • il tassista
la sposa prima del matrimonio • il cliente al ristorante • un impiegato di banca
il commesso di un negozio di abbigliamento • una ragazzina • un olandese • un direttore di una scuola di lingue

1. Siamo aperti _____ 8:30 _____ 13:30 e qualche volta il pomeriggio.
   _____

2. La corsa _____ stazione _____ aeroporto costa 60 euro.
   _____

3. Per imparare bene questa lingua deve fare un corso _____ almeno 3 anni.
   _____

4. Questi pantaloni sono _____ lana, perfetti per la montagna.
   _____

5. Abbiamo comprato la carne _____ miglior macellaio della città.
   _____

6. Non voglio vestirmi _____ bianco, è troppo antiquato.
   _____

7. Non voglio andare alla festa, non ho niente _____ carino _____ mettermi!
   _____

8. Penso di comprare una villa _____ Capri, una _____ Sardegna e un appartamento _____ New York.
   _____

9. Mi spiace, ma la commedia è già iniziata _____ mezz'ora. Non può entrare.
   _____

10. Scusi, mancano i bicchieri _____ vino.
    _____

11. Sono nato _____ Paesi Bassi.
    _____

12. _____ Museo degli Uffizi potete ammirare le opere _____ Botticelli.
    _____

PREPOSIZIONI 14

Di + articolo con significato partitivo

- Vorrei **del** pane.
- Quanto signora?
- Non so, faccia Lei.

Puoi prestarmi **dello** zucchero?
Vuoi **del** vino?

Ho comprato **dei** libri.
Quel negozio ha **delle** borse molto belle.

• In alcuni casi la preposizione **di + articolo determinativo** indica una quantità non specifica. In questo caso ha una funzione che si chiama **partitiva**.

• Al singolare **di + articolo determinativo** si usa principalmente con sostantivi non numerabili.

• Al plurale **di + articolo determinativo** può indicare una quantità non specifica.

ESERCIZI

1 Questo è il contenuto del ripostiglio di Stefano. Scrivilo nello schema aggiungendo la preposizione **di** partitiva, come nell'esempio.

Nel ripostiglio ci sono...

1. delle patate...

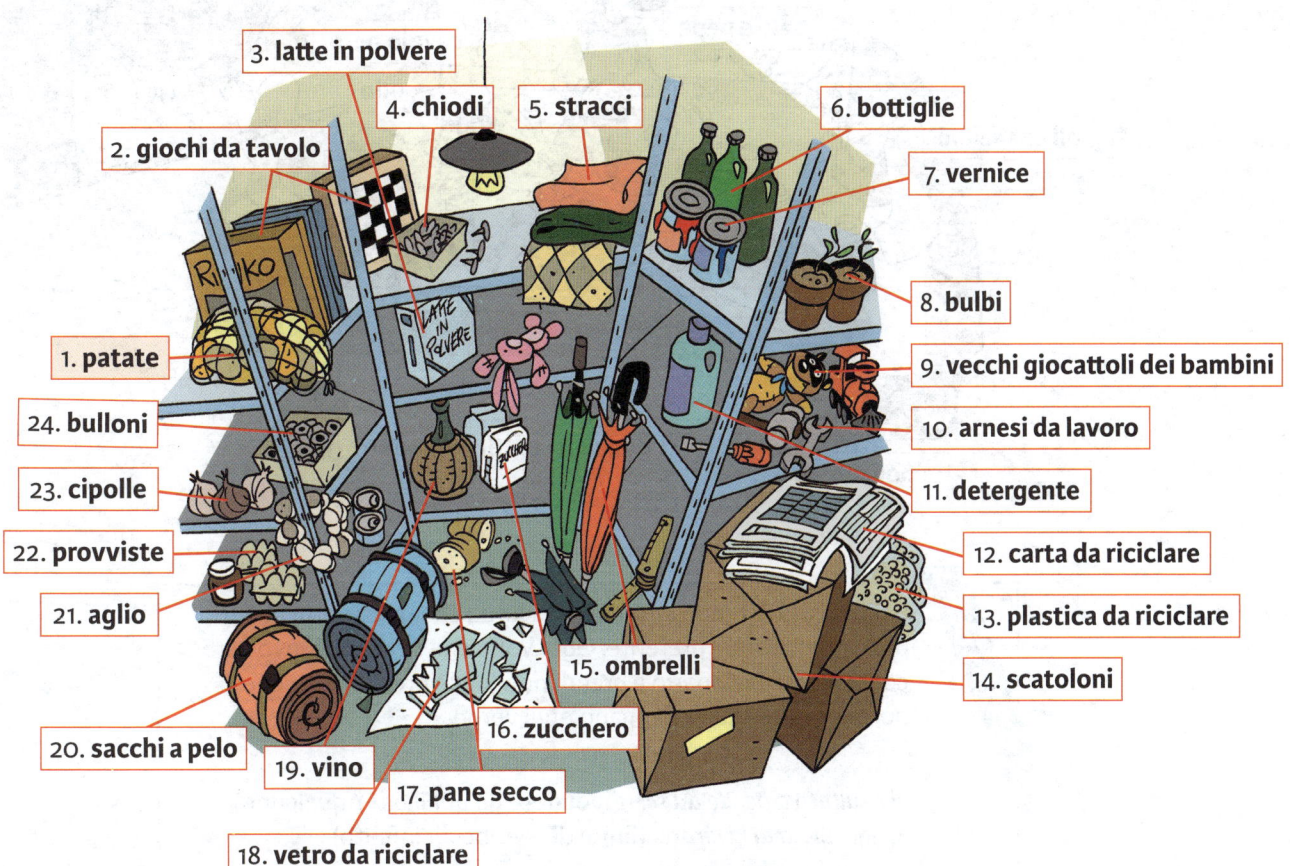

2. giochi da tavolo
3. latte in polvere
4. chiodi
5. stracci
6. bottiglie
7. vernice
8. bulbi
9. vecchi giocattoli dei bambini
10. arnesi da lavoro
11. detergente
12. carta da riciclare
13. plastica da riciclare
14. scatoloni
15. ombrelli
16. zucchero
17. pane secco
18. vetro da riciclare
19. vino
20. sacchi a pelo
21. aglio
22. provviste
23. cipolle
24. bulloni
1. patate

ALMA Edizioni | Grammatica pratica della lingua italiana

14 PREPOSIZIONI

ESERCIZI

2 Completa la ricetta con la preposizione **di** partitiva.

Questa è una ricetta della nonna per preparare una zuppa tipica toscana.
Non ho mai conosciuto gli ingredienti precisi, ma ho imparato a farla guardando mia nonna mentre la preparava.
Prendi ___ fagioli cannellini e ___ pane toscano vecchio. Servono anche un mazzo di cavolo nero e ___ verdure (zucchine, carote), ___ odori, una cipolla rossa, ___ concentrato di pomodoro, ___ olio, ___ sale e ___ pepe.
Mia nonna ci metteva anche ___ salsicce. Per prima cosa cuoci i fagioli e fa' un passato molto denso, aggiungi ___ sale e ___ pepe e metti da parte. Dopo metti in una padella ___ olio con gli odori tritati, aggiungi il cavolo nero a pezzi e ___ concentrato di pomodoro. Dopo cinque minuti, unisci ___ sale, ___ pepe, ___ carote e ___ zucchine.
Fa' cuocere per circa 30 minuti. Poi aggiungi le salsicce a pezzi e il passato di fagioli.
Continua a cuocere a fuoco molto lento per un quarto d'ora.
In un piatto metti ___ fette di pane toscano e versaci la zuppa calda. Aspetta qualche minuto e... Buon appetito!

LO SAI CHE...

Il dizionario è importantissimo! Ricorda che molti verbi hanno delle preposizioni preferite. Ogni volta che trovi un nuovo verbo, controlla sul dizionario e prendi nota delle preposizioni che normalmente accompagnano quel verbo.

Es:
Il risultato dipende da te. (**dipendere da** qualcosa / qualcuno)
Oggi finisco di lavorare. (**finire di** + verbo all'infinito)

PRONOMI INDIRETTI 15

Pronomi indiretti

Ho visto Carlo e **gli** ho dato il regalo.
(**gli** = *a lui, a Carlo*)

- I pronomi indiretti si usano per sostituire una persona o un oggetto preceduti dalla preposizione **a**.

Ho parlato con Rita e **le** ho detto tutto.
(**le** = *a lei, a Rita*)

Perché non **mi** telefoni domani?
(**mi** = *a me*)

Vera non viene all'opera. Non **le** interessa.
(**le** = *a lei, a Vera*)

- Il pronome indiretto si usa **sempre** prima del verbo.

Scusi signore, **Le** dispiace se fumo?
(**Le** = *a Lei*)

- Con la forma di cortesia si usa il pronome indiretto di terza persona **Le**.

Ti piace la mia nuova casa?
Questo film **mi sembra** bellissimo.

- Alcuni verbi italiani vogliono normalmente il pronome indiretto: **piacere**, **sembrare**, **dispiacere**, ecc.

I miei genitori festeggiano le nozze d'argento.
Io **gli** ho regalato un fine settimana a Capri.
(**gli** = *a loro, ai miei genitori*)

- Il pronome indiretto di terza persona plurale ha due forme: **gli** e **loro**. Il pronome **loro** è meno comune e si usa dopo il verbo.

I miei genitori festeggiano le nozze d'argento. Io ho regalato **loro** un fine settimana a Capri
(**loro** = *a loro, ai miei genitori*)

Ti ha chiamato Franco. **Gli** devi ritelefonare.
Ti ha chiamato Franco. Devi ritelefonar**gli**.
Ho parlato con Francesca. **Le** ho finito di raccontare la mia storia.
Ho parlato con Francesca. Ho finito di raccontar**le** la mia storia.

- Quando c'è un verbo modale o fraseologico (**potere**, **volere**, **dovere**, **sapere**, **cominciare a**, **stare per**, **finire di**) + l'infinito, il pronome indiretto può andare prima del verbo o dopo l'infinito.

- **Pronomi indiretti**

	singolare	plurale
prima persona	mi (a me)	ci (a noi)
seconda persona	ti (a te)	vi (a voi)
terza persona maschile	gli (a lui)	gli (a loro)
terza persona femminile	le / Le (a lei / a Lei)	gli (a loro)

ALMA Edizioni | Grammatica pratica della lingua italiana

15 PRONOMI INDIRETTI

ESERCIZI

1 Metti in ordine i dialoghi. Poi <u>sottolinea</u> i pronomi indiretti e spiega a cosa si riferiscono, come nell'esempio.

1. a) Sì, grazie, <u>gli</u> può dire che ha telefonato Ricci e che gli ritelefono più tardi?
   b) Pronto buongiorno, c'è il dottor Rossetti?
   c) Certo signora, arrivederLa.
   d) No, mi dispiace, il dottore è fuori. Vuole lasciargli un messaggio?

   1 / ___ • 2 / ___ • 3 / _a_ • 4 / ___

2. a) Non gli piace molto il nero. Non avete niente di blu o grigio?
   b) Che taglia Le serve?
   c) Buongiorno, desidera?
   d) Una L per favore. È per mio marito.
   e) Vorrei vedere quel maglione in vetrina.
   f) Le va bene nero? Abbiamo solo questo colore di quella taglia.
   g) No, mi dispiace.

   1 / ___ • 2 / ___ • 3 / ___ • 4 / ___ • 5 / ___ • 6 / ___ • 7 / ___

3. a) No, grazie. Non ci interessano questi stupidi colossal!
   b) Che film?
   c) Ciao! Vi va di vedere un film da me?
   d) Carla propone "Titanic", le piacerebbe rivederlo.

   1 / ___ • 2 / ___ • 3 / ___ • 4 / ___

	pronome indiretto	si riferisce...
1.	gli	al dottor Rossetti
2.		
3.		

108 ALMA Edizioni | Grammatica pratica della lingua italiana

PRONOMI INDIRETTI 15

ESERCIZI

2 Leggi il testo, poi sostituisci tutte le parole sottolineate con un pronome indiretto, come nell'esempio.

Sono stanchissima! Che giornata! Oggi al lavoro abbiamo avuto diversi problemi: la mattina si è rotta la fotocopiatrice. È sempre così difficile avere un tecnico urgentemente! Abbiamo telefonato <u>al tecnico</u> diverse volte e, alla fine, quando abbiamo detto <u>al tecnico</u> che pensavamo di rimandare indietro la macchina, è arrivato. Ha guardato la fotocopiatrice, ha fumato una sigaretta, ha telefonato all'azienda e, quando, dopo circa 40 minuti, ha finito e ha dato <u>a noi</u> una fattura di 100 euro, abbiamo chiesto <u>al tecnico</u> di spiegare <u>a noi</u> il problema. "Non lo so – ha risposto <u>a noi</u> – ma ora funziona". Poi mi ha chiamata il capo, la dottoressa Ferranti, per discutere del nuovo progetto su cui lavoro. Naturalmente non è piaciuto <u>alla dottoressa Ferranti</u> e ha detto <u>a me</u> di rimanere in ufficio fino a tardi per rivederlo perché <u>alla dottoressa Ferranti</u> serve urgentemente. Sono rimasta al lavoro fino alle 22:00 per finire il progetto! Quando alla fine ho telefonato a un taxi per andare a casa hanno detto <u>a me</u> di aspettare almeno mezz'ora, perché di venerdì sera c'è molta gente in giro a divertirsi e hanno molto da fare. Finalmente sono arrivata a casa! Alle 23:00! Quando sono entrata in casa, la mia amica Francesca ha detto <u>a me</u> che ha dei biglietti gratis per l'Opera di domani e vuole invitarmi ad andare con lei. Finalmente una buona notizia!

Sono stanchissima! Che giornata! Oggi al lavoro abbiamo avuto diversi problemi: la mattina si è rotta la fotocopiatrice. È sempre così difficile avere un tecnico urgentemente! Gli abbiamo telefonato diverse volte e,

3 Chi parla? Scegli il pronome indiretto corretto e indovina chi dice queste frasi, come nell'esempio.

l'uomo d'affari • **il vigile** • il controllore • la commessa • la mamma
il bambino • l'italiano all'estero • il ladro • la professoressa • la postina

		chi parla?
1.	Signore, **Le** / gli consiglio di andare più piano.	*il vigile*
2.	Guardi avvocato che **ti / Le** ho detto tutto quello che so!	_____
3.	Mi dispiace, ma **ci / ti** devo dare un brutto voto. Non hai studiato.	_____
4.	Per ritirare il pacco **mi / vi** deve mettere una firma qui.	_____
5.	Quante volte **mi / vi** devo dire che la musica troppo alta disturba i vicini?	_____
6.	Per favore, **gli / mi** servono quei documenti al più presto.	_____
7.	No, la banana non **ti / mi** va! Non **ti / mi** va e non **ti / mi** va!	_____
8.	Questi pantaloni **gli / Le** stanno proprio bene, signore!	_____
9.	**Gli / Mi** mancano il buon cibo, il sole e l'aperitivo in piazza con gli amici.	_____
10.	Non ha il biglietto? Allora **ti / Le** devo fare una multa.	_____

4 Enzo va in vacanza e lascia istruzioni a un'amica. Completa le istruzioni con il pronome indiretto corretto.

(al gatto): _____ devi dare da mangiare due volte al giorno. Non _____ devi permettere di fare pipì sulle piante.

(alle piante): _____ devi dare acqua solo una volta. È bene se _____ fai ascoltare della musica. _____ piace Bizet.

(ai vicini): Non _____ conviene dar_____ confidenza. Sono invadenti.

(a Serena): Se ti chiede dove sono _____ devi dire che sono fuori per lavoro.

ALMA Edizioni | Grammatica pratica della lingua italiana

15 PRONOMI INDIRETTI

ESERCIZI

5 Che giorno è? Completa con i pronomi indiretti e indovina che giorno è.

1. Ieri siamo andati da Carla e ___ abbiamo portato un regalo. Abbiamo mangiato la torta e ___ abbiamo cantato "Tanti auguri".
   ☐ Natale ☐ matrimonio ☐ compleanno

2. I bambini hanno trovato una calza con dentro i dolci che ___ piacciono di più.
   ☐ Natale ☐ Epifania ☐ compleanno

3. Abbiamo mangiato le uova benedette e l'agnello e gli invitati *(a noi)* ___ hanno portato le uova di cioccolata.
   ☐ Carnevale ☐ Pasqua ☐ Capodanno

4. È stato un pranzo lunghissimo! *(A noi)* ___ hanno fatto mangiare antipasti, 4 primi, 4 secondi, frutta, formaggi e, naturalmente il dolce di nozze! Quando gli sposi sono partiti ___ abbiamo fatto molti scherzi.
   ☐ matrimonio ☐ Pasqua ☐ Capodanno

5. *(A te)* ___ è piaciuta la festa? A me molto. I fuochi d'artificio di mezzanotte erano meravigliosi!
   ☐ Natale ☐ Capodanno ☐ matrimonio

6. Ho incontrato Sonia alla festa in maschera. ___ ho parlato per tutta la sera, ma non ho capito che era lei!
   ☐ Carnevale ☐ Pasqua ☐ compleanno

6 Completa con i pronomi indiretti.

Regali di Natale

Che difficile fare i regali di Natale! Come al solito mi sono trovato all'ultimo momento senza idee. Facciamo una lista.

| **Mamma:** volevo comprar____ un libro di ricette tradizionali, ma ultimamente ____ è venuta la mania dello yoga e della cucina macrobiotica. | **Papà:** avevo pensato di prender____ una pipa, ma da quando mamma è diventata salutista anche lui ha cambiato gusti e ha smesso di fumare. | **La fidanzata:** che ____ faccio? L'anno scorso ____ ho comprato una scatola di cioccolatini e sono quasi sicuro che non ____ è piaciuta. Forse ____ compro una sciarpa. | **I futuri suoceri:** sempre più difficile. Che ____ prendo? Una bottiglia di whiskey? O forse ____ potrei offrire una cena in un buon ristorante? |

Quanto odio il Natale!

> **LO SAI CHE...**
> I verbi come **piacere** sono molto comuni, sono usati spesso alla terza persona singolare e plurale. Prendono il pronome indiretto. Alcuni verbi simili a **piacere** sono: **dispiacere**, **bastare**, **servire**, **interessare**, **sembrare**, **parere**, ecc.
>
> Es:
> *Per comprare l'auto **ci** servono almeno 15.000 euro.* (**ci** = a noi)
> *Teresa è andata a Berlino perché **le** interessa molto vedere quella città.* (**le** = a lei)

TEST DI CONTROLLO

unità 11 • 15

Hai fatto progressi? Controlla.
Ogni esercizio ripete uno o più argomenti grammaticali, se raggiungi più della metà del totale: BRAVO!
In caso contrario ripeti l'argomento che ti dà più problemi.

1 FORMA IMPERSONALE
Coniuga i verbi nella forma impersonale e metti gli aggettivi nella forma corretta, come nell'esempio.

Come *(rilassarsi)* __ci si rilassa__

A volte, per varie ragioni, *(essere stressato)* __si è stressati__. Magari *(dormire)* _____ male, *(alzarsi stanco e svogliato)* _____ finisce che *(essere nervoso)* _____ con parenti, colleghi o amici. Ci sono però dei trucchi che ci aiutano a essere più rilassati. L'aria aperta, per esempio, fa molto bene alla mente. Se *(vivere)* _____ vicino a spazi verdi, con una bella camminata o una corsa *(liberarsi)* _____ più in fretta da tutte le tensioni.

Se non *(essere sportivo)* _____, *(potere)* _____ optare per una pausa rilassante al sole: dopo un quarto d'ora *(alzarsi riposato)* _____ e *(essere pronto)* _____ per affrontare la vita. Alcuni invece preferiscono meditare per almeno 10 minuti, o spegnere ogni connessione digitale. L'importante è ricordarsi che, ogni tanto, *(doversi)* _____ coccolare!

ogni verbo corretto vale 3 punti totale: ____/30

2 FORMA IMPERSONALE
Metti i verbi al presente e scegli se usare la forma impersonale o no.

In vacanza al mare

L'Italia ha delle coste bellissime e molti, italiani e stranieri, *(passare)* _____ le vacanze estive al mare. Le località di mare, infatti, *(offrire)* _____ molti divertimenti e attività per tutti. Normalmente *(passeggiare)* _____ sulla spiaggia, *(nuotare)* _____, *(abbronzarsi)* _____ e *(rilassarsi)* _____ sotto l'ombrellone con un libro o un buon gelato.

Alcuni *(pescare)* _____ o *(andare)* _____ in barca. I bambini *(giocare)* _____ con la sabbia, *(fare)* _____ il bagno e *(divertirsi)* _____ moltissimo con gli amichetti.

Se *(svegliarsi)* _____ presto è sempre una buona idea andare in spiaggia quando *(esserci)* _____ ancora poche persone e godersi la tranquillità della spiaggia vuota. Anche le sere sono molto belle. *(Andare)* _____ a mangiare in riva al mare, *(camminare)* _____ sul lungomare e spesso *(potere)* _____ ballare in spiaggia perché gli stabilimenti balneari *(organizzare)* _____ delle feste. Ci sono sempre alcuni che *(fare)* _____ il bagno a mezzanotte e, quando *(uscire)* _____ dall'acqua, *(andare)* _____ a casa di qualcuno a farsi una spaghettata.

ogni verbo corretto vale 3 punti totale: ____/60

TEST DI CONTROLLO

unità 11 • 15

3 PASSATO PROSSIMO REGOLARE E IRREGOLARE
Metti i verbi al passato prossimo.

L'uomo con la pioggia dentro

Tutto è cominciato una sera di marzo. Lui (tornare) _____ a casa, (mettere) _____ la borsa a terra e (dire) _____: "Piove". Lei lo (guardare) _____ in modo strano: non aveva visto niente. Lui (precisare) _____: "Mi piove dentro". Lei (avvicinare) _____ l'orecchio al suo petto e (sentire) _____ il rumore di una pioggia leggera dentro di lui. "Come (succedere) _____?" (lei / chiedere) _____. " (io / Vedere) _____ un cane", (rispondere) _____ lui "un cane abbandonato a un angolo di strada. Mi (venire) _____ da piangere, ma le lacrime non (uscire) _____, (cominciare) _____ invece questa pioggia dentro, che ora però è più lenta". Poiché lui è una persona molto sensibile, dentro di lui piove di continuo. Si è fatto visitare, esaminare, radiografare. Il medico (dire) _____: "Si sta riempiendo di pioggia". Non (proporre) _____ cure, troppe cose nella vita causano quella pioggia, è impossibile fermarla. Quando il livello (salire) _____ ancora si è messo a letto. Lei gli (rimanere) _____ vicina. (lei / Cercare) _____ di escluderlo dal mondo, ma lui adesso soffre per se stesso. E la pioggia lo (riempire) _____. Lei lo (guardare) _____ affogare, poi gli (chiudere) _____ gli occhi ed (restare) _____ con la testa sul suo petto, mare finalmente calmo. Quando lei (sentire) _____ il temporale, (andare) _____ alla finestra, ma (vedere) _____ il sole. Solo allora (capire) _____ di non avere lacrime, fuori.

(adattato da G. Romagnoli, "Navi in bottiglia")

ogni verbo corretto vale 2 punti   totale: ___/54

4 PASSATO PROSSIMO REGOLARE E IRREGOLARE.
Scegli la forma corretta.

A rubare le verdure

Un giorno un ladro **è entrato / ha entrato** in un orto con molti cavoli, rape, carote, e altre verdure.
Il ladro **è cominciato / ha cominciato** a rubare le verdure e le **ha messe / ha messo** in un sacco e dentro la camicia.
Sul più bello **è arrivato / ha arrivato** il giardiniere, lo **ha sorpreso / ha sorpresi** a rubare e **ha gridato / è gridato**:
"Cosa fai qui? Come **sei fatto / hai fatto** a entrare nel mio orto?".
Il ladro **si ha spaventato / si è spaventato** molto e **è risposto / ha risposto**: "Non so dire esattamente come **sono arrivato / ho arrivato** nel tuo orto. **È successo / Ha successo** questo: a mezzogiorno **si è alzato / si ha alzato** un vento fortissimo che mi **è portato / ha portato** fino a qui". Allora il giardiniere **è domandato / ha domandato**:
"Cosa **è successo / ha successo** alle mie verdure?". E il ladro **ha detto / è detto**: "**È stata / Ha stato** colpa mia, **ho avuto / ho avuta** paura e **ho afferrato / ho afferrate** le verdure per non volare via.
Il vento infatti mi **è sbattuto / ha sbattuto** qua e là e io non **sono riuscito / ho riuscito** a fermarmi".
Ha chiesto / È chiesto quindi il giardiniere: "Come ti **è finita / ha finito** la verdura nel sacco e nella camicia?".
Il ladro lo **ha guardato / è guardato** e **è risposto / ha risposto**: "Non so, ci **ho pensato / è pensato** tanto, ma non **ho capito / è capito** come **è successo / ha successo**". Nessuno conosce il resto della conversazione.
Forse il ladro **ha riuscito / è riuscito** a ricordare, per paura del giardiniere.

(adattato da G. Rodari, "Enciclopedia della Favola")

ogni verbo corretto vale 2 punti   totale: ___/60

unità 11 • 15

TEST DI CONTROLLO

5 PREPOSIZIONI SEMPLICI
Completa con le preposizioni semplici.

Gianna è italiana, di Palermo, ma abita _____ Parigi dove lavora, vicino _____ Montmartre. Viaggia molto per lavoro: domani è _____ Roma, poi va _____ Firenze per qualche giorno e solo alla fine della settimana torna _____ Parigi. Che vita! Gianna vive volentieri _____ Francia, ma ogni tanto, quando è stanca, si prende una vacanza _____ Italia, e va _____ Capri*, dove ha amici, o _____ Sicilia, dove vive sua madre. Partire _____ l'Italia è sempre una bella esperienza. La vita _____ Capri, dai suoi amici, è così divertente! I suoi amici non sono italiani, vengono _____ un paese non lontano _____ Cracovia, _____ Polonia, ma passano spesso le vacanze _____ Italia. Mentre le vacanze _____ Pantelleria, da sua madre, sono sempre molto rilassanti. Di solito quando Gianna torna _____ Parigi _____ Pantelleria è molto rilassata e pronta a ricominciare il lavoro a pieno ritmo.

*Capri: piccola isola vicino a Napoli.

ogni verbo corretto vale 2 punti — totale: ____/54

6 PREPOSIZIONI SEMPLICI E ARTICOLATE
Completa le frasi con le preposizioni (con o senza articolo).

1. Mi piace molto passare il tempo _____ musei della città.
2. Domani vado a scuola _____ macchina di mio padre.
3. Vivere _____ Milano non mi piace molto, preferisco una città più piccola.
4. Rosalba è _____ Palermo, ma vive _____ Stati Uniti _____ cinque anni.
5. Ormai abito qui _____ America _____ quindici anni.
6. Quando ho molto _____ studiare non rispondo _____ telefono.
7. Ieri ho comprato un paio di guanti _____ pelle.
8. Di solito il tempo è buono _____ marzo _____ ottobre.
9. Loro studiano sempre _____ biblioteca, io invece preferisco studiare a casa.
10. Siete mai stati _____ Sardegna? È bellissima!
11. L'anello di Teresa è _____ oro bianco.
12. _____ biblioteche comunali non si lavora molto bene. C'è troppa gente.
13. La mia amica ha una casa _____ Ischia.
14. _____ ragazzi andavamo sempre al mare in Puglia.
15. Non ho niente _____ carino per la festa di domani!
16. Devo uscire a comprare qualcosa _____ mettere alla festa di domani.
17. Olivia parte oggi _____ Milano per andare in vacanza _____ Africa.
18. Voglio lavorare _____ almeno un anno in questa ditta.
19. Lo spettacolo comincia _____ dieci minuti.

ogni preposizione corretta vale 3 punti — totale: ____/75

ALMA Edizioni | Grammatica pratica della lingua italiana

TEST DI CONTROLLO

unità 11 • 15

7 PREPOSIZIONI SEMPLICI E ARTICOLATE
Completa il testo con le preposizioni della lista.

di • di • di • di • di • a • a • delle • fra • dalla • nei • della • nelle • in

Una famosa maschera del Carnevale

Questa è forse la più conosciuta _____ le maschere italiane e forse una _____ più antiche. Infatti viene _____ figura del Diavolo Buffo delle commedie medievali. Questo personaggio è _____ Bergamo e all'inizio il suo dialetto è bergamasco, ma poi è cambiato e ora parla _____ veneto. È vestito _____ tutti i colori, e fa il servitore, ma non ha molta voglia _____ lavorare. Ha un carattere stravagante e inventa sempre qualcosa _____ nuovo per non lavorare, ma non riesce mai _____ fare niente _____ buono. È un personaggio _____ Commedia dell'Arte ed è molto rappresentato _____ teatri italiani, _____ commedie del Cinquecento e Seicento. _____ Carnevale questa è certo una fra le maschere più simpatiche.

ogni preposizione corretta vale 1 punto   totale: ____/17

8a PREPOSIZIONI SEMPLICI E ARTICOLATE
Se vuoi trovare il nome della maschera dell'esercizio precedente cancella le frasi sbagliate grammaticalmente. Metti in fila le lettere delle frasi corrette e avrai il nome del personaggio, come nell'esempio.

1. Andiamo spesso a cantare nella Chiesa di San Francesco. (A)
2. ~~Milano si trova nella Lombardia.~~ (N)
3. Viviamo nella Repubblica Dominicana. (R)
4. Firenze è fra Bologna e Roma. (L)
5. Fra un po' vado alla casa. (T)
6. Le chiavi sono nella borsa. (E)
7. Andare a sciare sulle Alpi è una cosa meravigliosa. (C)
8. Amo vivere nell'Italia. (R)
9. Puoi prestarmi qualcosa di leggere? (O)
10. Non ho molto di mangiare oggi. Devo ordinare una pizza. (E)
11. Non mi piacciono i mobili di plastica. (C)
12. Mi piace vestirmi di rosso. (H)
13. I documenti sono in ufficio del capo. (L)
14. Ci vediamo in banca di via Nazionale (G)
15. Abbiamo un appuntamento in 20 minuti. (O)
16. Vieni al bar? (I)
17. Vorrei una villa in Capri. (M)
18. Sui bar italiani si beve spesso il caffè in piedi. (O)
19. Domani partiamo tutti per l'America. (N)
20. Ho lavorato qui da 4 anni. (L)
21. Devo lavorare alle 4 dalle 9. (B)
22. Quanti abitanti ci sono in Stati Uniti? (A)
23. Ho viaggiato molto in Europa dell'Est. (I)
24. Alla pizzeria di Nino la pizza è ottima (O)

Il personaggio si chiama A _ _ _ _ _ _ _ _ _ _

ogni lettera al posto giusto vale 2 punti   totale: ____/18

8b PREPOSIZIONI SEMPLICI E ARTICOLATE
Adesso riscrivi in maniera corretta le 14 frasi sbagliate che hai trovato nell'esercizio precedente.

2. Milano si trova in Lombardia.

ogni frase corretta vale 2 punti   totale: ____/24

TEST DI CONTROLLO

unità 11 • 15

9 PRONOMI DIRETTI E INDIRETTI
Diretto o indiretto? Decidi se il pronome evidenziato è diretto o indiretto.

	diretto	indiretto
1. I miei amici **mi** hanno invitato al cinema.	☐	☐
2. Non so se vado, **mi** hanno detto che vogliono vedere un film muto.	☐	☐
3. I film muti **mi** sembrano un po' deprimenti.	☐	☐
4. Tu che dici? **Ti** piacciono?	☐	☐
5. **Ti** ho mai raccontato di quella volta che sono andato a vedere "Cabiria", un film muto del 1914?	☐	☐
6. A 16 anni una mia fidanzata "intellettuale" **mi** ha convinto ad andare con lei.	☐	☐
7. Alcuni nostri amici **ci** hanno sconsigliato di vederlo, ma lei non ha voluto ascoltarli.	☐	☐
8. Beh, non ricordo niente del film. Ho parlato quasi tutto il tempo e lei **mi** ha lasciato.	☐	☐
9. **Mi** ha detto che non poteva perdere tempo con uno che parla durante un film muto.	☐	☐
10. **Ti** pare una cosa da dire?	☐	☐

ogni risposta corretta vale 2 punti — totale: ___ /20

10 PRONOMI DIRETTI E INDIRETTI
Completa con i pronomi diretti o indiretti.

Il caffè di Piero

Che bellezza! Il mio primo caffè della giornata! Ho preso la moka, _____ ho riempit_____ di acqua, ho messo il filtro e poi ho aggiunto il mio caffè preferito: Arabica. _____ piace questa miscela, _____ bevo ogni giorno. È l'unica che _____ tiene sveglio e _____ fa affrontare bene la giornata. La mia ragazza invece è una salutista, dice che il caffè non _____ fa bene, che _____ rende nervosa e beve solo tè deteinato. Sì! Avete capito bene: tè deteinato, un'offesa all'italianità! Volete mettere con il piacere di preparare la moka, sentir_____ mentre fa il caffè, sentire il profumo del caffè che riempie la stanza e poi versar_____ nella tazzina, senza zucchero naturalmente. E, finalmente, ber_____ mentre ti svegli lentamente... questo sì che è un piacere della vita!

ogni pronome corretto vale 3 punti — totale: ___ /33

11 DI PARTITIVO
Completa il testo con il di partitivo o con gli articoli indeterminativi corretti.

Il vicino di casa è veramente _____ bel ragazzo, ha _____ bellissimi occhi azzurri e _____ stupendi capelli scuri corti corti, ha _____ corpo atletico, penso sia _____ insegnante di educazione fisica e mi sembra anche intelligente. Solo che non capisco se è _____ disorganizzato o _____ avaro. Ogni giorno mi suona il campanello e viene a chiedermi qualcosa in prestito. Una volta vuole _____ zucchero, un'altra _____ uova, l'altro giorno gli mancava _____ pasta e una volta ha chiesto _____ frutta. Ma non ha mai tempo per fare la spesa? Sta succedendo che quando vado al supermercato compro sempre _____ cose in più perché non si sa mai, potrebbero servire a lui. La mia amica dice che ci sta provando con me. Voi che ne pensate?

ogni sostituzione corretta vale 2 punti — totale: ___ /24

ALMA Edizioni | Grammatica pratica della lingua italiana

16 IMPERFETTO

Forme dell'imperfetto

Da bambina **giocavo** con le bambole.
Una volta i ragazzi **leggevano** più libri e **guardavano** meno TV.
Ieri sera non **riuscivo** a dormire per il caldo.
Quando **avevo** vent'anni il sabato andavo sempre in discoteca.
Aldo e Giorgio **venivano** spesso a trovarmi.

Stamattina **c'era** il sole ma **faceva** freddo.
Non ho capito che cosa **diceva** Carlo.
Quando **ero** piccolo non **mangiavo** la verdura.

- Quasi tutti i verbi hanno un **imperfetto** regolare.

- I verbi **essere**, **fare**, **dire** e **bere** hanno un imperfetto irregolare.

- **Imperfetto – verbi regolari**

	am-are	ved-ere	apr-ire
io	am-avo	ved-evo	apr-ivo
tu	am-avi	ved-evi	apr-ivi
lui / lei / Lei	am-ava	ved-eva	apr-iva
noi	am-avamo	ved-evamo	apr-ivamo
voi	am-avate	ved-evate	apr-ivate
loro	am-avano	ved-evano	apr-ivano

- **Imperfetto – verbi irregolari**

	essere	fare	dire	bere
io	ero	facevo	dicevo	bevevo
tu	eri	facevi	dicevi	bevevi
lui / lei / Lei	era	faceva	diceva	beveva
noi	eravamo	facevamo	dicevamo	bevevamo
voi	eravate	facevate	dicevate	bevevate
loro	erano	facevano	dicevano	bevevano

ESERCIZI

1 Scegli la forma corretta dell'imperfetto e decidi se le frasi sono vere o false.

Un po' di storia

		vero	falso
1.	Una volta la Corsica **erano / era** italiana.	☐	☐
2.	Nel Medioevo gli intellettuali italiani **parlavano / parlavamo** inglese.	☐	☐
3.	Prima della Repubblica gli italiani **avevano / abbiamo** un re.	☐	☐
4.	Una volta nel Sud Italia c'**eri / erano** i greci.	☐	☐
5.	I fondatori di Roma si **chiamava / chiamavano** Ennio e Paolo.	☐	☐
6.	Prima dell'eruzione del Vesuvio, Pompei **rappresentavi / rappresentava** un importante centro romano commerciale e culturale.	☐	☐
7.	L'antica Roma si **trovava / trovavamo** su dieci colli.	☐	☐
8.	Le quattro repubbliche marinare **erano / eri** Pisa, Venezia, Genova e Amalfi.	☐	☐
9.	La famiglia Medici **venivano / veniva** da Bologna.	☐	☐

IMPERFETTO 16

ESERCIZI

2 Scegli la forma corretta dell'imperfetto.

Una volta...

a. Quando **era / ero** piccola tutti mi **dicevano / diceva** che sembravo mio fratello, ma io non **era / ero** contenta, prima di tutto perché lui **era / ero** un maschio e poi perché mio fratello non mi **piacevo / piaceva**. **Ero / Era** antipatico e non **volava / voleva** mai giocare con me, mi **faceva / fava** sempre gli scherzi e **ridevo / rideva** di me con i suoi amici. E tu, **andava / andavi** d'accordo con tuo fratello o con tua sorella?

b. Mia nonna mi racconta sempre che quando lei **ero / era** giovane e **vivevi / viveva** in campagna, la vita non **erano / era** molto facile. I contadini **mangiavamo / mangiavano** carne solo una volta la settimana, quando **eravate / erano** fortunati. E di solito **ero / era** carne di coniglio allevato da loro. I giovani **doveva / dovevano** aiutare in casa e solo le famiglie meno povere **potevano / potevate** permettersi di far studiare qualche figlio. Come **vivevano / viveva** i contadini nel tuo Paese 70 anni fa?

> **LO SAI CHE...**
> Nell'italiano colloquiale usiamo spesso l'imperfetto al posto dell'indicativo o del condizionale presente quando vogliamo esprimere una richiesta in maniera più gentile, specialmente in un negozio.
>
> Es:
> *Buongiorno, **volevo** tre etti di prosciutto.*
> (**volevo** = voglio / vorrei)

3 Metti i verbi all'imperfetto.

Leggende italiane

Liguria – Secondo una leggenda, ad Alassio, una cittadina ligure, molto tempo fa *(vivere)* _____ alcune streghe chiamate "bazure". Nelle notti di tempesta, le streghe *(ritrovarsi)* _____ sulla spiaggia, *(mettere)* _____ in mare le barche che i pescatori *(avere)* _____ lasciato e *(andare)* _____ verso l'Africa. Prima dell'alba, però, *(tornare)* _____ con enormi quantità di datteri.

Lombardia (Valtellina) – Ancora oggi nel paese di Primolo è tradizione toccare il vetro che protegge l'immagine della Madonna di Primolo. Infatti, un tempo le ragazze che non *(trovare)* _____ marito *(chiedere)* _____ l'aiuto della Madonna in questo modo.

Calabria – Secondo una leggenda, nelle grotte alla base del monte Riventino una volta *(vivere)* _____ delle fate. Queste fate *(volere)* _____ costruire una chiesa sul monte perché *(essere)* _____ molto religiose. Solo un uomo, però *(potere)* _____ comunicare con loro: *(essere)* _____ il ragazzo che ogni giorno *(portare)* _____ il pranzo agli uomini che *(lavorare)* _____ alla costruzione della chiesa. Ogni volta il ragazzo *(parlare)* _____ con le fate e poi *(andare)* _____ a dare ai muratori le istruzioni per costruire la chiesa. Ma quelli, che *(essere)* _____ curiosi e *(volere)* _____ vedere le fate, un giorno hanno ucciso il ragazzo, che *(cercare)* _____ di proteggerle. Da quel giorno nessuno ha più visto le fate.

ALMA Edizioni | Grammatica pratica della lingua italiana

16 IMPERFETTO

Uso dell'imperfetto

Da bambina **avevo i capelli biondi**.
Faceva così **freddo** ieri!

D'estate **andavamo** al mare **tutti i giorni**.
Ricordo che **di solito dicevi** molte bugie.

Non sono venuto perché **ero stanco**.
Anna **non si sentiva** bene ieri.

C'era una volta un re che aveva una figlia bellissima.

Stavate mangiando?
Stavano per uscire quando siamo entrati.

Mentre guardavamo la TV è saltata la luce.

Aspettavo l'autobus già da mezz'ora quando è passato mio padre in macchina.
Anna **era** in casa e **leggeva** il giornale.

Ieri **ho studiato** tutto il giorno.
Abbiamo lavorato dalle 9 alle 5.

• L'imperfetto si usa normalmente:
a) in una descrizione fisica o atmosferica;

b) per indicare una ripetizione o un'abitudine;

c) per una descrizione psicologica, una sensazione e un sentimento;

d) all'inizio di una favola;

e) con le espressioni **stare** + **gerundio** e **stare per** + **infinito**;

f) dopo la parola **mentre**;

g) quando si esprime un'azione continuata, che non è finita o non è stata limitata nel tempo.

• In caso di un'azione delimitata nel tempo, si preferisce usare il **passato prossimo**.

ESERCIZI

1 Trova i verbi all'imperfetto e al passato prossimo e scrivili nella tabella con l'infinito, come negli esempi.

Una nascita nella famiglia Rossi

Giacomo è nato il 4 marzo, di giovedì. Era un giorno caldo e c'era una luce così chiara e uniforme sulla città che sembrava un giorno di primavera. Subito dopo la nascita la madre, Silvia, l'ha voluto vedere e lo ha tenuto un po' lì con sé. Il bambino era grande e aveva dei capelli lunghi e neri, come quelli di un cantante rock. Per fortuna era tranquillo e non piangeva. Mentre Silvia si trovava all'ospedale, il padre, Piero, era bloccato nel traffico e aspettava nervoso una chiamata dell'infermiera. Appena è arrivata la buona notizia, Piero ha lasciato la macchina in mezzo alla strada e ha cominciato a correre. Prima di entrare in ospedale si è fermato a comprare un mazzo di fiori e una scatola di cioccolatini. Quando finalmente è arrivato, ha salito le scale di fretta e, per la confusione, è entrato nella stanza sbagliata, dove non si è accorto che la donna che stava nel letto non era Silvia. Le è andato vicino per baciarla, ma quando ha visto che la pancia era ancora grossa e che la donna era bionda, e non castana come Silvia, si è scusato e, imbarazzato, è uscito dalla stanza. Silvia si trovava in quella accanto e Giacomo era lì con lei, addormentato nella culla. Piero ha pianto di commozione, mentre Silvia rideva perché era la prima volta che vedeva Piero così confuso.

passato prossimo	imperfetto
è nato (nascere)	Era (essere)

IMPERFETTO 16

ESERCIZI

2 Ora inserisci di nuovo i verbi al loro posto nel testo.

aspettava • aveva • è andato • è arrivata • è arrivato • è entrato • era • era • era • era • era • era • era
era • è uscito • ha cominciato • ha pianto • ha salito • ha lasciato • ha tenuto • ha visto • ha voluto • piangeva
rideva • sembrava • si è accorto • si è fermato • si è scusato • si trovava • si trovava • stava • vedeva

Giacomo è nato il 4 marzo, di giovedì. Era un giorno caldo e c'_____ una luce così chiara e uniforme sulla città che _____ un giorno di primavera. Subito dopo la nascita la madre, Silvia, l'_____ vedere e lo _____ un po' lì con sé. Il bambino _____ grande e _____ dei capelli lunghi e neri, come quelli di un cantante rock. Per fortuna _____ tranquillo e non _____. Mentre Silvia _____ all'ospedale, il padre, Piero, _____ bloccato nel traffico e _____ nervoso una chiamata dell'infermiera. Appena _____ la buona notizia, Piero _____ la macchina in mezzo alla strada e _____ a correre. Prima di entrare in ospedale _____ a comprare un mazzo di fiori e una scatola di cioccolatini. Quando finalmente _____, _____ le scale di fretta e, per la confusione, _____ nella stanza sbagliata, dove dapprima non _____ che la donna che _____ nel letto non _____ Silvia. Le _____ vicino per baciarla, ma quando _____ che la pancia _____ ancora grossa e che la donna _____ bionda, e non castana come Silvia, _____ e, imbarazzato, _____ dalla stanza. Silvia _____ in quella accanto e Giacomo _____ lì con lei, addormentato nella culla. Piero _____ di commozione, mentre Silvia _____ perchè _____ la prima volta che _____ Piero così confuso.

3 Scegli la forma corretta del verbo.

Una domenica

Domenica il tempo non era per niente buono: c'**era / è stato** un gran vento e ha **fatto / faceva** molto freddo. Per questo Carla, che non **si sentiva / si è sentita** molto bene, **decideva / ha deciso** di telefonare a qualche amica per invitarla a casa sua. Ma: il telefono di Federica **è stato / era** spento e così Carla **doveva / ha dovuto** lasciare un messaggio; Monica **rispondeva / ha risposto** che non **ha potuto / poteva** venire, perché ha **dovuto / doveva** uscire a fare spese con la madre; a casa di Piera **rispondeva / ha risposto** il figlio che non **ha saputo / sapeva** dove **è stata / era** la madre. Insomma, una domenica da passare da sola davanti alla TV? Carla **pensava / ha pensato** che forse non **era / è stata** una cattiva idea. **Si è fatta / Si faceva** una cioccolata calda, **metteva / ha messo** un film romantico e **passava / ha passato** una delle più belle domeniche degli ultimi anni!

4 Metti i verbi al passato prossimo o all'imperfetto, come negli esempi.

Una videoconferenza movimentata

Martedì scorso Veronica (avere) _ha avuto_ una riunione di lavoro online. Poco prima dell'inizio della riunione, Veronica non (essere) _____ ancora pronta, (sentirsi) _____ stanchissima e non (riuscire) _____ a sbrigarsi. (Decidere) _____ quindi di prepararsi due caffè per svegliarsi bene prima di accendere il computer. Quando (collegarsi) _____, i colleghi (essere) _erano_ già tutti presenti e la riunione (cominciare) _____ subito. Per fortuna Milady e Fifi, la gatta e il cane di Veronica, (dormire) _____ tranquilli sul divano. La prima parte della riunione (andare) _____ molto bene, ma, all'improvviso, proprio mentre Veronica (presentare) _____ un progetto importante, la gatta e il cane (cominciare) _____ a litigare. Veronica (alzarsi) _____ e (uscire) _____ dalla stanza, ma non (spegnere) _____ il suo microfono. I colleghi (provare) _____ a continuare la riunione, ma non è stato facile perché (esserci) _____ molto rumore: la gatta (miagolare) _____, il cane (abbaiare) _____ e Veronica (gridare) _____ per separarli. Dopo qualche minuto, Veronica (tornare) _____ al computer. (Essere) _____ imbarazzata e, quando (accorgersi) _____ che il suo microfono era acceso, (diventare) _____ rossa come un peperone.

16 IMPERFETTO

Passato prossimo o imperfetto di alcuni verbi

- Alcuni verbi cambiano significato quando sono usati al passato prossimo o all'imperfetto.

  Dovere, **potere** e **volere** (verbi modali):

Dovevo studiare *(e forse ho studiato o forse no)*.

Mia sorella ha risparmiato per un anno perché **voleva** comprare un motorino *(e forse lo ha comprato o forse no)*.

Non **potevo** rispondere al telefono, ero sotto la doccia *(e forse ho risposto o forse no)*.

a) quando sono usati all'**imperfetto** indicano un'incertezza (l'azione forse è accaduta e forse no);

Ieri **ho dovuto** studiare 3 capitoli di storia *(e li ho studiati)*.
Ieri non **ho voluto** lavorare perché era il compleanno di mia moglie *(e non ho lavorato)*.

Non **siamo potuti** andare in vacanza per mancanza di soldi *(e non ci siamo andati)*.

b) quando sono usati al **passato prossimo** l'azione è accaduta sicuramente.

Conoscere:

Conoscevi i miei genitori?

a) quando è usato all'**imperfetto** significa "conoscere qualcuno da molto tempo";

Ho conosciuto tuo fratello ieri.

b) quando è usato al **passato prossimo** significa che mi hanno presentato qualcuno, che ho incontrato qualcuno per la prima volta.

Sapere:

Lo **sapevi** che ho una casa a Roma?

a) quando è usato all'**imperfetto** significa "conoscere una cosa da molto tempo";

Ho appena **saputo** da Marta che ti sei sposato!

b) quando è usato al **passato prossimo** significa "conoscere una cosa per mezzo di qualcun altro".

IMPERFETTO 16

ESERCIZI

1 Passato prossimo o imperfetto? Scegli la forma corretta del verbo.

1. **Sapevo / Ho saputo** proprio ora che Anna ha telefonato.
2. Nessuno **ha voluto / voleva** invitare Franco per Capodanno, e così è rimasto da solo a casa.
3. A quei tempi Sonia non **ha conosciuto / conosceva** ancora suo marito.
4. Sergio è triste perché **sapeva / ha saputo** che non ha passato l'esame.
5. Non **dovevi / hai dovuto** lasciare la porta aperta! Ora il gatto è scappato.
6. Da bambina non **ho potuto / potevo** uscire da sola la sera.
7. Mi dispiace, ma ho avuto così tanto da fare che non **ho potuto / potevo** finire quel lavoro!
8. I miei genitori **conoscevano / hanno conosciuto** Pino a una festa di Carnevale.
9. **Volevo / Ho voluto** telefonarti, ma non ho avuto tempo.
10. Per punizione oggi **dovevo / sono dovuto** restare tutto il giorno in casa!
11. I Rossi **dovevano / hanno dovuto** fare dei lavori in casa, ma hanno deciso di usare i soldi per andare in vacanza.
12. Davvero Franca si è fatta suora? Non lo **ho saputo / sapevo**!
13. **Sapevo / Ho saputo** da Susi che Franca si è fatta suora.

2 Passato prossimo o imperfetto? Metti i verbi al tempo giusto e indovina la città.

Una città italiana

Nell'antichità (essere) _____ una città romana e i romani la (chiamare) _____ Augusta Taurinorum. Per molti anni (essere) _____ la sede dei Duchi di Savoia, che sono poi diventati Re d'Italia. Proprio in questa città la famiglia Agnelli (aprire) _____ una grande fabbrica di auto che (diventare) _____ molto famosa in Italia e all'estero e che negli anni '60 (essere) _____ un simbolo del boom economico italiano.

3 Se non sai qual è la città dell'esercizio 2, scegli le frasi corrette. Le lettere che corrispondono alle frasi corrette formano il suo nome.

1.	Sapevo ora della partenza di Mario.	P
2.	Ho saputo ora della partenza di Mario.	T
3.	Mentre dormivo sono entrati i ladri.	O
4.	Mentre ho dormito sono entrati i ladri.	A
5.	Ho studiato inglese per 5 anni.	R
6.	Studiavo inglese per 5 anni.	D
7.	Paola conosceva suo marito su internet.	O
8.	Paola ha conosciuto suo marito su internet.	I
9.	Oggi volevo invitare Sara e Maurizio a cena, ma sono in vacanza.	N
10.	Oggi ho voluto invitare Sara e Maurizio a cena, ma sono in vacanza.	V
11.	Ieri ho lavorato 10 ore!	O
12.	Ieri lavoravo 10 ore!	A

La città è __ __ __ __ __ __

16 IMPERFETTO

ESERCIZI

4 Passato prossimo o imperfetto? Metti i verbi al tempo giusto.

In Basilicata un'ultracentenaria

Il 15 febbraio scorso il comune di Cancellara, in provincia di Potenza, in Basilicata, (festeggiare) _____ una anziana signora che (compiere) _____ 103 anni! Le autorità della cittadina (organizzare) _____ una bella festa per la nonna ultracentenaria. (Essere) _____ presenti i parenti, molti amici e (venire) _____ anche il sindaco della città e il parroco. La signora (essere) _____ molto emozionata, ma non (avere) _____ problemi a rispondere alle interviste e a rispondere a tutti gli ospiti che (volere) _____ parlare con lei. La nonna (raccontare) _____ della sua vita passata e (ricordare) _____ il passato, quando (essere) _____ giovane e (occuparsi) _____ della famiglia. Questa signora non è l'unica ultracentenaria del paese lucano, ormai famoso proprio per la longevità dei suoi cittadini. Il sindaco (parlare) _____ dell'importanza di una vita sana, dell'aria pulita e della cucina semplice della zona, (fare) _____ gli auguri alla nonnina, (congratularsi) _____ per le sue condizioni di salute e, mentre (uscire) _____, le (dare) _____ appuntamento per l'anno seguente!

5 Passato prossimo o imperfetto? Metti i verbi al tempo giusto.

Vittoria è stata una donna molto amata e famosa del XVI secolo italiano. (Nascere) _____ nel 1490, (essere) _____ figlia di nobili e quando (avere) _____ cinque anni la sua famiglia (promettere) l'_____ in sposa a Francesco D'Avalos. Prima di sposarsi, Vittoria (passare) _____ molti anni nell'isola di Ischia, dove (circondarsi) _____ di molti artisti famosi, come Michelangelo Buonarroti e Ludovico Ariosto. Molti di questi artisti (sentirsi) _____ ispirati dalla sua bellezza e virtù e le (dedicare) _____ le loro composizioni poetiche. Quando Vittoria e Francesco D'Avalos (sposarsi) _____, non (conoscersi) _____ quasi per niente, ma (innamorarsi) _____ e (essere) _____ molto felici insieme purtroppo per un periodo di tempo molto breve. Francesco infatti (morire) _____ giovane, nel 1525. Vittoria, per la tristezza, (volere) _____ suicidarsi, ma poi (decidere) _____ di entrare in convento, dove (rimanere) _____ per molti anni e (cominciare) _____ a comporre poesie dolcissime sul suo amore, Francesco.

6 Qual era il cognome di Vittoria, principessa romana? Scegli il tempo corretto del verbo nelle frasi seguenti, la lettera di ogni risposta corretta ti dà il cognome della famiglia di Vittoria.

1. Ieri **studiavo (B) / ho studiato (C)** dalle 10 alle 14.
2. Ieri **pioveva (A) / ha piovuto (O)** tutto il giorno.
3. **Sapevo (R) / Ho saputo (L)** solo ora da mio padre che mamma si è sentita male.
4. Da bambina **avevo (O) / ho avuto (G)** i capelli rossi.
5. **Volevamo (N) / Abbiamo voluto (L)** comprare un'auto, ma costava troppo.
6. Mentre **ho telefonato (I) / telefonavo (N)** si è scaricata la batteria del cellulare.
7. Mentre **parlava (A) / ha parlato (E)** lo hanno interrotto.

Il cognome di Vittoria è __ __ __ __ __ __ __

PRONOMI COMBINATI   17

Pronomi indiretti con pronomi diretti

Belli questi fiori, chi **te li** ha regalati? **(ti + li)**

- Chi ti ha prestato il motorino?.
- **Me lo** ha prestato Claudio. **(mi + lo)**
- Mi dai i guanti?.
- Sì, **te li** do subito. **(ti + li)**
- Chi vi ha comprato gli sci?
- **Ce li** ha comprati nostro padre. **(ci + li)**

Ve li hanno dati i biglietti per il teatro? **(vi + li)**

- Chi ha detto a mamma dell'incidente?
- **Gliel**'ho detto io. **(le + l')**
- Chi ha preso il giocattolo a Angelo?
- **Gliel**'ha preso la sorella. **(gli + l')**

Signora, è questa la Sua valigia? Vuole che **Gliela** porti su in camera? **(Le + la)**

- Hai detto ai tuoi che partiamo oggi?
- No, **glielo** dico dopo. **(gli + lo)**

Paolo mi ha chiesto la macchina e io **gliel**'ho prestat**a**.
Paolo mi ha chiesto dei soldi e io **glieli** ho prestat**i**.

La macchina è rotta, non **te la** posso dare.
La macchina è rotta, non posso dar**tela**.

- Quando un pronome indiretto e un pronome diretto si trovano nella stessa frase, si uniscono e formano un **pronome combinato**.

- Quando formano un pronome combinato, i pronomi indiretti **mi**, **ti**, **ci**, **vi** cambiano la vocale: **-i** diventa **-e**.

- I pronomi combinati di **terza persona** (singolare e plurale) sono:

  glielo / gliela / glieli / gliele

  (ATTENZIONE! Questi pronomi combinati formano una sola parola)

- Come per i pronomi diretti, con i pronomi combinati il participio passato del verbo concorda con il pronome combinato (**-o**, **-a**, **-i**, **-e**).

- Quando c'è un verbo modale o fraseologico (**potere**, **volere**, **dovere**, **sapere**, **cominciare a**, **stare per**, **finire di**) + l'infinito, il pronome combinato può andare prima del verbo o dopo l'infinito.

- **Pronomi combinati
  (pronomi indiretti + pronomi diretti)**

	pronomi diretti			
+	lo	la	li	le
mi	me lo	me la	me li	me le
ti	te lo	te la	te li	te le
gli / le	glielo	gliela	glieli	gliele
ci	ce lo	ce la	ce li	ce le
vi	ve lo	ve la	ve li	ve le
gli	glielo	gliela	glieli	gliele

(left axis label: pronomi indiretti)

17 PRONOMI COMBINATI — ESERCIZI

1 Scegli il pronome corretto.

- Ciao Serena, dove vai?
- Devo comprare un regalo per il matrimonio di Giorgio e Silvia. Tu **te lo / glieli / glielo** hai già comprato?
- Sì, e **me lo / glielo / ce lo** ho portato ieri. Ma non sai che hanno una lista di nozze*?
- No, non **te lo / me lo / me le** hanno detto! E dove l'hanno fatta?
- Da "Pasquini", il negozio in centro. A Lorenzo invece **me lo / glielo / te lo** hanno detto solo dopo che lui aveva già comprato il regalo!
- No! Quei due sono proprio un disastro. Comunque grazie dell'informazione. A dopo. Ciao!

lista di nozze: lista dei regali che gli sposi desiderano. La lista è disponibile in un negozio dove gli invitati possono scegliere il regalo.

2 Completa le frasi con i pronomi della lista.

glieli • ce lo • me lo • me li • gliela • ve le • glielo • te lo • ve li

1. Hai visto quel quadro? L'ha fatto mio cugino. _____ ha regalato quando mi sono laureato.
2. Mmmm... quanti biscotti! Sono tutti per Lino? Davvero vuoi portar_____ tutti?
3. Non preoccupatevi. Se non sapete dove lasciare le bambine domani sera _____ guardo io.
4. Se hai bisogno di un passaggio _____ do io! Sto uscendo.
5. Certo che sappiamo che nonno ha studiato in Francia! _____ ripete ogni giorno!
6. Se avete bisogno di stuzzichini* per la festa, _____ porto io!
7. Veronica vuole una bici per Natale, _____ compriamo?
8. _____ hai dati quei numeri di telefono? Non mi ricordo.
9. No, Luca non conosceva Antonio, _____ ho presentato io.

stuzzichini: piccole cose da mangiare

3 Trasforma la parte sottolineata nelle frasi, usando un pronome combinato, come nell'esempio.

1. Luca ha aperto <u>la porta a Sara</u>. ▸ (a Sara = le + la porta = la ▸ le + la = gliela) gliela ha aperta
2. Il maestro ha prestato <u>la matita al bambino</u>. ▸ _____
3. Il barbiere <u>mi ha tagliato i capelli</u>. ▸ _____
4. A Ferragosto <u>ci hanno tirato i secchi di acqua</u>. ▸ _____
5. Hanno raccontato subito <u>tutta la storia ai giornali</u>. ▸ _____
6. Le ragazze hanno detto <u>a Piera che la cena era ottima</u>. ▸ _____
7. <u>Ti</u> hanno mai raccontato <u>la storia di Roma</u>? ▸ _____
8. Vi hanno portato i mobili? ▸ _____
9. Ieri <u>mi</u> hanno rotto <u>il vetro</u> con una pallonata. ▸ _____
10. <u>Ci</u> hanno rovinato <u>la giornata</u> con quella brutta notizia! ▸ _____
11. Finalmente Silvia ha comprato <u>il regalo a sua sorella</u>. ▸ _____
12. Signor Bianchi, <u>Le</u> hanno recapitato <u>quel pacco</u>? ▸ _____
13. Ho detto <u>al dottore che avevo le vertigini</u>. ▸ _____
14. Perché hai detto <u>ai miei che sono andata in vacanza con Dimitri</u>? Non lo sapevano! ▸ _____

PRONOMI COMBINATI 17

ESERCIZI

4 Completa le frasi con i verbi della lista e con i pronomi combinati, come nell'esempio.

comprare • cucinare • guardare • pagare • portare • prestare • prestare • **spedire** • spiegare • tagliare

1. Nonna, devo andare alla posta, la lettera __te la spedisco__ io.
2. Se non hanno ancora trovato una baby sitter, i bambini _____ io.
3. Ho finito la scuola per parrucchiere, se vuoi i capelli _____ io.
4. Se non sapete come arrivare, la strada _____ io.
5. Signor Bianchi, devo andare al supermercato. Se vuole il latte _____ io.
6. Quando vado a fare spese con i miei figli succede sempre che gli acquisti _____ io.
7. Se hai fame e non hai tempo, il pranzo _____ io.
8. Non avete contanti? Non vi preoccupate, i soldi _____ io.
9. Se non hai niente da metterti per il matrimonio di Anna, un vestito _____ io.
10. (in albergo) Signora, la valigia _____ io.

5 Inserisci al posto giusto i pronomi combinati della lista, come nell'esempio.

ce la • gliela • gliela • gliela • **ve lo** • me li • glielo

C'è una notte speciale nell'estate italiana: la notte del 10 agosto, la notte di San Lorenzo. Se non sapete perché, __ve lo__ racconto io: durante questa notte gli italiani cercano luoghi con poca illuminazione, nei parchi, in periferia, al mare e in campagna per guardare il cielo e vedere una stella cadente. In realtà non si tratta di stelle, ma di asteroidi; ma a noi questa storia _____ hanno spiegata in maniera molto più poetica quando eravamo bambini. San Lorenzo è un santo martire dell'epoca romana e questa notte _____ hanno dedicata in tempi lontanissimi. La leggenda dice che le stelle cadenti sono le lacrime che lui ha versato prima di morire, che scendono sulla Terra il giorno della sua morte. Una notte, da bambina, ho visto moltissime stelle cadenti! Ero in campagna dai nonni e guardavo il cielo con i miei cugini, ogni volta che vedevo una stella cadente _____ indicavo e esprimevamo tutti un desiderio. Si crede infatti che ogni stella cadente farà avverare un desiderio prima della fine dell'anno. Io volevo dei nuovi giocattoli e, il Natale seguente, Babbo Natale _____ ha portati quasi tutti. Ricordo che mia cugina ha chiesto un vestito da principessa, ma la mamma non _____ ha comprato, forse non ha scelto una stella, ma un aereo che passava. Sapete che c'è un sito sulla notte di San Lorenzo che vi dà la possibilità di regalare una stella? Un mio amico ha trovato una stella per la ragazza, le ha dato un nome e _____ ha regalata proprio la notte del 10 agosto.

6 Trova i 3 errori nell'uso dei pronomi combinati.

Una giornataccia

Che giornata! Questa mattina sono arrivato al lavoro dopo le ferie e ho scoperto che il prossimo convegno era ancora tutto da organizzare. Vuoi sapere cosa è successo? Te lo spiego subito.
La segretaria che doveva venire non è venuta perché nessuno glielo ha detto. La connessione internet in ufficio non funziona e non ce lo hanno ancora riparata. I partecipanti non hanno ricevuto i biglietti aerei perché nessuno glieli ha mandate. La conferenza del prof. Forti è spostata al pomeriggio ma nessuno glielo ha comunicato.
Le camere in albergo non ce li hanno ancora confermate. Il servizio di catering per il ricevimento di apertura aspetta ancora la conferma della data perché nessuno gliel'ha mandata.

17 PRONOMI COMBINATI

Pronomi riflessivi con pronomi diretti

Ho deciso. Voglio il motorino! **Me lo** compro di sicuro!

Mi chiamo Daria. **Te lo** sei dimenticato?

Paola è convinta di essere una grande ballerina, **se lo** ripete ogni giorno.

A me e mia sorella piace cambiare stile di capelli. **Ce li** tingiamo spesso.

Ve la ricordate la parola chiave per l'allarme?

Gli atleti devono tenere d'occhio il cuore, infatti **se lo** controllano regolarmente.

- Quando un pronome riflessivo e un pronome diretto si trovano nella stessa frase, si uniscono e formano un **pronome combinato**. In questo caso la **-i** del pronome riflessivo diventa una **-e**.

- **Pronomi combinati (pronomi riflessivi + pronomi diretti)**

		pronomi diretti			
	+	**lo**	**la**	**li**	**le**
pronomi riflessivi	mi	me lo	me la	me li	me le
	ti	te lo	te la	te li	te le
	si	se lo	se la	se li	se le
	ci	ce lo	ce la	ce li	ce le
	vi	ve lo	ve la	ve li	ve le
	si	se lo	se la	se li	se le

ESERCIZI

1 Scegli i pronomi combinati.

Smemorina, la mia segretaria, è bravissima, ma ha una pessima memoria ed è molto disordinata. Ieri si è alzata e si è preparata per venire al lavoro, ma è uscita di casa senza scarpe, **se le / gliele** è dimenticate! È arrivata al lavoro in pantofole e **ce li / se le** è tenute per tutto il giorno, ma nessuno ha detto niente perché ormai tutti la conosciamo. Anche io ho imparato come comportarmi con lei: ho sempre con me una chiave dell'ufficio perché Smemorina **me la / se la** dimentica quasi sempre, le mail più importanti **se le / me le** scrivo sempre io perché lei non **se la / se le** ricorda mai, il pranzo **me la / me lo** ordino da sola perché lei di solito **se la / se lo** dimentica… Lo so, è un disastro, ma è tanto simpatica!

2 Riscrivi le frasi con i pronomi, come nell'esempio.

1. Mi dimentico sempre la luce accesa. ▶ _Me la dimentico sempre accesa._
2. Lucia si trucca sempre gli occhi di blu. ▶ _____
3. Stasera ci vediamo tutti gli episodi della serie. ▶ _____
4. Patrizio si dimentica sempre le chiavi. ▶ _____
5. Io mi lavo i capelli ogni giorno. ▶ _____
6. Mi sono fatto l'abbonamento a La Scala. ▶ _____
7. Mi porto sempre il pranzo al lavoro, così non devo uscire per comprarlo. ▶ _____
8. Perché non ti metti gli occhiali? Vedresti meglio. ▶ _____
9. I miei colleghi non si ricordano mai la data del mio compleanno. ▶ _____
10. Ti lavi i denti prima di andare a letto? ▶ _____

PRONOMI COMBINATI 17

ESERCIZI

3 Fabio è un tipo precisissimo ma suo fratello Gino è esattamente l'opposto.
Scrivi quello che Gino risponde a Fabio, usando i pronomi riflessivi e i pronomi diretti.

Fabio

1. Io mi rifaccio sempre il letto dopo che mi sono alzato.
2. Io mi faccio sempre la doccia prima della colazione.
3. Io mi metto sempre un po' di gel sui capelli prima di uscire di casa.
4. Io mi metto sempre la cravatta per andare al lavoro.
5. Io mi compro sempre il giornale prima di arrivare in ufficio.
6. Io mi mangio sempre dei panini per pranzo.
7. Io mi ricordo sempre dove ho parcheggiato la macchina.
8. Io mi preparo sempre una bella cenetta ogni sera.
9. Io mi stiro sempre le camicie prima di andare a dormire.

Gino

a. Io no, non _me lo rifaccio mai._
b. Io no, non _____
c. Io no, non _____
d. Io no, non _____
e. Io no, non _____
f. Io no, non _____
g. Io no, non _____
h. Io no, non _____
i. Io no, non _____

4 Trasforma le frasi usando il pronome combinato. Segui l'esempio.

1. Chi vi ha raccontato quella cosa? ▸ Chi _ve l'_ ha raccontat_a_ ?
2. Quando hai regalato il motorino a tua figlia? ▸ Quando _____ hai regalat_____ ?
3. Perché non mi hai portato il libro? ▸ Perché non _____ hai portat_____ ?
4. Preferisco se lo dice lui a Gianni. ▸ Preferisco se _____ dice lui.
5. Domani ci portano la cucina nuova. ▸ Domani _____ portano.
6. Hai ricordato ai tuoi di lasciare le chiavi alla vicina? ▸ _____ hai ricordat_____ ?
7. Vi siete messi le scarpe? ▸ _____ siete mess_____ ?
8. Perché non hanno comprato le scarpe a Simona? ▸ Perché non _____ hanno comprat_____ ?
9. Ieri Paolo si è dimenticato la giacca al ristorante. ▸ Ieri Paolo _____ è dimenticat_____ al ristorante.
10. Mi hanno portato via la macchina perché ero in divieto di sosta. ▸ _____ hanno portat_____ via perché era in divieto di sosta.
11. Quante volte vi ho detto di chiudere la porta? ▸ Quante volte _____ ho dett_____ ?

5 Rispondi alle domande usando il pronome combinato. Segui l'esempio.

1. ■ Ti sei portato l'ombrello? ● Sì, *(portare)* _me lo sono portato._
2. ■ Hai detto alle tue amiche della festa? ● No, *(dire)* _____ oggi.
3. ■ Come si chiama il primo re di Roma? ● Oddio, (io) non *(ricordarsi)* _____ !
4. ■ Quando mi riporti il libro che ti ho prestato? ● *(Riportare)* _____ questo fine settimana.
5. Hai visto le scarpe che porta mia sorella? *(Regalare)* _____ io il mese scorso per il suo compleanno.
6. Ho dovuto comprare gli occhiali da vista, ma non *(mettere)* _____ mai, non sono abituata.
7. Se volete un po' di frutta venite pure da me, *(dare)* _____ io. Ne ho tanta.
8. Basta Carlo! D'ora in poi il computer non *(prestare)* _____ più.
9. Paoletta, la storia della buona notte *(raccontare)* _____ la mamma fra cinque minuti, aspettala.
10. I miei hanno bisogno di un nuovo televisore, *(regalare)* _____ noi figli.
11. Ho saputo che hai incontrato la mia collega Cristina. Perché non *(dire)* _____ ?

17 PRONOMI COMBINATI — ESERCIZI

6 Leggi la lettera di Daniela. Poi <u>sottolinea</u> i pronomi combinati e scrivi a quali parti della lettera si riferiscono.

Caro Paolo,
<u>te lo</u> devo proprio dire, non sopporto più di vivere con te. Ormai ci penso da diverso tempo, siamo troppo diversi e io non sono felice. Tu ami i cani e io i gatti. Te lo ricordi Checco? Il tuo cane che è scomparso più di un anno fa? Beh, la porta quel giorno l'ho aperta io (così è andato via per sempre, finalmente!). Quando sei tornato dal tuo viaggio di lavoro, non te l'ho detto. Sicuramente ha trovato un nuovo padrone, uno che gli vuole bene più di me, te lo assicuro. A me non è mai piaciuto, era un cane stupido. Ricordi le piante in giardino? Le aveva rovinate tutte continuando a farci pipì sopra. Ho anche dovuto buttare diverse paia di scarpe, perché se le è mangiate quasi tutte. Per non parlare delle mie amiche! Ogni volta che provavano a venire a trovarmi, lui le spaventava e dovevo incontrarle fuori casa. Insomma, non poteva proprio stare qui con noi! Io volevo un gatto e tu me lo hai detto subito che non li sopporti e che non potevo prenderne uno, ti ho ascoltato, ma tu il cane te lo sei portato a casa senza chiedermelo prima! Dicendo che volevi farmi una sorpresa!! E poi sei confusionario, non posso più vivere in questo caos. I vestiti te li togli e li lasci per terra, cucini e lasci una sporcizia incredibile! Per non parlare del fatto che non butti via niente. Quante volte te l'ho chiesto di gettare i vecchi giornali? Ma non mi ascolti. Abbiamo un ripostiglio pieno di roba inutile e io non ho più posto per le mie cose. Ho dovuto chiedere aiuto alla mia amica Sara e portargliele. Allora ho deciso, vado anche io da lei. Me lo aveva detto che non eri l'uomo per me. Aveva ragione. Ho prenotato una ditta di trasporti che verrà a prendere le cose che ho lasciato e me le porterà a casa.

Addio.
Daniela

pronome combinato	parti del testo a cui si riferisce
passato prossimo	infinito
te lo	te: a te (Paolo), lo: (che) non sopporto più di vivere con te

LO SAI CHE...
È utile conoscere ed esercitare alcuni connettivi e riempitivi che ci aiutano ad iniziare una frase, mentre raccogliamo le idee.
Gli **ehm**, **uhm**, **ah** che si usano in molte lingue non fanno una buona impressione in italiano.
Gli italiani usano altre parole per riempire i vuoti nel discorso: **dunque**, **cioè**, **allora**, ecc.

CONDIZIONALE 18

Condizionale semplice

Mi **piacerebbe** andare in Polinesia.

Scusi, **chiuderebbe** la porta per favore?

Al posto tuo **prenderei** il treno dell'una.

Nella banca ci **sarebbero** 3 ostaggi.

compr-**are**: Signor Bini, **comprerebbe** un cane?
spend-**ere**: Dario **spenderebbe** tutti i suoi soldi per i vestiti.

Sarebbe così gentile da aiutarmi a scendere?

Vorrei tanto quell'auto!
Scusi, **potrebbe** smettere di fumare?
Dovresti prendere un'aspirina.

- Il condizionale semplice si usa per:

  a) esprimere un desiderio;

  b) fare una richiesta con cortesia;

  c) dare consigli;

  d) riportare un'informazione non sicura al 100%.

- Le forme del condizionale semplice dei verbi in **-are** sono uguali a quelle dei verbi in **-ere**.

- Il condizionale semplice del verbo **essere** è irregolare.

- Alcuni verbi hanno un condizionale contratto: **volere (vorrei), potere (potrei), dovere (dovrei), sapere (saprei), andare (andrei)**, ecc.

- **Condizionale semplice – verbi regolari**

	am-are	prend-ere	apr-ire
io	am-**erei**	prend-**erei**	apr-**irei**
tu	am-**eresti**	prend-**eresti**	apr-**iresti**
lui / lei / Lei	am-**erebbe**	prend-**erebbe**	apr-**irebbe**
noi	am-**eremmo**	prend-**eremmo**	apr-**iremmo**
voi	am-**ereste**	prend-**ereste**	apr-**ireste**
loro	am-**erebbero**	prend-**erebbero**	apr-**irebbero**

- **Condizionale semplice – verbi irregolari**

	essere	avere
io	**sarei**	**avrei**
tu	**saresti**	**avresti**
lui / lei / Lei	**sarebbe**	**avrebbe**
noi	**saremmo**	**avremmo**
voi	**sareste**	**avreste**
loro	**sarebbero**	**avrebbero**

- **Condizionale semplice – altri verbi irregolari**

verbo	condizionale
andare	io **andrei**
bere	io **berrei**
cadere	io **cadrei**
dare	io **darei**
dire	io **direi**
dovere	io **dovrei**
fare	io **farei**
potere	io **potrei**
rimanere	io **rimarrei**
sapere	io **saprei**
stare	io **starei**
tenere	io **terrei**
vedere	io **vedrei**
venire	io **verrei**
vivere	io **vivrei**
volere	io **vorrei**

18 CONDIZIONALE

ESERCIZI

1 Unisci a ogni disegno il desiderio più adatto, come nell'esempio.

1. gatto
2. manager
3. turista

a. Vorrei un osso grandissimo!
b. Ci vorrebbe un bel sole.
c. Vorrei concludere quell'affare.
d. Quanto pagherei per passare l'esame!
e. Mangerei un gelato enorme!
f. Mmm... quanto mi piacerebbe un bel topo grassottello.

4. bambino
5. cane
6. studente

2 Scegli la forma corretta del condizionale.

21 🔊

a. In un negozio
- Buongiorno, desidera?
- Buongiorno. **Vorrei / Vorresti / Vorrebbe** vedere quella gonna blu in vetrina.
- Che taglia porta?
- La 44 o la 46, dipende dal modello. **Potresti / Potrei / Potrebbe** provarle entrambe?
- Certo. Ecco a Lei. Il camerino è lì dietro.

b. In autobus
- Scusi, Le **dispiacerei / dispiacerebbe / dispiaceresti** chiudere quel finestrino? Entra aria fredda e mi dà fastidio.
- Signora, fa un caldo terribile! Senza il finestrino aperto **si soffocheremmo / si soffocherei / si soffocherebbe**!
- Senta, siamo sudati, con tutta quest'aria qualcuno si ammala.
- Guardi, forse **dovresti / dovrebbe / dovrei** sedersi là davanti, così non sente l'aria.
- Lei è un gran maleducato! Vado a parlare con l'autista!
- **Farebbe / Faresti / Fareste** bene a prendere il taxi la prossima volta, se è così delicata, Signora!

3 Metti i verbi al condizionale semplice e unisci le frasi di sinistra con quelle di destra.

1. *(Lei / Potere)* _____ chiudere la finestra per favore?
2. Oddio! Che mal di denti!
3. Che ne *(voi / dire)* _____ di un giro al mare?
4. *(tu / Dovere)* _____ studiare di più.
5. Che è successo al computer?
6. Dove possiamo trovare quel libro?
7. Vi *(piacere)* _____ venire in vacanza con noi?
8. Non mi sento molto in forma ultimamente, che mi consigli?

a. *(tu / Dovere)* _____ prendere un appuntamento dal dentista.
b. Prendiamo il costume, aspetta!
c. *(tu / Potere)* _____ fare un po' di sport.
d. Perché no? Dove andate?
e. Certo, la chiudo subito.
f. Non capisco. *(Sembrare)* _____ rotto.
g. Ma se studio ogni giorno 3 ore!
h. *(voi / Dovere)* _____ provare nella nuova libreria.

CONDIZIONALE 18

ESERCIZI

4 Scegli dalla lista i consigli giusti per queste persone.
Inizia la frase con: **Io, al posto tuo...** e usa il condizionale, come nell'esempio.

accendere il riscaldamento • andare a mangiare fuori • chiamare il tecnico • chiedere un prestito in banca
trasferirsi in campagna • fare una passeggiata sulla spiaggia • mandare il curriculum ad altre aziende
prendere un'aspirina • **prendersi tre giorni di riposo** • telefonare a un'amica e organizzare la serata

1. ■ Sono stanco! • Io al posto tuo, _mi prenderei tre giorni di riposo._
2. ■ Ho bisogno di soldi. • Io al posto tuo, _____
3. ■ Odio il traffico! • Io al posto tuo, _____
4. ■ Ho un mal di testa terribile. • Io al posto tuo, _____
5. ■ Mi annoio e non so che fare. • Io al posto tuo, _____
6. ■ Non mi piace più il mio lavoro. • Io al posto tuo, _____
7. ■ Sono stressato. • Io al posto tuo, _____
8. ■ Si è rotta la lavatrice. • Io al posto tuo, _____
9. ■ Ho freddo. • Io al posto tuo, _____
10. ■ Ho fame, ma non ho voglia di cucinare. • Io al posto tuo, _____

5 Metti i verbi al condizionale semplice.

Giovanni sogna...

Quanto *(io / volere)* _____ vincere al superenalotto!

Ieri ho giocato e so già esattamente cosa *(fare)* _____ con i soldi.

Prima di tutto *(organizzare)* _____ una mega festa per tutti gli amici e i parenti in una villa

in campagna. Il ricevimento *(essere)* _____ nel parco, con tantissime cose da mangiare e da bere.

Dentro la villa *(esserci)* _____ almeno tre sale con tre diversi dj per la musica.

La festa *(potere)* _____ continuare per un fine settimana, poi *(mettersi)* _____

a pensare seriamente a come investire i soldi. Sicuramente *(comprare)* _____ un paio di case:

una in città e una al mare, forse all'estero. Poi *(investire)* _____ gran parte degli altri soldi

e *(fare)* _____ in modo da avere una rendita annua per poter vivere bene tutta la vita.

Ah! Stavo per dimenticare i viaggi! Naturalmente mi *(piacere)* _____ fare dei bei viaggi, almeno

uno all'anno, per periodi di minimo un mese!

Ma forse, invece di perdere tempo a sognare, *(fare)* _____ bene a prepararmi per andare al lavoro,

comincio fra un'ora!

ALMA Edizioni | Grammatica pratica della lingua italiana

18 CONDIZIONALE

ESERCIZI

6 Metti i verbi al condizionale semplice.

Organizziamo le vacanze

Diana incontra gli amici per organizzare le vacanze di agosto.

Diana: Ciao ragazzi! Allora che facciamo ad agosto? Dove vi *(piacere)* _____ andare? L'agenzia qui vicino ha delle belle offerte, *(noi / potere)* _____ andare a vedere.

Paola: Mah, sinceramente io *(preferire)* _____ un viaggio più indipendente. Non mi piace sentirmi limitata dai viaggi organizzati. Maurizio, so che tu *(volere)* _____ vedere le capitali scandinave, perché non compriamo un InterRail?

Maurizio: Questa *(essere)* _____ proprio un'ottima idea! Mio fratello l'ha fatto l'anno scorso e si è divertito tantissimo!

Diana: Un mese in giro con i treni? Che fatica! Non *(essere)* _____ meglio prendere un volo low-cost per Copenhagen o Stoccolma e poi organizzare delle escursioni da lì? *(noi / Potere)* _____ anche prenotare gli alberghi già ora, su Internet.

Paola: Diana, io non ho molti soldi da spendere, non *(volere)* _____ finirli tutti in voli e alberghi. Non ti *(interessare)* _____ una vacanza un pochino più avventurosa?

Maurizio: Dai Diana! Sono sicuro che *(tu / divertirsi)* _____.

Diana: Beh, in effetti *(volere)* _____ andare nel Sud della Francia, se mi promettete che andiamo anche in Francia ci penso su.

Maurizio: L'itinerario non è un problema! Anche io *(volere)* _____ vedere la Francia. Andiamo a controllare i prezzi e organizziamo allora!

7 Scegli la forma corretta dei verbi.

Paola e Giovanna si incontrano dopo molti mesi.

Paola: Ciao Giovanna! Ma quanto tempo che non ci vediamo! Ti vedo in forma perfetta!

Giovanna: Grazie Paola, sto bene infatti. Lavoro molto, ma ho deciso che non **ho / avrei** nessuna intenzione di rovinarmi la salute per colpa del lavoro, quindi **andrei / vado** in palestra almeno due volte la settimana. Purtroppo, **vorrei / voglio** andarci più spesso, ma non ho proprio tempo. Ma anche tu stai molto bene!

Paola: Non tanto. Non sai quanto mi **piace / piacerebbe** avere la tua energia.

Giovanna: Ma fai un po' di sport?

Paola: Sì. Ho appena cominciato un corso di nuoto. **Vado / Andrei** in piscina due volte a settimana, ma spesso non **avrei / ho** forza.

Giovanna: E segui un corso?

Paola: Veramente no, mi **alleno / allenerei** da sola.

Giovanna: Secondo me dovresti stare attenta, allenarti da sola può essere rischioso. Perché non **cerchi / cercheresti** un istruttore? Un programma di allenamento preciso ti **fa / farebbe** sicuramente bene!

Paola: Hai ragione... ci penso, ok?

Giovanna: Va bene, ciao Paola!

> **LO SAI CHE...** Mussolini aveva una forte politica di italianizzazione della lingua. Tutte le parole straniere dovevano essere sostituite da parole italiane. Per esempio: **mescita** invece di **bar**, o **acquavite** invece di **brandy** o **whiskey**. Alcune di queste nuove parole non hanno avuto molta fortuna, ma altre, come **tramezzino** (invece dell'inglese **sandwich**) e **autista** (invece del francese **chauffeur**) sono rimaste nella lingua italiana.

CONDIZIONALE 18

Condizionale composto

Quanto mi **sarebbe piaciuto** fare quel viaggio!
Avrei voluto comprare un'auto nuova, ma non avevo i soldi.

I ladri **sarebbero entrat**i dalla finestra.

Sapevo che **avresti telefonato** per scusarti. (**sapevo**: prima azione nel passato; **avresti telefonato**: seconda azione nel passato o futuro nel passato)
Loro credevano che **saresti venuto** con la macchina. (**credevano**: prima azione nel passato; **saresti venuto**: seconda azione nel passato o futuro nel passato)

Ti **avrei telefonato** ma non avevo il tuo numero.
Diceva sempre che **sarebbe andato** a vivere in America.

- Il condizionale composto si usa per:
  a) esprimere una situazione non realizzata;
  b) dare un'informazione su un avvenimento passato non sicuro al 100%;
  c) esprimere un'azione che rappresenta un futuro nel passato, cioè una seconda azione nel passato successiva ad una prima azione nel passato.

- Il condizionale composto si forma con il **condizionale** di **avere** o **essere** + il **participio passato** del verbo.

- **Condizionale composto**

(condizionale semplice di avere o essere + participio passato)

io	avrei parlato	sarei andato/a
tu	avresti parlato	saresti andato/a
lui / lei / Lei	avrebbe parlato	sarebbe andato/a
noi	avremmo parlato	saremmo andati/e
voi	avreste parlato	sareste andati/e
loro	avrebbero parlato	sarebbero andati/e

ESERCIZI

1 Unisci le frasi tra loro, come nell'esempio.

a. Sarei venuta volentieri alla tua festa di compleanno,
b. Ti avrei voluto telefonare,
c. Sandro avrebbe dovuto portare anche il vino,
d. I miei avrebbero voluto che studiassi medicina,
e. Anna sarebbe stata felice di darti una mano,
f. Avremmo voluto andare all'Opera,
g. Mio fratello avrebbe voluto farmi uno scherzo per il 1° d'aprile,
h. Mi sarei voluta fare i capelli biondi,
i. Avrei voluto mascherarmi per Carnevale,

1. ma non ho trovato una maschera che mi piaceva.
2. ma io l'ho capito.
3. ma non sapeva che avevi bisogno di aiuto.
4. ma non avevo il tuo numero.
5. ma un mio amico mi aveva già invitata a cena fuori.
6. ma il parrucchiere me lo ha sconsigliato.
7. ma io volevo fare l'avvocato.
8. ma non c'erano più biglietti.
9. e invece ha portato solo la birra.

18 CONDIZIONALE

ESERCIZI

2 Metti i verbi al condizionale composto e indovina chi è il personaggio di cui parliamo.

Era una forte personalità politica, secondo lui l'Italia *(dovere)* _____ ritornare al glorioso passato dell'antica Roma ed era convinto che, sotto il suo comando, *(diventare)* _____ un grande impero. Per questo credeva che un'alleanza con la Germania *(aiutare)* _____ l'Italia nella sua espansione. È andato al potere nel 1924. Nel 1940 ha dichiarato guerra alla Francia e alla Gran Bretagna e ha convinto gli italiani che l'Italia *(vincere)* _____ . Molti italiani lo hanno seguito. Ma nel 1943, quando l'Italia ha perso la guerra, la sua dittatura è finita.

3 Se non sai come si chiama il personaggio dell'esercizio 2, leggi le frasi e trova quelle corrette.
Le lettere abbinate alle frasi corrette formano il suo cognome.

1. Anna diceva sempre che non si sposerebbe mai, invece il suo matrimonio è la prossima settimana. (P)
2. I ragazzi avrebbero dovuto telefonare alle 4:00 invece non si sono sentiti. (M)
3. Mia madre credeva che sarei diventata una grande pianista. (U)
4. Secondo la polizia i rapinatori avrebbero ucciso uno degli ostaggi. (S)
5. Quel politico affermava che non sarebbe mai fatto un'alleanza con la destra, invece ha fatto tutto il contrario! (T)
6. Tornerei prima, ma il traffico era tremendo! (R)
7. Ultime notizie: il disastro aereo sarebbe successo a causa di un guasto ai motori. (S)
8. Peccato che non sono potuta venire alla festa, mi avrebbe tanto piaciuto! (A)
9. Ma non avevi detto che saresti venuto a prendermi in macchina? (O)
10. Lo sapevo che avresti passato quell'esame! (L)
11. Diceva che mi aspetterebbe e invece è andato via. (N)
12. Temevo che ci sarebbe stato uno sciopero dei treni. (I)
13. Credevamo che avrebbero chiuso la biblioteca. (N)
14. Un picnic sarebbe stata una ottima idea! Peccato che non ci abbiamo pensato! (I)

Nome: BENITO   Cognome: _____

4 Ora riscrivi le frasi sbagliate nella maniera corretta.

1. _____
5. _____
6. _____
8. _____
11. _____

CONDIZIONALE 18

ESERCIZI

5 Trasforma le frasi seguenti al passato, come nell'esempio.

Es: Fabio dice che verrà alla festa. ▸ _Fabio ha detto che sarebbe venuto alla festa._
1. Grazia telefona per dire che arriverà in ritardo. ▸ _____
2. Stefano risponde che non si laureerà in tempo. ▸ _____
3. Il ministro afferma che si prenderà le sue responsabilità. ▸ _____
4. Francesca crede che tutto cambierà. ▸ _____
5. La segretaria mi assicura che spedirà quel documento importante. ▸ _____
6. Antonio conferma che farà il pagamento domani. ▸ _____
7. La bibliotecaria dice che i libri arriveranno presto. ▸ _____

6 Un articolo della fine dell'anno 2021 ci dice cosa sparirà nel futuro. Nel 2100, tu trovi l'articolo e lo riassumi per un giornale. Riscrivi solo le frasi sottolineate, usando il condizionale composto, come nell'esempio.

Con l'aiuto della ricerca genetica il cancro sarà sconfitto. Inoltre grazie alla tecnologia digitale la nostra vita sarà meno complicata. La società sarà più ricca e democratica e lavoreremo tutti di meno, ma le differenze economiche fra i Paesi nel mondo si allargheranno sempre di più. I Paesi più ricchi infatti produrranno principalmente servizi e cultura, mentre altri Paesi si occuperanno della produzione di beni materiali per i primi, con fabbriche altamente inquinanti. Altri ancora, invece, non produrranno niente, ma offriranno mano d'opera a basso prezzo. Inoltre, molti animali e piante potranno scomparire se non ci prendiamo cura dell'ambiente.

Nell'articolo scrivevano che:
a. Con l'aiuto della ricerca genetica _il cancro sarebbe stato sconfitto._
b. Grazie alla tecnologia digitale _____
c. La società _____
d. Le differenze economiche _____
e. I Paesi più ricchi _____
f. Altri Paesi _____
g. Altri ancora _____
h. Molti animali e piante _____

7 Scegli il verbo corretto.

Sono qui in casa, da sola, e aspetto Fabio. **Provo / Proverei** a chiamarlo ormai da 3 ore e non capisco cosa **è successo / sarebbe successo**. Ieri mi **ha telefonato / avrebbe telefonato** e mi ha detto che **passerebbe / sarebbe passato** a prendermi alle 11:00 per andare a fare un picnic. Invece non è ancora arrivato. Uffa! Sono le 2:00 e ho fame, **ho mangiato / avrei mangiato** qualcosa, ma non ho niente in casa. Questa mattina non **sono andata / sarei andata** a fare la spesa perché sapevo che **pranzerei / avrei pranzato** con Fabio! Ci sono solo dei pomodori nel frigorifero e forse un po' di pasta. Che faccio? Forse mi preparo una pasta con i pomodori.

Peccato però! **Ho voluto / Sarei voluta** tanto andare fuori. È una giornata così bella!

18 CONDIZIONALE

ESERCIZI

8 Scegli la frase corretta.

1. All'inizio della partita Enrica era convinta che
   ☐ a. la sua squadra avrebbe vinto.
   ☐ b. la sua squadra vincerebbe.

2. Sinceramente domani
   ☐ a. preferirei partire presto. Partiamo alle 6:00?
   ☐ b. avrei preferito partire presto. Partiamo alle 6:00?

3. Concerto a sorpresa in piazza, sabato scorso!
   Per gli organizzatori
   ☐ a. ci sarebbero più di 200 spettatori.
   ☐ b. ci sarebbero stati più di 200 spettatori.

4. Da bambina
   ☐ a. vorrei molti fratelli e sorelle.
   ☐ b. avrei voluto molti fratelli e sorelle.

5. Per il suo prossimo compleanno Marta
   ☐ a. vorrebbe farsi un piercing e ha preso un appuntamento.
   ☐ b. avrebbe voluto farsi un piercing e ha preso un appuntamento.

9 Scegli i verbi corretti poi mettili al condizionale passato, come nell'esempio.

È domenica sera, sono le 22:30 e Gloria scrive una e-mail a una sua amica per raccontarle come ha passato la giornata.

Nuovo messaggio

Ciao Federica,
come va? Sono sicura che ti stai godendo le temperature del Marocco. Deve essere bellissimo in questa stagione! Qui invece la primavera è davvero fredda. Ieri le previsioni del tempo dicevano che oggi le temperature (**aumentare** / ~~diminuire~~) _sarebbero aumentate_ e (**iniziare** / **smettere**) _____ finalmente di piovere, quindi abbiamo organizzato una gita in campagna, con i bambini. Il progetto era di partire subito dopo colazione e passare anche a prendere mia madre, che aveva detto che le (**piacere** / **volere**) _____ venire con noi. Alle 9, però, pioveva a dirotto e non sapevamo che fare, abbiamo aspettato un'oretta, credendo che il tempo (**migliorare** / **finire**) _____, ma ha smesso di piovere solo alle 11 e ormai fuori faceva anche piuttosto freddo. Abbiamo deciso che (**essere** / **avere**) _____ inutile partire così tardi e con quel tempo instabile quindi ci siamo messi d'accordo con mia madre che ha promesso che (**andare** / **preparare**) _____ le sue magnifiche lasagne e ci ha invitati tutti a pranzo da lei. In fondo, quindi, la giornata è finita bene. Hai fatto benissimo ad andare in vacanza in questo periodo ☺ come passate il tempo? Cosa hai visto di interessante? Non vedo l'ora di vederti e vedere le foto che hai fatto.
Un abbraccio.
Gloria

Nell'italiano parlato a volte usiamo l'imperfetto al posto del condizionale composto.

Es:

Sapevo che **saresti venuta** *anche tu con noi.* / *Sapevo che* **venivi** *anche tu con noi.*
Ha detto che **avrebbe comprato** *lui il latte.* / *Ha detto che* **comprava** *lui il latte.*

AVVERBI 19

Avverbi

Probabilmente domani pioverà.
Siamo **incredibilmente** stanchi.
Oggi ho mangiato **proprio** bene!
Ma sì che vengo alla tua festa! Non vedo l'ora!

È importante che Franco impari a lavorare autonoma**mente**. (autonomo)

Recente**mente** ho visto Giorgio ed Anna. (recente)

Alla fine ho dovuto cucinare io, natural**mente**! (naturale)
Quel libro è mortal**mente** noioso. (mortale)

Ieri abbiamo mangiato **abbastanza bene**.

Domani andiamo al mare.
Ho lavorato fino a cinque minuti **fa**.

Sto **male**.
Parlate **lentamente**.

Quando partite?
Come stai?

Ho mangiato **poco**.
Parla sempre **troppo**.

Sei **proprio** simpatica!
Forse parto.

Mio fratello abita **là**.
Oggi mangiamo **fuori**.

- L'avverbio è una parola che usiamo per precisare e descrivere un verbo, un aggettivo, un avverbio oppure una frase intera (a differenza dell'aggettivo, che precisa e descrive un sostantivo o un pronome). Gli avverbi sono invariabili.

- Alcuni avverbi derivano direttamente da un aggettivo e si formano nel modo seguente:
  a) con gli aggettivi in **-o**, usiamo la forma femminile + il suffisso **-mente**;
  b) con gli aggettivi in **-e**, usiamo la forma singolare + il suffisso **-mente**;
  c) se l'aggettivo finisce in **-le** o **-re**, togliamo la **-e** finale e aggiungiamo il suffisso **-mente**;
  d) altri avverbi invece hanno una forma propria e indipendente.

- Gli avverbi possono avere diversi significati, per esempio:
  a) di tempo;
  b) di modo;
  c) interrogativi;
  d) di quantità;
  e) di giudizio;
  f) di luogo.

ESERCIZI

1 L'Italia e il mare. Trasforma gli aggettivi tra parentesi in avverbi in **-mente**, come nell'esempio.

1. La penisola italiana ha un rapporto *(particolare)* __particolarmente__ forte con il mare.
2. Gli italiani sono *(storico)* _____ un popolo di navigatori.
3. *(Tradizionale)* _____ ogni anno si tiene la regata storica delle antiche Repubbliche Marinare: Amalfi, Genova, Pisa e Venezia.
4. La Repubblica Marinara di Pisa è l'unica che è stata attaccata *(diretto)* _____ dagli arabi.
5. Questo attacco è ricordato *(annuale)* _____ l'ultima domenica di giugno, durante il Gioco del Ponte.
6. Gli italiani *(recente)* _____ hanno cominciato a visitare anche i mari tropicali.
7. *(Probabile)* _____ i primi marinai italiani sono stati i Liguri, i Veneti e i Sardi.
8. Già 2500 anni fa i Sardi portavano *(regolare)* _____ le loro merci e quelle degli Etruschi attraverso il Tirreno.

19 AVVERBI

ESERCIZI

2 Fai il quiz e verifica il risultato. Poi decidi se le parole sottolineate sono avverbi o aggettivi, come nell'esempio.

Sei pettegolo/a?

1. Ti presentano una persona <u>nuova</u>:	a. fai <u>subito</u> delle domande <u>personali</u> per conoscerla <u>meglio</u>. b. fai qualche domanda <u>personale</u> ma senza approfondire <u>molto</u>. c. parli del più e del meno per entrare in confidenza.
2. Il colore dei tuoi vestiti è <u>quasi sempre</u>:	a. il rosso o altri colori <u>sgargianti</u>. b. non hai un colore <u>preferito</u>, dipende dall'umore e dal momento. c. il blu, ma ti piacciono <u>anche</u> i colori <u>chiari</u>.
3. Parli a voce <u>bassa</u>:	a. quando ti confessi! b. quando parli di cose delicate. c. <u>sempre</u>, non è <u>necessario</u> far sapere al mondo cosa dici!
4. Incontri un amico e ti accorgi che è <u>decisamente</u> triste:	a. cerchi di sapere <u>perché</u>, insistendo. b. chiedi se vuole parlare con te dei <u>suoi</u> problemi. c. lo incoraggi, ma non lo forzi a raccontare.
5. <u>Solitamente</u>, quando parli, gesticoli?	a. Sì, <u>spesso</u>, per descrivere <u>meglio</u> quello che dici. b. A volte, nei discorsi <u>importanti</u>. c. No, le tue mani sono <u>praticamente ferme</u>.
6. Ammiri <u>maggiormente</u>:	a. i personaggi dello star system, perché sono <u>estroversi</u>, <u>strani</u> e <u>famosi</u>. b. i politici, perché si dedicano al governo e al potere. c. gli scienziati, perché migliorano la vita.
7. La pietra <u>preziosa</u> che preferisci:	a. il diamante, <u>vistoso</u> e <u>costoso</u>. b. lo smeraldo, <u>verde</u> e <u>brillante</u>. c. l'acquamarina, <u>azzurra</u> e <u>trasparente</u>.
8. Secondo te il pettegolezzo può essere <u>utile</u>:	a. per sapere come le persone affrontano la vita. b. non credi a una sua utilità, ma <u>sicuramente</u> è <u>interessante</u>. c. <u>assolutamente</u> no. Significa violare la privacy degli altri.
9. La legge sulla privacy:	a. non serve a niente, ne abbiamo fatto a meno per <u>tanto</u> tempo e non è <u>mai</u> successo niente! b. è <u>utile</u> per proteggere i cittadini. c. è <u>necessaria</u> perché ci sono <u>molte</u> persone <u>impiccione</u>.

Maggioranza di risposte a: sapete tutto di tutti e conoscete tutti i modi per scoprire i fatti degli altri. Siete proprio dei curiosoni!

Maggioranza di risposte b: non siete sempre indiscreti, ma a volte non resistete. Capite però che in alcuni casi avete esagerato e allora fate marcia indietro.

Maggioranza di risposte c: non vi piace sapere e sparlare degli altri. Credete che si debbano rispettare gli altri anche perché non volete che gli altri conoscano i fatti vostri.

avverbi	aggettivi
subito	nuova

ESERCIZI — AVVERBI 19

3 Inserisci gli avverbi al posto giusto, come nell'esempio.

particolarmente • spesso • già • subito • solamente • normalmente • inizialmente • incredibilmente • ancora • oggi • abitualmente • fa

I Romani contro i Galli

Noi italiani ci consideriamo discendenti diretti dei Romani, ma in realtà non è proprio così.
La guerra tra il mondo latino e il mondo gallico, combattuta da Giulio Cesare più di 2000 anni _____,
è stata vinta dai Romani, ma è _____ interessante vedere che i Galli ci hanno trasmesso usi e costumi
che noi italiani di _____ consideriamo latini. Invece, _____ mangiamo, beviamo e
dormiamo come facevano i Galli.

Dormire: prima di invadere la Gallia i Romani non conoscevano il materasso, che invece i Galli _____
usavano, facendolo con la lana. I Romani lo hanno scoperto e lo hanno adottato _____.

Vestiti: i Romani si vestivano quasi _____ di bianco, al massimo con una bordatura rossa.
I Galli invece usavano __abitualmente__ una stoffa colorata, a righe o quadri (tipo "scozzese") e indumenti
con cui coprivano le gambe (un tipo di pantaloni). _____ queste stoffe e i pantaloni erano
considerati volgari e barbari dai Romani. Ma, con il tempo, il loro uso è diventato comune.

Cucina: _____ i Galli hanno vinto anche in cucina. I loro salumi e i vini hanno infatti conquistato
il mondo latino, che allevava soprattutto ovini e che ha conosciuto i suini proprio dai Galli.
I Romani hanno cominciato a mangiare salumi non solo a nord delle Alpi, ma anche nel Nord Italia. L'Italia, infatti,
è _____ divisa in un Sud in cui si consuma agnello e il Nord con i famosi salumi e prosciutti.
I Galli poi bevevano il vino "amaro", secco, fresco e conservato in botti mentre i Romani lo bevevano caldo e
speziato e non apprezzavano i vini "di stile gallico", che però sono quelli che beviamo _____ ora.

4 Completa il testo con gli aggettivi o gli avverbi della lista. Attenzione, devi usare alcune parole più di una volta. Gli aggettivi cambiano al maschile e al femminile.

bene • male • buono • bello • brutto • grande

Oggi non sto _____, sono stanchissima, ho dormito _____ tutta la notte per colpa del bar sotto
casa mia. È un pub _____, sempre pieno di _____ gente, piace anche a me andarci ogni tanto,
la birra è _____ e l'atmosfera è _____. Solo che rimangono aperti fino alle due. C'è sempre
gente in strada, la musica è forte e parlano tutti a voce alta, ridono, girano con gli scooter, insomma, fanno una
_____ confusione. Ieri è stata proprio una _____ serata, doveva essere una festa di compleanno,
sono rimasti fuori dal bar fino alle 4 di mattina a cantare, bere e ridere. Una ragazza poi si è sentita _____
perché aveva bevuto troppo. Credo, insomma, che se continua così cambio casa!

LO SAI CHE...

Alcuni aggettivi che si riferiscono a una quantità indefinita possono funzionare anche come avverbi:
poco, parecchio, molto, tanto, troppo, altrettanto.

Quando sono aggettivi (cioè, modificano il significato di un sostantivo) concordano in genere e numero con il sostantivo.

Es:
*Ho proprio **tanta** fame.*
*Lucia ha **pochi** amici.*

Quando sono avverbi (cioè, modificano il significato di un aggettivo, un verbo, un avverbio o una frase) queste parole invece rimangono invariate.

Es:
*Ieri abbiamo mangiato **tanto**.*
*Lucia vede **poco** gli amici.*

20 PARTICELLE CI E NE

Particella ci con significato locativo

- Con chi vai al cinema?
- Ci vado con Riccardo. (**ci** = *al cinema*)

Vai al parco? **Ci** vengo anch'io! (**ci** = *al parco*).

- Ti piace la Sicilia?
- Non lo so. Non **ci** sono mai stato. (**ci** = *in Sicilia*).

- Quando vai a Milano?
- **Ci** vado domani.

• Spesso usiamo la particella **ci** per non ripetere un luogo di cui abbiamo già parlato. Questo è il **ci locativo**.

• La particella **ci** si usa sempre prima del verbo.

ESERCIZI

1 Unisci le frasi, come nell'esempio.

1. Vai in biblioteca a studiare?
2. Con chi andate alla partita?
3. È tardi. Quando torniamo a casa?
4. È vero che passi sempre le vacanze in Sardegna?
5. Non venite da Anna oggi? Fa una festa.
6. Ma Aldo e Sara non vanno in vacanza?
7. Quando vai da tua madre?
8. Dovresti andare più spesso dal dentista.
9. Vi va di venire al supermercato con me?
10. Vieni a ballare stasera?

a. Ma se ci vado una volta all'anno! Lo sai che non mi piacciono i dentisti!
b. Sì, ci vanno a luglio, per due settimane.
c. Sì, ci vado ogni giorno.
d. Ci vado almeno una volta al mese, vive da sola e mi preoccupa un po'.
e. No, non ci vengo. Il sabato sera c'è troppa gente in discoteca.
f. Sì, ci vado appena posso. Ho una casa proprio sulla Costa Smeralda.
g. Ci andiamo con nostro padre. Lui è un gran tifoso del Milan.
h. No, non ci veniamo. Non ci ha invitati.
i. Non ti preoccupare. Ci torniamo in tempo per vedere il tuo programma preferito.
l. No, grazie. Ci siamo andati questa mattina.

PARTICELLE CI E NE 20

ESERCIZI

2 Ora scrivi che cosa sostituisce ogni volta la particella **ci** nelle frasi dell'esercizio 1, come nell'esempio.

particella ci	sostituisce...
1. **ci** vado una volta all'anno	dal dentista
2. **ci** vanno a luglio	
3. **ci** vado ogni giorno	
4. **Ci** vado almeno una volta al mese	
5. No, non **ci** vengo	
6. **ci** vado appena posso	
7. **Ci** andiamo con nostro padre	
8. No, non **ci** veniamo	
9. **Ci** torniamo in tempo	
10. **Ci** siamo andati	

3 Riscrivi il testo, sostituendo le parole sottolineate con la particella **ci**. Attenzione alla posizione!

Marco è un appassionato di teatro. Normalmente va <u>a teatro</u> almeno due volte al mese. L'altro giorno ha letto sul giornale che c'era un bello spettacolo al teatro di Genova e ha deciso di andare <u>a Genova</u>, anche se è una città piuttosto lontana da La Spezia, dove abita lui. Marco non conosce il teatro comunale di Genova, non è mai stato <u>al teatro comunale di Genova</u>, ma sa che è un buon teatro e che di solito ha un programma molto interessante. Quindi ha telefonato a Silvana, una sua amica di Genova, e le ha chiesto se poteva rimanere a dormire da lei, dopo la fine dello spettacolo. Naturalmente Silvana è stata molto disponibile e, anzi, dopo aver parlato con Marco dello spettacolo, ha detto che sarebbe andata volentieri anche lei <u>allo spettacolo</u> insieme a lui.

Marco è un appassionato di teatro. Normalmente ci va...

La particella **ci** con valore locativo può essere sostituita da **vi**.
Tra **ci** e **vi** non esiste nessuna differenza di significato,
ci è molto più comune e frequente mentre **vi** ha un registro più letterario.

Es:
*Mi piace molto il mare, **ci** vado ogni volta che posso.*
*Mi piace molto il mare, **vi** vado ogni volta che posso.*

20 PARTICELLE CI E NE

Altri significati della particella ci

■ Chi pensa al bambino?
● Non preoccuparti, **ci** pensa la baby-sitter. (**ci** = *al bambino*)
Tu credi all'oroscopo? Io non **ci** credo. (**ci** = *all'oroscopo*)
Non buttare quel giocattolo! **Ci** tengo moltissimo.
(**ci** = *a quel giocattolo*)

Mi ha detto che mi avrebbe aiutato a trovare un lavoro, ma io non **ci** conto. (**ci** = *su di lui*)
Mi piacciono le corse dei cavalli, ma non **ci** scommetto mai. (**ci** = *sulle corse dei cavalli*)

■ Tu credi in Dio?
● No, non **ci** credo. (**ci** = *in Dio*)

■ Sei uscito con Rita ieri?
● No, **ci** esco stasera. (**ci** = *con Rita*)

■ Scusi, ha il passaporto?
● Sì, **ce** l'ho.
■ Hai un po' di soldi?
● No, non **ce** li ho.

● La particella **ci** si usa anche in altri casi. Per esempio:

a) per sostituire una parola o una frase introdotta dalla preposizione **a**;

b) per sostituire una parola o una frase introdotta dalla preposizione **su**;

c) per sostituire una parola o una frase introdotta dalla preposizione **in**;

d) per sostituire una parola o una frase introdotta dalla preposizione **con**.

● Nella lingua parlata la particella **ci** si usa spesso nella risposta ad una domanda con il verbo **avere**. In questo caso diventa **ce**.

ESERCIZI

1 Sottolinea i casi in cui **ci** ha significato locativo o sostituisce frasi introdotte da **a**, **su**, **in** e **con**. Poi completa la tabella, come nell'esempio.

Lettera del giorno • Che devo fare?

■ Cara Cuoresolitario,
io e Lucilla siamo grandi amiche, siamo andate a scuola insieme, anche le nostre mamme erano amiche e, quando la mamma di Lucilla mi invitava a casa loro, io ci andavo sempre molto volentieri e ci rimanevo spesso anche a dormire. Oggi però Lucilla mi ha detto che ha visto il mio ragazzo in discoteca con un'altra e io non ci ho creduto. Io e Filippo, il mio ragazzo, non abbiamo mai avuto problemi, lui mi ha sempre detto la verità e, quando l'altra sera mi ha detto che restava a casa perché non si sentiva bene, io gli ho creduto. Lo so che Lucilla è un'amica e che posso sempre contarci, ma io sono così innamorata di Filippo! Ci tengo troppo! Che devo fare? Chiedergli una spiegazione? Sono così confusa, più ci penso e più mi sento disperata! Non voglio litigare con Lucilla per colpa di un ragazzo, ma non voglio nemmeno chiudere con Filippo. Aiuto!

locativo	a	su	in	con
ci (andavo)				

PARTICELLE CI E NE 20

ESERCIZI

2 **Unisci fra loro le frasi, come nell'esempio.**

1. Leo ha detto che si vuole fare prete.
2. Non ti manca la vita della città?
3. Che ne pensi della vita extraterrestre?
4. Vuoi venire al cinema Odeon a vedere "La strada"?
5. Come ti trovi con la famiglia di tuo marito?
6. Come è la situazione con Raffaella?
7. Per il trasloco vorrei chiedere a Sergio di aiutarmi. Che dici?

a. Non ci contare. È una persona inaffidabile.
b. No, grazie. Ci sono stata due giorni fa. Stasera vado a teatro.
c. Con lei ho chiuso, ci ho litigato e non ci parlo più.
d. Da quando sto in campagna non ci penso molto.
e. Non ci credo per niente! Esiste solo nei film.
f. Ci vado molto d'accordo, sono davvero tutti gentili con me..
g. Non ci posso credere! Davvero? E quando lo ha deciso?

3 **Ora scrivi che cosa sostituisce ogni volta la particella ci nelle frasi dell'esercizio 2, come nell'esempio.**

particella ci	sostituisce...
a. Non **ci** contare	
b. **Ci** sono stata	
c. **ci** ho litigato / non **ci** parlo più	
d. non **ci** penso molto	
e. Non **ci** credo	
f. Non **ci** vado molto d'accordo	
g. Non **ci** posso credere	a questa cosa (alla notizia che Leo si vuole fare prete)

4 **Riscrivi il testo, sostituendo le parole sottolineate con la particella ci. Attenzione alla posizione!**

Ieri siamo andati all'ippodromo. Io non ero mai stata all'ippodromo e mi sono davvero divertita. Eravamo un bel gruppo di amici, una decina di persone che volevano passare una bella domenica insieme. Andrea mi ha chiesto se volevo scommettere qualcosa sulla prima corsa e io, che non avevo pensato a scommettere, ho deciso di provare a scommettere. Sono andata con lui al botteghino, ma quando siamo arrivati al botteghino mi sono accorta che non avevo idea di come funzionavano le scommesse. Quindi ho deciso di farmi aiutare da Andrea che conosceva molto bene i cavalli e che mi ha consigliato di scommettere su Furia. Io ho scommesso su Furia dieci euro e ho aspettato con ansia la corsa. Per fortuna che ho scommesso solo pochi soldi su Furia, perché, naturalmente, il cavallo non ha vinto e io ho deciso di non credere più ad Andrea! Comunque ho passato una bella giornata e abbiamo deciso di ritornare all'ippodromo un'altra volta.

20 PARTICELLE CI E NE

Particella locativa ci con i pronomi diretti

- La particella locativa **ci** può essere combinata con i pronomi diretti. In questi casi ha comportamenti diversi:

▪ Chi ti porta a casa?
● **Mi ci** porta mio padre.
▪ Se vuoi **ti ci** posso portare io, oggi ho la macchina.
▲ E a noi chi ci porta?
▪ Se andate verso lo stadio, **vi ci** portiamo noi.

a) Con i pronomi diretti **mi**, **ti**, **vi**, la particella **ci** segue il pronome e rimane invariata.

▪ Chi ha messo il libro sotto la gamba del tavolo?
● **Ce** l'ho messo io.
Non sopporto i gatti sul letto, invece **ce li** trovo sempre!

b) Con i pronomi diretti **lo**, **la**, **li**, **le**, la particella **ci** precede il pronome e cambia la vocale **-i** in **-e**.

Noi dobbiamo andare alla stazione. Chi **ci** porta?
(e non: "Chi ***ci ci*** porta?")

c) La particella **ci** non si usa con il pronome di prima persona plurale **ci**.

- **Pronomi combinati**
  (pronomi diretti mi, ti, ci, vi + particella locativa)

	particella locativa
+	ci
mi	mi ci
ti	ti ci
ci	ci
vi	vi ci

(pronomi diretti)

- **Pronomi combinati**
  (particella locativa + pronomi diretti lo, la, li, le)

	pronomi diretti			
+	lo	la	li	le
ci	ce lo	ce la	ce li	ce le

(particella locativa)

ESERCIZI

1 Sottolinea tutti i casi in cui la particella **ci** si combina con il pronome diretto, come nell'esempio.

a.

▪ Papà, andiamo al circo?
● Lo sai che non sopporto il circo, Mauro.
▪ Ma dai! Non <u>mi ci</u> porti mai!
● È vero. Non ti ci porto perché lo trovo uno spettacolo crudele e triste. Quei poveri animali in gabbia! Non ce li posso vedere! Dovrebbero stare nel loro ambiente naturale, non in giro per il mondo!
▪ Uffa! Lo sapevo! Chiederò al papà di Valerio se mi ci porta lui!

b.

▪ Ciao tesoro, cosa hai fatto oggi a scuola?
● Siamo andati al parco.
▪ Ah davvero? E chi vi ci ha portati?
● Ci hanno accompagnati le maestre. Ci siamo andati con altre due classi.
▪ Bello! E sei anche andata sul trenino?
● No, la maestra non mi ci ha lasciata salire.

ESERCIZI

PARTICELLE CI E NE — 20

2 Ora scrivi che cosa sostituiscono le parole che hai <u>sottolineato</u> nell'esercizio 1, come nell'esempio.

particella ci	sostituisce...
mi ci	mi = me, ci = al circo

3 Scegli la forma corretta.

Marcella telefona al marito Fabrizio e gli lascia un messaggio vocale:

"Ciao Fabrizio, ti chiamo dal lavoro. La macchina non funziona bene, ci sono problemi con i freni e devo portarla dal meccanico. Probabilmente **ce la / mi ci** porto subito dopo il lavoro. Non so come tornare a casa, probabilmente chiederò al meccanico se **ce lo / mi ci** porta lui, ma non so a che ora arrivo. Purtroppo però avevo promesso a Laura e Ornella che le avrei portate in piscina questa sera, ma non credo che farò in tempo. **Ce le / Ti ci** puoi accompagnare tu? Poi possiamo chiedere alla signora Villi se le riporta a casa lei. Fammi sapere. Ciao".

4 Completa le frasi con **ci** + i pronomi diretti, come nell'esempio.

1. Vittoria, se non sai come andare a scuola, __ti__ __ci__ posso portare io.
2. Queste lettere vanno in archivio. _____ _____ porti subito, per favore.
3. Quando andate in vacanza portate pure il cane da me in campagna. _____ _____ potete lasciare quanto volete.
4. ▪ Dove sono i guanti?
   • Sono nel cassetto di mezzo. _____ _____ ho messi io.
5. Mi avevano promesso un trasferimento nella sede di Milano, invece mi hanno mandata a Roma e _____ _____ hanno lasciata per 3 anni!
6. Signora, deve mettere questa crema sull'occhio e _____ _____ deve tenere tutto il giorno.
7. Quando dovete andare a casa ditemelo che _____ _____ accompagno io.
8. Quei libri vanno sull'ultimo scaffale della libreria, aspetta che ti aiuto a metter_____.
9. Ieri siamo andati a sciare, _____ ha portati zio Michele.

20 PARTICELLE CI E NE

Particella ne con significato partitivo

- Vuoi ancora della torta?
- Grazie, **ne** prendo ancora un po'. (**ne** = *di torta*)

Belle quelle mele, **ne** prendo due chili. (**ne** = *di mele*)

Conosci un buon albergo a Milano? Io non **ne** conosco nessuno. (**ne** = *di alberghi*)

- Com'erano i panini?
- Buonissimi, **ne** ho mangiati tre! (**ne** = *di panini*)

- Questa giacca ti sta molto bene. La compri?
- Sono indeciso. **Ne** ho comprate già due il mese scorso. (**ne** = *di giacche*)

- Quanti biscotti vuoi?
- **Li** voglio tutti. / **Ne** voglio due.

- Di solito la particella **ne** si usa per esprimere quantità, numeri o quantità negative (**niente**, **nessuno**, ecc.). In questo caso **ne** è detto **pronome partitivo** e si comporta come un pronome diretto.

- Anche con il **participio passato** la particella **ne** si comporta come un pronome diretto.

- Con **tutto/a/i/e** non si usa la particella **ne** ma i pronomi diretti **lo**, **la**, **li**, **le**.

ESERCIZI

1 Sottolinea tutti i **ne** nel dialogo. Poi scrivi che cosa sostituiscono, come nell'esempio.

- Buongiorno signora, mi dica!
- Buongiorno Giovanni. Vorrei del pane casereccio.
- Le va bene questo? È un chilo e mezzo.
- No, è troppo. Ne prendo solo metà, grazie. Ha anche il pane di Altamura? Ne ho provato un po' l'altro giorno ed è buonissimo!
- Certo che ce l'ho! Ne vuole un po'?
- Sì, ne prendo un pezzo, grazie. Poi vorrei del prosciutto, quello crudo di montagna.
- Oh, mi dispiace, ma non ne ho più. È finito tutto. Questo prosciutto di Parma Le va bene?
- Ok. Però ne prendo solo un etto. Preferisco quello di montagna di solito. È più saporito.
- Ecco fatto signora. Altro? La ricotta la vuole?
- No, grazie. Ne ho ancora tanta a casa. Magari ne prendo un po' domani. Basta così, grazie.
- Sono 10 euro, signora.
- Ecco a Lei, arrivederci Giovanni.

particella ne	sostituisce...
Ne prendo	(metà) di pane casereccio

PARTICELLE CI E NE   20

ESERCIZI

2 **Nel testo mancano quattro ne. Inseriscili al posto giusto.**

Gli ebook non mi piacciono, preferisco leggere libri di carta. Ho tantissimi, infatti nella libreria di casa non c'è più spazio e per questo i miei mi dicono sempre che non devo comprare altri. Mia sorella, invece, non legge molto e, quando non è con gli amici, passa il tempo libero a seguire serie tv (piacciono anche a me!) sul suo tablet. Guarda molte ogni giorno e a volte le guardiamo insieme e ci divertiamo molto. Mi piacerebbe però parlare con lei anche delle mie storie preferite. Mi ha detto che le sono piaciuti molto i film su Harry Potter, così le ho consigliato di leggere il primo libro della saga. Lei ha lette alcune pagine, ma non l'hai mai finito. Ha detto che i film sono molto più avvincenti.

3 **Completa il testo con ci o ne.**

Una gita nel Parco Nazionale d'Abruzzo, Lazio e Molise

Lo scorso luglio io e Sabrina abbiamo deciso di passare le vacanze nel Parco Nazionale d'Abruzzo, Lazio e Molise. Il Parco è bellissimo e anche molto grande, infatti, anche se _____ siamo rimaste una settimana intera _____ abbiamo vista solo una parte, perciò abbiamo deciso di ritornar_____ appena possiamo. Nel parco _____ sono diversi itinerari da seguire e noi _____ abbiamo fatti 3. La nostra guida era Fulco, una guardia forestale che lavora nel parco da più di 10 anni e d'estate _____ viene a vivere con la famiglia. Fulco ci ha parlato dei diversi animali che vivono nel parco e ce _____ ha fatti vedere alcuni, fra cui anche un orso! Io non sapevo che c'erano degli orsi in Italia, ma Fulco ci ha detto che il numero degli orsi nel parco sta aumentando e che ora ce _____ sono forse più di dieci!

Ma gli orsi non sono l'unica attrazione del parco; sicuramente vale la pena andar_____ anche per passare solo pochi giorni lontani dallo stress del lavoro e della vita in città.

Io e Sabrina, per esempio, abbiamo deciso che una settimana non è abbastanza e che la prossima volta che _____ andiamo vogliamo rimaner_____ almeno dieci giorni.

20 PARTICELLE CI E NE

Altri significati della particella ne

• Sai niente delle elezioni?
■ No, non **ne** so niente. (**ne** = *delle elezioni*)

Lo sport non mi interessa, quindi non **ne** parlo mai.
(**ne** = *di sport*)

È entrata al bar e **ne** è uscita subito dopo. (**ne** = *dal bar*)

• La particella **ne** si usa anche in altri casi. Per esempio:

a) per sostituire delle frasi introdotte dalla preposizione **di**;

b) per sostituire delle frasi introdotte dalla preposizione **da**, anche con significato di luogo.

ESERCIZI

1 Unisci fra loro le frasi e completale, come nell'esempio.

1. Siete andati a trovare Sara all'ospedale?
2. Che brutta situazione!
3. Sei contento di aver cambiato lavoro?
4. Perché non prendi un altro po' di pasta?
5. Quanti caffè bevi al giorno?
6. Sai niente di Claudio?
7. Conosci qualcuna delle amiche di Silvia?

a. Perché ne ho mangiata già troppa. Sono davvero pieno!
b. No, non ne conosco nessuna.
c. No, non ne so niente. Perché?
d. Di solito ne bevo due: uno a colazione e uno dopo pranzo.
e. Sì, ne siamo usciti proprio ora. Sta piuttosto bene.
f. Ne sono davvero felicissimo! I nuovi colleghi sono fantastici.
g. Sì. È molto imbarazzante. Non so come venirne fuori.

2 Adesso scrivi che cosa sostituisce ogni volta la particella **ne** nelle frasi dell'esercizio **1**, come nell'esempio.

	particella ne	sostituisce...
a.	**ne** ho mangiata	
b.	non **ne** conosco nessuna	
c.	non **ne** so niente	
d.	**ne** bevo due	
e.	**ne** siamo usciti proprio ora	dall'ospedale
f.	**Ne** sono felicissimo	
g.	venir**ne** fuori	

PARTICELLE CI E NE — 20

ESERCIZI

3 Riscrivi il testo sostituendo le ripetizioni con la particella **ne**, come nell'esempio.

Simona vuole comprare una bici elettrica e parla con Samir <u>di comprare una bici elettrica</u>.

- Ciao Samir! Volevo un tuo parere: vorrei comprare una bici elettrica e so che tu hai comprato una bici elettrica qualche mese fa. Cosa pensi della bici elettrica?
- All'inizio ero entusiasta! È una bella bici, e in un primo momento, ero proprio soddisfatto della bici elettrica. L'ho usata anche per andare al lavoro. Dopo un paio di settimane ho notato un problema…
- Quale?
- Bisogna conoscere bene i punti di ricarica della batteria. La nostra città non ha molti punti di ricarica della batteria, quindi, se non fai attenzione, rimani con la batteria scarica. Puoi portare una batteria extra, ma è pesante e cara. Io ho due batterie, ma quella extra non la porto quasi mai.
- Grazie Samir, ora che so un po' di più delle bici elettriche, posso decidere che fare.

Simona vuole comprare una bicicletta e ne parla con Samir.

4 Completa le frasi con **ci** o **ne**.

1. Quando il professore spiega la grammatica io non ___ capisco niente.
2. C'è ancora della pizza, ___ vuoi un po'?
3. Sono diventata brava a scacchi, ___ gioco spesso.
4. I ragazzi dicono che hanno finito di studiare, ma io non ___ credo.
5. Lando è appassionato di politica e ___ parla in continuazione.
6. Ho deciso di non comprare un televisore, non ___ sento il bisogno.
7. Non dimenticare di andare a fare la spesa, ___ conto.

20 PARTICELLE CI E NE

Particella ci con particella ne

- Quanti libri hai messo nella borsa?
- **Ce ne** ho messi 3. (**ci** = *nella borsa*; **ne** = *di libri*)

- Quante ore di treno ci vogliono da Roma a Pisa?.
- Con l'Intercity **ce ne** vogliono 3. (**ci** = *volerci*; **ne** = *di ore*)

- Le particelle **ci** e **ne** formano il pronome combinato **ce ne**.

- Pronomi combinati (particella ci + particella ne)

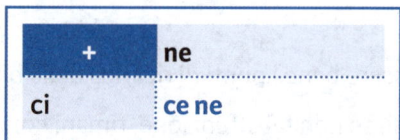

ESERCIZI

1 Unisci fra loro le frasi, come nell'esempio.

1. Quante sedie ci vogliono per la cena?
2. Quante olive metti nel Martini?
3. Quante persone c'erano alla festa?
4. Per andare in centro con l'autobus ci metto 40 minuti.
5. Quanti documenti ci vogliono per aprire un conto in banca?
6. Hai già messo lo zucchero nel caffè?
7. Il maestro Toti porta sempre le sue classi al museo.

a. Ce ne vogliono due: il codice fiscale e la carta d'identità.
b. Io con il motorino ce ne metto 20.
c. Ce n'erano una trentina.
d. Ce ne vogliono almeno 10.
e. Ce ne metto una.
f. Anche oggi ce ne ha portate due insieme.
g. Sì, ce ne ho messi due cucchiaini.

2 Adesso scrivi che cosa sostituisce ogni volta il pronome combinato **ce ne** nelle frasi dell'esercizio 1, come nell'esempio.

pronome combinato ce ne	sostituisce...
a. **Ce ne** vogliono due	
b. **ce ne** metto	
c. **Ce n'**erano	
d. **Ce ne** vogliono	Ce = volerci, ne = (10) di sedie
e. **Ce ne** metto	
f. **ce ne** ha portate	
g. **ce ne** ho messi	

PARTICELLE CI E NE

ESERCIZI

3 Riscrivi le risposte, usando il pronome combinato **ce ne**, come nell'esempio.

1. • Quanto olio hai messo nell'insalata?
   ■ Ho messo poco olio nell'insalata. ▸ _Ce ne ho messo poco._

2. • Quanti anni hai passato in America?
   ■ Ho passato solo due anni in America. ▸ _____

3. • Ci sono dei film interessanti da vedere?
   ■ Sì, ci sono molti film interessanti. ▸ _____

4. • Hai messo delle camicie nella valigia?
   ■ Sì, ho messo tre camicie nella valigia. ▸ _____

5. • Quante ore ci vogliono da Roma a Milano con l'Eurostar?
   ■ Ci vogliono 3 ore. ▸ _____

6. • Quanto peperoncino hai messo nella zuppa?
   ■ Ho messo molto peperoncino nella zuppa. ▸ _____

20 PARTICELLE CI E NE

Particella ne con pronomi indiretti e riflessivi

Gianni ha comprato delle piante e **me ne** ha regalate tre.
Non posso raccontarti tutto ora, **te ne** parlo domani.
Che bei libri! **Ce ne** presti qualcuno?
Oggi è il mio compleanno, ma i miei genitori **se ne** dimenticano sempre.

- La particella **ne** si combina con i pronomi indiretti e riflessivi come un pronome diretto. Quindi:

  a) la posizione della particella **ne** è sempre dopo il pronome indiretto / riflessivo;

Se Fabio vuole un panino **gliene** porto uno io.
Signora, questo formaggio è ottimo. **Gliene** posso offrire un po'?
Ai miei genitori piacciono i libri di Camilleri, così **gliene** ho regalati due.

  b) i pronomi indiretti di terza persona singolare e plurale, quando sono uniti alla particella **ne**, formano il pronome combinato **gliene**.

- **Pronomi combinati (pronomi indiretti + particella ne)**

	+	ne
pronomi indiretti	mi	me ne
	ti	te ne
	gli / le	gliene
	ci	ce ne
	vi	ve ne
	gli	gliene

- **Pronomi combinati (pronomi riflessivi + particella ne)**

	+	ne
pronomi riflessivi	mi	me ne
	ti	te ne
	si	se ne
	ci	ce ne
	vi	ve ne
	si	se ne

ESERCIZI

1 Unisci le frasi, come nell'esempio.

1. I Rossi sono davvero innamorati della loro nipotina.
2. Se quell'olio toscano ti piace così tanto, perché,
3. Come faremo a finire tutta quella cioccolata?
4. Accidenti! Non ho comprato il pane,
5. Io e la mia amica non dimostriamo 20 anni, di solito,
6. Le bambine litigano sempre per i giocattoli,

a. così gliene abbiamo comprati due perfettamente uguali.
b. la maggior parte delle persone ce ne dà almeno 25.
c. Infatti ce ne parlano ogni volta che li incontriamo.
d. non te ne compri una decina di litri?
e. me ne dimentico sempre.
f. Ce ne hanno regalata davvero troppa!

ESERCIZI

PARTICELLE CI E NE — 20

2 Ora scrivi che cosa sostituiscono ogni volta i pronomi combinati nelle frasi dell'esercizio 1, come nell'esempio.

pronome combinato	sostituisce...
a. **gliene** abbiamo comprati	
b. **ce ne** dà	
c. **ce ne** parlano	ce = a noi ne = della loro nipotina
d. **te ne** compri	
e. **me ne** dimentico	
f. **ce ne** hanno regalata	

3 Completa il messaggio di Antonella a Teresa con i pronomi combinati nella lista.

ce ne • se ne • te ne • gliene • gliene • me ne • tene

> Teresa, quando esci puoi fare tu queste cose? Oggi devo studiare tutto il giorno!
>
> • La signora del secondo piano adora le mie marmellate, _____ porti un vasetto? _____ sono ancora alcuni nel ripostiglio.
>   Puoi dirle anche di riportarcelo dopo? Non _____ ricorda mai 😣
>
> • Non ho detto al portiere di fare una copia delle chiavi, _____ parli tu?
>
> • Se trovi il chinotto, _____ compri un paio di bottiglie? L'ultima l'ho bevuta ieri.
>
> • Abbiamo finito lo zucchero, non dimenticar_____.
>
> Grazie mille!
> In pasticceria ci passo io, se hanno le sfogliatelle* _____ prendo un paio, come ringraziamento 😊

sfogliatelle: tipici dolci napoletani

TEST DI CONTROLLO

unità 16 • 20

Hai fatto progressi? Controlla.
Ogni esercizio ripete uno o più argomenti grammaticali, se raggiungi più della metà del totale: BRAVO!
In caso contrario ripeti l'argomento che ti dà più problemi.

1 IMPERFETTO
Metti i verbi all'imperfetto.

Curiosità storiche

a. La fuga d'amore Una volta in Italia il matrimonio religioso (essere) _____ l'unica forma di unione possibile o quasi. La donna (dovere) _____ arrivare vergine al matrimonio e in alcune zone la famiglia (seguire) _____ e (controllare) _____ strettamente le figlie. In Sicilia se due giovani (amarsi) _____ contro la volontà delle loro famiglie e (volere) _____ sposarsi, qualche volta (organizzare) _____ la "fuitina" (= fuga). Il ragazzo e la ragazza (fuggire) _____ e (rimanere) _____ insieme per una notte. Dopo un tale scandalo, naturalmente, le nozze (essere) _____ indispensabili.

b. Le terme romane Le terme (essere) _____ uno dei luoghi pubblici più frequentati nell'antica Roma, dove i Romani (andare) _____ per rilassarsi e incontrarsi. Generalmente le terme (avere) _____ tre sale e (funzionare) _____ in questo modo: prima si (rimanere) _____ qualche tempo in una sala moderatamente riscaldata che (chiamarsi) _____ "tepidario", poi si (passare) _____ nel "calidario", che (avere) _____ una temperatura molto elevata, e alla fine si (entrare) _____ nel "frigidario", una terza sala non riscaldata, che (avere) _____ una grande vasca di acqua fresca.

(adattato da "La Settimana Enigmistica")

ogni verbo corretto vale 1 punto — totale: ___/20

2 PASSATO PROSSIMO E IMPERFETTO
Scegli il passato prossimo o l'imperfetto.

La musica in Italia nel Medioevo e nel Rinascimento

Il tipo di musica prodotta nel Medioevo era principalmente di carattere religioso come le laudi e i canti gregoriani. I canti gregoriani **sono stati / erano** canti religiosi per voci sole, senza strumenti di accompagnamento e **prendevano / hanno preso** il nome da San Gregorio Magno, che **è stato / era** papa dal 590 al 604. Nel Rinascimento invece la musica **ha cominciato / cominciava** a essere ascoltata e prodotta nelle corti. In quel periodo la musica strumentale **aveva / ha avuto** un grande sviluppo, i nobili che **frequentavano / hanno frequentato** le corti **hanno amato / amavano** suonare l'organo, il clavicembalo e il liuto e proprio in quegli anni **nasceva / è nato** il madrigale, che **è stato / era** un componimento poetico musicale a due o più voci, accompagnate da uno strumento.
Uno dei più famosi compositori di madrigali **è stato / era** Giovanni Pierluigi da Palestrina, che di solito **cantava / ha cantato** nella Cappella Sistina a Roma e **componeva / ha composto** più di 100 messe e 91 madrigali.

organo — *liuto* — *clavicembalo*

ogni verbo corretto vale 3 punti — totale: ___/36

TEST DI CONTROLLO
unità 16 • 20

3 PASSATO PROSSIMO E IMPERFETTO
Completa la mail con i verbi al passato prossimo o all'imperfetto.

Nuovo messaggio

Cara Ilaria, non puoi immaginare che giornata che *(io / avere)* _____ dopo che mi *(tu / lasciare)* _____ alla stazione! Come sai, *(dovere)* _____ prendere il treno delle 10:30 per Torino. *(Avere)* _____ già il biglietto, quindi *(andare)* _____ a comprare un giornale e poi *(avviarsi)* _____ verso il binario 2, da dove *(dovere)* _____ partire il treno. Il treno *(essere)* _____ già in stazione e io *(essere)* _____ pronta per salire, quando *(arrivare)* _____ un ferroviere che *(dire)* _____ a tutti che *(esserci)* _____ dei problemi e che *(noi / dovere)* _____ cambiare treno e binario! Quelli che erano già sopra *(scendere)* _____ e poi tutti insieme *(noi / andare)* _____ al nuovo binario, il 25, che naturalmente *(essere)* _____ lontanissimo da quello precedente! Quando alla fine *(io / arrivare)* _____ al binario, *(essere)* _____ stanchissima!! Ti ricordi quanti bagagli *(avere)* _____ ? Ma naturalmente non era finita qui! *(noi / Stare)* _____ tutti per salire sul nuovo treno, quando un ferroviere ci *(dire)* _____ che quel treno *(andare)* _____ a Reggio Calabria e che lui non *(sapere)* _____ assolutamente dove *(essere)* _____ il treno per Torino! La gente *(cominciare)* _____ a innervosirsi, alcuni *(mettersi)* _____ a litigare con il ferroviere, altri *(andare)* _____ a cercare il capostazione… io invece, stanchissima, *(sedersi)* _____ e *(aspettare)* _____ notizie. Dopo 10 minuti *(noi / sentire)* _____ una voce che *(annunciare)* _____ che il treno delle 10:30 per Torino *(stare)* _____ partendo dal binario 2! *(noi / Correre)* _____ tutti verso il binario 2 e quando ci *(arrivare)* _____ *(vedere)* _____ il treno che *(lasciare)* _____ la stazione! Non ti puoi immaginare cosa *(succedere)* _____ ! Una rivoluzione! Alcuni *(essere)* _____ così arrabbiati che avrebbero potuto picchiare qualcuno! Io non *(avere)* _____ nemmeno la forza di parlare! Ma non basta: una voce *(annunciare)* _____ che il prossimo treno per Torino *(partire)* _____ dopo 3 ore! Alla fine un gruppetto di viaggiatori *(andare)* _____ a protestare con il capostazione e solo quando *(loro / tornare)* _____ *(noi / accorgersi)* _____ che *(essere)* _____ il primo aprile! Che stupidi eh? Se ci penso ora mi viene da ridere, ma in quel momento mi sarei messa a piangere!
Susi

ogni verbo corretto vale 4 punti totale: ____ /180

4 PASSATO PROSSIMO E IMPERFETTO
Metti i verbi al passato prossimo o all'imperfetto. Poi indovina di quale verdura stiamo parlando.

Parliamo di un tipo di verdura che una volta *(essere)* _____ molto diversa da adesso, perché, nel XVI secolo gli olandesi *(decidere)* _____ di cambiare il suo colore. La ragione di questo cambiamento *(essere)* _____ particolare: gli olandesi *(volere)* _____ onorare la loro dinastia regnante, che *(chiamarsi)* _____ Orange. Per questo, attraverso l'incrocio di diverse varietà di semi, questa verdura, che prima *(avere)* _____ un colore viola, *(diventare)* _____ arancione. A Viterbo, nel Lazio, questa verdura si può ancora trovare con il suo colore originario. Forse, se *(voi / visitare)* _____ la città, l'*(assaggiare)* _____ , perché è molto usata nelle ricette tradizionali della zona.

La verdura si chiama __ __ __ __ __ __

ogni verbo corretto vale 3 punti totale: ____ /27

TEST DI CONTROLLO

unità 16 • 20

5 CONDIZIONALE SEMPLICE

La famiglia Paltroni ha vinto 1 milione al SuperEnalotto. Ognuno ha desideri diversi e vorrebbe spendere i soldi in maniera diversa. Metti tutti i verbi al condizionale. Fa' attenzione alla persona da usare, come nell'esempio.

Padre

comprare una moto • lasciare il lavoro • fare un giro del mondo avventuroso con mia moglie
dimenticarsi di fare attenzione alle spese • affittare una casetta in riva a un lago in Canada
andare a pescare più spesso • mettere su una band hard rock

Comprerei una moto...

trovare una brava baby-sitter per i miei figli • organizzare un lungo viaggio con mio marito
partire con lui per almeno un paio di mesi • comprare una casetta per mia madre
iscrivere i ragazzi in una scuola privata • investire gran parte dei soldi in immobili
progettare gli studi dei ragazzi • farsi almeno un massaggio al giorno

Troverei una brava baby-sitter per i miei figli...

Madre

I ragazzi

smettere di andare a scuola, tanto se sei ricco non ne hai bisogno
andare prima a Disney World poi a Disneyland e poi anche a Disneyland a Parigi
comprare regolarmente tutti gli smartphone che escono
farsi costruire una piscina in giardino • fare feste con gli amici ogni giorno
andare a vivere da soli in una casa grandissima

Noi smetteremmo di andare a scuola, tanto se sei ricco non ne hai bisogno...

fare una crociera nei mari del Sud • passare la maggior parte del tempo a giocare a bridge
andare a vivere in una casa nel centro di Parigi • prenotare una vacanza con le mie amiche
cercare di trovare un brav'uomo con cui passare delle ore divertenti
avere sempre a disposizione un bravo parrucchiere

Lei farebbe una crociera nei mari del Sud...

Nonna

ogni verbo corretto vale 1 punto   totale: ___ /23

6 CONDIZIONALE SEMPLICE E CONDIZIONALE COMPOSTO
Metti i verbi al condizionale semplice o al condizionale composto.

1. ● Buongiorno. Cosa desidera? ■ *(Volere)* _____ un cappuccino, grazie.
2. ● *(tu / Venire)* _____ a cena con me domani sera? ■ Sì, molto volentieri.
3. Ieri sera *(volere)* _____ andare al cinema con Mara, ma ho dovuto studiare fino a tardi.
4. ● Stamattina ci siamo alzati con un mal di testa terribile. ■ Non *(voi / dovere)* _____ lavorare fino a tardi ieri sera.
5. ● Allora, cambi lavoro? ■ Non lo so, è una scelta difficile: tu al posto mio cosa *(fare)* _____?
6. Pensavo che mio figlio *(diventare)* _____ un giornalista o uno scrittore. Invece ha scelto di fare il medico.
7. Secondo la polizia, i rapinatori *(scappare)* _____ in motorino.
8. *(noi / Arrivare)* _____ prima, ma abbiamo sbagliato strada.

ogni verbo corretto vale 5 punti   totale: ___ /40

156   ALMA Edizioni | Grammatica pratica della lingua italiana

TEST DI CONTROLLO
unità 16 · 20

7 PRONOMI COMBINATI
Completa le frasi con i pronomi combinati della lista.

te la • ce li • glielo • glieli • me lo • gliela

a. Ho dimenticato l'ombrello a casa, per fortuna _____ ha prestato Andrea.

b. Francesca non ha i documenti per la riunione, _____ dai tu?

c. Abbiamo ordinato dei mobili nuovi. _____ portano domani.

d. A Barbara piace molto la torta di carote, così _____ ho comprata per il suo compleanno.

e. Signora, questo cappotto le sta benissimo, _____ assicuro.

f. Se non hai una bicicletta, _____ presto io.

ogni pronome corretto vale 3 punti   totale: ____/18

8 PRONOMI COMBINATI
Completa i dialoghi con i pronomi combinati della lista.

ve le • me li • gliel' • ve lo • me l' • te l'

1. ● Che bella pianta! Dove l'hai comprata?
   ■ Non l'ho comprata io, ____ hanno regalata.

2. ● Gianna, perché hai spento la televisione?
   ■ Il volume era troppo alto, ragazzi! Quante volte ____ devo dire?

3. ● Ho saputo che hai cambiato lavoro, è vero?
   ■ Sì, è vero. Chi ____ ha detto?

4. ● Ci mandi le foto della laurea?
   ■ Certo, _____ spedisco per mail.

5. ● Signora, cosa facciamo ai capelli oggi?
   ■ Voglio cambiare stile, ____ vorrei tagliare.

6. ● Hai dato da mangiare al cane?
   ■ Sì, ____ ho dato prima di portarlo fuori.

ogni pronome corretto vale 3 punti   totale: ____/18

9 AVVERBI E AGGETTIVI
Scegli la parola corretta.

a. È **difficile / difficilmente** imparare perfettamente una lingua straniera.

b. Si gioca **buono / bene** a tennis nel campo dietro casa tua.

c. **Stranamente / Strano** Daniela non risponde al telefono.

d. So che questo quartiere ha una **male / cattiva** fama, ma a me piace.

e. Ogni volta che andiamo dai tuoi mangiamo sempre **troppo / troppi**.

f. **Difficilmente / Difficile** riesco a rimanere sveglia dopo mezzanotte.

g. Eleonora la settimana scorsa stava **cattiva / male**, ora, per fortuna, sta **migliore / meglio**.

h. Il **peggior / peggio** libro che abbia mai letto me lo ha regalato il mio ex-ragazzo.

i. Da bambina andavo molto **bene / buono** a scuola.

l. Un'ora **buona / fa** è arrivata la posta.

ogni parola corretta vale 2 punti   totale: ____/20

TEST DI CONTROLLO

unità 16 • 20

10 LE PARTICELLE CI E NE
Completa il dialogo con le particelle ci e ne.

Il signor Celi incontra la signora Fossa...

• Buongiorno, signora Fossa, come sta Suo marito?

▪ Non molto bene.

• È andata a trovarlo?

▪ Sì, _____ sono andata proprio oggi. Lo sa che _____ vado ogni venerdì, no?

• Certo, signora. So bene quanto è grande l'amore che ha per Suo marito. _____ parlano tutti.

▪ Sa, mi piace andare da lui. Lì ho la mia sedia, mi siedo, lo guardo e _____ parlo per un'oretta. Non sono sola, sa? _____ sono anche altre vedove come me. Ormai _____ conosco tante. Siamo diventate amiche.

• Ma non ha paura di ammalarsi lì fuori al freddo d'inverno?

▪ No. Io e le altre vedove abbiamo sempre qualcosa di caldo da bere: del tè, del caffè... L'altro giorno la vedova del Cavalier Rossi aveva portato del cognac e ho paura che _____ abbiamo bevuto un po' troppo... Infatti quando abbiamo deciso di tornare a casa ci siamo accorte che era tardi e che il cimitero era chiuso! Siamo rimaste chiuse dentro! Per fortuna che la vedova Rossi aveva un cellulare e ha chiamato la polizia che è venuta ad aprirci.

• Che storia incredibile! Non _____ sapevo niente. Beh, adesso devo andare. Arrivederci, signora Fossa. E mi saluti Suo marito la prossima settimana!

▪ Certo! Gli parlo sempre di Lei!

ogni particella corretta vale 2 punti   **totale: ___/16**

PRONOMI COMBINATI CON LE PARTICELLE CI E NE
Scegli i pronomi giusti.

Sono le 3:00 di notte, sono stanchissimo, sono appena tornato dalla discoteca e non trovo le chiavi di casa. Mi ricordo che erano nella borsa: **ce ne / ce le / gliele** avevo messe prima di entrare in discoteca per non perderle, ma ora non ci sono più. Ah, un momento eccole qui, le ho trovate! No, **ce n' / ce l' / ce la** è solo una, è quella del portone, quella di casa non c'è. Forse nella confusione è caduta. Come faccio? Non posso neanche chiedere aiuto al portiere: **gliele / gliene / gli ci** ho date un paio qualche tempo fa, proprio per questi casi di emergenza, ma adesso è in vacanza. Potrei bussare a qualche vicino e chiedere se posso dormire da lui; **glien' / ce l' / ce n'** è uno simpatico, un inglese che abita al terzo piano, ma non lo conosco bene e poi sono le tre di notte... no, non posso svegliarlo. Un'altra possibilità è andare a dormire dai miei genitori, il problema è che vivono dall'altra parte della città e non so come **arrivarci / arrivarcene / arrivarne**. Non ho i soldi per il taxi, però potrei **prendercelo / prendercene / prenderne** comunque uno e, quando arrivo a casa, chiedere ai miei di pagarlo. Uhm... Forse invece vado da Fabio, che ha la macchina, lo sveglio, gli dico che devo andare dai miei e gli chiedo se **gliene / me ne / mi ci** accompagna lui. Anzi, Fabio ha una camera per gli ospiti, potrei chiedergli se **me ne / mi ci / ce ne** lascia dormire per una notte. È un amico, no?

ogni risposta corretta vale 2 punti   **totale: ___/16**

CHI HA UCCISO L'ITALIANO?

crimini grammaticali a fumetti • livello A2

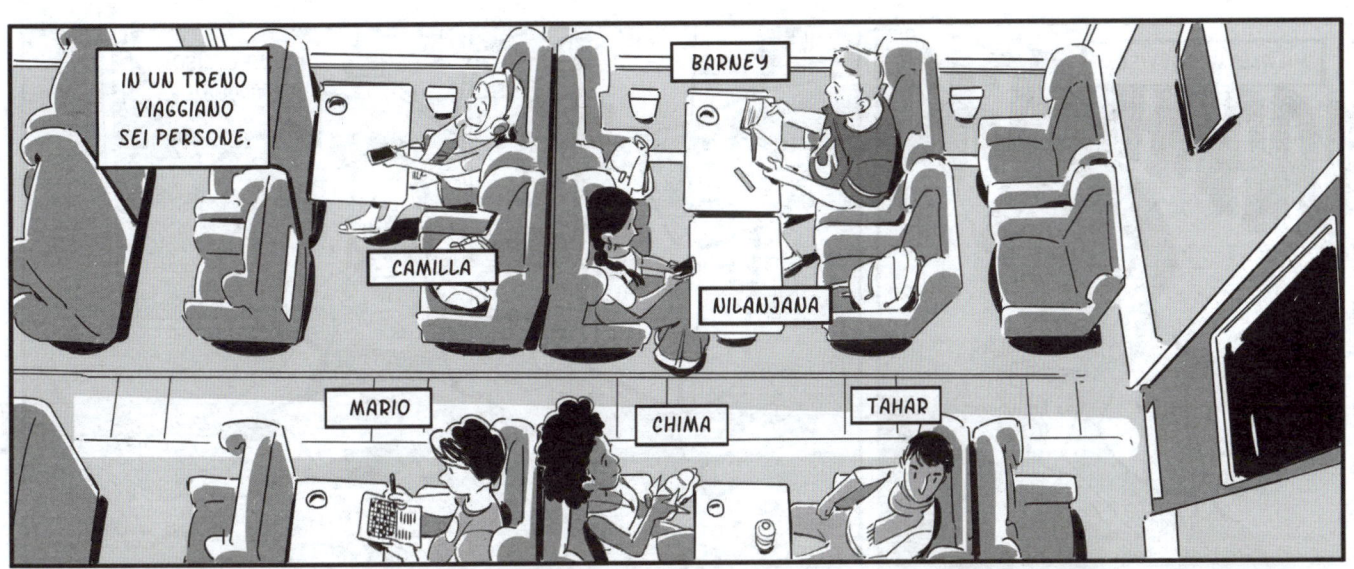

FUTURO

Futuro semplice

Tra cento anni l'uomo **mangerà** solo pillole.
Dicono che il fine settimana **pioverà**.
Federica **partirà** per New York alle 6.

● Che ora è?
■ Mah, non ho l'orologio, **saranno** più o meno le 2.

Che **starà** facendo Paolo in questo momento?

Sarà anche un bell'uomo, ma è davvero molto noioso!

parlare e scrivere: La settimana prossima parl**erò** con Marta, ma prima le scriv**erò** una lettera.

Domani al ristorante **cercherò** di pagare io, ma sicuramente finisce che **pagheranno** i miei amici.

Futuro	Condizionale
Stasera non **verrò** al cinema con voi, preferisco lavorare.	**Verrei** volentieri al cinema con voi, ma devo lavorare.

- Il futuro semplice si usa per:

  a) indicare un'azione che avviene in un tempo futuro rispetto a quello in cui parliamo;

  b) esprimere una supposizione;

  c) indicare un'incertezza;

  d) esprimere un dubbio o un dissenso.

- Le forme del futuro dei verbi in **-are** sono uguali a quelle dei verbi in **-ere**.

- I verbi in **-care** e **-gare** prendono una **-h-** nelle forme del futuro.

- Di solito i verbi con futuro irregolare hanno lo stesso tipo di irregolarità anche nel condizionale semplice.

● **Futuro semplice – verbi regolari**

	am-**are**	prend-**ere**	apr-**ire**
io	am-**erò**	prend-**erò**	apr-**irò**
tu	am-**erai**	prend-**erai**	apr-**irai**
lui / lei / Lei	am-**erà**	prend-**erà**	apr-**irà**
noi	am-**eremo**	prend-**eremo**	apr-**iremo**
voi	am-**erete**	prend-**erete**	apr-**irete**
loro	am-**eranno**	prend-**eranno**	apr-**iranno**

● **Futuro semplice – verbi irregolari**

	essere	avere
io	**sarò**	**avrò**
tu	**sarai**	**avrai**
lui / lei / Lei	**sarà**	**avrà**
noi	**saremo**	**avremo**
voi	**sarete**	**avrete**
loro	**saranno**	**avranno**

● **Futuro semplice – altri verbi irregolari**

andare	io **andrò**
avere	io **avrò**
bere	io **berrò**
cadere	io **cadrò**
dare	io **darò**
dire	io **dirò**
dovere	io **dovrò**
fare	io **farò**
porre	io **porrò**
potere	io **potrò**
ridurre	io **ridurrò**
rimanere	io **rimarrò**
sapere	io **saprò**
stare	io **starò**
tenere	io **terrò**
vedere	io **vedrò**
venire	io **verrò**
vivere	io **vivrò**
volere	io **vorrò**

21 FUTURO

ESERCIZI

1 Completa la coniugazione del futuro.

	essere	potere	vivere	venire	fare
io				verrò	
tu		potrai			
lui / lei / Lei					farà
noi	saremo				
voi			vivrete		
loro					

	avere	andare	volere	rimanere	stare
io				rimarrò	
tu	avrai				
lui / lei / Lei		andrà			
noi			vorremo		
voi					
loro					staranno

2 Scegli la forma corretta del futuro.

Le previsioni della maga

Marisa è una ricca donna in carriera di Milano. Ha un buon lavoro, una casa in centro, una al mare e viaggia molto sia per lavoro che per piacere. Un giorno va da una maga per farsi leggere le carte. Questo è quello che le dice la maga Sibilla:
"Vedo che la tua vita non è felice ma il tuo futuro **andrò / andrà** molto bene. **Incontreresti / Incontrerai** un uomo che ti **vorrà / volerà** così tanto bene da non lasciarti mai.
Con lui **avrai / avranno** cinque figli, vi **compravate / comprerete** una bella casa in campagna e **vivreste / vivrete** in pace e armonia. Tu **dovrei / dovrai** dedicarti ai bambini, al lavoro e alla casa.
Quando **saranno / sarà** grandi, i tuoi figli **lascerà / lasceranno** la famiglia per fare la loro vita. Allora tu **avrai / avrà** tempo per te stessa e ti **dedicherà / dedicherai** al giardinaggio."
Alla fine Marisa, depressa, decide di non andare mai più da una maga.

ESERCIZI

FUTURO 21

3 **Completa il testo con i verbi della lista, come nell'esempio.**

andrò • berrò • cucineremo • dormirò • dovrà • dovranno • mangerò • mi farò • mi metterò
mi preparerò • mi sveglierò • passerò • ricomincerò • sarò • studieremo • terrò

Alla fine del mese ho un esame molto difficile e i miei amici sanno già che il giorno prima ___sarò___ intrattabile e che _____ lasciarmi in pace, perché devo concentrarmi sullo studio. Sapete, io ho una mia abitudine: il giorno prima di un avvenimento importante faccio sempre le stesse cose. Quindi _____ molto presto, _____ un caffè doppio e _____ a ripetere il materiale per l'esame. Verso le 9 _____ a fare una corsa al parco, per rilassare un po' il corpo e la mente. Al ritorno _____ una doccia, _____ qualcosa e _____ a ripassare. Naturalmente _____ il cellulare spento; non voglio distrazioni! La mia amica Anja sa già che _____ venire a casa mia dopo pranzo, per discutere dei punti più difficili. Anja studia con me ed è l'unica che ha il permesso di contattarmi il giorno prima di un esame. _____ insieme tutto il pomeriggio e in serata _____ qualcosa. Verso le 10 io _____ per andare a dormire. So che probabilmente non _____ molto bene, ma non so che farci, sono una persona un po' ansiosa. Che dite? _____ l'esame?

4 **Metti i verbi al futuro.**

Sogniamo il futuro

Come sarà secondo voi la vita di ogni giorno in un futuro lontano? Io la vedo così: (noi / vivere) _____ in case intelligenti che (pulirsi) _____ da sole e non (avere) _____ bisogno di manutenzione. Ogni mattina (noi / svegliarsi) _____ e (noi / trovare) _____ la colazione pronta, mentre un robot ci (mostrare) _____ una scelta di diversi look per la giornata e ci (fare) _____ un massaggio energizzante. Non (esserci) _____ più traffico e le strade (diventare) _____ spazi per giocare e fare sport, mentre noi (spostarsi) _____ usando il teletrasporto. Così l'aria (essere) _____ molto più pulita, (noi / essere) _____ meno stressati e la natura (potere) _____ riprendersi molti spazi.

5 **Collega le frasi di sinistra con quelle di destra, come nell'esempio.**

1. Chissà a che ora arriverà Marco.
2. Dove saranno le scarpe? Non le trovo.
3. Lo sai che Lucia parla sette lingue?
4. Cosa starà facendo Gina?
5. Che ora è?
6. Pioverà o no, che pensi?
7. Avranno fame quando arrivano?
8. Dove è il cane?
9. Perché Aldo non viene alla festa?
10. Almeno poteva telefonare e dire che arrivava in ritardo!

a. Non avrà il tuo numero!
b. Sarà fuori in giardino a sotterrare un osso, come al solito.
c. Non ho l'orologio, ma saranno le 5:30.
d. Saranno in camera con gli stivali.
e. Arriverà tardi, come al solito.
f. Dovrà lavorare, forse.
g. Sarà, ma non ci credo.
h. Starà dormendo, era così stanca.
i. Chissà. In ogni caso prepara qualcosa.
l. Non lo so. Secondo me no, ma portati l'ombrello, non si sa mai.

21 FUTURO

Futuro anteriore

Appena **sarò tornata** dalle vacanze **mi metterò** a studiare seriamente. *(prima: sarò tornata ▸ dopo: mi metterò a studiare)*

Appena sarò arrivato ti chiamerò.
Quando avremo finito di lavorare potremo riposarci.
Le fisserò un appuntamento **dopo che avrò parlato** con la segretaria.

Giorgio **si sarà perso**. Non è ancora arrivato.
Sarà già **nato** il bambino di Simona?

Avranno anche **fatto** uno sconto, ma il posto mi è sembrato caro comunque.

Dopo che **avrò fatto** l'esame andrò in vacanza.
Appena **sarò arrivato** ti chiamerò.

- Di solito il futuro anteriore si usa per esprimere un'azione futura che accade prima di un'altra azione espressa con il futuro semplice.

- In questo caso il futuro anteriore si usa quasi sempre dopo le parole: **appena**, **quando**, **dopo che**.

- Il futuro anteriore si usa anche per:
  a) indicare un'incertezza nel passato;
  b) esprimere un dissenso su un'azione avvenuta nel passato.

- Il futuro anteriore si forma con il **futuro** di **avere** o **essere + il participio passato** del verbo.

- **Futuro anteriore**

	futuro semplice di avere o essere + participio passato	
io	avrò parlato	sarò andato/a
tu	avrai parlato	sarai andato/a
lui / lei / Lei	avrà parlato	sarà andato/a
noi	avremo parlato	saremo andati/e
voi	avrete parlato	sarete andati/e
loro	avranno parlato	saranno andati/e

FUTURO 21

ESERCIZI

1 Scegli i verbi corretti.

- Ciao Sergio, come va?
- Bene, Federica, sto cercando lavoro. Ho fatto un colloquio ieri e sto aspettando la risposta.
- Quando saprai qualcosa?
- Mi hanno detto che appena **finiranno / avranno finito** di esaminare i candidati, mi **telefoneranno / avranno telefonato**.
- Speriamo bene!
- Sì, anche perché ho appena comprato un appartamento. La prossima settimana devo firmare il contratto e, dopo che **firmerò / avrò firmato**, **dovrò / avrò dovuto** anche cominciare a pagare regolarmente il mutuo alla banca.
- Capisco. È un periodo davvero impegnativo!
- Sì, ma io sono ottimista. Sono sicuro che tutto **sarà andato / andrà** al meglio e, appena **riceverò / avrò ricevuto** la bella notizia **farò / avrò fatto** una grande festa!
- Non vedo l'ora, Sergio! In bocca al lupo!
- Crepi!

2 Collega le frasi, come nell'esempio.

1. I signori Rossi dovevano essere qui mezz'ora fa. Che strano!
2. Lo sapevo che non mi avrebbe telefonato! Succede con tutti i ragazzi che mi piacciono!
3. Guarda quanta acqua in mezzo alla strada!
4. Ho chiamato diverse volte Paola, ma non mi ha risposto.
5. Ieri mia figlia ha avuto mal di pancia tutto il giorno.
6. A che ora è cominciato il concerto?
7. Da quanto tempo vi conoscete?

a. Sarà stata occupata.
b. Avrà avuto da fare, vedrai che ti chiamerà nei prossimi giorni. Non ti preoccupare!
c. Non so. Saranno state le 8:30.
d. Si saranno persi? Gli hai dato le indicazioni giuste?
e. Avrà piovuto tutto il giorno.
f. Ci saremo incontrati circa 8 anni fa.
g. Avrà mangiato troppi dolci.

> **LO SAI CHE...** Le forme del futuro sono molto simili a quelle del condizionale e i verbi irregolari sono gli stessi. Attenzione però alla prima persona plurale!
>
> Es:
>
> futuro ▸ *noi berreMo*
> condizionale ▸ *noi berreMMo*

21 FUTURO

ESERCIZI

3 Metti i verbi al futuro semplice o al futuro anteriore.

1. Quando (noi / superare) _____ tutti gli esami, finalmente (noi / potere) _____ fare una bella vacanza.
2. Silvia ha deciso che non (tagliarsi) _____ i capelli fino a quando non (passare) _____ l'esame di fisica.
3. Gli (io / parlare) _____ solo quando mi (lui / chiedere) _____ scusa.
4. Quando (io / guadagnare) _____ abbastanza, (io / prendere) _____ un anno di pausa per fare un viaggio in India.
5. Dopo che (loro / trasferirsi) _____ in una casa con giardino, (loro / prendere) _____ un cane.
6. Ti (io / dare) _____ un colpo di telefono non appena (io / arrivare) _____ a destinazione.
7. Quando (loro / ricevere) _____ la conferma di tutti gli invitati, (loro / prenotare) _____ il ristorante.
8. (voi / Andare) _____ a giocare solo dopo che (voi / fare) _____ tutti i compiti.

4 Trova la ragione dello stato d'animo di queste persone. Usa la lista qui sotto e metti i verbi al futuro anteriore, come nell'esempio.

non fare niente tutto il giorno • superare l'esame • *ricevere una brutta notizia* • cadere dalla bicicletta
lavorare tutto il giorno • sapere che suo padre non sta bene • svegliarsi due minuti fa • litigare con la moglie

Es: Lara è triste.
  ricevere una brutta notizia
  ▸ Avrà ricevuto una brutta notizia.

1. Dario è arrabbiato.
   _____
   ▸ _____

2. Gianni è spettinato.
   _____
   ▸ _____

3. Valerio è preoccupato.
   _____
   ▸ _____

4. Luisa è felicissima.
   _____
   ▸ _____

5. Serena è stanchissima.
   _____
   ▸ _____

6. Paolo è annoiato.
   _____
   ▸ _____

7. Barbara ha male al braccio.
   _____
   ▸ _____

COMPARATIVO E SUPERLATIVO 22

Comparativo di maggioranza e minoranza

Calvino è **più** famoso **di** Bevilacqua.
In Italia il calcio è **più** popolare **del** rugby.
Il treno è **meno** veloce **dell'**aereo.

Tu sei **più** puntuale **di** lei.
Io sono **meno** alto **di** te.

- Normalmente si usa **più** / **meno**... **di**... per paragonare due o più:
  a) sostantivi;
  b) pronomi personali (io, tu, ecc.).

Questa casa è **più** lussuosa **che** comoda.
Leggere è **più** interessante **che** guardare la TV.
Sarai **più** comodo là **che** qua.
Anna è **più** gentile con me **che** con te.
Penso **più** agli altri **che** a me.
In Italia ci sono **meno** uomini **che** donne.

- Normalmente si usa **più** / **meno**... **che**... per paragonare due o più:
  a) aggettivi;
  b) verbi;
  c) avverbi;
  d) pronomi o sostantivi preceduti da preposizione;
  e) quantità, numeri.

- **Comparativo di maggioranza e minoranza**

con sostantivi e pronomi personali	▸ **più** / **meno**... **di**...
con aggettivi, verbi, avverbi, pronomi o sostantivi con preposizione, quantità o numeri	▸ **più** / **meno**... **che**...

ESERCIZI

1 Scegli il comparativo giusto.

L'Italia multiculturale

1. In Italia ci sono più cittadini stranieri residenti al Nord-Ovest **che / di** in altre zone.
2. I cittadini stranieri residenti in Italia sono più **che / di** 5 milioni.
3. In Italia risiedono meno cittadini polacchi **che / di** indiani.
4. Il tasso di natalità dei cittadini stranieri è più alto **che / di** quello degli italiani.
5. Vediamo meno famiglie miste al Sud **che / di** al Nord.
6. I cittadini europei residenti in Italia sono più **che i / dei** cittadini africani.
7. La lingua albanese in Italia ha più parlanti **di / che la** lingua spagnola.

22 COMPARATIVO E SUPERLATIVO

ESERCIZI

2 Completa il dialogo con **di** (con o senza articolo) o **che**.

Un nuovo convivente

Elisa, Guglielmo e Valerio vogliono affittare una camera del loro appartamento. Hanno parlato con un ragazzo e una ragazza e ora devono scegliere tra i due.

Elisa: Ragazzi, perché non scegliamo Paolo? Mi sembra molto più simpatico _____ altra no?
E poi ha la macchina. È sempre più comodo avere in casa qualcuno con una macchina _____ avere qualcuno che gira solo con l'autobus, penso.

Valerio: Mah, non so. Anche Teresa mi sembra simpatica. E poi ha un lavoro più stabile _____ Paolo. Probabilmente guadagna meno _____ lui, ma almeno ha i soldi in banca tutti i mesi.

Elisa: Valerio, cosa credi, non sono mica cieca! Ho visto che facevi gli occhi dolci a Teresa!
A me sembra una ragazza più carina _____ simpatica, e poi il famoso lavoro stabile... cosa fa?
La barista in un bar del centro? Mah! Poi è anche sportiva, quella si alza alle 6:00 ogni mattina per fare ginnastica e ha detto che vuole coinvolgere anche noi!

Guglielmo: Non cominciate a litigare come al solito, ragazzi!

Valerio: Tu cosa pensi Guglielmo?

Guglielmo: Io sceglierei Paolo, almeno ha detto che gli piace il calcio. Preferisco passare la domenica a guardare sport in TV _____ svegliarmi presto ogni mattina per farlo!

Elisa: E poi Paolo è anche un ottimo cuoco, il che non guasta!

Valerio: E va bene, ragazzi. Avete vinto voi!

Superlativo relativo e superlativo assoluto

La Sicilia è **la** regione **più** grande **d'**Italia.
"Ginger e Fred" è **il** film **meno** bello **fra** quelli di Fellini.

- Il superlativo relativo si forma così: **articolo + più / meno + di / fra**.

In estate in Sicilia fa cald**issimo**.
Le opere del Botticelli sono bell**issime**.

- Il superlativo assoluto si forma aggiungendo il suffisso **-issimo** all'aggettivo.

Questa casa è **piccola piccola**.
Ieri Amelia era **tutta contenta**.
Voglio una casa **stra**comoda e **super**tecnologica!

- Il superlativo assoluto si può anche formare:
  a) ripetendo l'aggettivo;
  b) usando **tutto/a/i/e**;
  c) con prefissi come **stra-**, **super-**, **arci-**, **iper-**, ecc.

Superlativo relativo	Superlativo assoluto
articolo + più / meno + di / fra	**-issimo/a/i/e**

COMPARATIVO E SUPERLATIVO 22

ESERCIZI

1 Collega le domande con le risposte e <u>sottolinea</u> tutte le forme del superlativo, come nell'esempio.

1. Perché hai comprato quella macchina?
2. Hai finito i compiti di matematica?
3. Perché non ti sei iscritto al webinar di domani?
4. Vale la pena andare al parco di Bomarzo?
5. Il giorno della laurea per me è stato davvero indimenticabile!
6. Che ne pensi del film "Chiamami col tuo nome" di Guadagnino?
7. Ti va di venire a pescare con me?
8. Quale vestito hai deciso di mettere?
9. Hai conosciuto Giacomo?

a. Mi è piaciuto molto. Gli attori sono bravissimi.
b. Sì, è simpaticissimo.
c. Quello rosso. Secondo me è il più adatto.
d. Perché era <u>la più economica</u>.
e. Anche per me! È stato uno dei momenti più emozionanti della mia vita.
f. No. Grazie dell'invito, ma per me è un'attività noiosissima.
g. Non ancora. Sono difficilissimi!
h. Certo! È un parco interessantissimo, davvero molto particolare.
i. Perché è quello meno interessante della settimana.

2 Completa le frasi con le espressioni della lista.

conosciutissime • famosissimo • tristissima • i più bravi • il più interessante
le più disperate • più famoso • più importanti

Cinema italiano

1. Federico Fellini è stato forse il _____ regista del cinema italiano.
2. "Paparazzo" era il cognome di un giornalista in un _____ film di Fellini: "La dolce vita".
3. _____ periodo del cinema italiano è stato quello del dopoguerra, dal 1945 al 1950: il periodo del Neorealismo.
4. I film del Neorealismo rappresentavano _____ condizioni dell'Italia del dopoguerra.
5. _____ attori dei film neorealisti non erano professionisti.
6. "Ladri di biciclette" di Vittorio De Sica racconta una storia _____.
7. Marcello Mastroianni ha lavorato nei _____ film del cinema italiano.
8. Anna Magnani e Sophia Loren sono due attrici _____.

22 COMPARATIVO E SUPERLATIVO — ESERCIZI

3 Inserisci al posto giusto le espressioni della lista.

bravissimi • più ambite • più stimati • **più importanti** • bellissimo • più innovative • originalissimo • bravissima • apprezzatissimi

Lo stile e il design italiano sono _____ in tutto il mondo, ma non dobbiamo dimenticare che l'Italia ha anche dei _____ architetti. Infatti, se pensate ai _più importanti_ edifici moderni e contemporanei nel mondo, vedrete che alcuni sono progetti italiani e che, fra questi nomi, uno dei _____ è quello della _____ Gae Aulenti, considerata una delle architette _____ della sua generazione. È stata Gae Aulenti a ristrutturare il _____ museo D'Orsay a Parigi e a disegnare l'_____ edificio dell'Istituto di Cultura a Tokyo, per cui ha ricevuto una delle onorificenze _____ in Giappone: il Premio Imperiale.

4 Trova la definizione corretta per ogni modo di dire sottolineato e metti l'aggettivo fra parentesi nella forma del superlativo assoluto.

1. Ieri ci siamo dovuti alzare al canto del gallo per andare all'aeroporto.
2. Fabio è un ragazzo particolare, con molti grilli per la testa.
3. È inutile che tu pianga lacrime di coccodrillo, non ti crede nessuno.
4. Ho dovuto ingoiare il rospo e andare a lavorare anche sabato pomeriggio.
5. Guarda che hai proprio preso un granchio.
6. Carlo va sempre a letto con le galline.
7. Da quando gli ho chiesto di rendermi i soldi, Gino è diventato uccel di bosco.
8. Questo lavoro è una vera gatta da pelare.
9. Fai ridere i polli, smettila di comportarti così.

a. Fare un errore *(grosso)* _____.
b. Comportarsi da ipocrita, fare finta di essere *(addolorato)* _____ per qualcosa che si è fatto e che ha causato sofferenze.
c. Essere ridicolo, *(goffo)* _____.
d. *(Presto)* _Prestissimo._
e. *(Difficile)* _____ da trovare.
f. *(Presto)* _____.
g. *(Complicato)* _____.
h. Dover accettare una cosa o situazione *(sgradevole)* _____.
i. Avere idee *(strane)* _____ e bizzarre.

COMPARATIVO E SUPERLATIVO 22

Comparativi e superlativi particolari

Il ristorante di via Ripetta è **più buono** di quello di via Giulia.
Il ristorante di via Ripetta è **il più buono** della zona.
Il ristorante di via Ripetta è **buonissimo**.

Il ristorante di via Ripetta è **migliore** (= *più buono*) di quello di via Giulia.
Il ristorante di via Ripetta è **il migliore** (= *il più buono*) della zona.
Il ristorante di via Ripetta è **ottimo**. (= *buonissimo*)

- Gli aggettivi **buono**, **cattivo**, **grande**, **piccolo**, **alto**, **basso**, hanno due forme di comparativo e superlativo:
  a) forma regolare
      ▸ comparativo
      ▸ superlativo relativo
      ▸ superlativo assoluto
  b) forma irregolare
      ▸ comparativo
      ▸ superlativo relativo
      ▸ superlativo assoluto

- **Comparativi e superlativi particolari**

aggettivo	comparativo	superlativo relativo	superlativo assoluto
buono	migliore	il migliore	ottimo
cattivo (brutto)	peggiore	il peggiore	pessimo
grande	maggiore	il maggiore	massimo
piccolo	minore	il minore	minimo
alto	superiore	il superiore	supremo
basso	inferiore	l'inferiore	infimo

ESERCIZI

1 Riscrivi le frasi usando la forma irregolare del comparativo o superlativo, come nell'esempio.

1. La torta di mele è più buona di quella di ricotta. ▸ *La torta di mele è migliore di quella di ricotta.*
2. Questo hotel è più buono di quello. ▸ _____
3. Stefano è il più grande dei fratelli. ▸ _____
4. È un ristorante buonissimo! ▸ _____
5. Quell'uomo è una cattivissima persona! ▸ _____
6. Fra tutti i fratelli Amelia è la più piccola. ▸ _____
7. È il più brutto film di Visconti! ▸ _____
8. Il mio lavoro è più brutto del tuo. ▸ _____
9. È davvero il vino più buono della zona del Chianti! ▸ _____
10. Noi abitiamo al piano più basso. ▸ _____
11. Devo salire al piano più alto. ▸ _____

22 COMPARATIVO E SUPERLATIVO

2 Scegli il superlativo corretto, come nell'esempio.

Il David del cinema

Uno dei premi **più importanti / i più importanti** del cinema italiano è il David di Donatello.
Con questo premio l'Accademia Italiana sceglie i **migliori / meglio** film italiani e stranieri dell'anno,
le **meglio / migliori** attrici, gli attori, i registi e molti altri lavoratori del mondo del cinema.
Il primo David di Donatello è stato dato nel 1956 alla **più famosa / famosissima** attrice Gina Lollobrigida.
Nel 2006 l'Accademia Italiana ha organizzato una **bellissima / più bella** festa per i 50 anni del David e ha dato
un premio speciale al **più bravo / bravissimo** Ennio Morricone, per la musica. Nel 2019 è nato il David dello
spettatore, per il film con il **grandissimo / maggior** numero di biglietti venduti durante l'anno.

3 Pensa alla tua opinione, scegli più o meno e inserisci di o che.

Per me...

1. a volte è **più / meno** importante ascoltare _____ parlare.
2. le vacanze in montagna rilassano **più / meno** _____ quelle al mare.
3. prendersi tempo per se stessi è **più / meno** importante _____ dare il massimo sul lavoro.
4. Roma è **più / meno** bella _____ Milano.
5. è **più / meno** piacevole fare spese in centro _____ fare una passeggiata nel parco.
6. i giochi in realtà virtuale sono **più / meno** appassionanti _____ quelli da tavolo.

4 Completa l'articolo con le espressioni della lista.

massimo • pessime • il più bravo • superiore • inferiore

Troppo bravo, fuori dal concorso

Un giovane avvocato di Foggia è stato _____ durante un concorso per un posto di capo del personale
dell'azienda per la raccolta dei rifiuti. Ma alla fine di tutte le prove si è ritrovato in fondo alla graduatoria, con un
punteggio _____ alle sue aspettative. L'avvocato era sicuro di avere ottenuto il _____
del punteggio in tutte le prove, ma è stato considerato "sovradimensionato rispetto all'incarico da ricoprire",
cioè: troppo bravo! Naturalmente il giovane avvocato ha protestato perché sapeva che aveva avuto un punteggio
_____ agli altri candidati sia alla prova scritta che a quella orale.
Ma l'azienda ha affermato invece che l'avvocato aveva fatto delle _____ prove psico-attitudinali,
e per questo non ha passato il concorso.

(adattato da repubblica.it)

> **LO SAI CHE...**
> Alcuni aggettivi non hanno il comparativo e il superlativo perché hanno già un significato superlativo.
> Es:
> ***enorme, eterno, meraviglioso, straordinario, terribile***

PRONOMI RELATIVI 23

Pronomi relativi che e cui

1. **Mia sorella Silvia** arriva domani +
2. **Mia sorella Silvia** vive a Milano =
Mia sorella Silvia, **che** vive a Milano, arriva domani.

1. **John** è inglese +
2. Io lavoro con **John** =
John, con **cui** lavoro, è inglese.

La ragazza **che** parla con lui è amica mia.
Gli italiani **che** parlano inglese sono aumentati.
Le scarpe **che** porto sono tedesche.
Il libro **che** leggi è un capolavoro!

Quello è l'amico **di cui** ti avevo parlato.
La ditta **a cui** dobbiamo telefonare si trova in Olanda.
Il paese **da cui** provengo è piccolissimo.
È imbarazzante parlare della situazione **in cui** mi trovo.
Come si chiama la ragazza **con cui** parlavi prima?
È davvero una persona **su cui** puoi contare.
Il giornale **per cui** lavora Pia è un settimanale.
Abbiamo diverse ragioni per non venire, **tra cui** il fatto che è troppo tardi.

- I pronomi relativi **che** e **cui** si usano per unire frasi che hanno un elemento in comune.
Il pronome relativo sostituisce quell'elemento.

- Il pronome relativo **che** è invariabile e si usa per sostituire:
  a) un soggetto o un oggetto diretto (un oggetto senza preposizione).
  b) indifferentemente cose e persone.

- Il pronome relativo **cui** è invariabile e si usa per sostituire un oggetto indiretto (un oggetto preceduto da una preposizione).

- **Pronomi relativi che e cui**

cose e persone soggetto o oggetto diretto (senza preposizione)	▸	**che**
oggetto indiretto (sempre dopo preposizione)	▸	**di cui**, **a cui**, **con cui**, **su cui**, **per cui**, **tra / fra cui**

Pronome relativo chi

Non sopporto **chi** parla mentre mangia!
Di solito **chi** fa una vita sana vive più a lungo.

Chi dorme non piglia pesci.
Chi va piano va sano e va lontano.

- **Chi** è sempre singolare e ha il significato di: "tutti quelli che", "la gente che", "la persona / le persone che".

- **Chi** è usato spesso nei proverbi popolari.

- **Pronome relativo chi**

la persona / le persone che	▸	**chi**

23 PRONOMI RELATIVI

ESERCIZI

1 Leggi il testo. Poi copia nella tabella tutti i pronomi relativi sottolineati e scrivi a cosa si riferiscono, come nell'esempio.

Italiani nel mondo: verso nord

Le due grandi passioni **che** muovono Umberto Nobile (1885-1978) sono l'esplorazione del Polo Nord e la costruzione di dirigibili. Nobile è amico dell'esploratore norvegese Amundsen <u>con cui</u> nel 1926 organizza una spedizione <u>che</u> deve arrivare fino al Circolo Polare Artico.
Il dirigibile, <u>con cui</u> Nobile e un equipaggio di 14 persone partono, si chiama Norge e arriva fino in Alaska. Nel 1928 poi Nobile costruisce il dirigibile Italia, <u>di cui</u> si serve per andare verso il Polo Nord. Il dirigibile però precipita durante una tempesta e non si hanno più notizie né di Nobile né dell'equipaggio. Amundsen, <u>che</u> non ha partecipato alla spedizione, decide di andare a cercarli con un aereo <u>che</u> purtroppo precipita. Nobile viene in seguito salvato da una nave russa.

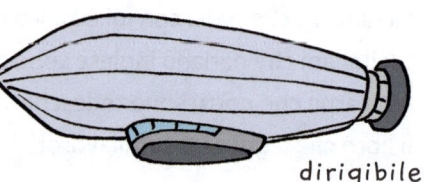

dirigibile

pronome relativo	si riferisce a...
che	Le due grandi passioni

2 Scegli il pronome relativo corretto.

Curiosità italiane

1. Secondo un'indagine gli italiani **con cui / che** telefonano ai genitori almeno una volta al giorno sono il 71%.
2. L'islamismo è, per numero, la seconda religione **che / in cui** si pratica in Italia.
3. Per molti italiani la regione **da cui / da che** provengono è più importante della loro nazione.
4. Alessandro Volta, **da cui / che** ha inventato la batteria elettrica nel 1800, ha dato il nome al volt.
5. In Italia i bambini da 3 a 5 anni **che / a cui** fanno ginnastica sono più di quelli **che / in cui** fanno altri sport.
6. I ragazzi da 15 a 17 anni **che / con cui** giocano a calcio sono più di quelli **che / in cui** fanno altri sport.
7. La regione italiana **che / in cui** si guadagna di più è la Lombardia.

3 Collega le parole di sinistra con quelle di destra e forma delle frasi, come nell'esempio.

1. La segretaria a cui...
2. Il cane che...
3. La donna a cui...
4. Il film che...
5. Il tavolo su cui...
6. La ragione per cui...
7. Il professore che...
8. La banca in cui...
9. Quella casa di cui...
10. La canzone che...

a. ha vinto il Festival di Sanremo è molto bella.
b. non ti ho dato la macchina è chiara.
c. ho chiesto il tuo numero di telefono non lo sapeva.
d. parlavamo giorni fa, non è più in vendita.
e. abbaiava ieri notte si è calmato.
f. ho venduto la macchina è portoghese.
g. ho il mio conto è molto efficiente.
h. hai messo i libri è molto antico.
i. hai visto ieri al cinema era bello?
l. ha scritto quel libro è molto famoso.

ESERCIZI
PRONOMI RELATIVI 23

4 Completa la storia di Umberto Nobile con i pronomi relativi **che, con cui, di cui**.

Le due grandi passioni _____ muovono Umberto Nobile (1885-1978) sono l'esplorazione del Polo Nord e la costruzione di dirigibili. Nobile è amico dell'esploratore norvegese Amundsen _____ nel 1926 organizza una spedizione _____ deve arrivare fino al Circolo Polare Artico. Il dirigibile, _____ Nobile e un equipaggio di 14 persone partono, si chiama Norge e arriva fino in Alaska. Nel 1928 poi Nobile costruisce il dirigibile Italia, _____ si serve per andare verso il Polo Nord. Il dirigibile però precipita durante una tempesta e non si hanno più notizie né di Nobile né dell'equipaggio. Amundsen, _____ non ha partecipato alla spedizione, decide di andare a cercarli con un aereo _____ purtroppo precipita. Nobile viene in seguito salvato da una nave russa.

5 Completa le frasi con i pronomi relativi **chi** e **che**.

1. Ci sono persone _____ leggono sempre l'oroscopo prima di uscire di casa.
2. _____ non esce di casa senza leggere l'oroscopo non ha una vita facile.
3. Secondo me _____ tiene cani molto aggressivi ha dei problemi di relazione con gli altri.
4. La mia vicina di casa, quella _____ ha comprato il Rottweiler, non è certo una persona simpatica.
5. Non mi fido di _____ non mi guarda negli occhi mentre mi parla.
6. Giorgio è uno _____ non ti guarda mai negli occhi quando ti parla.
7. Secondo me le persone _____ non fanno la fila sono molto maleducate.
8. Non sopporto _____ non fa la fila.

Pronome relativo "possessivo"

1. **Quella ragazza** è una mia amica +
2. Ieri hai incontrato la madre **di quella ragazza** =
Quella ragazza, **la cui** madre hai incontrato ieri, è una mia amica.

1. **Umberto Eco** insegnava a Bologna +
2. **I suoi** romanzi sono tradotti in moltissime lingue =
Umberto Eco, **i cui** romanzi sono tradotti in moltissime lingue, insegnava a Bologna.

1. **Quell'artista** è molto famoso +
2. Le opere **di quell'artista** si trovano al MOMA di New York =
Quell'artista, **le cui** opere si trovano al MOMA di New York, è molto famoso.

1. **Il pittore** ha ricevuto un premio +
2. Siamo andati **alla sua** mostra qualche mese fa =
Il pittore, **alla cui** mostra siamo andati qualche mese fa, ha ricevuto un premio.

- Per unire due frasi che hanno un elemento in comune che esprime **possesso**, si usa la forma:

  articolo determinativo + cui

- L'articolo prima del pronome relativo **cui** concorda sempre con l'oggetto "posseduto".

- **Pronome relativo "possessivo"**

  articolo determinativo + cui
  il cui / la cui / i cui / le cui

ALMA Edizioni | Grammatica pratica della lingua italiana

23 PRONOMI RELATIVI — ESERCIZI

1 Scegli il pronome relativo corretto.

Le montagne italiane

L'Italia è montuosa per più di due terzi: il 38% è formato da montagne e il 39% da colline. Le Alpi, **le cui / la cui / cui** vetta più alta è il Monte Bianco (4810 metri), si trovano a nord. Questa catena montuosa, **in cui / il cui / la cui** origine risale a circa 25 milioni di anni fa, è una delle più giovani del pianeta. L'altra catena montuosa in Italia sono gli Appennini, **la cui / il cui / che** monte più alto, il Gran Sasso, si trova in Abruzzo e raggiunge 2912 metri.

2 Unisci le frasi con l'**articolo determinativo** + **cui**, come negli esempi.

1. Claudia è mia amica + La madre di Claudia fa la hostess =
   Claudia, la cui madre fa la hostess, è mia amica.

2. Ugo non mi ha ancora pagato + Ho fatto un lavoro per la ditta di Ugo =
   Ugo, per la cui ditta ho fatto un lavoro, non mi ha ancora pagato.

3. Mio cugino è partito oggi + Abbiamo parlato della ragazza di mio cugino prima =
   _____

4. Quel ragazzo mi piace molto + Il padre di quel ragazzo è spagnolo =
   _____

5. Anna è una mia amica di infanzia + Abbiamo incontrato i genitori di Anna poco fa =
   _____

6. Mio fratello è in vacanza + Hai dormito nel letto di mio fratello stanotte =
   _____

7. Una ditta americana ha comprato la mia azienda + Gli affari della ditta americana vanno benissimo =
   _____

8. La nuova collega è molto preparata + Il fratello della nuova collega vive nel mio palazzo =
   _____

9. Quel guru è il mio maestro + Seguo ormai da anni gli insegnamenti di quel guru =
   _____

10. Aldo è molto bravo + Hai visto il padre di Aldo alla conferenza =
    _____

11. Lo studente ha problemi in matematica + Il professore ha appena parlato con la madre dello studente =
    _____

PRONOMI RELATIVI 23

Pronome relativo il quale

Ho visto Marco, **che** mi ha raccontato tutto.
Ho visto Marco, **il quale** mi ha raccontato tutto.

L'auto **con cui** sono venuto è a noleggio.
L'auto **con la quale** sono venuto è a noleggio.

I vicini, **con cui** avevo davvero un bel rapporto, hanno traslocato.
I vicini, **con i quali** avevo davvero un bel rapporto, hanno traslocato.

Le mie figlie, **a cui** avevo comprato una macchina, hanno avuto un incidente.
Le mie figlie, **alle quali** avevo comprato una macchina, hanno avuto un incidente.

Giovanni, **che** è il capo di mio marito, ha avuto un figlio ieri. *(più usato)*
Giovanni, **il quale** è il capo di mio marito, ha avuto un figlio ieri. *(meno usato)*

Ho visto Anna, **che** tu conosci molto bene. *(più usato)*
Ho visto Anna, **la quale** tu conosci molto bene. *(meno usato)*

- **che** e **cui** si possono sostituire con il pronome relativo **il quale / la quale / i quali / le quali**.

- **il quale** non è invariabile e concorda con il sostantivo a cui si riferisce.

- L'uso di **il quale** al posto di **che** (in funzione di soggetto) è poco comune nella lingua parlata.

- L'uso di **il quale** al posto di **che** (in funzione di oggetto) veniva usato in passato esclusivamente nell'italiano letterario e nella lingua scritta formale.

- Pronome relativo il quale

    articolo determinativo + quale
    il quale / la quale / i quali / le quali

ESERCIZI

1 Sostituisci i pronomi relativi sottolineati con **il quale / la quale / i quali / le quali**.

La pasta

Anche se alcuni dicono che la pasta è stata introdotta in Italia da Marco Polo, <u>che</u> l'aveva portata dalla Cina, ci sono documenti che indicano che in Sicilia intorno al 1000 si mangiava già un tipo di pasta, simile agli spaghetti. Inoltre Roma, <u>in cui</u> ai tempi di Augusto vivevano circa un milione e mezzo di abitanti, doveva avere un modo efficace <u>con cui</u> conservare il grano e la farina nei granai. Probabilmente li distribuivano frequentemente alla popolazione <u>che</u> li conservava in modi diversi. Alcuni tostavano il grano, altri invece mescolavano farina e acqua, la facevano seccare al sole e poi la tagliavano come le nostre tagliatelle. Nel I secolo d.C. Marco Avio Apicio ha scritto uno dei primi libri di cucina <u>di cui</u> abbiamo notizia: "De re coquinaria" e ha descritto una ricetta <u>a cui</u> possiamo paragonare le lasagne di oggi.

(adattato da icon.it)

23 PRONOMI RELATIVI

ESERCIZI

2 Inserisci il pronome relativo corretto.

cui • cui • quali • quali • che • che • che • che • che

Ciao Ines!

I miei primi mesi a Bologna sono stati perfetti! Grazie per tutti i consigli _____ mi hai dato! La scuola di lingua a _____ mi hai consigliato di iscrivermi è ottima, con bravi insegnanti e lezioni molto interessanti. Ho trovato molti amici con i _____ esco spesso e _____ mi hanno fatto conoscere i posti più belli della città. Siamo andati anche a FICO, un parco _____ si trova poco fuori città e _____ non esisteva ancora quando tu eri a Bologna. FICO è dedicato ai prodotti alimentari italiani, ha mercati _____ vendono prodotti di stagione, ristoranti nei _____ puoi assaggiare le specialità del territorio e corsi di cucina in _____ si può imparare di tutto sul cibo. Sono sicura che ti piacerebbe moltissimo. Quando vieni a Bologna ci andiamo insieme!

Un abbraccio,

Rebeca

3 Completa il testo con i pronomi relativi **che**, **chi**, **quale / quali**.

La Nutella

C'è chi vede nel nome il segreto del suo successo e _____ invece lo trova nella facilità con la _____ si mangia. C'è _____ ci legge un simbolo sessuale e _____ un richiamo per adolescenti. La Nutella comunque ha moltissimi fan. È nata nel 1946 ed è subito diventata un mito.

Nel suo bicchiere, _____ ormai è famosissimo, e nel _____ è contenuto un pezzo di storia italiana, c'è un prodotto _____ è studiato con passione in saggi e tesi di laurea. Il primo nome era Supercrema e solo nel 1964 ha preso il nome _____ le è rimasto fino ad ora. La Nutella è stata anche celebrata nel 1983 in un famoso film di Nanni Moretti, "Bianca", nel _____ si vede il protagonista _____ mangia Nutella da un barattolo gigante. Nel 1994 gli studenti _____ hanno contestato il ministro dell'istruzione sono stati chiamati "i Nutella Boys" e la Nutella è ormai protagonista delle merende dei bambini, i _____ in ogni parte del mondo, amano il suo gusto unico e inconfondibile.

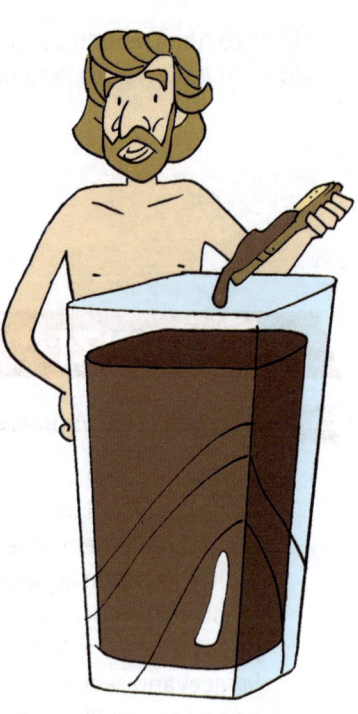

> **LO SAI CHE...**
>
> Quando **cui** o **il quale** hanno un significato di luogo (**in cui**, **da cui**, **nel quale**, **dal quale**, ecc.) possono essere sostituiti dall'avverbio **dove**.
>
> Es:
> *La zona dove abito si trova nel centro.*
> (**dove** = in cui, nella quale)

TRAPASSATO PROSSIMO 24

Trapassato prossimo

I miei nonni mi raccontavano sempre di quando **erano andati** in viaggio di nozze a Roma.
(*prima:* erano andati ▸ *dopo:* mi raccontavano)

Ugo ha detto a Paolo che **aveva visto** quel film da ragazzo.
(*prima:* aveva visto ▸ *dopo:* ha detto)

Mario ha detto che **aveva mangiato** troppo e ha ordinato un digestivo.
Quando sono arrivato alla stazione, il treno **era** già **partito**.

- Il trapassato prossimo si usa per esprimere un'azione nel passato che è successa **prima** di un'altra azione passata.

- Il trapassato prossimo si forma con l'imperfetto di **avere** o **essere** + il **participio passato** del verbo.

- **Trapassato prossimo**

imperfetto di avere o essere + participio passato		
io	avevo parlato	ero andato/a
tu	avevi parlato	eri andato/a
lui / lei / Lei	aveva parlato	era andato/a
noi	avevamo parlato	eravamo andati/e
voi	avevate parlato	eravate andati/e
loro	avevano parlato	erano andati/e

ESERCIZI

1 **Collega le domande con le risposte e metti i verbi al trapassato prossimo, come nell'esempio.**

1. Perché Gianni non è venuto al lavoro ieri?
2. Siete andati al cinema venerdì?
3. Perché i tuoi non rispondevano al telefono, l'altra sera?
4. Perché non hai accettato un'altra fetta di dolce? Era ottimo!
5. Come mai non hai la macchina?
6. Sei ancora qui? Ma non dovevi andare in India?
7. Dove hai dormito a Roma?
8. Non ho visto tuo fratello alla festa. Dov'era?

a. Quando sei arrivato tu *(lui / andare)* _____ già via.
b. Lo so, ma *(io / mangiare)* _____ davvero troppo!
c. L'ho venduta. *(Lei / fare)* _____ troppi chilometri e ormai non andava più bene.
d. Ha detto che la notte prima *(avere)* __aveva avuto__ la febbre e non stava bene.
e. Nello stesso albergo dove *(io / stare)* _____ l'anno scorso.
f. Mi hanno detto che non l'hanno sentito perché *(loro / andare)* _____ a dormire.
g. No, *(noi / lavorare)* _____ troppo e così siamo andati a casa.
h. Sì, *(io / comprato)* _____ anche il biglietto, ma poi mio padre è stato male e non sono più partito.

24 TRAPASSATO PROSSIMO

ESERCIZI

2 Metti i verbi al trapassato prossimo.

I signori Fiore sono andati in vacanza e hanno lasciato la casa in mano ai figli, Claudio e Dario, con molte raccomandazioni. Quando sono tornati hanno trovato che:

Claudio (*dimenticarsi*) _____ di dare l'acqua alle piante, Dario non (*tornare*) _____ mai a casa a dormire, nessuno (*lavare*) _____ i piatti o (*portare*) _____ fuori il cane. La casa era un disastro perché sabato sera i ragazzi (*organizzare*) _____ una cena per gli amici e (*ballare*) _____, (*giocare*) _____ e (*guardare*) _____ video tutta la notte e la donna delle pulizie (*rifiutarsi*) _____ di andare a pulirla. Naturalmente, quando i genitori hanno chiesto spiegazioni, ognuno ha dato la colpa all'altro dicendo: "(*Dire*) _____ che ci pensava lui!".

3 Scegli la forma corretta del verbo.

La scorsa estate Jun e Cristina hanno deciso di passare una settimana a Berlino, una città in cui **sono già state / erano già state** molti anni prima, quando **studiavano / avevano studiato** ancora all'università. Nel loro primo viaggio **si erano spostate / si sono spostate** in treno e **hanno dormito / avevano dormito** in ostello mentre questa volta **hanno comprato / avevano comprato** un biglietto aereo e **avevano prenotato / hanno prenotato** un albergo. Prima di partire **avevano contatto / hanno contattato** gli amici che **avevano conosciuto / hanno conosciuto** dieci anni prima e con cui erano rimaste in contatto, alcuni **avevano vissuto / vivevano** ancora a Berlino ed **è stato / era stato** bello rivederli e passare del tempo con loro. Jun **è voluta / era voluta** tornare nei posti che **hanno visitato / avevano visitato** durante il loro primo viaggio e nei locali in cui **hanno passato / avevano passato** delle serate indimenticabili. Le ragazze **hanno visto / avevano visto** anche molti posti che non **hanno avuto / avevano avuto** il tempo (o la voglia) di visitare durante il primo viaggio e hanno passato una bellissima settimana.

4 Metti i verbi al tempo giusto (passato prossimo, imperfetto, trapassato prossimo).

Lunedì scorso era il 14 febbraio e Paolo aveva deciso di fare una sorpresa a sua moglie Teresa.
(*Volere*) _____ fare qualcosa di particolare, qualcosa di diverso dal solito.
Prima (*pensare*) _____ di prenotare un tavolo in un ristorantino romantico, ma poi ci aveva ripensato perché (*ricordarsi*) _____ che ci (*loro / andare*) _____ anche l'anno prima.
Allora l'ha portata a ballare nella discoteca dove (*conoscersi*) _____ anni fa, quando ancora (*loro / fare*) _____ l'università. Ma la discoteca, che una volta (*chiamarsi*) _____ "Il Gatto Nero", ora si chiama "La Baracca" ed è cambiata molto. Per Paolo e Teresa però quella (*essere*) _____ ancora la "loro" discoteca e così sono entrati lo stesso. Si sono trovati in una sala buia, con musica altissima e sconosciuta e moltissimi ragazzi che, da come (*muoversi*) _____ probabilmente (*prendere*) _____ delle strane droghe.
Paolo e Teresa si sono sentiti improvvisamente molto vecchi e (*uscire*) _____ per andare in una pizzeria che (*vedere*) _____ dietro l'angolo, prima di entrare in discoteca. Come passa il tempo!

ESERCIZI

TRAPASSATO PROSSIMO 24

5 Unisci le frasi e metti i verbi al trapassato prossimo, come nell'esempio.

1. Ho deciso di non andare a teatro,
2. Abbiamo dovuto ripetere l'esame...
3. Barbara è tornata a casa...
4. Non trovavo più le chiavi,
5. Alla fine Paolo e Franco non sono partiti...
6. La cena da nonna è stata eccezionale,
7. Il progetto con Anna è durato molto di più del previsto,
8. Non sono riuscita a vedere Elena,

a. *(finire)* _____ in fondo alla borsa e non le vedevo.
b. perché *(dimenticare)* _____ di fare il visto.
c. *(preparare)* _____ il suo ottimo arrosto.
d. *(io / dimenticare)* _____ quanto è pignola!
e. perché non lo *(passare)* _____ la prima volta.
f. quando sono arrivata a casa sua lei *(uscire)* _____ già.
g. perché *(dimenticare)* _____ il cellulare.
h. quella commedia l' *(vedere)* __avevo vista__ già qualche anno fa.

6 Trasforma questa storia al passato, come nell'esempio.

Questa è la storia di Renzo e Lucia, due giovani che vivono vicino al Lago di Como nel XVII secolo e vogliono sposarsi perché sono molto innamorati. È il gran giorno e tutto è pronto, Renzo e Lucia hanno già organizzato tutto per il matrimonio e hanno anche già trovato la chiesa e il prete, don Abbondio. Ma non sanno che il cattivo Rodrigo, un nobile della zona, tempo prima ha visto Lucia e ha deciso che deve essere sua. Così, alcuni giorni prima del matrimonio, Rodrigo ha mandato due suoi uomini a minacciare il prete. I due uomini hanno aspettato don Abbondio in una piccola strada perché sanno che è andato a fare la sua solita passeggiata e lo hanno spaventato moltissimo. Dopo qualche giorno Renzo e Lucia scoprono tutto il piano del perfido Rodrigo e per questo fuggono. Renzo va a Milano e Lucia in un convento di suore. I due giovani rimangono separati per molto tempo. In questo periodo Renzo ha molte avventure, c'è una guerra e anche una terribile epidemia di peste che fa moltissimi morti, fra cui anche il nobile Rodrigo. Dopo la morte di Rodrigo i due possono finalmente tornare al paese dove don Abbondio, che ha saputo della morte del nobile, finalmente li sposa.

Questa è la storia di Renzo e Lucia, due giovani che vivevano vicino al lago di Como...

24 TRAPASSATO PROSSIMO

7 Cerchiamo di capire il titolo del romanzo dell'esercizio precedente. Metti i verbi al trapassato prossimo e decidi se le frasi sono vere o false. Le frasi vere ti daranno le lettere che compongono il titolo del romanzo.

		vero	falso
a.	Escher, il famoso artista delle costruzioni impossibili, per alcuni disegni, *(ispirarsi)* _____ ad alcuni paesini dell'Abruzzo. (P)	☐	☐
b.	Mel Gibson ha deciso di girare il suo film "La passione di Cristo" in Basilicata perché *(trovare)* _____ nei Sassi di Matera un paesaggio particolarissimo. (R)	☐	☐
c.	Prima di diventare una città romana Crotone, in Calabria, *(essere)* _____ una città araba. (A)	☐	☐
d.	Nel 1861 in Campania si parlava un dialetto tedesco perché in passato la regione *(rimanere)* _____ per molti anni sotto la dominazione austriaca. (L)	☐	☐
e.	Già Virgilio, nell'antica Roma, *(scrivere)* _____ dell'aceto balsamico emiliano. (O)	☐	☐
f.	Per proteggersi dalle invasioni turche, Venezia *(costruire)* _____ la città fortezza di Palmanova nel 1593. (M)	☐	☐
g.	La città di Latina, nel Lazio, dopo la Seconda Guerra Mondiale ha cambiato il nome che le *(dare)* _____ il governo fascista: prima si chiamava Littoria. (E)	☐	☐
h.	Cristoforo Colombo, *(lavorare)* _____ per molti anni in una scuola, prima di diventare un navigatore. (I)	☐	☐
i.	Maria Montessori, prima di occuparsi dei bambini, *(laurearsi)* _____ in Medicina a Roma. (S)	☐	☐
l.	Il lago Maggiore, in Piemonte, è il più grande d'Italia. (T)	☐	☐
m.	Nel Medioevo a Bari è stata costruita la Basilica di San Nicola per custodire le reliquie del Santo che *(arrivare)* _____ pochi anni prima dalla Turchia. San Nicola è diventato poi Santa Claus. (S)	☐	☐
n.	Prima di diventare italiana la Sardegna *(avere)* _____ un breve periodo di indipendenza. (I)	☐	☐
o.	La Sicilia è la regione più grande d'Italia. (S)	☐	☐
p.	Il famosissimo cocktail Negroni è nato a Firenze, in Toscana, negli anni '20 perché il conte Negroni *(stancarsi)* _____ dei soliti cocktail e ne ha inventato uno nuovo. (P)	☐	☐
q.	Prima di diventare italiano il Trentino Alto Adige *(fare)* _____ parte della Germania, per questo molti ancora parlano il tedesco. (A)	☐	☐
r.	Nel IV secolo a Terni, in Umbria, è stata costruita la Basilica di San Valentino per il corpo del martire cristiano Valentino, che *(essere)* _____ il vescovo della città. Ora Terni si chiama "la città degli innamorati". (O)	☐	☐
s.	Il regime fascista *(cambiare)* _____ i nomi francesi dei comuni della Val d'Aosta. Dopo la guerra sono stati ripresi i nomi originali. (S)	☐	☐
t.	La Repubblica di Venezia (dal IX al XVIII secolo) era detta La Serenissima, perché *(avere)* _____ sempre _____ un governo e una giustizia equilibrati e democratici. (I)	☐	☐

Il titolo del romanzo è I _ _ _ _ _ _ _ _ _ _ _ _ _ _ _ _ _

LO SAI CHE... Usa la traduzione. Traduci un brevissimo brano dall'italiano alla tua lingua. Dopo alcune ore o un giorno prova a ritradurlo in italiano. Controlla cosa ti sei ricordato e gli errori che hai fatto. Vedrai che così è più facile riportare alla mente strutture e vocaboli.

IMPERATIVO DIRETTO 25

Imperativo diretto (tu – noi – voi)

Aprite la finestra, fa caldo!
Per andare a Firenze, **prendi** il treno, non la macchina.

- L'imperativo diretto si usa per dare ordini o consigli.

Telefoniamo a Fabio!
Comprate quel libro. È bellissimo!
Metti a posto quel libro!
Vediamo quel film che è più interessante.
Chiudete la porta, per favore. Fa freddo.
Finisci di studiare!
Partiamo domani.
Pulite la cucina dopo che l'avete usata.

- L'imperativo di **tu**, **noi** e **voi** è di solito uguale al presente indicativo del verbo.

Parla più lentamente che non capisco.
Mangia la frutta che ti fa bene!
Scusa ma non posso venire con te oggi.

- L'imperativo della seconda persona singolare (**tu**) dei verbi in **-are**, invece finisce in **-a**.

- Imperativo diretto

	am-are	ved-ere	apr-ire
tu	am-a	ved-i	apr-i
noi	am-iamo	ved-iamo	apr-iamo
voi	am-ate	ved-ete	apr-ite

Verbi con imperativo irregolare

Abbia fiducia! **Abbiate** fiducia!
Sii gentile! **Siate** gentili!
Sappi aspettare! **Sappiate** aspettare!

- I verbi **avere**, **essere** e **sapere**, hanno l'imperativo diretto irregolare alla seconda persona singolare (**tu**) e alla seconda persona plurale (**voi**).

Va' / Vai pure, io ti raggiungo più tardi.
Da' / Dai l'acqua alle piante, per favore.
Fa' / Fai come preferisci.
Sta' / Stai attento!
Di' a tutti di essere puntuali.

- I verbi **andare**, **dare**, **fare** e **stare**, hanno una doppia forma per l'imperativo di seconda persona singolare (**tu**). Il verbo **dire** invece ha una sola forma.

- Imperativo diretto – verbi irregolari

	essere	avere	sapere
tu	sii	abbi	sappi
voi	siate	abbiate	sappiate

	andare	dare	fare	stare	dire
tu	va' / vai	da' / dai	fa' / fai	sta' / stai	di'

ALMA Edizioni | Grammatica pratica della lingua italiana

25 IMPERATIVO DIRETTO

Imperativo diretto negativo

Non telefoniamo a Fabio, starà lavorando.
Non comprate quel libro. È davvero brutto!
Non vediamo quel film, è noiosissimo!
Non chiudete la porta per favore. Fa caldo.
Non partiamo domani. C'è troppo traffico.
Non pulite la cucina. Lo faccio io.

- L'imperativo diretto negativo è di solito uguale alla forma negativa del presente indicativo.

Non parlare così veloce, non capisco.
Non mettere a posto quel libro, voglio leggerlo!
Non finire la torta!

- La seconda persona singolare (**tu**), invece si forma con l'infinito del verbo.

- Imperativo diretto negativo

	am-are	ved-ere	apr-ire
tu	non am-are	non ved-ere	non apr-ire
noi	non am-iamo	non ved-iamo	non apr-iamo
voi	non am-ate	non ved-ete	non apr-ite

ESERCIZI

1 Questa è la lista di Luca e Giulia. Cambia tutta la lista all'imperativo di prima persona plurale (noi) e indovina cosa stanno organizzando.

Cose da fare:

Es: spedire gli inviti ▸ *spediamo gli inviti*

1. prenotare il ristorante ▸ _____
2. fare spese ▸ _____
3. decidere chi sono i testimoni ▸ _____
4. scegliere il vestito ▸ _____
5. organizzare la lista di nozze ▸ _____
6. andare all'agenzia di viaggi ▸ _____

Cosa stanno organizzando? IL _____

2 Scegli per ogni problema il consiglio giusto, come nell'esempio.

1. Ho bisogno di soldi.
2. Sono nervoso.
3. Ho mal di schiena.
4. Spendo troppo per il golf.
5. Voglio cambiare casa.
6. Odio il Natale!
7. Ho paura di prendere l'aereo.
8. Non riesco a smettere di fumare.

a. Prendi il treno.
b. Guarda gli annunci immobiliari.
c. Passa dicembre in un Paese musulmano.
d. Chiedi un prestito a una banca.
e. Prova con i cerotti anti-fumo.
f. Prendi una camomilla.
g. Smetti di giocare.
h. Comincia a fare un po' di sport.

IMPERATIVO DIRETTO

ESERCIZI

3 Metti i verbi all'imperativo diretto di seconda persona plurale (**voi**) e decidi se sono azioni da fare o no (in questo caso usa l'imperativo negativo), come negli esempi.

Se volete fare bella figura in Italia:

Es: (Portare) __Portate__ dei fiori in regalo ai padroni di casa.

(Guardare) __Non guardate__ nel fazzoletto dopo che vi siete puliti il naso.

1. (Portare) _____ in regalo i crisantemi! Si portano solo al cimitero!

2. (Offrire) _____ un rametto di mimosa a una donna l'otto marzo.

3. (Togliere) _____ le scarpe quando entrate in casa di qualcuno. Nessuno lo fa.

4. (Ruttare) _____ per dimostrare che avete apprezzato il pranzo.

4 Adesso trasforma le frasi dell'esercizio precedente nell'imperativo di seconda persona singolare (**tu**).

Se vuoi fare bella figura in Italia:

Es: (Portare) __Porta__ dei fiori in regalo ai padroni di casa.

(Guardare) __Non guardare__ nel fazzoletto dopo che ti sei pulito il naso.

1. (Portare) _____ in regalo i crisantemi! Si portano solo al cimitero!

2. (Offrire) _____ un rametto di mimosa a una donna l'otto marzo.

3. (Togliere) _____ le scarpe quando entri in casa di qualcuno. Nessuno lo fa.

4. (Ruttare) _____ per dimostrare che hai apprezzato il pranzo.

5 Metti i verbi all'imperativo di seconda persona singolare (**tu**).

Benessere. Cosa si deve e cosa non si deve fare

Es: (Camminare) __Cammina__ almeno mezz'ora al giorno.

Non (mangiare) __mangiare__ troppe cose fritte.

1. (Dormire) _____ almeno otto ore ogni notte.

2. Non (fare) _____ un check-up ogni anno se non hai disturbi.

3. Non (usare) _____ le erbe curative a caso. (Chiedere) _____ l'aiuto di un esperto.

4. Non (dimenticare) _____ di bere almeno un litro e mezzo d'acqua al giorno.

5. (Usare) _____ luci diffuse quando lavori al computer.

6. (Controllare) _____ bene chi ti fa un tatuaggio. È facile prendersi infezioni.

7. (Rilassarsi) _____ appena puoi.

8. (Mangiare) _____ sano.

9. (Cercare) _____ di essere felice.

Quando si vuole dare un ordine o suggerire un comportamento generale (per esempio sulle etichette di alcuni prodotti) si usa spesso l'**infinito**, che funziona come un **imperativo impersonale**.

Es:

Conservare al fresco (su una confezione di cibo).
Prendere dopo i pasti (su un medicinale).

ALMA Edizioni | Grammatica pratica della lingua italiana

25 IMPERATIVO DIRETTO — ESERCIZI

6 Metti i verbi all'imperativo di seconda persona singolare (tu).

Giovanni ha lasciato il suo appartamento a Carla per un mese.
Quando Carla arriva trova un messaggio di Giovanni con le varie cose da fare.

Ciao Carla e benvenuta a casa mia!
Come ti ho già detto per telefono sono davvero contento di lasciarti il mio appartamento mentre sono via. Ci sono un paio di cose a cui devi fare attenzione.
Prima di tutto *(ricordare)* _____ sempre di chiudere bene la porta quando esci; questa zona non è molto sicura… poi, se vuoi fare un bagno, *(accendere)* _____ la caldaia che si trova sul terrazzino. Non è difficile: *(tenere)* _____ premuto il pulsante rosso per qualche secondo e poi *(spingere)* _____ quello nero. Si accenderà subito. Conosci già il mio gatto Micio, no? Mangerebbe dalla mattina alla sera! Così per favore, non gli *(dare)* _____ troppo da mangiare, non gli fa bene.
Penso che sia tutto… Ah, no! Dimenticavo la pianta. Non le *(dare)* _____ troppa acqua, non ne vuole molta. C'è roba da mangiare in cucina… *(usare)* _____ pure tutto quello che vuoi e… mi raccomando: non *(fare)* _____ niente che io non farei!
Baci, Giovanni

7 Metti i verbi all'imperativo diretto. Attenzione ai verbi irregolari!

Cari mamma e papà,
so che sarete molto sorpresi da questa lettera, ma non *(voi / avete)* _____ paura per me: vado via perché sono convinta di quello che faccio. *(voi / Sapete)* _____ che vi voglio molto bene, ma ho trovato una famiglia che per me è più importante e con cui voglio passare il resto della mia vita.
Non *(voi / cercate)* _____ di trovarmi, e non *(voi / preoccuparsi)* _____, la mia nuova famiglia si prenderà cura di me. Andrò a vivere in una comune fuori dall'Italia dove condividerò tutto con i miei nuovi fratelli; questo non significa che non voglio più avere niente a che fare con voi, ma ho bisogno di una dimensione spirituale che mi è mancata fino ad ora. Mamma, non *(piangere)* _____ troppo e non *(dare)* _____ la colpa a papà come fai di solito, anzi, *(voi / approfittare)* _____ di questa situazione per riavvicinarvi un po' di più. *(voi / Uscire)* _____, *(voi / vedere)* _____ gli amici e, se non volete raccontare quello che ho fatto, *(voi / dire)* _____ pure quello che volete.
Non *(voi / essere)* _____ troppo arrabbiati con me.
Un bacio, Cecilia

8 Metti i verbi all'imperativo diretto, come negli esempi. Attenzione ai verbi irregolari!

Es: *(tu / Andare)* __Va' / Vai__ a casa! • *(voi / Andare)* __Andate__ a casa!

1. *(tu / Fare)* _____ la spesa.
2. *(voi / Fare)* _____ la spesa.
3. *(tu / Stare)* _____ zitto!
4. *(voi / Stare)* _____ zitti!
5. *(tu / Dare)* _____ questo libro a Paolo.
6. *(voi / Dare)* _____ questo libro a Paolo.
7. *(tu / Dire)* _____ anche la tua opinione.
8. *(voi / Dire)* _____ anche la vostra opinione.

IMPERATIVO DIRETTO 25

Imperativo diretto e pronomi

Andiamo**ci**!
Guarda**li**!
Compra**lo** subito!
Parlate**ne**!
Di**te**mi!

- I pronomi diretti, indiretti e combinati e le particelle **ci** e **ne** vanno sempre uniti, come suffisso, all'imperativo diretto.

Non sei andato alla biblioteca? Va**cci** domani.
Da**mmi** una mano a cucinare per favore.
Se non lo usi, fa**nne** quello che vuoi.
Maria è molto malata, sta**lle** vicino.
Che c'è cara? Di**mmi** tutto!
Va' da tuo padre e di**gli** tutto.

- Con la seconda persona singolare (**tu**) i verbi irregolari **andare, dare, fare, stare, dire**, i pronomi e le particelle raddoppiano la consonante iniziale.

- Con il pronome **gli** non c'è raddoppiamento.

- Quando l'imperativo diretto è negativo abbiamo due possibilità:

Non ti piace il vino? Allora **non lo bere**!
Il cinema è pieno. **Non ci andiamo**!
Quel formaggio non è fresco. **Non lo comprate**!

a) la particella o il pronome precedono l'imperativo;

Non ti piace il vino? Allora **non berlo**!
Il cinema è pieno. **Non andiamoci**!
Quel formaggio non è fresco. **Non compratelo**!

b) la particella o il pronome si uniscono all'imperativo.

ESERCIZI

1 Completa le frasi con l'**imperativo + i pronomi** o le particelle **ci** e **ne**, come nell'esempio

Es: Non ho tempo di accompagnarti in piscina. *(tu / Andare / in piscina)* __Vacci__ da solo.

1. Non conosci quel ristorante? *(tu / Andare / in quel ristorante)* _____, è buonissimo.
2. *(tu / Dire / a me)* _____ tutta la verità o questa volta sei davvero nei guai!
3. Ho una gran paura di quello che dirà il dottore, *(tu / stare / a me)* _____ vicino!
4. Non vedete che il cane ha fame? *(voi / Dare / a lui)* _____ qualcosa da mangiare!
5. Non sai che cosa regalare a tuo padre? *(tu / Fare / a lui)* _____ una sorpresa e
   (tu / invitare / lui) _____ a cena.
6. Non hai ancora visto il nuovo film di Martone? *(tu / Andare / a vederlo)* _____. È bellissimo.
7. Lo so che dobbiamo vedere Laura, ma stasera non posso, *(noi / andiamo / da Laura)* _____ domani.
8. Ho finito i soldi. *(tu / Prestare / a me)* _____ un po', per favore.
9. Anna non sa ancora che non ha passato l'esame. *(tu / Dire / a lei / che non ha passato l'esame)* _____.

25 IMPERATIVO DIRETTO

ESERCIZI

2 **Metti i verbi all'imperativo diretto (tu).**

Giuliano, 38 anni, deve partire per Francoforte per un convegno di lavoro. Questa è la sua conversazione con la madre.

Mamma: *(Ascoltarmi)* _____ Giuliano. *(Fare)* _____ come ti dico.
Non *(dimenticarsi)* _____ di portare un'aspirina.

Giuliano: No, mamma.

Mamma: *(Guardare)* _____ che lassù farà più freddo che qui, *(mettersi)* _____ la maglia di lana se esci dall'albergo.

Giuliano: Ok, mamma.

Mamma: Anzi, ora che ci penso, che esci a fare? *(Rimanere)* _____ in albergo no?
Tanto il convegno è lì no?

Giuliano: Ma mamma... ci sono anche altri colleghi, penso che sicuramente usciremo qualche volta.

Mamma: Quanti siete?

Giuliano: Un'ottantina, da tutta l'Italia.

Mamma: Vabbè. *(Telefonarmi)* _____ appena arrivi però! Capito?
Non *(farmi)* _____ stare in pensiero.

Giuliano: Certo, mamma.

Mamma: Hai preso il passaporto? Il pettine? Le scarpe di lana? La macchinetta del caffè?

Giuliano: Ho tutto mamma! E che ci faccio con le scarpe di lana?

Mamma: *(Metterle)* _____, no? Fa freddo lassù!

Giuliano: E la macchinetta del caffè?

Mamma: *(Starmi)* _____ a sentire, *(portarla)* _____. Un buon caffè la mattina è l'unica cosa che ti sveglia, lo sai.

Giuliano: Ma mamma! Farò colazione in albergo.

Mamma: Chissà che schifezze che mangiano quelli lì. Boh, *(fare)* _____ come vuoi!
Non mi ascolti mai tu!

Giuliano: Ora non *(cominciare)* _____, mamma. Sono in ritardo, *(farmi)* _____ andare!

Mamma: Un'ultima cosa, non *(fare)* _____ amicizia con quelle donne di là, capito?
Meglio non fidarsi di queste nordiche. Non voglio mica una straniera in famiglia!

Giuliano: No, mamma, no. Ciao mamma, vado.

Mamma: Ciao Ninuccio! *(Darmi)* _____ un bacio. Ciao!

3 **Completa la tabella con l'imperativo (tu) dei verbi dare, fare, dire + i pronomi indiretti.**

	a me	a lui	a lei	a noi	a loro
dare una mano	dammi una mano				
fare un favore			falle un favore		
dire la verità					digli la verità

TEST DI CONTROLLO
unità 21 • 25

Hai fatto progressi? Controlla.
Ogni esercizio ripete uno o più argomenti grammaticali, se raggiungi più della metà del totale: BRAVO!
In caso contrario ripeti l'argomento che ti dà più problemi.

1 FUTURO SEMPLICE E FUTURO ANTERIORE
Coniuga il verbo fra parentesi alla forma corretta del futuro.

La casa del futuro

La tecnologia *(portare)* _____ grandi cambiamenti nella nostra vita quotidiana, spesso cose che ora non potremmo neanche immaginare, ma di cui in futuro non *(noi / potere)* _____ fare a meno. Uno degli aspetti più interessanti è quello legato a come *(noi / vivere)* _____: molti elettrodomestici della casa *(essere)* _____ connessi tra di loro, *(potere)* _____ comunicare e saranno controllati con particolari interfacce (tastiere, telecomandi, *touch screen*, ecc.). Molto probabilmente i robot *(essere)* _____ molto diffusi e ci *(aiutare)* _____ in molti dei lavori di casa.

ogni verbo corretto vale 2 punti   totale: ____/14

2 FUTURO, FUTURO ANTERIORE E CONDIZIONALE COMPOSTO
Scegli la forma corretta del verbo.

- ■ Fabio, hai visto Mauro?
- ● No, perché? Non è in casa?
- ■ No. Ma dove **andrà / sarà andato**? Mi ha detto che **sarebbe venuto / verrà** verso le 5:00 e sono quasi le 6:00!
- ● Ma perché? Che cosa dovete fare di tanto urgente?
- ■ Abbiamo prenotato il campo da tennis per le 6:30. Dobbiamo allenarci. Sabato prossimo **parteciperemo / avremo partecipato** a un torneo importante.
- ● **Sarebbe / Sarà** già al campo, allora. Perché non gli telefoni?
- ■ Lo **farò / avrei fatto**, ma ho il cellulare scarico.

ogni verbo corretto vale 2 punti   totale: ____/10

TEST DI CONTROLLO

unità 21 • 25

 COMPARATIVI E SUPERLATIVI
Scegli le forme corrette dei comparativi e superlativi.

Aprile dolce dormire

Una volta si diceva che la primavera era la stagione **migliore / maggiore** per l'amore, ma ora, quando comincia a fare un po' più caldo, gli italiani, più **che / di** innamorarsi, vanno in crisi. Il mensile Riza Psicosomatica infatti ha fatto un'inchiesta su quasi 1000 italiani adulti e ha scoperto che gli italiani d'inverno si sentono meno esauriti **che / di** in primavera. Le donne si sentono più stanche e stressate **che gli / degli** uomini e danno la colpa più ai problemi familiari e agli aumenti dei prezzi **che alla / della** salute.
Gli uomini, invece, si stressano un po' meno **che le / delle** donne e, quando lo fanno, danno quasi sempre la colpa al lavoro. Insomma, la stagione primaverile non è più **la più dolce / una più dolce** stagione dell'anno, ma solo **la più stressante / una più stressante**. Le persone più **esaurite / esauritissime** di tutte sono poi quelle fra i 25 e i 35 anni, mentre le più **calmissime / calme** sono quelle che hanno un'età **superiore / più superiore** ai 60 anni. Quali sono le soluzioni? Sicuramente i **migliori / più migliori** rimedi sono quelli del buon senso: passare più tempo all'aria aperta e prendere più vitamine.

ogni risposta corretta vale 2 punti totale: ___ /24

 I PRONOMI RELATIVI CHE E CUI
Completa il testo con i pronomi relativi della lista.

a cui • che • che • che • che • che • che • chi • chi • di cui • in cui • in cui

La città dei miei sogni

La città dei miei sogni è verde, inclusiva, tecnologica e fantasiosa. Ci sono molti giardini, _____ si può passeggiare, e piante e fiori _____ crescono lungo le strade. I marciapiedi e gli edifici sono accessibili a tutti, anche a _____ non si muove con facilità. Non c'è traffico e _____ vuole spostarsi può usare i mezzi pubblici, puntualissimi e organizzatissimi. È una città-museo, con opere d'arte _____ si possono ammirare quando si vuole, senza lunghe file. Ci sono artisti di strada _____ si esibiscono nelle zone pedonali e negozi di artigianato e di design _____ si vendono oggetti unici. La città _____ vorrei è una città _____ ha una rete Internet velocissima _____ ci si può collegare gratuitamente. È una città multiculturale, _____ accoglie tutti e _____ tutte le persone si sentirebbero orgogliose.

ogni pronome relativo corretto vale 2 punti totale: ___ /20

TEST DI CONTROLLO
unità 21 • 25

5 PASSATO PROSSIMO, IMPERFETTO E TRAPASSATO PROSSIMO
Metti i verbi al tempo giusto: passato prossimo, imperfetto o trapassato prossimo.

1. Ieri sono andato da Anna ma non l' *(trovare)* _____ in casa perché *(uscire)* _____.
2. Siamo andati al ristorante con Serena e Marco, ma loro *(mangiare)* _____ solo un dolce perché *(cenare)* _____ già a casa.
3. Ieri sera Paolo e Ignazio sono andati al cinema, Laura *(rimanere)* _____ a casa perché *(vedere)* _____ già quel film.
4. Leo non ha risposto al telefono perché *(dormire)* _____.
5. Teresa mi ha visto, ma non mi *(salutare)* _____.
6. Prima di ieri non *(io / vedere)* _____ mai così tanta neve!
7. Ieri non sono andato al lavoro perché non *(stare)* _____ bene la notte prima.

ogni verbo corretto vale 3 punti totale: ___/30

6 IMPERATIVO DIRETTO
Metti i verbi all'imperativo diretto (**tu**), con o senza i pronomi.

Le 10 regole contro lo stress

Ecco 10 regole d'oro che ti aiutano a combattere lo stress.

1. *(Affrontare)* _____ la realtà. Se sei stressato perché non trovi lavoro, non *(nascondersi)* _____ dietro una scusa e *(cercare)* _____ di capire perché non assumono te.
2. Se la causa dello stress è il lavoro troppo difficile, allora *(chiedersi)* _____ se sei davvero preparato per quel posto.
3. *(Imparare)* _____ a delegare e *(semplificarsi)* _____ la vita.
4. Certe volte è importante saper dire "no". *(Dirlo)* _____ più spesso.
5. Se il tuo corpo ti chiede attenzione, *(dedicargli)* _____ più tempo e *(fare)* _____ un po' di attività fisica ogni giorno.
6. *(Parlare)* _____ dei tuoi problemi con un amico o un'amica.
7. Se hai delle cose noiose da fare, *(farle)* _____ subito.
8. Non *(avere)* _____ sensi di colpa.
9. *(Scegliere)* _____ solo quello che vuoi veramente.
10. *(Imparare)* _____ a pensare positivo.

ogni verbo corretto vale 3 punti totale: ___/42

TEST DI CONTROLLO

unità 21 • 25

7 PASSATO PROSSIMO, IMPERFETTO E TRAPASSATO PROSSIMO
Metti i verbi al tempo corretto, scegli tra passato prossimo, imperfetto e trapassato prossimo.

La Repubblica Pisana

La Repubblica marinara di Pisa *(nascere)* _____ prima del 1000 e *(durare)* _____ fino al 1406. Durante questi quattro secoli Pisa *(essere)* _____ piuttosto aggressiva e *(fare)* _____ molte guerre, contro gli arabi e altre città potenti. Poiché in quel periodo gli arabi *(attaccare)* _____ regolarmente le città sulla costa del Mediterraneo, la Repubblica pisana li *(considerare)* _____ pericolosi nemici. Per fermarli, quindi, *(partire)* _____ alla conquista di isole come la Sardegna e la Corsica, *(attaccare)* _____ città come Reggio Calabria e Messina e *(organizzare)* _____ spedizioni per conquistare l'Algeria e la Tunisia. Grazie a queste guerre, alla fine del 1200 Pisa *(diventare)* _____ una repubblica molto potente e *(cacciare)* _____ gli arabi da tutte le isole del Mediterraneo, ma *(farsi)* _____ molti nemici. Fra questi *(esserci)* _____ la Repubblica di Genova che *(volere)* _____ Amalfi, la Corsica e altre isole che Pisa *(conquistare)* _____.
Inoltre, Pisa non *(avere)* _____ buoni rapporti con il Papa, perché *(volere)* _____ essere indipendente. Infatti, al Papa non era piaciuto quando Pisa *(scegliere)* _____ San Ranieri come santo patrono, senza chiedere il permesso, oppure quando Pisa *(decidere)* _____ di iniziare l'anno dal 25 marzo, invece che dal 1° gennaio. Anche per questo, quando la Repubblica di Firenze *(attaccare)* _____ Pisa, nessuno *(correre)* _____ in suo aiuto.

ogni verbo corretto vale 3 punti   totale: ___ /63

8 IMPERATIVO DIRETTO
Trasforma le frasi nella forma plurale **voi**.

Come ottenere la cittadinanza italiana

Se vuoi diventare cittadino italiano:

a. Sposa un cittadino italiano e risiedi in Italia per almeno due anni con la persona che hai sposato.

b. Fa' o adotta dei figli e potrai ridurre alla metà il termine di tempo di residenza richiesto.

c. Lavora, anche all'estero, per almeno cinque anni alle dipendenze dello Stato Italiano.

d. Vivi in Italia per almeno quattro anni se sei un cittadino dell'Unione Europea.

e. Se sei un cittadino di un Paese che non appartiene all'Unione Europea, abitaci per almeno 10 anni.

_____
_____
_____
_____
_____

ogni verbo corretto vale 3 punti   totale: ___ /42

CHI HA UCCISO L'ITALIANO?

crimini grammaticali a fumetti • livello B1

CHI HA UCCISO L'ITALIANO?

testi: C. PEGORARO • disegni: G. FERRARI

UNA DI QUESTE PERSONE MENTE E HA ANCHE FATTO UN ERRORE DI GRAMMATICA.

CHI HA UCCISO L'ITALIANO?

FINE

CONGIUNTIVO 26

Forme del congiuntivo presente

Sembra che loro **partano** domani.
Dicono che lui **perda** facilmente la pazienza.
È possibile che domani **ci vediamo**.

- Il congiuntivo presente si forma dall'indicativo presente.

Si dice che io parl**i** bene il tedesco.
Credo che lei parl**i** bene il tedesco.
Mi pare che tu parl**i** bene il tedesco.

- La prima, la seconda e la terza persona singolare del congiuntivo presente hanno la stessa terminazione.

Sebbene non **capisca** molto di arte, mi piace andare nei musei.
Mi pare che oggi **faccia** più freddo di ieri.
Mio padre vuole che **vada** a casa presto.

- I verbi che hanno l'indicativo presente irregolare hanno quasi sempre lo stesso tipo di irregolarità al congiuntivo presente. Per esempio:

capisco ▸ **capisca**
faccio ▸ **faccia**
vado ▸ **vada**

Voglio che tu **paghi** il conto!
Pretendono che **cerchiamo** un'altra casa.

- I verbi in **-care** e **-gare** aggiungono una **-h-** prima della terminazione del congiuntivo.

- **Congiuntivo presente – verbi regolari**

	am-are	ved-ere	apr-ire
io	am-i	ved-a	apr-a
tu	am-i	ved-a	apr-a
lui / lei / Lei	am-i	ved-a	apr-a
noi	am-iamo	ved-iamo	apr-iamo
voi	am-iate	ved-iate	apr-iate
loro	am-ino	ved-ano	apr-ano

- **Congiuntivo presente – verbi irregolari**

	essere	avere	dare	stare	andare
io	sia	abbia	dia	stia	vada
tu	sia	abbia	dia	stia	vada
lui / lei / Lei	sia	abbia	dia	stia	vada
noi	siamo	abbiamo	diamo	stiamo	andiamo
voi	siate	abbiate	diate	stiate	andiate
loro	siano	abbiano	diano	stiano	vadano

	venire	volere	potere	dovere	sapere
io	venga	voglia	possa	debba / deva	sappia
tu	venga	voglia	possa	debba / deva	sappia
lui / lei / Lei	venga	voglia	possa	debba / deva	sappia
noi	veniamo	vogliamo	possiamo	dobbiamo	sappiamo
voi	veniate	vogliate	possiate	dobbiate	sappiate
loro	vengano	vogliano	possano	debbano / devano	sappiano

26 CONGIUNTIVO

Forme del congiuntivo passato

Pare che Susi **sia** già **partita**.
Spero che tu **ti sia divertito**.

- Il congiuntivo passato si forma con il **congiuntivo presente** di **avere** o **essere** + il **participio passato** del verbo.

- **Congiuntivo passato**

congiuntivo presente di avere o essere + participio passato		
io	abbia parlato	sia andato/a
tu	abbia parlato	sia andato/a
lui / lei / Lei	abbia parlato	sia andato/a
noi	abbiamo parlato	siamo andati/e
voi	abbiate parlato	siate andati/e
loro	abbiano parlato	siano andati/e

ESERCIZI

1 Completa la coniugazione del congiuntivo presente.

verbi regolari

	parlare	scrivere	partire	capire
io			parta	
tu	parli			capisca
lui / lei / Lei		scriva		
noi	parliamo			
voi			partiate	
loro		scrivano		capiscano

verbi irregolari

	essere	stare	pagare	fare	rimanere	andare
io						vada
tu	sia					
lui / lei / Lei				faccia		
noi			paghiamo			
voi					rimaniate	
loro		stiano				

CONGIUNTIVO 26

ESERCIZI

2 **Scegli la forma corretta del congiuntivo presente.**

Giulia si è appena diplomata e, prima di scegliere a quale facoltà iscriversi, contatta Milena, un'amica che fa la consulente del lavoro.

- ■ Milena, ho una domanda e penso che tu **siate / sia** la persona perfetta per aiutarmi.
- ● Dimmi pure, Giulia.
- ■ Devo decidere a quale facoltà iscrivermi, ma, più mi guardo intorno, più mi pare che non ci **siano / sia** niente di adatto a me.
- ● Ma come! Non posso credere che tu non **sappia / sappi** cosa scegliere, hai così tanti interessi!
- ■ Sì, è vero. Ma sono confusa…
- ● Qual è la materia in cui eri più brava a scuola?
- ■ Matematica.
- ● Bene. E dimmi… cosa ti appassiona veramente?
- ■ Come sai, mi piace molto dipingere e disegnare, ma ho paura che fare l'artista non mi **dia / diano** molte prospettive lavorative.
- ● Immagino che ti **piaccia / piacciano** anche i giochi online, no?
- ■ Moltissimo!
- ● Allora credo che tu **possiate / possa** essere adatta a una laurea in informatica o in Game Design. Il mercato dei giochi è in grande crescita e mi pare che **manchino / manchi** esperti nel settore, specialmente italiani.
- ■ Sai che non ci avevo pensato? Conosci qualcuno che **studino / studi** informatica o Game Design a cui posso chiedere informazioni?
- ● Certo. Posso darti il nome di un paio di persone.
- ■ Grazie mille.

3 **Metti i verbi al congiuntivo presente.**

Carlotta e Donatella parlano del nuovo lavoro di Donatella.

- ■ Sai Donatella, non credo che tu (fare) _____ bene ad accettare quel lavoro.
- ● Perché? Mi pare che (essere) _____ un ottimo lavoro. Sono sicura che mi troverò bene.
- ■ Dicono che il direttore non (essere) _____ una persona molto corretta e che (cercare) _____ di sfruttare i dipendenti il più possibile senza dargli respiro.
- ● Mah, vedremo. Forse hai ragione, ma prima di giudicare voglio provare. Se il capo pensa che io (essere) _____ una persona senza carattere, dovrà cambiare idea.
- ■ Sai che ho degli amici al sindacato. Se hai dei problemi, prima che tu (decidere) _____ di fare qualcosa, voglio che tu (parlare) _____ con me e con un rappresentante del sindacato. D'accordo?
- ● Ok, Carlotta. Grazie del consiglio.

4 **Metti i verbi al congiuntivo passato, come nell'esempio.**

1. ■ Che ne pensi del film?
   ● Credo che sia il film più bello che io (vedere) _abbia_ mai _visto!_
2. ■ Dove è andato lo zio?
   ● Penso che (partire) _____.
3. ■ Perché non inviti anche Anna stasera?
   ● Perché, sebbene (tornare) _____ in Italia, non penso che sia in città.
4. ■ Hai portato da bere?
   ● No, credo che ci (pensare) _____ Claudio e Andrea.
5. ■ Hai visto quanta neve c'è?
   ● Sì, sembra che (nevicare) _____ tutta la notte.
6. ■ Povero Tiziano! Hai sentito che gli è successo?
   ● Sì, mi dispiace che Lucia lo (lasciare) _____.
7. ■ Chi ha spento il riscaldamento?
   ● Pare che l' (spegnere) _____ Sergio.
8. ■ Gianna e Pino sono una bella coppia.
   ● Sì, sono contento che (sposarsi) _____.

26 CONGIUNTIVO

Concordanza del congiuntivo presente e passato

frase principale	frase secondaria
Immagino che... Immaginerò che... Immagina che...	lui **parta / partirà** domani. lui **parta / stia partendo** in questo momento. lui **sia partito** ieri.

- Dopo una frase principale con un verbo all'indicativo presente, al futuro o all'imperativo si usa:
  a) il congiuntivo presente o il futuro se si vuole esprimere un'azione posteriore;
  b) il congiuntivo presente o la forma progressiva al congiuntivo se si vuole esprimere un'azione contemporanea;
  c) il congiuntivo passato per esprimere un'azione anteriore.

ESERCIZI

1 Completa la mail a un giornale con i verbi della lista.

abbia • abbia deciso • abbia ereditato • faccia • possa • si allontani • si sia innamorata • si trasferisca • vada

Lettera del giorno • Genitori e figli

Cara Direttrice,
sembra che mia figlia _____ di un ragazzo che non vale niente. A me e mio marito pare che lui _____ poca voglia di lavorare e non _____ nessun progetto serio di vita. Inoltre, sembra che qualche tempo fa questo ragazzo _____ molti soldi dalla nonna e che _____ di andare a vivere da solo. Nostra figlia naturalmente lo ha aiutato ad arredare e a preparare l'appartamento e io mi aspetto che quanto prima ci _____ anche lei. Ecco il punto: mio marito non vuole che nostra figlia _____ a vivere con lui e per questo adesso in casa ci sono continue discussioni. Mio marito è un tipo molto autoritario, crede che nostra figlia _____ cambiare idea con le minacce, ma io invece temo che in questo modo lei _____ sempre di più da noi. Che posso fare?

2 Metti i verbi al congiuntivo presente o passato.

Chiacchiere d'ufficio

1. Si dice che Ornella (*decidere*) _____ di prendersi un anno di vacanza.
2. Sembra che (*volere*) _____ fare del volontariato in Africa.
3. I colleghi credono che (*parlare*) _____ già con l'ufficio del personale.
4. Si dice però che (*essere*) _____ molto difficile avere il permesso di lasciare il lavoro per un periodo così lungo.
5. I colleghi pensano che Ornella (*rischiare*) _____ il licenziamento.
6. Comunque, pare che la settimana scorsa Ornella (*contattare*) _____ un'associazione di volontariato e (*prendere*) _____ informazioni.
7. Dicono anche che (*prenotare*) _____ le vaccinazioni.

Ma Ornella, naturalmente, non sa niente: sta semplicemente organizzando una vacanza di due settimane in Kenya.

ESERCIZI

CONGIUNTIVO 26

3 Collega le frasi e metti i verbi al congiuntivo presente o passato.

1. Sei andato a teatro ieri sera?
2. Non riesco a collegarmi a Internet.
3. Vuoi che (*io / passare*) _____ a prenderti in macchina?
4. Non capisco perché Gionata (*decidere*) _____ di non dare l'esame ieri.
5. Meglio che (*voi / partire*) _____ subito se volete evitare l'ora di punta.
6. Non vedo l'ora di provare il nuovo ristorante indiano.
7. Mia madre preferisce che (*io / iscriversi*) _____ a Biologia invece che a Medicina.
8. La stampante non funziona.

a. A me ha detto che non si sentiva preparato.
b. Ormai credo che (*essere*) _____ meglio se ci muoviamo dopo cena.
c. Sì. C'era "Jesus Christ Superstar", uno dei musical più belli che (*vedere*) _____ mai!
d. Penso che (*finire*) _____ il toner.
e. Forse perché è un percorso di studio molto lungo.
f. Grazie, mi faresti un favore. Non mi va di prendere la metropolitana.
g. Temo che (*esserci*) _____ un problema sulla linea.
h. Anche io! Spero che (*loro / fare*) _____ anche piatti del Sud dell'India.

4 Modi di dire. Metti i verbi al congiuntivo presente o passato.

Filarsela all'inglese

Pare che ieri sera, dopo la cena dai Gentili, Davide (*andare*) _____ via senza salutare. Quando la padrona di casa ha commentato che se ne era andato all'inglese, alcuni si sono domandati il significato di questo modo di dire. È stata una chiacchierata interessante. Sembra infatti che questa frase (*essere*) _____ di origine francese (*filer à l'anglaise*) e che (*nascere*) _____ ai tempi delle grandi battaglie navali. Altri pensano invece che i primi a usare una frase di questo tipo (*essere*) _____ gli inglesi e i tedeschi nel XVIII secolo (infatti loro dicono ancora "filarsela alla francese"). Si dice che poi i francesi l'(*usare*) _____ parlando degli inglesi, per vendicarsi. A quei tempi infatti era in uso, in Francia, lasciare una festa senza salutare il padrone di casa.

Fare il portoghese

Avete mai sentito l'espressione "fare il portoghese"? Significa "entrare gratis ad uno spettacolo o ad una partita evitando di pagare il biglietto". Però questo non significa che gli italiani (*pensare*) _____ che i portoghesi (*essere*) _____ tutti degli scrocconi e non (*volere*) _____ pagare per niente. Pare infatti che la frase (*risalire*) _____ al 1513, quando il Re del Portogallo in visita a Papa Leone X, gli ha portato regali molto preziosi. Il Papa allora, per ricambiare, ha lasciato entrare tutti i portoghesi al seguito del Re in tutti i locali pubblici senza pagare. Però non tutti sono d'accordo con questa spiegazione. Altri ritengono che la frase (*nascere*) _____ nel XVIII secolo, quando si dice che l'ambasciata del Portogallo a Roma, per festeggiare un avvenimento, (*organizzare*) _____ una recita al Teatro Argentina. La festa era gratis per i portoghesi e bastava presentarsi come "portoghesi" per entrare senza pagare.
Da quel giorno "fare il portoghese" significa non pagare.

26 CONGIUNTIVO

Forme del congiuntivo imperfetto

Credevo che lei **parlasse** bene il tedesco.
Pensavo che tu non **bevessi** il vino.
Nostro padre non voleva che noi **dormissimo** troppo.
Carlo pensava che io **partissi** alle 4:00
Carlo pensava che tu **partissi** alle 4:00

- Normalmente il congiuntivo imperfetto si forma dall'indicativo imperfetto.

- La prima e la seconda persona singolare del congiuntivo imperfetto hanno la stessa terminazione.

- **Congiuntivo imperfetto – verbi regolari**

	am-are	ved-ere	apr-ire
io	am-assi	ved-essi	apr-issi
tu	am-assi	ved-essi	apr-issi
lui / lei / Lei	am-asse	ved-esse	apr-isse
noi	am-assimo	ved-essimo	apr-issimo
voi	am-aste	ved-este	apr-iste
loro	am-assero	ved-essero	apr-issero

- **Congiuntivo imperfetto – verbi irregolari**

	essere	dare	stare
io	fossi	dessi	stessi
tu	fossi	dessi	stessi
lui / lei / Lei	fosse	desse	stesse
noi	fossimo	dessimo	stessimo
voi	foste	deste	steste
loro	fossero	dessero	stessero

Forme del congiuntivo trapassato

Nonostante **avesse piovuto** molto, il terreno era asciutto.
Speravo che tu **ti fossi divertito**.
Pareva che Susi **fosse** già **partita**.

- Il congiuntivo trapassato si forma con il **congiuntivo imperfetto** di **avere** o **essere** + il **participio passato** del verbo.

- **Congiuntivo passato**

congiuntivo imperfetto di avere o essere + participio passato		
io	avessi parlato	fossi andato/a
tu	avessi parlato	fossi andato/a
lui / lei / Lei	avesse parlato	fosse andato/a
noi	avessimo parlato	fossimo andati/e
voi	aveste parlato	foste andati/e
loro	avessero parlato	fossero andati/e

CONGIUNTIVO 26

ESERCIZI

1 Completa la coniugazione del congiuntivo imperfetto.

	parlare	scrivere	partire	capire	essere	stare	dare
io							
tu			partissi			stessi	
lui / lei / Lei		scrivesse		capisse			
noi					fossimo		
voi	parlaste						deste
loro							

2 Scegli la forma corretta del congiuntivo imperfetto.

Prima di decidere a quale facoltà iscriversi, Giulia ha parlato con Milena, un'amica che fa la consulente del lavoro perché sperava la **aiutasse / aiutassimo** a scegliere. Milena le ha chiesto in cosa **fossi / fosse** brava a scuola e cosa la **appassionasse / appassionassero** veramente. Quando Giulia ha risposto che le piace molto la matematica, ma che vorrebbe anche continuare a disegnare e dipingere, Milena le ha chiesto se le **piacesse / piacessero** anche i giochi online. Giulia, sorpresa, ha risposto di sì e Milena le ha detto che credeva che una laurea in Informatica o in Game Design **foste / fosse** una buona scelta. Giulia l'ha guardata sorpresa perché non si aspettava che la sua passione per il disegno e i giochi **potessi / potesse** diventare un lavoro e ha chiesto a Milena se **conoscessero / conoscesse** qualcuno che le **dessi / desse** maggiori informazioni su quei corsi di laurea. Milena le ha dato il nome di un paio di persone.

3 Metti i verbi al congiuntivo imperfetto.

I sogni di Lietta

Vorrei tanto che lui *(essere)* _____ gentile e generoso, che mi *(trattare)* _____ bene e mi *(comprare)* _____ il mio piatto preferito: ossi misti con salsa!
Mi piacerebbe che mi *(portare)* _____ al parco in centro, perché lì ho molti amici e mi diverto di più che a quello nella piazza dietro casa.
Vorrei che mi *(lavare)* _____ solo quando ne sento il bisogno e che mi *(fare)* _____ le coccole ogni volta che glielo chiedo.
Magari mi *(comprare)* _____ anche un gatto con cui litigare e da rincorrere per la casa!
Purtroppo non lo farà mai, però non posso lamentarmi perché almeno mi fa stare in casa con lui e qualche volta mi fa anche salire sul letto.

Lietta

ALMA Edizioni | Grammatica pratica della lingua italiana

26 CONGIUNTIVO

ESERCIZI

4 Completa le frasi con i verbi della lista.

aveste avuto • avessimo dormito • avessi lavorato • avessi fatto • avesse nevicato
avessero vinto • fosse stato • fosse partito • fossi andato

1. Non sapevo che tu _____ all'estero per tre anni.
2. Pensavo che Claudio _____ già _____, per questo non l'ho invitato alla festa.
3. Nonostante _____ molto poco, ci sentivamo benissimo.
4. Malgrado _____ tutta la notte, non faceva molto freddo.
5. Non ho pagato l'affitto perché credevo che lo _____ tu!
6. Non li avevo mai visti così contenti, sembrava che _____ una vacanza ai Caraibi.
7. Si diceva che da giovane _____ un uomo molto ricco e importante, ma lui non amava parlare del suo passato.
8. Credevamo che tu _____ già a letto, per questo parlavamo così piano.
9. Siccome non arrivavate, temevamo che _____ un problema.

Concordanza del congiuntivo imperfetto e trapassato

frase principale	frase secondaria
Ho immaginato che... Immaginavo che... Avevo immaginato che... Immaginerei che... Avrei immaginato che...	lui **partisse** / sarebbe **partito più tardi**. lui **partisse** quel giorno. lui **fosse partito** il giorno prima.
Immagino che...	lui ieri sera **fosse** stanco. *(sensazione)* tu da bambino **andassi** spesso al mare. *(abitudine)* domenica **facesse** molto freddo in montagna. *(descrizione atmosferica)*

- Dopo una frase principale con un verbo al passato o al condizionale si usa:
  a) il congiuntivo imperfetto o il condizionale composto per esprimere un'azione posteriore;
  b) il congiuntivo imperfetto per esprimere un'azione contemporanea;
  c) il congiuntivo trapassato per esprimere un'azione anteriore.

  d) Qualche volta si può usare il congiuntivo imperfetto anche dopo una frase principale all'indicativo presente, per esprimere un'azione tipica dell'imperfetto indicativo (sensazione, abitudine, descrizione atmosferica, ecc.).

CONGIUNTIVO 26

ESERCIZI

1 Scegli le forme corrette dei verbi.

1. Non credevo che nel Nord Italia di solito **facesse / avesse fatto** così freddo.
2. Mia madre voleva che **facessi / avessi fatto** l'infermiera, invece sono diventata un'ingegnera nucleare.
3. Sarebbe stato meglio se **venissi / fossi venuto** anche tu ieri sera; c'era bisogno di qualcuno che parlasse l'inglese.
4. Mi piacerebbe che mio figlio **studiasse / avesse studiato** il latino quando andrà a scuola.
5. Quando finalmente sembrava che Piero e Angela **potessero / avessero potuto** andare in vacanza, lui si è ammalato.
6. Quando l'abbiamo vista piangere, abbiamo pensato che **ricevesse / avesse ricevuto** una brutta notizia.
7. Non immaginavamo che da giovane Paolo **avesse studiato / avrebbe studiato** tedesco... lo parla malissimo!
8. Voglio che tu **dica / dicessi** tutta la verità.
9. Vorrei che tu **dicessi / abbia detto** tutta la verità.
10. Si diceva che dieci anni prima quell'uomo **ereditasse / avesse ereditato** molti soldi.

2 Metti i verbi al congiuntivo imperfetto o trapassato.

Sono davvero sfortunata! L'altro giorno sono uscita per andare al lavoro, avevo una riunione importante e ho preso il mio computer portatile per usarlo per la mia presentazione. Mio figlio lo aveva usato la sera prima e io credevo che lo *(rimettere)* _____ a posto come lo aveva trovato, quindi non ho controllato prima di uscire. Quando sono arrivata in ufficio, mi sono accorta che mancavano proprio i cavi di cui avevo bisogno per la presentazione!
Naturalmente il capoufficio, che si aspettava che io *(avere)* _____ tutto sotto controllo, non ha reagito molto bene, ma mi ha dato due ore per tornare a casa a prendere i cavi e mi ha detto che voleva che *(essere)* _____ di ritorno per mezzogiorno, perché avrebbe cercato di spostare la riunione.
Sono corsa a casa, ma una volta entrata in giardino mi sono accorta che avevo dimenticato le chiavi in casa!
Ho suonato il campanello, infatti pensavo che la colf *(essere)* _____ ancora in casa e che *(venire)* _____ ad aprirmi la porta.
Invece se ne era già andata. Allora ho sperato che la colf *(lasciare)* _____ aperta la finestra dello stanzino sul retro. Qualche volta la lascia aperta per cambiare aria. Ho avuto fortuna!
Con molta difficoltà, visto che avevo un tailleur da lavoro e le scarpe alte, sono riuscita ad entrare dalla finestra, sono scesa sulla lavatrice e mi sono trovata finalmente nello stanzino! Che fortuna!
Ma quando sono andata ad aprire la porta sono rimasta bloccata!
Non mi aspettavo che *(essere)* _____ chiusa! Sicuramente la colf l'aveva chiusa perché non *(entrare)* _____ estranei in casa! E io ero bloccata dentro! E non ce la facevo a uscire di nuovo dalla finestra! Mi sono dovuta sedere davanti alla lavatrice ad aspettare che *(rientrare)* _____ qualcuno. Quando mio marito finalmente è tornato dal lavoro e mi ha sentito battere alla porta dello stanzino, si è preoccupato perché pensava che qualcuno *(entrare)* _____ in casa! Poi mi ha aperto e ha riso per una settimana, pensando a quello che era successo. Il mio capo, invece, il giorno dopo, ha riso molto meno...

26 CONGIUNTIVO

ESERCIZI

3 Metti i verbi al congiuntivo imperfetto o trapassato.

L'estate scorsa abbiamo ospitato gli zii di mamma. Sono una coppia anziana che vediamo molto raramente e con cui non abbiamo mai avuto tanta confidenza. Beh, è stato un disastro!
Non gli andava bene niente: si sono lamentati e hanno creato problemi dal giorno in cui sono arrivati.
Infatti, sebbene prima che (*arrivare*) _____ li (*avvertire*) _____ che non avevamo una camera con un letto matrimoniale e loro (*rispondere*) _____ che non era un problema, si sono rifiutati di dormire nei due letti singoli della camera degli ospiti e i miei hanno dovuto dargli la loro camera.
Quando poi hanno visto la camera hanno chiesto se (*essere*) _____ possibile metterci un televisore, perché a loro piace addormentarsi guardando la TV.
Così abbiamo preso il televisore che teniamo in cucina e lo abbiamo spostato nella "loro" camera.
Dovete sapere poi che loro sono abituati a svegliarsi presto e a fare colazione verso le 6:30, quindi, dato che non ci vedevamo da anni, desideravano che (*noi / fare*) _____ colazione con loro ogni mattina, al più tardi alle 7! Siccome eravamo in ferie, è stata dura svegliarsi così presto per una settimana... poi la zia ha anche preteso che la (*accompagnare*) _____ in chiesa sia la domenica che il giorno di Ferragosto, mentre lo zio ha voluto che mio fratello lo (*portare*) _____ a pescare e gli (*tenere*) _____ compagnia mentre pescava (mio fratello odia pescare!! Ma mio padre aveva l'ottima scusa del lavoro...).
Per non parlare delle serate passate a giocare a carte o dei pomeriggi nei musei! E non erano mai contenti della cucina! Qualunque cosa (*noi / cucinare*) _____ non gli andava bene, o non potevano mangiarla o era troppo salata, o troppo piccante, o strana. Quando poi, finalmente, sono andati via, ci hanno invitati da loro in campagna! Per fortuna i miei si sono inventati una scusa e hanno detto che non potevamo, ma gli zii sono partiti solo a patto che (*promettere*) _____ che saremmo andati a trovarli prima della fine dell'estate.
Certe volte è proprio vero il proverbio: "gli ospiti sono come il pesce... dopo tre giorni puzzano".

CONGIUNTIVO 26

Uso del congiuntivo

- Normalmente il congiuntivo si usa in frasi **dipendenti** (secondarie). In particolare si usa dopo verbi o espressioni che indicano:

  a) opinioni o situazioni di cui non si è del tutto sicuri. Per esempio con verbi o espressioni come **pensare**, **credere**, **non essere sicuro**, **si dice**, **è possibile**, **è probabile**, ecc.

Penso che Anna **sia** malata.
Credo che tu **parli** troppo.
Non sono sicura che Carlo **sia partito**.
Si dice che Paola **si sia trasferita** all'estero.
Dicono che si **mangi** bene là.
È possibile che Aldo **sia** a casa.

  b) desideri o stati d'animo. Per esempio con verbi o espressioni come **sperare**, **essere contento**, **essere felice**, ecc.

Spero che il treno **arrivi** in tempo.
Sono contento che non **piova**.

  c) volontà. Per esempio con verbi o espressioni come **volere**, **preferire**, **bisogna**, **è meglio**, **è preferibile**, ecc.

Voglio che tu **venga** con me.
Preferisco che loro non **mangino** qui.
Bisogna che loro **telefonino** in tempo.
È meglio che tu non **entri**.

- Il congiuntivo si usa anche dopo alcune parole particolari:

  a) **sebbene**, **nonostante**, **senza che**, **prima che**, **a patto che**, **a condizione che**, **a meno che**, **qualunque**;

Sebbene piovesse sono andata al concerto.
Nonostante lui non **mi piaccia** molto, penso che andrò alla sua festa.
Ho capito la situazione **senza che** tu mi **dicessi** niente.
Voglio telefonargli **prima che esca** di casa.
Ti presto la gonna **a patto che** tu me la **renda** il prima possibile.
Domani dovrei partire, **a meno che** non **succeda** qualcosa di imprevisto.
Qualunque cosa **faccia**, per me va bene.

Ho iscritto mia figlia in piscina **affinché impari** a nuotare.
Gli ho dato quel libro **perché lo leggesse**.

  b) **affinché** e **perché** con il significato di "al fine di", "allo scopo di";

Fabio crede che **lui** (Fabio) **parli** molto bene l'inglese. *(non corretto)*
Fabio crede **di parlare** molto bene l'inglese. *(corretto)*
(io) Vorrei che **(io) rimanessi** ancora un po'. *(non corretto)*
Vorrei **rimanere** ancora un po'. *(corretto)*

- Quando il soggetto della frase secondaria è lo stesso del soggetto della frase principale, si usa l'**infinito**, e non il congiuntivo.

- Qualche volta il congiuntivo si trova anche in frasi **indipendenti**. In questi casi può avere diversi significati:

  a) **congiuntivo dubitativo**, si usa per esprimere un dubbio e ha la forma di una frase interrogativa;

Strano che Lucia non sia venuta! Che **stia** male?
Guarda com'è felice Andrea! Che **sia** innamorato?

  b) **congiuntivo ottativo**, si usa per esprimere un desiderio.

Ah! Se **avessi** ancora 20 anni!
Magari **potessi** fare un mese di ferie!

ALMA Edizioni | Grammatica pratica della lingua italiana

26 CONGIUNTIVO

ESERCIZI

1 Scegli il verbo giusto.

Italiani al volante

Molti stranieri hanno un'impressione piuttosto negativa dei guidatori italiani. La maggior parte pensa che gli italiani **sono / siano / fossero** troppo spericolati e che non **rispettano / rispettino / rispettassero** le norme del traffico. Queste persone di solito hanno paura di guidare in Italia e **preferiscono / avevano preferito / preferiscano** prendere i mezzi pubblici o i taxi. Gli italiani ridono di queste paure e assicurano che, nonostante il traffico italiano **sembra / sembri / sembrasse** caotico e pericoloso, ci sono pochissimi incidenti perché tutti **hanno / abbiano / abbiano avuto** dei riflessi prontissimi e **sono / siano / siano stati** ottimi guidatori. Uno studio del Gruppo Zurigo insieme all'Università Statale di Milano rivela invece che i giovani **guidano / guidino / guidassero** male, anche se credono **che siano / che fossero / di essere** dei supereroi. Infatti sembra che i ragazzi italiani **conoscono / conoscano / conoscessero** il codice della strada, ma non lo **rispettano / rispettino / abbiano rispettato**. Non è raro che gli automobilisti **hanno / abbiano / avessero** una buona conoscenza delle leggi, ma **decidono / decidano / decidere** di non osservarle, seguendo un regolamento "fai da te". Dall'analisi delle risposte al questionario dato dal Gruppo Zurigo si vede che il 96% degli intervistati pensa che la sicurezza stradale **dipende / dipenda / fosse dipesa** dalle proprie condizioni psicofisiche. Quasi tutti dichiarano che è indispensabile, prima di salire in auto, **stanno / stiano / stare** bene e **sono / siano / essere** lucidi. Ma non lo fanno sempre. Solo il 2% pensa **che sia / che sia stato / di essere** un guidatore "rigoroso e attento" mentre il 48% si giudica "flessibile e alterno". In particolare gli uomini si ritengono molto competenti e i giovani tra i 18 e i 25 anni **hanno / hanno avuto / abbiano** troppa fiducia in sé. Dal questionario inoltre risulta che i guidatori migliori **sono / siano / siano state** le persone dai 41 ai 60 anni e che le donne **sono / siano / siano state** più attente degli uomini.

(adattato da "Famiglia Cristiana")

2 Completa le frasi con le espressioni della lista, come nell'esempio.

ho creduto • **voglio** • è meglio che • prima che • vorrei • sono contenta che • sebbene
è giusto • si dice • a condizione che

1. Senta, ___voglio___ che mi dia la lista degli appuntamenti del giorno.
2. _____ piovesse già da due ore, abbiamo deciso di fare una passeggiata nel parco.
3. Ho deciso che accetterò quel lavoro, _____ mi diano la possibilità di avere un orario flessibile.
4. Se vuoi prendere quel treno _____ tu vada subito a fare il biglietto, è già tardi.
5. Oddio che figuraccia! Ho incontrato Luca con la sua compagna e _____ che fosse sua madre!
6. Ha lasciato i rifiuti in spiaggia e ha preso una multa. _____ che l'ambiente sia rispettato da tutti!
7. _____ che Babbo Natale mi portasse una bicicletta rossa!
8. Hai sentito dell'ingegner Pilluzzi? _____ che abbia avuto un incidente.
9. _____ Giancarlo abbia avuto quel lavoro. Era certamente il candidato più qualificato.
10. Forse dovresti telefonare ai tuoi _____ si preoccupino troppo!

CONGIUNTIVO 26

ESERCIZI

3 Scegli le frasi grammaticalmente corrette. Le lettere collegate alle frasi corrette ti daranno il nome del paese americano in cui ci sono più immigrati italiani.

1. Gli italiani che vivono all'estero abbiano chiesto il diritto di essere rappresentati politicamente in Italia. (B)
2. Tra la fine dell'Ottocento e i primi del Novecento gli italiani emigravano specialmente in America. (A)
3. Gli italiani in Uruguay dicono che siano anche loro campanilisti. (A)
4. Pare che molte comunità italiane all'estero richiedano scuole e dipartimenti universitari per studiare la lingua e la storia italiana. (R)
5. Sebbene vivano all'estero da molti anni, i veneti in Uruguay pubblicano un giornale nel loro dialetto. (G)
6. Dicono che la comunità italiana in Nuova Zelanda sia poco numerosa: 1.600 persone. (E)
7. Alcuni argentini di origine italiana desiderano che loro vadano a vivere in Italia. (S)
8. Prima di lasciare l'Italia molti vivevano nelle campagne del meridione o nell'Italia nord-orientale. (N)
9. In Irlanda ci sono moltissimi italiani che vengono dal Lazio e vendono pesce e patate fritte. (T)
10. Sembra che molti italiani di terza generazione in America parlano il dialetto di origine dei loro bisnonni. (V)
11. La comunità italiana in Slovenia è ancora molto unita e parla correntemente italiano. (I)
12. Gli italiani che vivono in Slovenia vogliono che i loro diritti di minoranza linguistica siano riconosciuti. (N)
13. Sebbene siano negli Stati Uniti da molti anni, gli americani di origine italiana hanno mantenuto molte tradizioni italiane, culinarie, culturali e religiose. (A)

Il nome del paese è _ _ _ _ _ _ _ _ _ _

4 Ora correggi le frasi sbagliate dell'esercizio 3.

1. Gli italiani che vivono all'estero abbiano chiesto il diritto di essere rappresentati politicamente in Italia.

3. Gli italiani in Uruguay dicono che siano anche loro campanilisti.

7. Alcuni argentini di origine italiana desiderano che loro vadano a vivere in Italia.

10. Sembra che molti italiani di terza generazione in America parlano il dialetto di origine dei loro bisnonni.

26 CONGIUNTIVO — ESERCIZI

5 Metti i verbi all'indicativo o al congiuntivo.

Questa è la cronaca dal Festival di Venezia della giornalista TV Fabia Filmini.

Buongiorno cari amici, sono a Venezia, per il Festival del Cinema, una manifestazione conosciuta in tutto il mondo e frequentata dagli attori e dai registi più famosi. Nonostante nei giorni scorsi il tempo non *(essere)* _____ molto buono, Venezia è bella come sempre, e noi giornalisti *(essere)* _____ tutti qui ad aspettare l'arrivo di Gigì, la più amata attrice del momento! In un primo tempo si pensava che la diva *(arrivare)* _____ ieri mattina, invece così non è stato. Si dice che all'ultimo momento *(perdere)* _____ l'aereo. Qualcuno invece pensa che questo *(essere)* _____ solo un modo per far crescere l'attesa nel pubblico. Ieri intanto *(arrivare)* _____ il regista Fellonis, che domani *(presentare)* _____ al Festival un film molto magico e molto artistico, come sempre. Pare che gli attori non *(capire)* _____ niente del film nemmeno quando lo *(vedere)* _____. Ma tutti pensano che Fellonis *(essere)* _____ uno dei più grandi registi degli ultimi anni e che i suoi film *(essere)* _____ delle opere d'arte. Intanto si dice che l'attore australiano Robin Cree *(stare)* _____ per sposare l'attrice Meg Ford che *(lavorare)* _____ con lui nell'ultimo film che *(fare)* _____ insieme. Ieri però Robin e Meg *(arrivare)* _____ a Venezia con voli separati. Che *(esserci)* _____ problemi in arrivo? Da Venezia è tutto, linea allo studio.

6 Unisci le frasi. Poi <u>sottolinea</u> tutti i congiuntivi e il verbo o l'espressione che li regge, come nell'esempio. Attenzione, non in tutte le frasi c'è un congiuntivo.

1. <u>Spero che</u> domani
2. Anche se giuri che è la verità
3. Sebbene lei sia molto più grande di lui
4. Esigo che
5. Ti farò sapere cosa è successo
6. È meglio
7. Vorremmo tutti
8. I miei sono convinti
9. Mia nonna mi diceva sempre
10. Qualsiasi piatto tu scelga
11. Si diceva che
12. Chiamami prima
13. Ho deciso
14. Mi aspetto che
15. Sono andati via questa mattina

a. l'esame non <u>sia</u> troppo difficile.
b. la differenza di età non si vede affatto.
c. mi paghiate i danni materiali, dopo avermi fatto aspettare e perdere una giornata di lavoro.
d. non appena sarò uscita dal lavoro.
e. che le vacanze durassero di più.
f. io ormai non ti credo più.
g. che Enrico parta, così lo saluto.
h. che tu li avvisi della tua partenza.
i. a Benevento ci fossero le streghe.
l. senza che io me ne accorgessi.
m. che tu sei d'accordo con loro.
n. il capo mi telefoni da un momento all'altro.
o. che aveva amato moltissimo il nonno e che le mancava molto.
p. non resterai deluso, il cuoco è geniale!
q. che andremo a vivere in Giappone.

ESERCIZI

CONGIUNTIVO 26

7 Metti i verbi al modo (indicativo o congiuntivo) e al tempo corretto.

Quante parole credete che *(servire)* _____ per parlare bene l'italiano? Quanti vocaboli *(volerci)* _____ ad uno straniero perché gli italiani lo *(capire)* _____ bene nelle situazioni quotidiane? Molti linguisti stimano che la maggioranza degli italiani *(fare)* _____ uso di non più di tremila parole, sufficienti per la comunicazione di ogni giorno.
Questo numero però *(essere)* _____ troppo esiguo se *(noi / volere)* _____ esprimere e comunicare idee più complesse. Dire quante *(essere)* _____ le parole necessarie per parlare "bene" l'italiano, è impossibile. Gli stessi dizionari *(presentare)* _____ un numero di voci diverso, che vanno dalle ottantamila a più di duecentocinquantamila. Approssimativamente, per esprimersi in maniera ricca e articolata, è bene che un italiano *(servirsi)* _____ almeno di trentamila parole.

8 Metti i verbi al modo (indicativo o congiuntivo) e al tempo corretto.

Il divorzio nel tempo

Sebbene in Italia la legge sul divorzio *(passare)* _____ nel 1970, già ai tempi dei romani *(esistere)* _____ situazioni in cui il marito *(potere)* _____ divorziare dalla moglie.
Non era permesso che la donna *(decidere)* _____ di divorziare e la decisione era in mano al marito che lo *(fare)* _____ in quattro casi. Innanzitutto il marito poteva chiedere il divorzio se credeva che la moglie *(avvelenare)* _____ i figli. Sembra una situazione assurda, ma pare che con questa espressione si *(alludere)* _____ all'aborto volontario.
Un'altra ragione che *(dare)* _____ diritto a chiedere il divorzio era l'adulterio. Se quindi il marito aveva prove che la moglie lo *(tradire)* _____, aveva ogni diritto di divorziare. Si poteva anche divorziare da una moglie sterile e da una che ti *(sottrarre)* _____ le chiavi.
L'espressione *(riferirsi)* _____ alle chiavi della cantina, perché alle donne *(essere)* _____ proibito bere vino. Secondo i romani, infatti, lo stato di ubriachezza *(mettere)* _____ la donna in condizione di tradire il marito e quindi di venire meno al dovere di dargli figli legittimi.
Per ufficializzare il divorzio bastava che il marito *(dire)* _____: "Ei foras, mulier" o "Uxor, vade foras" che *(significare)* _____ "Vattene via, moglie". Se il divorzio non era legittimato da questi motivi si *(esigere)* _____ che il marito *(risarcire)* _____ la moglie con parte del suo patrimonio e *(offrire)* _____ anche del denaro alla dea Cerere, divinità protettrice delle nozze.

LO SAI CHE... Nell'italiano contemporaneo il congiuntivo è in crisi in alcuni usi. In determinate regioni d'Italia, infatti, al suo posto si tende a usare l'indicativo. La situazione è ancora molto fluida e non è ancora chiaro quale sarà la regola grammaticale definitiva.

Es:
*Penso che **ha deciso** di non venire.*
*Immagino che **siete** già **partiti**.*

27 IMPERATIVO INDIRETTO

Imperativo indiretto (forma di cortesia)

Vuole la farmacia più vicina? **Guardi, vada** sempre dritto, **attraversi** la piazza e vedrà la farmacia a sinistra.
Scusi, non **fumi** qui per favore. È vietato.

Signori, **parlino** più piano, per favore. *(Loro)*
Signori, **parlate** più piano, per favore. *(Voi)*

Signora, quell'acqua non è buona, non **la beva**!
Prego signore, **si accomodi**.

- Le forme dell'imperativo indiretto (o imperativo formale) sono uguali a quelle del congiuntivo presente.

- Per esprimere l'imperativo formale plurale possiamo usare la terza persona plurale del congiuntivo **(loro)**. Questa forma però non è molto comune. Più usata è la seconda persona plurale dell'imperativo diretto **(voi)**.

- I pronomi precedono sempre le forme dell'imperativo formale.

- **Imperativo indiretto**

	am-are	ved-ere	apr-ire
Lei	am-i	ved-a	apr-a
loro	am-ino	ved-ano	apr-ano

ESERCIZI

1 Unisci le frasi fra loro, come nell'esempio.

1. Ho una gran fame!
2. Ho bisogno di soldi.
3. Sono nervoso.
4. Ho mal di schiena.
5. Spendo troppo per il golf.
6. Ho perso il cane.
7. Lavoro troppo.
8. Odio il Natale!
9. Ho paura di prendere l'aereo.
10. Non riesco a smettere di fumare.

a. Prenda il treno.
b. Metta un annuncio online.
c. Mangi un panino.
d. Passi dicembre in un Paese musulmano.
e. Chieda un prestito a una banca.
f. Provi con i cerotti anti-fumo.
g. Prenda una camomilla.
h. Smetta di giocare.
i. Si prenda una vacanza.
l. Cominci a fare un po' di sport.

LO SAI CHE... Cerca di trovare **parole simili** nella tua lingua, se possibile.
Fa' però attenzione ai **falsi amici**, parole simili a quelle della tua lingua, ma usate in contesti diversi o con significati diversi.

Es:

colore (italiano): colour (inglese), couleur (francese), color (spagnolo)= **parole simili**
incidente (italiano) non ha un significato uguale a *incident* (inglese)= **falso amico**
rumore (italiano) non ha un significato uguale a *rumeur* (francese)= **falso amico**

IMPERATIVO INDIRETTO 27

ESERCIZI

2 Metti i verbi all'imperativo indiretto (Lei).

Dal parrucchiere

- Buongiorno signora, mi *(dire)* _____.
- Vorrei cambiare stile, questo colore e questo taglio non mi piacciono più.
- Mi *(seguire)* _____, ci penso io. *(Venire)* _____, *(sedersi)* _____ qui. Ecco. Allora vediamo un po'.
- Mi piacerebbero più corti e magari anche più chiari, che ne pensa?
- *(Guardare)* _____ questo taglio qui, corto e giovanile, che ne dice?
- Uhm... forse è troppo corto, non credo che mi starebbe bene.
- Allora magari una media lunghezza... Per il colore *(guardare)* _____ questo biondo qui.
- No. Troppo biondo.
- *(Farsi)* _____ consigliare da me signora. Questa tonalità di colore le starebbe benissimo.
- Mah non lo so... e perché non rossi?
- Va bene. Le piace questo rosso? Lo *(provare)* _____, non è niente male.
- No, no. Ci ho ripensato. Questo rosso proprio no. Forse è meglio tenere il colore che ho.
- Come vuole signora. E la lunghezza?
- Li voglio sicuramente tagliare. Così sono troppo lunghi.
- Li tagliamo fino alle orecchie?
- No, troppo corti.
- Alle spalle?
- No, sempre troppo corti... forse è meglio lasciarli come sono... mi stanno bene, no? Mi *(dire)* _____ che ne pensa.
- Signora, *(fare)* _____ come vuole. Forse è meglio se a Lei ci pensa Alessandro. Alessandro!! Vieni qui a lavare i capelli alla signora!

3 Trasforma le frasi, usando la forma di cortesia (imperativo indiretto), come nell'esempio.

1. Smettila di mangiare dolci, ti fanno male! ▸ *La smetta di mangiare dolci, Le fanno male!*
2. Non andare troppo veloce! Prenderai una multa. ▸ _____
3. Ascoltate con attenzione quello che dirà il relatore. ▸ _____
4. Dove hai messo le chiavi? Dimmelo subito che ho fretta. ▸ _____
5. Mettiti quel vestito rosso, ti sta benissimo. ▸ _____
6. Non fate rumore, gli ospiti dell'albergo stanno dormendo. ▸ _____
7. Metti un po' più di sale nella pasta. È insipida. ▸ _____
8. Chiudi la porta, per favore. ▸ _____
9. Sedetevi qui. ▸ _____
10. Aspettate, torno subito. ▸ _____
11. Non telefonare a Fabio a quest'ora. È troppo tardi. ▸ _____

27 IMPERATIVO INDIRETTO

ESERCIZI

4 **Metti i verbi all'imperativo indiretto.**

Aprile. Stefano Fini va a parlare con il proprietario di un ristorante per un posto di cameriere nei mesi estivi.

Proprietario: Buongiorno Signor Fini, *(entrare)* _____ pure, *(accomodarsi)* _____. Finisco questa telefonata e sono subito da Lei.

Stefano: Grazie. *(Fare)* _____ con comodo.

Proprietario: Dunque. Lei vorrebbe lavorare nel mio ristorante per quest'estate… ha già esperienza come cameriere?

Stefano: *(Guardare)* _____, io faccio il cameriere ogni estate, per guadagnare qualcosa per le vacanze. Ho lavorato in molti ristoranti della zona.

Proprietario: Vedo, vedo. Bene… *(Sentire)* _____, noi abbiamo bisogno di una persona pulita, puntuale, naturalmente precisa e gentile, che lavori almeno 5 giorni alla settimana e sia pronta a fare straordinari.

Stefano: Questo non è un problema. Se vuole posso anche venire sei giorni alla settimana.

Proprietario: No, non importa. Non voglio che il personale sia troppo stanco. Anzi non *(preoccuparsi)* _____, se ha bisogno di qualche ora libera, o di una mezza giornata, me lo *(dire)* _____ pure, non ci saranno problemi! Per quanto riguarda la paga, noi paghiamo a fine mese e naturalmente *(tenersi)* _____ pure tutte le mance che riesce a ottenere.

Stefano: Grazie. Mi pare che così vada benissimo. *(Preparare)* _____ pure il contratto.

Proprietario: Benissimo. Sono sicuro che lavoreremo bene insieme.

5 **Leggi il seguito della storia di Stefano e scegli se mettere i verbi all'imperativo diretto o indiretto.**

Tre mesi dopo, luglio, in piena stagione.

Proprietario: Stefano! Dove sei? *(Venire)* _____ subito qui! Perché non sei venuto ad aiutare il cuoco domenica sera?

Stefano: Mah, signor Giovanni, Lei aveva detto che dovevo lavorare solo 5 giorni alla settimana, e mi ha fatto lavorare anche sabato!

Proprietario: E allora? Se c'è bisogno, c'è bisogno. *(Smettere)* _____ di lamentarti e *(darsi)* _____ da fare, invece! Sai benissimo che qui c'è sempre bisogno e il povero cuoco non può fare tutto da solo!

Stefano: Ma io sono assunto come cameriere, non come aiuto cuoco. Non posso lavorare in cucina. Anzi, mi *(portare)* _____ il contratto, che non l'ho ancora firmato!

Proprietario: *(Sentire)* _____ caro mio, ti ho già detto che il contratto non ce l'ho. L'ho dato al commercialista*, che è in vacanza e non torna prima della fine di agosto. Che devo fare? *(Aspettare)* _____!

Stefano: E lo stipendio del mese di giugno? Anche quello ce l'ha il commercialista?

Proprietario: Non *(fare)* _____ lo spiritoso adesso! Fino a quando il commercialista non mi porta la copia del contratto, non posso darti niente.

Stefano: Mi *(dire)* _____ signor Giovanni. Di cosa devo vivere, di aria?

Proprietario: Questo tuo atteggiamento non mi piace per niente. Se la situazione non ti va bene, *(andare)* _____ via e non *(farsi)* _____ più vedere!

*commercialista: è la persona che controlla la gestione e la contabilità di un'azienda.

Periodo ipotetico

Se fossi ricca **farei** il giro del mondo.

Se tu **studiassi** di più, non **avresti** tutti questi problemi con gli insegnanti.
Se non **piovesse**, **andrei** a fare una passeggiata.
Se tu volessi, **potresti** diventare una cantante famosa.

Se non **avessi lavorato** tutta la notte, **avrei** sicuramente **sentito** la sveglia.
Se fosse partita prima, **sarebbe arrivata** in tempo alla riunione.
Se avessi preso un'aspirina per il mal di testa, questa notte **avresti dormito** meglio.

Se avessi dormito di più ieri, ora non **avrei** questo tremendo mal di testa.
Se avessi messo la crema protettiva, ora non **saresti** rossa come un peperone!

- Le frasi introdotte da **se** (o frasi ipotetiche) possono descrivere situazioni più o meno possibili.
- Le frasi ipotetiche con il congiuntivo sono costruite principalmente in tre modi:

   a) **se + congiuntivo imperfetto + condizionale semplice**
   In questo caso normalmente indicano una situazione poco probabile, ma possibile.

   b) **se + congiuntivo trapassato + condizionale composto**
   In questo caso normalmente indicano situazioni che non si sono potute realizzare nel passato.

   c) **se + congiuntivo trapassato + condizionale semplice**
   In questo caso indicano situazioni passate le cui conseguenze durano ancora nel presente.

- **Periodo ipotetico**

ipotesi poco probabile ma possibile	**se + congiuntivo imperfetto + condizionale semplice**
ipotesi impossibile	**se + congiuntivo trapassato + condizionale composto**
ipotesi impossibile con conseguenze nel presente	**se + congiuntivo trapassato + condizionale semplice**

28 PERIODO IPOTETICO

ESERCIZI

1 Unisci fra loro le frasi, come nell'esempio.

1. Se non fossi sicuro che sei una persona fidata, ora
2. Se Lisa facesse sport,
3. Se avessi saputo che odi l'aglio,
4. Se non ti volessimo con noi,
5. Se avessi paura dei cani,
6. Se Giorgio avesse amministrato meglio i suoi soldi, adesso
7. Se mi avessero detto che avresti sposato Diego,
8. Se Marika non si fidasse di me,
9. Se volesse cambiare lavoro,
10. Se avessi accettato quella proposta di lavoro a Madrid, ora

a. dovrebbe parlarne a me, sicuramente abbiamo qualcosa per Lei.
b. non farei la veterinaria.
c. li avrei presi tutti per dei pazzi.
d. non mi lascerebbe le chiavi di casa sua.
e. non lo avrei usato per cucinare.
f. non avrebbe mal di schiena.
g. non avrebbe problemi economici.
h. parleresti bene lo spagnolo.
i. non ti avremmo invitato a casa nostra per il fine settimana.
l. non ti racconterei tutti i fatti miei.

2 Metti i verbi nella forma corretta del periodo ipotetico.

33 🔊

Un lavoro duro per Babbo Natale

Se Babbo Natale *(esistere)* _____ veramente e se *(dovere)* _____ portare in una notte i regali a tutti i bambini del mondo, come *(organizzarsi)* _____?
Un fisico ha fatto questi calcoli.

- Se Babbo Natale *(portare)* _____ veramente i regali nella notte del 24 dicembre, *(dovere)* _____ visitare 378 milioni di bambini.
- Se Babbo Natale *(fare)* _____ il giro delle case di tutti i bambini del pianeta, *(percorrere)* _____ 140 milioni di chilometri.
- Se Babbo Natale *(dovere)* _____ organizzare il trasporto di 50.000 tonnellate di regali, *(dovere)* _____ usare 330.000 renne.
- Se *(noi / volere)* _____ misurare il tempo che Babbo Natale ha per visitare ogni casa, *(noi / scoprire)* _____ che ha solo un millesimo di secondo a disposizione.

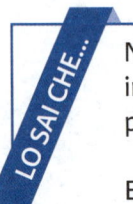 **LO SAI CHE...** Nella lingua parlata anche nel periodo ipotetico si usa sempre più l'indicativo invece del congiuntivo. Nel periodo ipotetico con ipotesi impossibile, per esempio, possiamo trovare l'imperfetto, invece del congiuntivo trapassato.

Es:

*Se mi **avvertivi**, ti **avrei aspettato**.*
*Se mi **avvertivi**, ti **aspettavo**.*
*Se mi **avessi avvertito**, ti **avrei aspettato**.*

PERIODO IPOTETICO 28

3 Coniuga i verbi al congiuntivo imperfetto o al condizionale semplice e scegli la tua risposta. Poi calcola il punteggio e leggi il tuo risultato.

Test – Sei coraggioso/a o no?

1. Se *(tu / vedere)* _____ qualcuno che è in pericolo, tu…
   - ☐ a. *(andare)* _____ in cerca di aiuto.
   - ☐ b. lo *(aiutare)* _____ subito.
   - ☐ c. *(fare finta)* _____ di niente.

2. Se qualcuno *(cercare)* _____ di derubarti, tu…
   - ☐ a. *(gridare)* _____: "Aiuto!".
   - ☐ b. non *(reagire)* _____.
   - ☐ c. *(parlare)* _____ con il ladro per convincerlo a lasciarti andare.

3. Se ti *(loro / offrire)* _____ dei soldi per rischiare la vita, tu…
   - ☐ a. *(lasciare)* _____ perdere.
   - ☐ b. *(accettare)* _____ senza pensarci due volte.
   - ☐ c. *(chiedere)* _____ consiglio a qualcuno che lo ha già fatto.

4. Se qualcuno ti *(fare)* _____ telefonate durante la notte, tu…
   - ☐ a. *(avvertire)* _____ la polizia.
   - ☐ b. *(offendere)* _____ la persona al telefono.
   - ☐ c. *(cercare)* _____ di parlarci.

5. Se un alieno ti *(offrire)* _____ un viaggio con lui, tu…
   - ☐ a. *(avere)* _____ molta paura.
   - ☐ b. *(rimanere)* _____ senza parole.
   - ☐ c. *(partire)* _____ subito.

Punteggio

	a	b	c
1	2 punti	3 punti	1 punto
2	2 punti	1 punto	3 punti
3	1 punto	3 punti	1 punto
4	1 punto	3 punti	2 punti
5	1 punto	2 punti	3 punti

Risultati

da 5 a 8
Hai paura di tutto. Hai paura a provare cose nuove e non ti piacciono le nuove avventure.

da 9 a 12
Sei razionale. Prima di agire pensi e non rischi facilmente. Probabilmente avrai meno problemi di altri nella vita, ma... che noia!

da 13 a 15
Attenzione!! Troppo coraggioso/a! Può essere pericoloso. Un po' di coraggio va bene, ma troppo...

28 PERIODO IPOTETICO — ESERCIZI

4 Trasforma le frasi in ipotesi impossibili, come nell'esempio.

1. Se Dario studiasse di più, non avrebbe difficoltà con l'esame.
   Se Dario avesse studiato di più, non avrebbe avuto difficoltà con l'esame.
2. Se avessimo più soldi, andremmo in vacanza alle Maldive.
   _____
3. Se qualcuno mi insegnasse a sciare, verrei anche io in montagna con voi.
   _____
4. Se Luca dormisse di più, non sarebbe così nervoso.
   _____
5. Se seguissi un corso di meditazione, sarei meno ansiosa.
   _____
6. Se Lauro trovasse un lavoro, andrebbe a vivere da solo.
   _____
7. Se gestissi i miei soldi con più attenzione, forse riuscirei a mettere da parte qualche risparmio.
   _____
8. Se non andaste sempre in vacanza nello stesso posto, forse conoscereste più gente nuova.
   _____
9. Se prendessi il treno delle 8, arriveresti in tempo.
   _____

5 Completa le frasi ipotetiche con i verbi della lista, come nell'esempio.

avesse studiato • avesse conosciuto • avessi visto • cantasse • fosse • fossi andato • **si iscrivesse**
parlassi • fossimo • riuscissi • se ne sarebbe innamorato • avrei salutato • farebbe • sarebbero • sarebbe
starei • **avrebbe** • potremmo • avrebbe passato • troveresti

1. Veronica è molto timida. Se *si iscrivesse* a un corso di teatro sicuramente *avrebbe* la possibilità di fare nuove amicizie.
2. Non ce la faccio più! Francesco canta dalla mattina alla sera! Se non _____ così male _____ anche piacevole ascoltarlo, invece è un incubo!
3. Se _____ a prenderti una giornata libera al lavoro, domani (noi) _____ andare a fare un po' di spese per la casa.
4. Se Dario _____ Federica, _____ subito!
5. Se (tu) _____ l'inglese, _____ più facilmente un lavoro.
6. Manuela è molto bella. D'altra parte se non _____ così bella non _____ la modella!
7. Se Antonio _____ con più costanza, _____ l'esame.
8. Se (noi) _____ tutti più buoni, nel mondo non ci _____ guerre.
9. Se non _____ a sciare, ora non _____ all'ospedale con la gamba rotta!
10. Credimi, se ieri sera ti _____ certamente ti _____, lo sai che non ci vedo bene!

PERIODO IPOTETICO 28

ESERCIZI

6 Leggi cosa mi è successo e poi trasforma le frasi <u>sottolineate</u> in frasi ipotetiche, come nell'esempio.

Che giornata!

Che giornata davvero strana! Non sono superstiziosa altrimenti andrei a controllare l'oroscopo di oggi. Questa mattina è cominciata subito male, <u>la sveglia si era rotta quindi mi sono svegliata tardi</u>. Poiché <u>avevo paura di arrivare tardi in ufficio, ho saltato la colazione</u> e ho deciso invece di fermarmi a prendere un cornetto in un bar e di mangiarlo in macchina. Quando sono arrivata al bar <u>non c'era parcheggio perciò ho messo la macchina in seconda fila</u>, tanto dovevo stare solo 2 minuti... Però proprio mentre io ero dentro al bar <u>un vigile è passato di lì e ha visto la mia macchina</u>. Che sfortuna! Per di più la cassa del bar non funzionava quindi la fila era molto più lenta del solito. Per fortuna però ho visto che il vigile stava facendo la multa! <u>Sono corsa fuori per fermarlo ma sono scivolata e mi sono slogata una caviglia</u>. Un dolore tremendo! Stavo quasi per mettermi a piangere dalla rabbia e dal dolore quando ho alzato gli occhi e ho visto... l'uomo più bello della mia vita! Il vigile! È stato un gentiluomo, mi ha aiutata ad alzarmi, mi ha portata fino alla mia macchina, non ha detto niente del parcheggio e si è messo al posto di guida per portarmi al Pronto Soccorso. <u>Io ero così confusa che non sapevo cosa dire</u>. L'ho ringraziato e ho cercato di vedere se portava la fede*... mi è sembrato di no. Le cose sembravano mettersi al meglio. Teodoro (il nome del mio vigile) mi ha lasciata al Pronto Soccorso, mi ha aspettato per un'ora mentre i medici mi visitavano e quando sono uscita mi ha accompagnato a casa. E indovinate un po'? Domani mi ha invitata a cena fuori! <u>Lo vedo qui scritto sulla mia agenda altrimenti non ci crederei</u>!

fede: anello di matrimonio

1. la sveglia si era rotta, quindi mi sono svegliata tardi
   se / la sveglia / non / rompersi / non / svegliarsi / tardi
   Se la sveglia non si fosse rotta, non mi sarei svegliata tardi.

2. avevo paura di arrivare tardi in ufficio, ho saltato la colazione
   se / non / avere paura / di arrivare tardi in ufficio / non / saltare / la colazione
   _____

3. non c'era parcheggio perciò ho messo la macchina in seconda fila
   se / ci / essere / parcheggio / non / mettere / la macchina in seconda fila
   _____

4. un vigile è passato di lì e ha visto la mia macchina
   se / il vigile / non / passare / di lì / non / vedere / la mia macchina
   _____

5. Sono corsa fuori per fermarlo ma sono scivolata e mi sono slogata una caviglia
   se / non / correre / fuori per fermarlo / non / scivolare / e / non / slogarsi / la caviglia
   _____

6. Io ero così confusa che non sapevo cosa dire
   se / io / non / essere / così confusa / sapere / cosa dire
   _____

7. Lo vedo qui scritto sulla mia agenda altrimenti non ci crederei!
   se / non / lo / vedere / scritto sulla mia agenda / non / ci / credere
   _____

29 FORMA PASSIVA

Forma passiva

Il bilancio dell'azienda **è presentato** ai finanziatori ogni anno.

Il bilancio dell'azienda **viene presentato** ai finanziatori ogni anno.

Ogni anno **si presenta** ai finanziatori il bilancio dell'azienda.

Ogni anno **va presentato** ai finanziatori il bilancio dell'azienda.

- La forma passiva si può esprimere in quattro modi diversi:
  a) verbo **essere + participio passato**;
  b) verbo **venire + participio passato**;
  c) **si** + verbo alla **terza persona singolare / plurale**;
  d) verbo **andare + participio passato**.

Forma passiva con il verbo essere

attivo: Ogni anno molti turisti **visitano** Venezia.
passivo: Ogni anno Venezia **è visitata** da molti turisti.

presente
attivo: Molti **considerano** la carne poco salutare.
passivo: La carne è **considerata** da molti poco salutare.

passato prossimo
attivo: Botticelli **ha dipinto** la Primavera.
passivo: La Primavera **è stata dipinta** da Botticelli.

imperfetto
attivo: A quei tempi molti **seguivano** quel programma in TV.
passivo: A quei tempi quel programma in TV **era seguito** da molti.

attivo: Ogni anno **molti turisti** visitano Venezia.
passivo: Ogni anno Venezia **è visitata da** molti turisti.

- Per fare il passivo si può usare il verbo **essere + participio passato**.

- La forma **essere + participio passato** si può usare **con tutti i tempi verbali**. Il verbo **essere** si coniuga allo stesso tempo del verbo della frase attiva.

- Nelle frasi passive con **essere** è possibile anche inserire la persona o la cosa che fa l'azione (**agente**). L'**agente** è preceduto dalla preposizione **da**.

- **Forma passiva con il verbo essere**

  verbo **essere** (tutti i tempi) **+ participio passato + (da)**

FORMA PASSIVA 29

ESERCIZI

1 Aiuta Mario e Vincenza ad organizzare il giorno del loro matrimonio. Leggi la lista di cose da fare e scrivi sul blocco tutto quello che è già stato fatto, usando la forma passiva, come nell'esempio. Le cose già fatte hanno una ✓.

prenotare la chiesa ✓
organizzare la musica per la festa
prenotare il ristorante ✓
ordinare i fiori ✓
spedire gli inviti ✓
preparare le bomboniere* ✓
comprare i confetti**
scegliere le fedi ✓
decidere la musica per la chiesa ✓
scegliere il viaggio
comprare delle valigie nuove
comprare i vestiti ✓
trovare qualcosa di vecchio***

La chiesa è stata prenotata.

*bomboniere: oggetti-ricordo che gli sposi regalano agli invitati dopo il matrimonio.
**confetti: dolci tipici che gli sposi offrono agli invitati insieme alle bomboniere.
***trovare qualcosa di vecchio: secondo la tradizione, il giorno del matrimonio la sposa deve indossare qualcosa di usato (un paio di mutande, delle calze...).

2 Trasforma le frasi da passive a attive, come nell'esempio.

1. Quel libro è stato letto da milioni di persone.
   Milioni di persone hanno letto quel libro.

2. Il Presidente è stato ascoltato in TV da tutta la nazione.
   _____

3. Molte case sono state distrutte dal terremoto.
   _____

4. Il nuovo anno accademico è stato inaugurato dal rettore.
   _____

5. Il bilancio è stato approvato dal consiglio di amministrazione.
   _____

6. La notizia è stata confermata da fonti autorevoli.
   _____

7. Probabilmente in futuro le automobili a benzina non saranno usate più da nessuno.
   _____

8. In quel periodo Anna era turbata da molti pensieri.
   _____

9. Torino è attraversata dal Po.
   _____

10. La Scuola Normale Superiore di Pisa è stata fondata da Napoleone.
    _____

ALMA Edizioni | Grammatica pratica della lingua italiana

29 FORMA PASSIVA

ESERCIZI

3 Cambia le frasi sottolineate nel testo dalla forma attiva alla forma passiva.

La Sardegna

La Sardegna ha sempre avuto una storia e uno sviluppo particolari. L'isola è lontana 180 chilometri dall'Italia e questa è una delle ragioni per cui i sardi hanno vissuto per molti secoli in condizioni di isolamento. <u>Dopo che i Romani hanno invaso la Sardegna</u>, infatti, sono arrivate diverse altre popolazioni sull'isola, ma <u>le nuove invasioni non hanno mai influenzato profondamente la vita e la cultura sarda</u>. Un esempio è il fatto che oggi <u>molti sardi parlano ancora la lingua sarda</u>, molto più vicina al latino di quella italiana.

Nel passato, i sardi hanno vissuto di allevamento, agricoltura o del lavoro nelle miniere, ora invece <u>le entrate del turismo mantengono gran parte della popolazione</u>, specialmente lungo la costa. Inoltre <u>lo Stato italiano ha favorito la costruzione di industrie petrolchimiche, chimiche e metallurgiche</u>, diversificando l'occupazione.

	forma attiva	forma passiva
1.	Dopo che i Romani hanno invaso la Sardegna	
2.	le nuove invasioni non hanno mai influenzato profondamente la vita e la cultura sarda	
3.	molti sardi parlano ancora la lingua sarda	
4.	le entrate del turismo mantengono gran parte della popolazione	
5.	lo Stato italiano ha favorito la costruzione di industrie petrolchimiche, chimiche e metallurgiche	

Forma passiva con il verbo venire

attivo: Ogni anno molti turisti **visitano** Venezia.
passivo: Ogni anno Venezia **viene visitata** da molti turisti.

attivo: Nel 1869 l'Italia **invase** l'Eritrea.
passivo: L'Eritrea **venne invasa** dall'Italia nel 1869.

presente
attivo: Molti **considerano** la carne poco salutare.
passivo: La carne **viene considerata** da molti poco salutare.

passato prossimo
attivo: Marta **ha lasciato** Franco.
passivo (venire): Franco **è venuto lasciato** da Marta. *(non corretto)*
passivo (essere): Franco **è stato lasciato** da Marta. *(corretto)*

attivo: Ogni anno **molti turisti** visitano Venezia.
passivo: Ogni anno Venezia **viene visitata da molti turisti**.

- Per fare la forma passiva si può usare il verbo **venire + participio passato**.

- Il verbo **venire** si coniuga allo stesso tempo del verbo della frase attiva.

- La forma passiva **venire + participio passato** si può usare **solo con i tempi verbali semplici** (es: presente, imperfetto, passato remoto, futuro semplice, ecc.), **non con i tempi verbali composti** (es: passato prossimo, trapassato prossimo, futuro anteriore, ecc.).

- Nelle frasi passive con **venire** è possibile anche inserire la persona o la cosa che fa l'azione (agente). L'**agente** è preceduto dalla preposizione **da**.

- **Forma passiva con il verbo venire**

verbo **venire** (solo tempi semplici) **+ participio passato + (da)**

FORMA PASSIVA 29

ESERCIZI

1 Metti i verbi alla forma passiva **venire + participio passato** e indovina di quali regioni italiane parliamo.

a. Questa regione *(considerare)* _____ da tutti il cuore verde d'Italia ed è l'unica regione dell'Italia centrale che non *(bagnare)* _____ dal mare. Durante l'estate dalle città della zona *(organizzare)* _____ molti festival importanti, tra cui quello del Jazz a Perugia e il Festival dei due mondi di Spoleto.

Sai che regione è?   ☐ Piemonte   ☐ Umbria   ☐ Calabria

b. Questa regione *(chiamare)* _____ la punta dello stivale d'Italia. È ricca di montagne selvagge e *(visitare)* _____ ogni estate da molti turisti in cerca di un mare pulito e di una natura incontaminata. Qui *(coltivare)* _____ ottimi agrumi, olive e frutta tropicale.

Sai che regione è?   ☐ Piemonte   ☐ Umbria   ☐ Calabria

c. Questa regione è conosciuta per una famosa fabbrica di auto ma non si possono dimenticare i suoi vini, che *(bere)* _____ in tutto il mondo. Lo spumante, per esempio, *(produrre)* _____ proprio qui, nella provincia di Asti. E cosa dire del riso? In questa regione *(coltivare)* _____ la quantità maggiore del riso italiano, importante per i nostri famosi risotti.

Sai che regione è?   ☐ Piemonte   ☐ Umbria   ☐ Calabria

2 Dove è possibile, sostituisci la forma passiva **essere + participio passato** con la forma passiva **venire + participio passato**, come negli esempi.

1. Questo vino **è prodotto** in Veneto. ▸ *Questo vino viene prodotto in Veneto.*
2. Questo vino **è stato** prodotto in Veneto. ▸ *la sostituzione non è possibile (è stato = tempo composto)*
3. Prima di partire il pilota della macchina ha controllato se le gomme **erano state cambiate**.
4. La festa di domani **è organizzata** dal comitato di quartiere.
5. Per il suo compleanno Alessandra ha voluto che il dolce **fosse preparato** da sua madre.
6. Quando eravamo bambini, spesso i giocattoli **erano fatti** di legno.
7. Solo dopo che il riscaldamento **sarà stato riparato** potrò finalmente dormire in casa mia.
8. Il pranzo **è stato preparato** da Francesca, Davide ha portato il vino.
9. Sembra che in provincia di Caserta **sia prodotta** un'ottima mozzarella.
10. In futuro l'energia verde **sarà utilizzata** da tutti.
11. L'AIDS **è considerata** da molti la più grave malattia del secolo scorso.
12. In Valle d'Aosta il francese **è parlato** da tutti.

29 FORMA PASSIVA

Il si passivante

In Italia il venerdì **si mangia** il pesce.
(= la gente mangia il pesce)
In Italia **si mangiano** gli spaghetti.
(= la gente mangia gli spaghetti)

Il biglietto dell'autobus **si compra** dal tabaccaio.
(il biglietto: singolare)
A Roma il giovedì **si mangiano gli gnocchi**.
(gli gnocchi: plurale)

Cinquanta anni fa **si usavano** poco le macchine.
Ancora non **si è fatto** tutto il possibile per eliminare le differenze tra Paesi ricchi e Paesi poveri.

Quando **si sarà capito** che le guerre non risolvono i problemi, il mondo sarà migliore.

attivo: Marta bacia Franco.
passivo (si): Marta **si bacia** da Franco. *(non corretto)*
passivo (essere): Franco **è baciato** da Marta. *(corretto)*

- Per formare il passivo si può usare **si + verbo alla terza persona singolare o plurale**. In questo caso la frase ha un significato generale (la gente, tutta la gente, tutti.)...

- Quando il soggetto passivo è singolare, si coniuga il verbo alla **terza persona singolare**. Quando il soggetto passivo è plurale, si coniuga il verbo alla **terza persona plurale**.

- La forma passiva **si + verbo** si può usare **con tutti i tempi verbali**.

- Nei tempi composti si usa sempre l'ausiliare **essere**.

- Con questa forma di passivo non si esprime l'agente (la persona o la cosa che compie l'azione).

- **Forma passiva con il si passivante**

  > **si + terza persona singolare o plurale** del verbo (tutti i tempi)
  > (non si esprime il complemento d'agente)

FORMA PASSIVA   29

ESERCIZI

1 Scegli la forma corretta del passivo.

34

La musica popolare

Spesso quando **si nomina / si nominano** la musica italiana molti pensano all'opera o a canzoni come "O sole mio" o "Funiculì Funiculà". Queste canzoni però, anche se **si considera / si considerano** italiane, rispecchiano una realtà tipicamente napoletana e sono spesso cantate nel dialetto di Napoli.
In Italia **si trova / si trovano** invece moltissimi altri tipi di musica popolare: ogni regione ha creato una sua musica e in ogni zona **si canta / si cantano** e **si balla / si ballano** melodie tipiche di quei luoghi e di quelle tradizioni.
Al Nord **si trova / si trovano** delle tonalità che ricordano la musica celtica e al Sud **si può / si possono** ascoltare ritmi molto simili a quelli arabi e turchi, o, qualche volta, a quelli dei Balcani. Insomma, la musica popolare in Italia non **si può / si possono** definire del tutto "italiana", è più una musica locale, regionale e folcloristica, segnata da varie influenze nel corso dei secoli.

2 Dove è possibile, sostituisci la forma passiva **essere + participio passato** o **venire + participio passato** con la forma passiva **si + verbo**, come negli esempi.

1. Questo vino **viene prodotto** in Veneto.
   ▸ Questo vino si produce in Veneto.
2. Questo vino **viene prodotto** dai frati del convento.
   ▸ la sostituzione non è possibile (c'è il complemento d'agente = dai frati del convento)
3. L'energia solare **viene usata** da un numero sempre maggiore di persone.
4. L'energia solare **sarà usata** sempre di più in futuro.
5. Per fare questo film **sono state utilizzate** tecniche digitali.
6. Il viaggio **viene offerto** dallo sponsor.
7. Per produrre questi cosmetici non **sono stati fatti** esperimenti su animali.
8. Per fare un buon tiramisù **viene usato** il mascarpone.
9. L'Italia **è stata occupata** dai tedeschi.
10. Di solito ai compleanni **viene cantata** la canzone "Tanti auguri a te".
11. Prima di Natale **vengono spesi** sempre troppi soldi.
12. Le olive **sono conservate** sott'olio.

LO SAI CHE...

La costruzione con il **si passivante** dà alla frase un valore impersonale. Per questo motivo la usiamo spesso negli annunci commerciali. In questi annunci, per motivi di spazio, la particella **si** viene dopo il verbo e forma una parola unica.

Es:

Vendesi Vespa usata. (si vende)
Affittasi camera singola. (si affitta)
Vendonsi appartamenti in centro. (si vendono)

ALMA Edizioni | Grammatica pratica della lingua italiana

29 FORMA PASSIVA

Forma passiva con il verbo andare

Questo libro **va letto**.

- Per formare il passivo si può usare il verbo **andare + participio passato**.

Questo libro **va letto**. (= *questo libro deve essere letto*)
A che ora **vanno svegliati** i ragazzi? (= *a che ora devono essere svegliati i ragazzi?*)

- Questo passivo ha un significato particolare di **dovere** o **necessità**.

presente:
Questo libro **va letto**.
condizionale semplice:
Questo libro **andrebbe letto** in tutte le scuole.
passato prossimo:
Questo libro **è andato letto**. (*non corretto*)

- Questo tipo di passivo può essere usato **solo con i tempi semplici** (es: presente, imperfetto, futuro semplice, condizionale semplice, ecc.).

attivo: **Tutti** dovrebbero leggere questo libro.
passivo: Questo libro andrebbe letto **da tutti**.

- Nelle frasi passive con **andare** è possibile anche inserire la persona o la cosa che fa l'azione (**agente**). L'**agente** è preceduto dalla preposizione **da**.

- **Forma passiva con il verbo andare** (significato di dovere o necessità)

  verbo **andare** (solo tempi semplici) **+ participio passato + (da)**

FORMA PASSIVA 29

ESERCIZI

1 Metti i verbi nella forma passiva **andare + participio passato**.

Cose da ricordare quando si prende il treno

1. (*Comprare*) _____ il biglietto in anticipo, perché i posti potrebbero finire.
2. (*Comprare*) _____ qualcosa da mangiare, perché non sempre si trova del buon cibo.
3. (*Portare*) _____ qualcosa da leggere o da fare durante il viaggio, a meno che non si voglia rischiare di parlare dei problemi di salute della signora seduta di fronte.
4. Se il treno è regionale, (*timbrare*) _____ sempre il biglietto prima di salire.
5. (*Tenere*) _____ sotto controllo i bagagli.
6. (*Prendere*) _____ tutto con filosofia, soprattutto se ci sono dei ritardi

2 Queste sono le indicazioni che un consulente ha lasciato all'Ingegner Borsi dopo aver controllato le condizioni della sua azienda. Riscrivi le frasi usando la forma passiva **andare + participio passato**, come nell'esempio.

1. Si deve assumere un nuovo gruppo di collaboratori. ▸ *Va assunto un nuovo gruppo di collaboratori.*
2. Si devono mettere in ordine le cartelle dei clienti. ▸ _____
3. Tutti i clienti devono essere contattati per spiegare i cambiamenti nell'azienda. ▸ _____
4. Si dovrebbero comprare dei nuovi computer. ▸ _____
5. Devono essere aggiornati i file degli ordini. ▸ _____
6. Si dovrebbe fare un corso di inglese agli impiegati dell'azienda. ▸ _____

3 **Andare** o **venire**? Completa le frasi con il verbo giusto.

1. Il gelato _____ mangiato in fretta altrimenti si scioglie.
2. Di solito in Italia i biglietti dell'autobus _____ comprati prima di salire, altrimenti il controllore può farvi una multa.
3. In molti ristoranti _____ proposti dei menù vegani.
4. Per andare a Capri _____ preso il traghetto.
5. Tommaso a scuola _____ chiamato "secchione" perché sa sempre tutto.
6. Quel film _____ visto! È bellissimo!
7. Per andare in motorino _____ portato obbligatoriamente il casco.
8. I miei figli _____ portati a scuola ogni mattina dalla baby-sitter.
9. Molti dicono che il caffè _____ preso senza zucchero, altrimenti non si gusta il sapore.
10. C'è chi dice che ormai tutto il mondo _____ controllato dall'intelligenza artificiale.

TEST DI CONTROLLO

unità 26 • 29

Hai fatto progressi? Controlla.
Ogni esercizio ripete uno o più argomenti grammaticali, se raggiungi più della metà del totale: BRAVO!
In caso contrario ripeti l'argomento che ti dà più problemi.

1 FORME DEL CONGIUNTIVO
Metti al plurale o al singolare le parole evidenziate nelle frasi, come negli esempi.

singolare	↔	plurale
1. Penso che **tu sia** troppo **impaziente**.	tu → voi	Penso che voi siate troppo impazienti.
2. Credevano che io fossi straniera.	io ← noi	Credevano che **noi fossimo straniere**.
3. Siamo felici che **l'esame sia stato facile.**	esame → esami	
4.	lui ← loro	Benché **fossero** in ritardo **hanno preso** il treno lo stesso.
5. Devi telefonargli prima che **lui esca** di casa.	lui → loro	
6.	io ← noi	La lettera non è ancora arrivata, nonostante l'**abbiamo spedita** una settimana fa.
7. Spero che **tu stia** bene.	tu → voi	
8.	tu ← voi	Si diceva che **voi aveste** problemi economici.
9. Siamo contenti che **venga l'amico** di Franca.	amico → amici	
10.	bambino ← bambini	È preferibile che **i bambini** non **bevano** troppe bevande gassate.
11.	studente ← studenti	Pretendo che **gli studenti studino** almeno quattro ore al giorno!
12. Vengo al mare a patto che **tu** mi **porti** a casa in macchina.	tu → voi	
13. Se ne è andato senza che **io sapessi** niente.	io → noi	
14.	tu ← voi	Pensavo che **foste partiti** due giorni fa.

ogni frase corretta vale 2 punti | totale: ___/24

TEST DI CONTROLLO

unità 26 • 29

2 CONCORDANZA DEL CONGIUNTIVO
Scegli il tempo corretto del congiuntivo.

1. Sta per piovere. Quando esci, è meglio che tu **abbia portato / porti / portassi** l'ombrello.
2. Mi dispiace davvero che tu non **sia venuto / venga / fossi venuto** al ristorante con noi, ieri sera.
3. Mi sarebbe piaciuto molto che tu **sia venuto / venga / fossi venuto** al ristorante con noi, ieri sera.
4. Mia madre voleva che io mi **sposi / sposassi / sia sposata** con Claudio, invece l'ho lasciato due mesi fa.
5. Non penso che Lei **possa / abbia potuto / fosse potuto** entrare, signore. L'ingresso è riservato ai soci del club.
6. Desidero che la carne **fosse / sia / fosse stata** ben cotta.
7. Il mio capo vuole che io **avessi scritto / scrivessi / scriva** a tutti i clienti entro domani.
8. Mi piacerebbe che i miei figli **studino / abbiano studiato / studiassero** di più.
9. Dicono che Ignazio **si sia tagliato / si tagli / si tagliasse** la barba qualche giorno fa.
10. Credevo che **siate partiti / partiate / foste partiti** in macchina, non in treno.
11. Speravo che Veronica **venga / sia venuta / venisse** al cinema con noi, invece mi ha telefonato e ha detto che aveva un impegno.
12. Ho così paura che l'Italia **perdesse / perda / avesse perso** la partita che preferisco non guardarla.
13. Avevo così paura che l'Italia **perdesse / perda / abbia perso** la partita che ho preferito non guardarla.

ogni verbo corretto vale 2 punti — totale: ___/26

3 USO DEL CONGIUNTIVO
Coniuga i verbi ai tempi del congiuntivo o dell'indicativo.

1. Marco mi ha detto che sabato scorso *(conoscere)* _____ una bellissima ragazza in discoteca.
2. Si dice che sabato scorso Marco *(conoscere)* _____ una bellissima ragazza in discoteca.
3. Devo telefonare a Cinzia, prima che *(lei / partire)* _____.
4. Per cena voglio fare del pesce, a meno che tu non *(preferire)* _____ la carne.
5. ■ Cos'ha Antonio?
   • Credo che non *(stare)* _____ bene, probabilmente ha un po' di febbre.
6. ■ Cos'ha Nicola?
   • Non *(stare)* _____ bene, ha mal di testa.
7. Speravamo tutti che la notizia della sua morte non *(essere)* _____ vera.
8. Sebbene *(noi / essere)* _____ molto stanchi, non siamo andati a dormire presto ieri sera.
9. Ieri sera *(noi / essere)* _____ molto stanchi, ma non siamo andati a dormire presto.
10. Solo quando ho visto il cartello, ho capito che *(sbagliare)* _____ strada.

ogni verbo corretto vale 4 punti — totale: ___/40

TEST DI CONTROLLO

unità 26 • 29

4 IMPERATIVO INDIRETTO
Metti i verbi all'imperativo indiretto.

1. Dentista alla paziente: "*(Aprire)* _____ la bocca, signora."
2. A teatro: "Psssss! *(Stare)* _____ zitto per favore e *(spegnere)* _____ quel telefonino!"
3. Segretaria al cliente: "Mi dispiace, signor Magli. L'ingegner Rossi non c'è. *(Telefonare)* _____ nel pomeriggio."
4. Bambino al gelataio: "*(Darmi)* _____ un gelato con crema e cioccolato, per favore."
5. Manager al suo assistente: "Michele, *(dirmi)* _____ gli appuntamenti della giornata."
6. Vigile all'automobilista: "*(Farmi)* _____ vedere la patente."
7. Automobilista al vigile: "Per favore, non *(farmi)* _____ la multa!"
8. Psicologa al paziente: "*(Raccontarmi)* _____ come si sente."
9. Uomo al cameriere: "*(Portarmi)* _____ un'insalata mista, ma non *(metterci)* _____ i pomodori, per favore."
10. Cameriere ai clienti: "Prego, signori: *(accomodarsi)* _____ qui."

ogni verbo corretto vale 2 punti   totale: ____ /24

5 PERIODO IPOTETICO
Metti i verbi al condizionale o al congiuntivo e completa le frasi ipotetiche.

1. Se domani Giovanni *(venire)* _____ in macchina, *(noi / potere)* _____ andare con lui.
2. Se due anni fa non *(io / frequentare)* _____ un corso, non avrei mai saputo quanto è divertente ballare il tango!
3. Se uscissimo subito, forse *(noi / riuscire)* _____ a prendere il treno.
4. Se da bambina non *(avere)* _____ un cane, forse oggi avrei paura degli animali.
5. Mi *(dispiacere)* _____ molto se domani non *(tu / venire)* _____ alla mia festa, quindi cerca di non prendere altri impegni.
6. Se l'anno scorso il Milan *(giocare)* _____ meglio, non *(perdere)* _____ il campionato.
7. Se questa mattina Viola non *(arrabbiarsi)* _____ così tanto, ora non *(avere)* _____ mal di stomaco.
8. Se ieri voi *(fermarsi)* _____ allo stop, non *(fare)* _____ l'incidente.
9. Ah, come *(essere)* _____ bello se *(io / avere)* _____ vent'anni di meno!

ogni verbo corretto vale 2 punti   totale: ____ /30

unità 26 • 29 — TEST DI CONTROLLO

6. FORMA PASSIVA
Trasforma le frasi attive in frasi passive, usando per ogni frase le forme indicate tra parentesi.

forma attiva: Il capo ufficio rimprovera l'impiegato.
1. **forma passiva:** *(essere + participio passato + da)* ▸ _____
2. **forma passiva:** *(venire + participio passato + da)* ▸ _____

forma attiva: Secondo i giornali, un testimone avrebbe visto l'assassino.
3. **forma passiva:** *(essere + participio passato + da)* ▸ _____

forma attiva: In futuro tutti utilizzeranno le automobili elettriche.
4. **forma passiva:** *(essere + participio passato + da)* ▸ _____
5. **forma passiva:** *(venire + participio passato + da)* ▸ _____

forma attiva: Il tenore Ugoletti ha cantato l'aria.
6. **forma passiva:** *(essere + participio passato + da)* ▸ _____

forma attiva: Trenta anni fa la gente passava meno tempo davanti alla TV.
7. **forma passiva:** *(si + verbo)* ▸ _____

forma attiva: D'estate molta gente mangia i gelati.
8. **forma passiva:** *(si + verbo)* ▸ _____

forma attiva: Prima di prendere il sole è necessario mettere la crema protettiva.
9. **forma passiva:** *(andare + participio passato)* ▸ _____

forma attiva: Bisogna pagare le tasse.
10. **forma passiva:** *(andare + participio passato)* ▸ _____

ogni forma corretta vale 3 punti — totale: ___/30

TEST DI CONTROLLO

unità 26 • 29

7 IMPERATIVO DIRETTO E INDIRETTO
Leggi i dialoghi e metti i verbi alla forma dell'imperativo, scegli fra imperativo diretto e indiretto.

a. In strada
- Ciao, scusa, potresti dirmi come si arriva alla Stazione centrale?
- Certo! *(Guardare)* _____ ti conviene prendere un autobus, non è molto vicina.
- Non mi *(dire)* _____ ! Davvero? Quei due là mi hanno detto che era a pochi passi!
- No, non li *(ascoltare)* _____, vedi la fermata dall'altra parte della strada? *(Andare)* _____ lì e *(prendere)* _____ il 10, quando sali poi *(chiedere)* _____ al conducente di farti scendere dietro la stazione. Vedrai che ci vorrà almeno un quarto d'ora.
- Grazie mille.

b. Al negozio di alimentari
- Buongiorno Fabio.
- Buongiorno signora Stefanini.
- *(Sentire)* _____, stasera ho ospiti e vorrei fare bella figura. Volevo cucinare gli ossibuchi, ma non li ho mai fatti. Mi *(dire)* _____ Lei, sono difficili?
- No, no. *(Guardare)* _____, *(prendere)* _____ questi che sono freschissimi e, mi raccomando, non *(dimenticare)* _____ di passarli nella farina prima di farli cuocere.
- Ci vuole anche un po' di vino, vero?
- Certo. *(Comprare)* _____ questo, non costa molto, ma è un buon vino comunque. Non ce ne *(mettere)* _____ troppo, poi *(unire)* _____ i pomodori pelati e *(lasciare)* _____ cuocere a fuoco lento. Vedrà che in un'oretta finisce.
- Grazie mille Fabio, posso sempre contare su di Lei.

c. All'università
- Professoressa, posso entrare?
- Ah, sei tu, Dalmati... *(entrare)* _____, *(sedersi)* _____ pure e *(aspettare)* _____ un attimo, finisco questa mail e poi parliamo... fatto. *(Dire / a me)* _____ pure.
- Vorrei concordare con Lei il programma di geografia. Come sa faccio svedese come prima lingua e il programma normale del corso è basato principalmente sulla geografia degli Stati Uniti. *(Scusare)* _____, sarebbe possibile farne uno più utile ai miei studi?
- Certo però dovresti anche fare una parte del programma generale, più alcuni testi più specifici del tuo corso di laurea, vuoi qualcosa sulla penisola scandinava o su alcuni paesi in particolare?
- Non saprei, mi *(consigliare)* _____ Lei.
- *(Guardare)* _____, allora *(prendere)* _____ questi due libri qui, sulla geografia sociale e politica della Scandinavia e *(cercare)* _____ in biblioteca il Clausen-Horowitz sull'Islanda. Per il resto *(togliere)* _____ dalla lista il corso monografico sulla geografia degli Stati Uniti e *(fare)* _____ solo la parte sulla geografia economica europea.
- Grazie, professoressa, La ringrazio.
- Buon lavoro, Dalmati.

ogni verbo corretto vale 1 punto — totale: ____/26

PASSATO REMOTO E TRAPASSATO REMOTO

Passato remoto

All'inizio del '900 molti italiani **emigrarono** in America.
Appena laureato Roberto **andò** a vivere a Milano.

Cristoforo Colombo **scoprì** l'America nel 1492.

Quell'uomo ci **pregò** di aiutarlo, ma noi non **potemmo** fare niente per lui.
Quell'uomo ci **ha pregato** di aiutarlo, ma noi non **abbiamo potuto** fare niente per lui.

Io **scrissi** una canzone.
Tu **scrivesti** una canzone.
Lui **scrisse** una canzone.
Noi **scrivevamo** una canzone.
Voi **scriveste** una canzone.
Loro **scrissero** una canzone.

Io **scrissi** una lettera d'amore a Luca.
Italo Calvino **scrisse** molti racconti.
I miei genitori **scrissero** una lettera al professore.

Otello **credé** / **credette** alle parole di Iago e uccise Desdemona.
Gli amici di Massimo non **crederono** / **credettero** alle sue parole.

- Il passato remoto si usa per esprimere un'azione che è successa in un passato lontano, che non ha più nessuna relazione con il presente.

- Il passato remoto viene perciò spesso usato quando si parla di un fatto storico.

- Nell'italiano colloquiale di diverse zone d'Italia il passato remoto non è molto comune e si usa più spesso il **passato prossimo**.

- Molti verbi hanno un passato remoto irregolare perché usano una radice diversa per la **prima** e **terza persona singolare** e per la **terza persona plurale**.

- Normalmente nel passato remoto irregolare la prima persona singolare finisce con **-i**, la terza persona singolare con **-e** e la terza persona plurale con **-ero**.

- I verbi in **-ere** hanno due forme per il passato remoto.

- Passato remoto – verbi regolari

	am-are	cred-ere	apr-ire
io	am-ai	cred-ei/etti	apr-ii
tu	am-asti	cred-esti	apr-isti
lui / lei / Lei	am-ò	cred-é/ette	apr-ì
noi	am-ammo	cred-emmo	apr-immo
voi	am-aste	cred-este	apr-iste
loro	am-arono	cred-erono/ettero	apr-irono

30 PASSATO REMOTO E TRAPASSATO REMOTO

- Passato remoto – verbi irregolari

	essere	avere
io	fui	ebbi
tu	fosti	avesti
lui / lei / Lei	fu	ebbe
noi	fummo	avemmo
voi	foste	aveste
loro	furono	ebbero

- Altri verbi con passato remoto irregolare

verbo	passato remoto
accorgersi	mi accorsi, ti accorgesti, si accorse, ci accorgemmo, vi accorgeste, si accorsero
attendere	attesi, attendesti, attese, attendemmo, attendeste, attesero
bere	bevvi, bevesti, bevve, bevemmo, beveste, bevvero
cadere	caddi, cadesti, cadde, cademmo, cadeste, caddero
chiedere	chiesi, chiedesti, chiese, chiedemmo, chiedeste, chiesero
chiudere	chiusi, chiudesti, chiuse, chiudemmo, chiudeste, chiusero
conoscere	conobbi, conoscesti, conobbe, conoscemmo, conosceste, conobbero
correre	corsi, corresti, corse, corremmo, correste, corsero
dare	diedi / detti, desti, diede / dette, demmo, deste, diedero / dettero
decidere	decisi, decidesti, decise, decidemmo, decideste, decisero
dire	dissi, dicesti, disse, dicemmo, diceste, dissero
fare	feci, facesti, fece, facemmo, faceste, fecero
leggere	lessi, leggesti, lesse, leggemmo, leggeste, lessero
mettere	misi, mettesti, mise, mettemmo, metteste, misero
muovere	mossi, muovesti, mosse, muovemmo, muoveste, mossero
nascere	nacqui, nascesti, nacque, nascemmo, nasceste, nacquero
parere	parvi, paresti, parve, paremmo, pareste, parvero
perdere	persi, perdesti, perse, perdemmo, perdesti, persero
piacere	piacqui, piacesti, piacque, piacemmo, piaceste, piacquero
prendere	presi, prendesti, prese, prendemmo, prendeste, presero
rimanere	rimasi, rimanesti, rimase, rimanemmo, rimaneste, rimasero
rispondere	risposi, rispondesti, rispose, rispondemmo, rispondeste, risposero
rompere	ruppi, rompesti, ruppe, rompemmo, rompeste, ruppero
sapere	seppi, sapesti, seppe, sapemmo, sapeste, seppero
scendere	scesi, scendesti, scese, scendemmo, scendeste, scesero
scegliere	scelsi, scegliesti, scelse, scegliemmo, sceglieste, scelsero
scrivere	scrissi, scrivesti, scrisse, scrivemmo, scriveste, scrissero
spegnere	spensi, spegnesti, spense, spegnemmo, spegneste, spensero
stare	stetti, stesti, stette, stemmo, steste, stettero
tradurre	tradussi, traducesti, tradusse, traducemmo, traduceste, tradussero
tenere	tenni, tenesti, tenne, tenemmo, teneste, tennero
vedere	vidi, vedesti, vide, vedemmo, vedeste, videro
venire	venni, venisti, venne, venimmo, veniste, vennero

ESERCIZI — PASSATO REMOTO E TRAPASSATO REMOTO

1 Completa la coniugazione del passato remoto.

verbi regolari

	parlare	potere	partire	andare
io		potei		
tu	parlasti			
lui / lei / Lei				andò
noi			partimmo	
voi				
loro				

verbi irregolari

	essere	scrivere	prendere	chiedere
io	fui			chiesi
tu				
lui / lei / Lei			prese	
noi				
voi				
loro		scrissero		

2 Trova nel testo tutti i verbi al passato remoto e scrivili nella tabella con l'infinito, come nell'esempio.

La fanciulla del susino

In una grande città, in una casa circondata da un grande giardino, viveva una bella fanciulla. Il giardino in primavera era sempre coperto di mille fiori colorati e la fanciulla li amava tutti, ma amava in modo particolare i fiori bianchi e rossi di un albero di susine che cresceva proprio vicino alla finestra della sua stanza. Ogni anno, quando i fiori dell'albero cadevano, lei li raccoglieva per sentirne il profumo. Improvvisamente, però, la fanciulla si ammalò gravemente e poco dopo morì. Il padre e la madre fecero per lei una tomba ai piedi del susino e ogni primavera ne raccoglievano i fiori e li mettevano sulla sua tomba, come aveva fatto lei una volta. Dopo un anno, un giorno di primavera, videro un piccolo serpente sotto il susino. Quando i fiori cominciarono a cadere il serpente li prese uno ad uno con la bocca e li raccolse tutti insieme sopra la tomba. "Deve essere nostra figlia", pensarono i genitori della ragazza e chiamarono subito un vecchio molto saggio, che sapeva tutto della vita e della morte. Il vecchio pregò a lungo sotto il susino fino a quando il serpente cambiò la sua pelle. Allora il vecchio disse: "Questo è un segno di vita, significa che la fanciulla ha cambiato la sua natura umana in quella di albero. Fra cento e cento anni questa fanciulla rinascerà". Con questa speranza, i genitori continuarono a raccogliere i fiori del susino per tutta la loro vita, dopo molti anni però anche loro morirono. Se la fanciulla sia rinata o no, nessuno lo sa.

(Fiaba popolare del nord Italia – adattato da " Fiabe di fiori italiani")

passato remoto	infinito
si ammalò	ammalarsi

30 PASSATO REMOTO E TRAPASSATO REMOTO — ESERCIZI

3 Completa il testo con i verbi della lista e indovina di quale civiltà stiamo parlando.

cominciarono • diedero • diventarono • ebbero • entrarono • estesero • fondarono • fu • si spostarono

I Greci, con la loro civiltà avanzata, nei secoli VIII e VII a.C. _____ ad avere problemi di sovrappopolazione nelle città più grandi e per questo _____ verso le coste dell'Italia meridionale e della Sicilia, dove _____ molte colonie. Ai nuovi abitanti di queste zone i Greci _____ il nome di *italioti*. Dopo qualche anno queste colonie _____ grandi e ricche ed _____ un ruolo politico e culturale di primo piano. Ancora oggi possiamo vedere i bellissimi templi e le rovine di queste città in Calabria e, specialmente, in Sicilia. Più tardi i Romani _____ in contatto con gli *italioti* e, dopo guerre e accordi, _____ il loro potere anche nell'Italia meridionale. _____ la fine di questa civiltà.

Questa civiltà viene chiamata: ☐ Rinascimento ☐ Magna Grecia ☐ Civiltà etrusca

4 Metti i verbi al passato remoto.

L'Italia e la monarchia

Dopo l'unificazione del 1861, l'Italia *(venire)* _____ proclamata "Regno d'Italia" da Vittorio Emanuele II, che era già Re di Sardegna dal 1849 e che *(diventare)* _____ il primo Re della penisola. Dopo la sua morte, *(prendere)* _____ la guida del Regno il figlio Umberto I e dopo di lui il nipote Vittorio Emanuele III. *(Essere)* _____ proprio durante il regno di Vittorio Emanuele III che il movimento fascista *(prendere)* _____ forza, senza una seria opposizione da parte del Re. Quando il fascismo *(arrivare)* _____ al potere e *(trasformarsi)* _____ in una dittatura, il Re *(continuare)* _____ a rappresentare l'Italia, fino a quando, dopo la fine della II Guerra Mondiale, *(fuggire)* _____ con il suo governo nell'Italia meridionale. In seguito, i partiti democratici lo *(costringere)* _____ a ritirarsi a vita privata. Il Re allora *(lasciare)* _____ il Regno al figlio e *(ritirarsi)* _____ in esilio in Egitto. Il Principe Umberto II quindi *(rimanere)* _____ Luogotenente del Regno fino al 1946, quando in un referendum gli italiani *(votare)* _____ per la Repubblica. Il Principe *(dovere)* _____ abbandonare il paese e andare in esilio.

5 Conosci il nome della famiglia reale italiana descritta nel testo dell'esercizio 4? Le lettere iniziali delle forme corrette del passato remoto ti danno il suo nome.

1.	spegnere	▸ spensi	**S**		7.	ordinare	▸ ordinai	**O**
2.	muovere	▸ movetti	**M**		8.	amare	▸ ametti	**A**
3.	piacere	▸ piacetti	**P**		9.	vedere	▸ vedei	**V**
4.	andare	▸ andai	**A**		10.	iniziare	▸ iniziai	**I**
5.	vivere	▸ vissi	**V**		11.	attendere	▸ attesi	**A**
6.	bere	▸ bevei	**B**					

Il nome è _____

PASSATO REMOTO E TRAPASSATO REMOTO

ESERCIZI

6 Ora scrivi le forme corrette della prima persona singolare dei verbi sbagliati dell'esercizio 5.

2. muovere ▸ _____
3. piacere ▸ _____
6. bere ▸ _____
8. amare ▸ _____
9. vedere ▸ _____

7 Imperfetto, passato prossimo o passato remoto? Scegli il tempo giusto.

1. Quando **ero / sono stato / fui** piccolo, andavo spesso al mare.
2. La II Guerra Mondiale **scoppiava / è scoppiata / scoppiò** nel 1939, quando la Germania invase la Polonia.
3. Gesù Cristo morì quando **aveva / ha avuto / ebbe** 33 anni.
4. I miei genitori si sono conosciuti nel 1963 e un anno dopo **si sposavano / si sono sposati / si sposarono**.
5. C'era volta un re che aveva una figlia bellissima. Un giorno, all'improvviso, la figlia del re **moriva / è morta / morì**.
6. Negli anni '50 Domenico Modugno **vinceva / ha vinto / vinse** il Festival di Sanremo con la canzone "Volare".
7. Ieri sera il Presidente della Repubblica **faceva / ha fatto / fece** un discorso importante in TV.
8. Giulio non è venuto perché **era / è stato / fu** stanco.
9. All'inizio del '900, furono molti gli italiani che **sono emigrati / emigravano / emigrarono** in America in cerca di lavoro.
10. In Italia il fenomeno del terrorismo **si sviluppava / si è sviluppato / si sviluppò** soprattutto negli anni '70, all'epoca in cui le Brigate Rosse uccisero il politico Aldo Moro.

8 Riscrivi il testo sostituendo il passato prossimo con il passato remoto, come nell'esempio.

A giugno Linda ha deciso di fare una vacanza un po' diversa dal solito: si è comprata una bicicletta nuova, ha convinto un paio di amici a unirsi a lei e ha organizzato con loro un viaggio in bicicletta lungo il fiume Arno, che passa dalle città di Firenze e Pisa. I tre amici si sono divisi i compiti: Linda si è occupata dell'attrezzatura e dei rifornimenti, Daria ha preparato l'itinerario e Stefano ha prenotato gli alloggi lungo il percorso. L'intenzione era di fare una vacanza rilassante, quindi Daria ha scelto delle tappe brevi per fermarsi in piccoli borghi medievali e Stefano è riuscito sempre a trovare delle camere a poco prezzo, in conventi o in agriturismi. A Firenze, invece, gli amici sono rimasti per tre notti e hanno girato la città in bicicletta, visitando tutti gli angoli più belli. Dopo Firenze hanno deciso di allungare il percorso e sono andati nella bella città di San Miniato, dove hanno assaggiato il famoso tartufo bianco. Infine si sono diretti verso Pisa, hanno visto la città, sono saliti sulla famosa Torre pendente e poi hanno continuato verso il mare, dove hanno trovato un bel campeggio e hanno passato quattro giorni di relax.

Anni fa Linda decise di fare una vacanza un po' diversa dal solito:

30 PASSATO REMOTO E TRAPASSATO REMOTO

Trapassato remoto

Quando Fiorella **se ne fu andata**, Giulio **telefonò** in ufficio.
(prima: *se ne fu andata* ▸ dopo: *telefonò*)
Andai via solo dopo che lui mi **ebbe salutato**.
(prima: *ebbe salutato* ▸ dopo: *andai via*)

Appena **fu arrivata** a casa **telefonò** al fidanzato.
Dopo che ebbe mangiato, andò a dormire.
Appena ebbe mangiato, andò a dormire.
Quando ebbe mangiato, andò a dormire.
Dopo che lo **ebbero visto** decisero di invitarlo alla festa.
Appena **fu entrata** capì cosa era successo.

- Il trapassato remoto descrive un'azione che avviene prima di un'altra al passato remoto.

- Il trapassato remoto si usa solo quando:
  a) la frase principale è al **passato remoto**;
  b) il trapassato remoto è introdotto da un avverbio di tempo come **dopo che, appena, quando**.

- Il trapassato remoto si forma con il **passato remoto** di **avere** o **essere + il participio passato** del verbo.

- **Trapassato remoto**

passato remoto di avere o essere + participio passato		
io	ebbi parlato	fui andato/a
tu	avesti parlato	fosti andato/a
lui / lei / Lei	ebbe parlato	fu andato/a
noi	avemmo parlato	fummo andati/e
voi	aveste parlato	foste andati/e
loro	ebbero parlato	furono andati/e

PASSATO REMOTO E TRAPASSATO REMOTO

ESERCIZI

1 Passato remoto o trapassato remoto? Metti i verbi alla forma corretta.

Pelle d'asino

C'era una volta un re vedovo che aveva una bellissima figlia che si chiamava Isabella.

Purtroppo il re *(innamorarsi)* _____ della figlia e *(decidere)* _____ di sposarla.

Ne *(parlare)* _____ con i suoi consiglieri ma, anche dopo che tutti gli *(rispondere)* _____ che era una pazzia, lui *(continuare)* _____ con i suoi progetti. Intanto Isabella, disperata, piangeva tutto il giorno, in una stanza isolata del castello. Un giorno, subito dopo che *(finire)* _____ di mangiare, *(vedere)* _____ una fata, che era arrivata per aiutarla.

La fata le *(consigliare)* _____ di accettare il matrimonio ma di chiedere al padre una condizione: che le facesse fare un vestito con tutti i fiori e gli alberi del parco. La ragazza *(essere)* _____ così contenta di aver trovato una soluzione che, appena la fata *(andarsene)* _____, chiese il vestito al padre. Ma, dopo pochi mesi, il vestito fu pronto. Allora la fata *(avere)* _____ un'altra idea e *(dire)* _____ a Isabella di chiedere un vestito fatto col cielo, la luna e le stelle.

Ma, dopo alcuni mesi, anche quel vestito fu pronto. Isabella era disperata. Non sapeva più che cosa fare, *(chiedere)* _____ di nuovo aiuto alla fata, che questa volta le consigliò di chiedere al padre di uccidere l'asino magico che aveva nella stalla. L'asino faceva monete d'oro e sicuramente il padre non lo avrebbe voluto perdere. Ma nemmeno questo *(fermare)* _____ il re, che, appena *(uccidere)* _____ l'asino, ne prese la pelle e la *(portare)* _____ alla figlia. L'unica soluzione rimasta era quella di fuggire. Così la ragazza *(lasciare)* _____ il castello coperta dalla pelle dell'asino...

La storia naturalmente non finisce qui... Isabella riuscì a fuggire dal padre?

Tu che pensi? Prova a finire tu la storia.

(favola della Garfagnana – Toscana)

LO SAI CHE...

Ricorda che l'uso di **passato remoto** e **passato prossimo** dipende dalla prospettiva di chi parla. Il passato remoto si usa quando chi parla è ormai lontano nel tempo da quello che racconta o quello che è successo nel passato è completamente concluso. Se chi parla usa il passato prossimo significa invece che il fatto è accaduto da poco tempo o che le conseguenze di quel fatto durano ancora nel presente.

Es:

*Un anno fa **andai** a trovare mio fratello.*
*Un anno fa **mi sono sposato**.*

31 CONCORDANZA DEI TEMPI DELL'INDICATIVO

Concordanza dei tempi dell'indicativo (1)

- In italiano il tempo della frase secondaria dipende dal tempo che usiamo nella frase principale.
- Dopo una frase principale con un verbo al presente (1), al passato vicino al presente (2), al condizionale semplice (3), all'imperativo (4) o al futuro (5) si usano:

frase principale	frase secondaria
1. Dico che…	Aldo **parte** domani.
2. Ti ho appena detto che…	Aldo **partirà** domani.
Poco fa ti dicevo che…	Aldo **vorrebbe** partire domani.
3. Direi che…	Aldo **parte** oggi.
4. Di' (tu) che…	Aldo **sta partendo**.
Dica (Lei) che…	Aldo **è partito** ieri.
5. Dirò che…	Aldo **voleva** partire.
	Aldo **partì** per la guerra nel 1915.

a) **presente**, **futuro** o **condizionale** per esprimere un'azione posteriore;

b) **presente** o **presente progressivo** per esprimere un'azione contemporanea;

c) **passato prossimo**, **imperfetto** o **passato remoto** per esprimere un'azione anteriore.

ESERCIZI

1 **Scegli il verbo giusto.**

1. So che Marco **sta venendo / venne / era venuto** qui adesso.
2. Ho saputo ora che ieri sera Marco **verrà / veniva / è venuto** qui.
3. Ho saputo ora che tra poco **sta venendo / è venuto / verrà** Marco.
4. Mi ricordo che l'anno scorso **volevi / vorresti / vorrai** cambiare lavoro. Ci sei riuscito?
5. Allora, raccontateci che cosa **fate / avete fatto / fareste** sabato scorso.
6. Signore, mi dica a che ora **vuole / ha voluto / vorrà** partire: c'è un aereo oggi pomeriggio alle 16:00 e uno domani mattina alle 8:00.
7. Siamo sicuri che Claudia **arriva / arrivava / era arrivata** domani mattina.
8. Ho letto adesso sul giornale che ieri **ci fu / c'è stato / ci sarà stato** uno sciopero dei treni.
9. Ho letto adesso sul giornale che oggi **ci sarà stato / c'era stato / c'è** uno sciopero dei treni.
10. Quando vedrò Antonio, gli dirò che martedì scorso **era / sarà / fu** il mio compleanno.
11. Quando vedrò Antonio, gli dirò che domenica prossima **volevo / vorrei / avrò voluto** andare al mare.
12. Fabio dice che in questo periodo Sara **scriveva / sta scrivendo / aveva scritto** un nuovo libro.
13. Fabio dice che molti anni fa Sara **scriverebbe / ha scritto / scrive** un libro per bambini.
14. Fabio dice che tra qualche mese Sara **cominciava / comincerà / ha cominciato** a scrivere un nuovo libro.
15. Mia nonna dice che mio nonno **s'innamorava / s'innamorerebbe / s'innamorò** di lei al primo incontro.
16. Mia nonna dice che ancora oggi mio nonno **fece / ha fatto / farebbe** follie per lei.
17. Luca dice che poco fa **vede / vedrebbe / ha visto** Cristina con il suo nuovo fidanzato.
18. Mia madre mi scrive che mio padre non **è stato / sta / starà** bene, ma adesso va un po' meglio.
19. Mia madre mi scrive che a Natale lei e mio padre **andavano / andranno / andarono** in vacanza in Egitto, io invece non ho ancora deciso cosa fare.
20. Ti ripeto che in questo momento non **ho / ho avuto / avrò** tempo di ascoltare i tuoi discorsi.

CONCORDANZA DEI TEMPI DELL'INDICATIVO

ESERCIZI

2 Metti i verbi alla forma corretta.

Ho deciso, quest'estate farò il cammino di Santiago, una camminata di più di 700 chilometri che arriva fino a Santiago in Spagna. La storia dice che il Cammino *(nascere)* _____ nel Medioevo come pellegrinaggio in visita alle reliquie di San Giacomo, che *(trovarsi)* _____ appunto nella Cattedrale della città di Santiago, in Galizia. La mia intenzione non *(essere)* _____ religiosa, ma *(io / essere)* _____ curiosa di provare questa esperienza, *(volere)* _____ camminare, godermi il paesaggio e fare nuove amicizie. Ho alcuni amici che lo *(fare)* _____ anni fa e me ne *(parlare)* _____ benissimo, tutti dicono che per loro *(essere)* _____ un'esperienza unica e che *(incontrare)* _____ persone eccezionali di tutto il mondo. Il tempo, mi hanno detto i miei amici, *(rallentare)* _____ moltissimo mentre si *(camminare)* _____, perciò si *(riscoprire)* _____ il piacere di parlare, pensare e vivere una vita meno frenetica. Mi hanno preparata dicendomi che *(io / trovare)* _____ sicuramente alcuni punti piuttosto duri, visto che ci sono dei pezzi in montagna. Io sono un po' preoccupata perché non *(essere)* _____ per niente sportiva, ma ho già deciso che *(fare)* _____ delle tappe brevi, così non *(stancarsi)* _____ troppo e sono sicura che, man mano che cammino, *(abituarsi)* _____ sempre di più e *(essere)* _____ tutto più facile. Ho già comprato gli scarponi e tutto il materiale da portare con me, *(avere)* _____ il passaporto del pellegrino da far timbrare in ogni ostello e un buon libro che spiega bene l'itinerario in dettaglio. Spero proprio di farcela, ho circa 4 settimane a disposizione e *(volere)* _____ riuscire a fare tutto il cammino in quel tempo.

Concordanza dei tempi dell'indicativo (2)

frase principale	frase secondaria
Ho detto che... Dicevo che... Dissi che... Avevo detto che... Avrei detto che...	Aldo **partiva** dopo. Aldo **sarebbe partito** dopo. Aldo **partiva** quel giorno. Aldo **era partito** il giorno prima. Aldo **voleva partire** il giorno prima. Aldo **partì** per la guerra. dopo che Aldo **fu partito** sua moglie **si trasferì** all'estero.

- Dopo una frase principale con un verbo all'indicativo passato (passato prossimo, imperfetto, passato remoto, trapassato prossimo) o al condizionale composto si usano:

  a) **imperfetto** o **condizionale composto** per esprimere un'azione posteriore;

  b) **imperfetto** per esprimere un'azione contemporanea;

  c) **trapassato prossimo**, **imperfetto**, **passato remoto** o **trapassato remoto** per esprimere un'azione anteriore.

31 CONCORDANZA DEI TEMPI DELL'INDICATIVO — ESERCIZI

1 Scegli il verbo giusto.

1. Durante i primi anni di matrimonio, prima di addormentarsi, Giulio e Rita si raccontavano sempre cosa **hanno fatto / farebbero / avevano fatto** durante la giornata. Ora Giulio si addormenta subito e Rita legge una rivista.

2. Quando Luca conobbe Ornella, **era / era stato / sarebbe stato** così felice che **fu girato / girava / aveva girato** sempre con un sorriso in faccia, mentre ora è così contento solo quando guarda la partita di calcio.

3. Cinque anni fa Pia disse a Farid che **si sposarono / si sarebbero sposati / si erano sposati** subito dopo la sua laurea. Pia però si è laureata due anni fa e Farid sta ancora aspettando.

4. Quando Ennio incontrò Maria, le disse che **aveva divorziato / divorziava / avrebbe divorziato** l'anno prima perché sua moglie non lo capiva, ma ora ha lasciato Maria ed è tornato dalla moglie.

5. Non ho detto a Fabio che **avevo visto / ebbi visto / vidi** sua moglie con un altro.

6. Mia nonna mi raccontava sempre che, subito dopo il matrimonio, mio nonno **partì / fu partito / sarà partito** per l'America in cerca di lavoro.

7. Cecilia aveva raccontato a tutti che alla festa di Capodanno **ha conosciuto / aveva conosciuto / conosceva** un ragazzo bellissimo.

8. Claudio disse che in quel momento non **aveva avuto / aveva / ha avuto** relazioni.

9. Claudio disse che quando era giovane **aveva avuto / ha avuto / avrebbe** molte relazioni.

10. La mattina del 27 aprile, Giuseppe si ricordò che quel giorno **era / è stato / era stato** il compleanno di sua moglie e così le comprò un mazzo di fiori.

11. La mattina del 28 aprile, Giuseppe si ricordò che il giorno prima **sarebbe stato / è stato / era stato** il compleanno di sua moglie e così le comprò subito un mazzo di fiori per scusarsi.

12. Quando prestammo i soldi a Mara, ancora non sapevamo che l'anno dopo **si sposerà / si è sposata / si sarebbe sposata** con una donna ricchissima.

13. Quando prestammo i soldi a Mara, ancora non sapevamo che l'anno prima **si è sposata / si era sposata / si sarebbe sposata** con una donna ricchissima.

14. Quando Marco e Mirella si sposarono, tutti dissero che **erano / furono / erano stati** una coppia perfetta, invece lei lo lasciò dopo due mesi.

15. Il giorno del loro matrimonio, nessuno poteva immaginare che Maurizio **aveva lasciato / avrebbe lasciato / lasciò** Valeria dopo due mesi.

16. Carlo mi ha detto che **si sarà innamorato / si innamorava / si innamorò** sempre di persone bellissime e irraggiungibili.

LO SAI CHE...

Il suffisso nominale **-ata** si può usare per formare un nome da un verbo in **-are**. In questi casi il significato del nome rappresenta l'azione o l'effetto del verbo.

Es:

camminare ▸ una **camminata**
pedalare ▸ una **pedalata**
telefonare ▸ una **telefonata**

CONCORDANZA DEI TEMPI DELL'INDICATIVO

ESERCIZI

2 Metti i verbi alla forma corretta.

Una decina d'anni fa decisi che quell'estate *(fare)* _____ il cammino di Santiago, una camminata di più di 700 chilometri che arriva fino a Santiago in Spagna.

Avevo letto su un libro che il cammino *(nascere)* _____ nel Medioevo come pellegrinaggio in visita alle reliquie di San Giacomo, che *(trovarsi)* _____ appunto nella Cattedrale della città di Santiago, in Galizia. Per me quello non sarebbe stato un pellegrinaggio, ma *(essere)* _____ curiosa di vedere come *(essere)* _____, volevo camminare, godermi il paesaggio e provare quella nuova esperienza.

Avevo alcuni amici che lo *(fare)* _____ anni prima e me ne *(parlare)* _____ benissimo, tutti dicevano che per loro *(essere)* _____ un'esperienza unica e che *(incontrare)* _____ persone eccezionali di tutto il mondo. Il tempo, mi avevano raccontato i miei amici, *(rallentare)* _____ moltissimo mentre si *(camminare)* _____ e si *(riscoprire)* _____ il piacere di parlare, pensare e vivere una vita meno frenetica. Mi avevano preparata dicendomi che *(trovare)* _____ sicuramente alcuni punti piuttosto duri, visto che ci sono dei pezzi in montagna. Io, che non sono per niente sportiva, ero un po' preoccupata, ma decisi che *(fare)* _____ delle tappe brevi, così non *(stancarsi)* _____ troppo e ero sicura che man mano che camminavo, *(abituarsi)* _____ sempre di più e tutto *(essere)* _____ più facile.

Mi avevano detto che 4 settimane mi *(bastare)* _____ e io ero convinta che *(riuscire)* _____ a fare tutto il cammino in quel periodo. Purtroppo, alla fine della terza settimana scivolai e dovetti farmi vedere da un medico. Il medico mi disse che non *(essere)* _____ niente di importante, ma che *(dovere)* _____ stare ferma per qualche giorno in quella cittadina.

Che sfortuna, *(volere)* _____ tanto continuare con gli amici che *(conoscere)* _____ durante in viaggio! Invece potei ricominciare il cammino solo dopo quattro giorni e dovetti camminare molto più lentamente, perché il piede mi *(fare)* _____ ancora un po' male.

Comunque arrivai fino a Santiago, anche se con una settimana di ritardo rispetto alla mia tabella di marcia e devo dire che *(essere)* _____ una delle esperienze più belle della mia vita!

32 INDEFINITI

Aggettivi indefiniti

- Gli indefiniti indicano oggetti o persone non specificate.
- Alcuni indefiniti hanno solamente funzione di aggettivo, sono **invariabili** e si usano solo nella **forma singolare**:

Qualche volta mi piace andare a ballare.

Qualunque / Qualsiasi marca di vino tu abbia comprato, a me va bene.

Ogni volta che guido mi arrabbio.

a) **qualche**;
b) **qualunque / qualsiasi** (hanno lo stesso significato);
c) **ogni** (ha lo stesso significato di **tutti / tutte**).

Pronomi indefiniti

- Alcuni indefiniti hanno solamente funzione di pronome e si usano solo nella **forma singolare**:

Devo comprare **qualcosa** da mangiare.

Chiunque venga alla festa deve portare giacca e cravatta.

Qualcuno/a ha visto la mia borsa?
Ho incontrato **uno/a** che lavora alla posta.
Ognuno/a deve fare quello che ritiene giusto.

Non c'è **niente / nulla** da mangiare.
Dopo quello che è successo, **niente / nulla** sarà più come prima.

a) **qualcosa** (invariabile);
b) **chiunque** (invariabile, sempre seguito da congiuntivo);
c) **qualcuno**, **uno**, **ognuno** (hanno una forma maschile e una femminile);
d) **niente / nulla** (hanno lo stesso significato; sono invariabili; dopo il verbo vogliono la negazione, prima del verbo no).

Aggettivi / pronomi / avverbi indefiniti

- Alcuni indefiniti possono avere sia funzione di aggettivo sia di pronome sia di avverbio (quando sono aggettivi o pronomi sono quasi sempre variabili, quando sono avverbi sono sempre invariabili):

aggettivo: Non abbiamo **alcun** dubbio su Franco.
pronome: Le persone interessate erano solo **alcune**.

aggettivo: Ieri ho conosciuto una **certa** Simonetta.
pronome: C'erano molti ragazzi, **certi** italiani e **certi** stranieri.

aggettivo: **Quali** lingue parli?
pronome: Non so **quale** è la macchina di Piero.

aggettivo: Signora, vuole un'**altra** sedia?
pronome: Alcune mie amiche sono sposate, **altre** no.

a) **alcuno** (aggettivo o pronome; variabile; quando precede il sostantivo segue le forme dell'articolo indeterminativo);
b) **certo** (aggettivo o pronome; variabile; al singolare è preceduto dall'articolo indeterminativo, al plurale invece non ha articolo);
c) **quale** (aggettivo o pronome; variabile);
d) **altro** (aggettivo o pronome; variabile);

INDEFINITI 32

aggettivo: Eravamo **pochi** amici.
pronome: Eravamo **pochi**.
avverbio: Oggi ho lavorato **poco**.

aggettivo: C'erano **molte / parecchie / tante** persone allo stadio.
pronome: Allo stadio eravamo **molti / parecchi / tanti**.
avverbio: Oggi ho lavorato **molto / parecchio / tanto**.

aggettivo: Nella pasta c'è **troppo** sale.
pronome: Siamo **troppi**, non c'è posto per tutti.
avverbio: Oggi ho mangiato **troppo**.

aggettivo: **Ciascun** ragazzo si è organizzato come preferiva.
pronome: Ho parlato con **ciascuno**.

aggettivo: Ho letto **tutto** il giornale.
pronome: Ho pagato per **tutti**.

aggettivo: Non c'è **nessun** problema.
pronome: Ieri non è venuto **nessuno**.
pronome: Qui **nessuno** vuole lavorare.

e) **poco** (aggettivo, pronome o avverbio; quando è aggettivo o pronome è variabile; quando è avverbio è invariabile);

f) **molto / parecchio / tanto** (hanno lo stesso significato; aggettivi, pronomi o avverbi; quando sono aggettivi o pronomi sono variabili; quando sono avverbi sono invariabili);

g) **troppo** (aggettivo, pronome o avverbio; quando è aggettivo o pronome è variabile; quando è avverbio è invariabile);

h) **ciascuno** (aggettivo o pronome; ha soltanto la forma singolare; come **alcuno**, quando precede il sostantivo segue le forme dell'articolo indeterminativo);

i) **tutto** (aggettivo o pronome; variabile; quando è aggettivo è seguito dall'articolo determinativo);

l) **nessuno** (aggettivo o pronome; ha soltanto la forma singolare; come **alcuno**, quando precede il sostantivo segue le forme dell'articolo indeterminativo; come **niente / nulla** dopo il verbo vuole la negazione, prima del verbo no).

ESERCIZI

1 Completa le parole con la lettera mancante. Attenzione: in un caso non devi scrivere niente.

Il galateo delle videochiamate

Qual__ regole è necessario rispettare durante una videochiamata?
Molt__ di noi hanno ancora qualch__ problem__ e sono poch__ quelli che non fanno nessun__ error__. Il galateo delle videochiamate può darci qualch__ indicazion__ utile da seguire, per evitare divers__ problem__ di comunicazione e per rendere questa esperienza ogn__ volt__ più piacevole.

1. Innanzitutto, controlliamo che la webcam sia accesa e funzioni bene.
2. Poi, ricordiamo sempre di salutare tutt__ quando ci colleghiamo.
3. È anche importante guardare spesso nella webcam e sorridere a ogn__ partecipant__.
4. Attenzione alla luce! Un'illuminazione tropp__ bass__ rende molt__ difficil__ la visione e una luce molt__ fort__ può disturbare qualcun__.
5. Se non usiamo uno sfondo digitale, controlliamo che la stanza non sia tropp____ pien__ di oggetti personali, perché i partecipanti potrebbero distrarsi.
6. Comunichiamo chiaramente e con lentezza, rispettando i turni degli altr__ e lasciando che ognun__ abbia il tempo di parlare.
7. Usiamo la chat, specialmente se ci sono tant__ person__, per comunicare informazioni o chiedere la parola.

(adattato da macoev.com)

32 INDEFINITI

ESERCIZI

2 Sottolinea nel testo dell'esercizio 1 tutti gli indefiniti (aggettivi, pronomi e avverbi) e mettili al posto giusto nella tabella, come nell'esempio.

aggettivi	pronomi	avverbi
quali (regole)		

3 L'autobus è in ritardo di quasi 20 minuti. Questo è quello che pensano le persone che aspettano alla fermata e l'autista. Metti gli indefiniti al posto giusto e completa i testi.

tutti • qualche • altro • ogni • troppo

1. *Ragazzo:* "Uffa! Proprio oggi doveva succedere! _____ volta che ho un appuntamento con la mia ragazza c'è _____ problema e io arrivo sempre in ritardo. La settimana scorsa si è rotto il motorino, ieri c'era _____ traffico e oggi l'autobus ritarda! Le avevo comprato dei cioccolatini per regalo, ma si stanno sciogliendo! Che faccio? Li butto o li mangio _____ io? Se continua così lei si troverà un _____!".

niente • tutti • certi • niente • nessuno

2. *Signora:* "Sempre la stessa storia. Il comune dice che _____ i cittadini devono usare i mezzi pubblici e poi il servizio è questo. Forse c'è uno sciopero, ma _____ me l'ha detto, ho anche comprato il giornale e non c'era scritto _____. Sicuramente l'autista si è presentato tardi al lavoro, _____ autisti non hanno proprio voglia di fare _____! Forse è meglio se chiamo un taxi.".

qualsiasi • ogni • altro • nessuno • troppo

3. *Ragazza:* "Che bello! L'autobus è in ritardo! Ottima scusa per perdere l'appuntamento. Se arrivo _____ tardi sicuramente il dentista farà passare un _____ paziente e non potrà vedermi. Che sollievo! Odio andare dal dentista! _____ volta che entro in quell'ambulatorio e vedo le facce dei pazienti che escono mi viene voglia di fuggire. Sono sicura che a _____ piace andare dal dentista e io farei _____ cosa per evitarlo! Speriamo che l'autobus tardi ancora un po'!".

nessuno • qualcuno • tutti • altro • ogni

4. *Autista:* "Un _____ giorno di traffico caotico. Sono già in ritardo di quasi mezz'ora e sicuramente a _____ fermata ci sarà _____ che si lamenta con me. Non c'è mai _____ che cerca di mettersi nei miei panni. Sono _____ bravi a criticare ma li vorrei vedere al posto mio! Non vedo l'ora di andarmene in pensione!".

ESERCIZI

INDEFINITI 32

4 Lella e Maria sono sorelle gemelle, ma hanno due caratteri molto diversi. Lella è ottimista e sempre di buon umore, Maria invece è pessimista e sempre nervosa. Leggi il diario di Lella e poi completa il diario di Maria, con gli opposti degli indefiniti che ha usato Lella.

Diario di Lella

Ieri è stata una giornata divertentissima! Prima io e Maria siamo andate in centro a fare spese e abbiamo trovato tante cose davvero carine. Peccato che non avevo abbastanza soldi per comprarmi tutto quello che mi piaceva. Poi siamo andate alla festa di compleanno della nostra amica Sonia. Suo fratello aveva invitato alcuni amici suoi e ho conosciuto molti ragazzi nuovi, tutti simpatici! Ho mangiato molta torta, perché era buonissima (adoro la panna!!!) e poi ho ballato tutte le canzoni che ha messo il ragazzo di Sonia, che fa il dj.
Sono sicura che, come me, si sono divertiti tutti, a parte forse Maria...

Diario di Maria

Ieri è stata una giornata noiosissima! Prima io e Lella siamo andate in centro a fare spese e abbiamo trovato _____ cose davvero carine. In ogni caso non avevo soldi per comprarmi _____! Poi siamo andate alla festa di compleanno della nostra amica Sonia. Suo fratello aveva invitato alcuni amici suoi ma ho conosciuto _____ ragazzi nuovi, e tutti antipatici! Di torta ne ho mangiata _____ perché era orribile (odio la panna!!!) e non ho ballato _____ delle canzoni che ha messo il ragazzo di Sonia, che fa il dj.
Sono sicura che, come me, non si è divertito _____, a parte forse Lella...

32 INDEFINITI

ESERCIZI

5 Completa il testo con gli indefiniti corretti.

Paola si descrive

Ciao! Mi chiamo Paola e sono una ragazza solare, _____ aperta e comunicativa. _____ i miei amici mi trovano disponibile e di buon carattere, ma devo ammettere che _____ volta mi arrabbio. Infatti non sopporto quando _____ mi fa aspettare, arrivando in ritardo ad un appuntamento.
Trovo che questa sia una grande mancanza di rispetto e _____ volta che succede ne parlo con quella persona. Mi piacciono moltissimo gli animali, infatti ho un cane e _____ gatti, che girano per il giardino.
Ho _____ interessi, ma mi piace anche stare in casa a rilassarmi e non ho _____ problema a passare un intero fine settimana chiusa in casa a guardare film e riposarmi.
Ho avuto _____ relazione, ma _____ di importante. Cosa voglio da un compagno?
Cerco _____ che sia colto, aperto e con _____ interessi. L'età non è importante, preferirei però che avesse la mia età o _____ anno in più, non _____.
Una volta sono stata con _____ che aveva dieci anni più di me e non è stata una bellissima storia.
_____ sia interessato a contattarmi, mi scriva a paola@gmail.com.

LO SAI CHE...

L'aggettivo indefinito **qualche** si usa solo con i sostantivi al singolare!
Quando vogliamo esprimere lo stesso concetto al plurale usiamo **alcuni / alcune**.

Es:
Qualche italiano parla anche dialetto = **Alcuni** italiani **parlano** anche dialetto.

Alcuno è usato al singolare solo nelle frasi negative o dopo **senza**.

Es:
Non ho **alcuna** voglia di studiare.
L'ho ascoltato senza **alcuna** attenzione.

FORME IMPLICITE 33

Gerundio presente e gerundio passato

- Il gerundio presente e il gerundio passato sono forme verbali invariabili (o forme implicite) che si usano nelle frasi secondarie (dipendenti).

ascoltare: Mi rilasso **ascoltando** la radio.
leggere: **Leggendo** ho imparato molte cose.
dormire: Di solito passo la domenica **dormendo**.

Avendo incontrato Omar, l'ho invitato a bere un caffè.
Essendo arrivato tardi, non ho trovato nessuno.

Mentre andavo dal panettiere ho incontrato Claudio.
▸ **Andando** dal panettiere ho incontrato Claudio.

Abbiamo passato la serata a ridere e a scherzare.
▸ Abbiamo passato la serata **ridendo** e **scherzando**.

Poiché non aveva il biglietto con sé Aldo ha pagato la multa sul treno. ▸ Non **avendo** il biglietto con sé Aldo ha pagato la multa sul treno.

Se / Quando si dorme poco si lavora male.
▸ **Dormendo** poco si lavora male.

Anche se sono stanco, vengo con voi al cinema.
▸ **Pur essendo** stanco, vengo con voi al cinema.

gerundio passato (= anteriorità): **Avendo bevuto** molti caffè *(prima)*, sono molto nervoso *(ora)*.

Vedi quei libri? Se **me li** porti mi farai un gran favore.
▸ Vedi quei libri? Portando**meli** mi farai un gran favore.

- Il gerundio presente si forma dall'infinito del verbo. Le terminazioni sono:

  -are ▸ -ando
  -ere ▸ -endo
  -ire ▸ -endo

- Il gerundio passato si forma con il **gerundio presente** di **avere** o **essere + il participio passato** del verbo.

- Il gerundio può avere cinque significati principali:

  a) **contemporaneità** = le due azioni succedono nello stesso momento;

  b) **modalità** = descrive in che modo è o succede qualcosa;

  c) **causa** = spiega perché succede qualcosa;

  d) **ipotesi** = esprime un'ipotesi;

  e) **concessione** = sostituisce una frase introdotta da **anche se** (in questo caso il gerundio è preceduto da **pur**).

- Il gerundio passato si usa quando l'azione della frase secondaria avviene prima (anteriorità) rispetto all'azione della frase principale.

- Tutti i **pronomi** (diretti, indiretti e combinati) e le particelle (**ci**, **ne**) vanno dopo il gerundio.

- **Gerundio presente**

am-**are**	cred-**ere**	apr-**ire**
am-**ando**	cred-**endo**	apr-**endo**

- **Gerundio passato**

gerundio presente di avere o essere + participio passato	
avendo parlato	essendo andato/a/i/e

ALMA Edizioni | Grammatica pratica della lingua italiana

33 FORME IMPLICITE

ESERCIZI

1 Riscrivi le frasi usando il gerundio presente, come nell'esempio.

Es: Il bambino cade <u>mentre gioca</u> a pallone.
▸ Il bambino cade giocando a pallone.

1. Danilo mangia <u>mentre guarda</u> la televisione.
▸ _____

4. Gli studenti prendono appunti <u>mentre seguono</u> la lezione.
▸ _____

2. I nonni riposano <u>mentre ascoltano</u> la radio.
▸ _____

5. Luigi parla con un amico <u>mentre va</u> a scuola.
▸ _____

3. Arianna canta <u>mentre fa</u> la doccia.
▸ _____

6. Il professore cammina <u>mentre legge</u> un libro.
▸ _____

Possiamo usare le forme implicite come **gerundio**, **infinito** e **participio passato** solamente quando il soggetto della frase secondaria è lo stesso della frase principale.

Es:
Io ho imparato il russo perché **io** ho lavorato a Mosca. = Ho imparato il russo **lavorando** a Mosca.

ma
Io ho imparato il russo perché **mio marito** ha lavorato a Mosca.

248 ALMA Edizioni | Grammatica pratica della lingua italiana

FORME IMPLICITE 33

ESERCIZI

2 Rispondi alle domande scegliendo le risposte della lista e mettendole al gerundio presente, come nell'esempio.

contattare un'agenzia immobiliare • passare le vacanze in Gran Bretagna • frequentare un corso di cucina • studiare moltissimo per due mesi • investire in borsa • seguire un corso di canto lirico • allenarsi ogni giorno

1. Come hai passato l'esame? *Studiando moltissimo per due mesi.*
2. Come hai fatto a guadagnare così tanto? _____
3. Come avete imparato a cantare così bene? _____
4. Come avete trovato questo appartamento? _____
5. Rita e Ada parlano inglese perfettamente. Come hanno fatto? _____
6. In che modo hai imparato a cucinare così bene? _____
7. Come hai fatto a vincere il torneo di tennis? _____

3 Riscrivi le frasi usando il gerundio presente o passato, come nell'esempio.

1. Poiché era molto contento, Luca ha pagato da bere a tutti.
   Essendo molto contento, Luca ha pagato da bere a tutti.

2. Poiché lavoriamo vicino casa, ci mettiamo solo 10 minuti per andare in ufficio.

3. Poiché ho lavorato tutto il giorno, oggi sono troppo stanco per uscire.

4. Poiché parla molto bene l'inglese, ad Agnese non sarà difficile trovare un lavoro.

5. Poiché abbiamo una casa grande, dobbiamo trovare un aiuto per le pulizie.

6. Ho bisogno di fare una doccia perché ho giocato a pallone.

7. Ora non avete più voce perché avete cantato tutto il giorno.

8. Poiché erano molto nervosi, i Rossi hanno deciso di fare una passeggiata.

9. Devo risparmiare perché il mese scorso ho speso troppo.

10. Poiché sono allergica e non la posso mangiare, ho dato tutta la cioccolata a Paolo.

33 FORME IMPLICITE

ESERCIZI

4 Riscrivi le frasi usando la forma **pur** + **gerundio presente** o **passato**, come nell'esempio.

1. Anche se è il mio compleanno, non ho voglia di festeggiare.
   Pur essendo il mio compleanno, non ho voglia di festeggiare.

2. Anche se sei stanco, devi venire a cena da me.

3. Anche se ho pochi soldi, voglio comprare un regalo a mia sorella.

4. Anche se ho sonno, non posso dormire perché devo lavorare.

5. Quella ragazza non è il mio tipo, anche se è molto bella.

6. Anche se ho fatto due settimane di vacanza, non ho voglia di tornare al lavoro.

7. Anche se si sono lasciati, Rita e Marco continuano a vedersi.

5 Riscrivi le frasi sostituendo il gerundio presente con un'ipotesi, come nell'esempio.

1. Continuando ad andare in piscina, prima o poi imparerai a nuotare.
   Se continui / continuerai ad andare in piscina, prima o poi imparerai a nuotare.

2. Studiando con regolarità, passerai più facilmente gli esami.

3. Prendendo meno aerei, contribuirai a proteggere l'ambiente.

4. Vedrai che, facendo sport, migliorerai il tuo umore in breve tempo.

5. Sono sicura che, lavorando meno, sentirai molto meno lo stress.

6. Iscrivendoti al corso di Diego, imparerai a ballare il tango in un attimo.

6 Riscrivi tutte le frasi **evidenziate** usando il gerundio presente o passato.

Mentre uscivo di casa ho incontrato un mio vecchio conoscente: Gualtiero Ignazi. Mi è sembrato davvero giù, infatti, mi ha salutato quasi **come se piangesse**. Gli ho chiesto novità e lui, **mentre mi guardava** in modo molto serio, mi ha raccontato che, **poiché era andato** in pensione da poco, aveva molto tempo libero a disposizione. Così aveva deciso di uscire più spesso con gli amici. **Visto che è** vedovo, e **poiché è** anche un bravo ballerino, era andato molte volte a ballare. Lì aveva conosciuto una bella signora che aveva trovato davvero affascinante. Ma, **poiché** la signora **era** sposata, e, **poiché** il marito **era** molto geloso, Gualtiero aveva dovuto usare tutta la sua fantasia per incontrarsi con lei. "**Se continuo** così – mi ha detto – finirò all'ospedale".

Uscendo di casa ho incontrato...

FORME IMPLICITE 33

Infinito passato

Dopo **aver visto** la TV, sono andato a dormire.
Dopo **essere tornato** a casa, ho preparato la cena.

Dopo **aver comprato** il biglietto *(azione anteriore)* ho preso l'autobus *(azione successiva)*.

Dopo che avrò studiato andrò in farmacia.
▸ Dopo **aver studiato**, andrò in farmacia.

Ho ringraziato Emilio perché è venuto alla mia festa.
▸ Ho ringraziato Emilio **per essere venuto** alla mia festa.

Sono andato a vivere in Australia dopo che mi sono laureato.
▸ Sono andato a vivere in Australia dopo **esser**mi laureato.

Per **aver perso** il treno, sono arrivato tardi all'appuntamento.

- L'infinito passato si forma con l'**infinito presente** di **avere** o **essere** + il **participio passato**.

- L'infinito passato si usa quando l'azione della frase secondaria (la frase con l'infinito passato) avviene **prima** (anteriorità) rispetto all'azione della frase principale.

- L'infinito passato si usa principalmente in frasi con significato:

  a) **temporale** (in questo caso è preceduto da **dopo**);

  b) **causale** (in questo caso è preceduto da **per**).

- Tutti i pronomi (diretti, indiretti e combinati) e le particelle (**ci**, **ne**) vanno dopo l'infinito.

- Nell'infinito passato l'infinito di **avere** diventa **aver**.

- Infinito passato

infinito presente di avere (= aver) o essere + participio passato	
aver(e) parlato	essere andato/a/i/e

ESERCIZI

1 Riscrivi le frasi usando la forma **dopo** + **infinito passato**, come nell'esempio.

1. Dopo che abbiamo visto il film siamo andati in un bar. *Dopo aver visto il film siamo andati in un bar.*
2. Siete tornati a casa dopo che siete usciti da casa mia? _____
3. Andai dal dentista dopo che avevo passato tutta la notte sveglio per colpa del mal di denti. _____
4. Ieri sono andata al ristorante e, dopo che ho mangiato, sono tornata al lavoro. _____
5. Cosa hai fatto ieri dopo che hai finito la lezione? _____
6. Ieri ho riportato i libri a Gianni. Dopo che l'ho salutato sono andata a fare la spesa. _____

2 Riscrivi le frasi usando la forma **per** + **infinito passato**, come nell'esempio.

1. Mi sono sentita male perché ho saltato il pranzo. *Mi sono sentita male per aver saltato il pranzo.*
2. Maria si è scusata con Luigi, perché è arrivata in ritardo. _____
3. Marco ha preso un brutto voto a scuola perché non aveva studiato. _____
4. Paola ha preso una multa perché non aveva pagato il biglietto dell'autobus. _____
5. Lucia si è bagnata tutta, perché è uscita senza ombrello. _____
6. Ho ringraziato Daniele perché mi ha accompagnato a casa. _____

33 FORME IMPLICITE

Participio passato

entrare: **Entr**<u>ato</u> in casa, ho acceso la luce.
vendere: **Vend**<u>uto</u> l'appartamento in città, sono andato a vivere in campagna.
finire: **Fin**<u>ito</u> il film, siamo usciti dal cinema.

Ieri ho **incontrato** Paolo.
Quando sei **arrivato** io ero già **uscito**.
Comprato il biglietto *(azione anteriore)* ho preso l'autobus *(azione successiva)*.

Dopo che avevo fatto la spesa sono tornata a casa per cucinare. ▸ **Fatta** la spesa sono tornata a casa per cucinare.
Dopo aver finito la canzone il cantante fece una pausa.
▸ **Finita** la canzone, il cantante fece una pausa.

Dopo che ho visto **le condizioni** del contratto ho deciso di non accettare il lavoro. ▸ **Viste le condizioni** del contratto, ho deciso di non accettare il lavoro.

Dopo che siamo usciti dal cinema siamo andati tutti in pizzeria. ▸ **Usciti** dal cinema siamo andati tutti in pizzeria.

Dopo che **le** ho detto quello che pensavo, sono uscita.
▸ **Dettole** quello che pensavo, sono uscita.

- Il participio passato si forma dall'infinito del verbo. Le terminazioni sono:
  -are ▸ **-ato**
  -ere ▸ **-uto**
  -ire ▸ **-ito**

- Il participio passato si usa soprattutto nei tempi composti (passato prossimo, trapassato prossimo, ecc.).

- Al di fuori dei tempi composti, il participio passato si usa quando l'azione della frase secondaria (la frase con il participio passato) avviene **prima** (anteriorità) rispetto all'azione della frase principale.

- Il significato principale del participio passato è **temporale**; infatti può sostituire anche frasi con l'infinito passato.

- Il participio passato segue una regola particolare:
  a) i verbi transitivi (con un oggetto diretto) concordano la vocale finale con l'oggetto del verbo;
  b) i verbi intransitivi (senza un oggetto diretto) concordano la vocale finale con il soggetto del verbo.

- Tutti i **pronomi** (diretti, indiretti e combinati) e le particelle (**ci**, **ne**) vanno dopo il participio passato.

ESERCIZI

1 **Riscrivi le frasi usando il participio passato, come nell'esempio.**

1. <u>Dopo che abbiamo pagato</u> il conto, siamo usciti dal ristorante. *Pagato il conto, siamo usciti dal ristorante.*
2. <u>Dopo che hanno ascoltato</u> il telegiornale, Mara e Paola hanno spento la TV. _____
3. <u>Dopo essere arrivati</u> a Roma, abbiamo cercato un albergo. _____
4. <u>Dopo che ho accompagnato</u> Ugo, sono andato a casa. _____
5. <u>Dopo aver finito</u> l'esercizio, lo studente ha chiuso il libro. _____
6. <u>Dopo che è partito</u> Aldo, sono rimasta sola. _____

2 **Completa il participio passato con la vocale corretta (-o, -a, -i, -e).**

39

1. Vist__ il film, Aldo e Marco sono andati in pizzeria.
2. Il signor Rossi, vist__ le condizioni della casa, ha deciso di non comprarla.
3. Tornat__ a casa, Lidia ha preparato la cena.
4. Romeo, cantat__ la serenata, ha aspettato che Giulia si affacciasse alla finestra.
5. Studiat__ tutte le varie possibilità, Anna si è iscritta all'Università di Camerino.
6. Partit__ con l'aereo, i miei genitori sono tornati in treno.
7. Affittat__ i due appartamenti in centro, Catia è andata a vivere in periferia.
8. Ascoltat__ le previsioni del tempo, Franca ha deciso di andare al mare.

DISCORSO INDIRETTO 34

Discorso indiretto con frase principale al presente

discorso diretto	discorso indiretto
Paolo dice: "**Sono** stanco.".	Paolo **dice che** è stanco.

- Per dire qualcosa a qualcuno possiamo usare il **discorso diretto** o il **discorso indiretto**.
- Quando passiamo da un discorso diretto a un discorso indiretto alcune parti del discorso possono cambiare. Se la frase principale che introduce il discorso indiretto è al **presente** (o al passato vicino al presente):

Fabrizio dice: "**Rimango** a casa.".	Fabrizio dice che **(lui) rimane** a casa.
Stefano e Gabriella dicono: "**Noi** ci amiamo molto.".	Stefano e Gabriella dicono che **loro** si amano molto.
Simona dice: "Sono ancora **qui**.".	Simona dice che è ancora **lì**.
Sara dice: "**Mia** madre sta male.".	Sara dice che **sua** madre sta male.
Il professore dice: "**Studiate** il primo capitolo per domani.".	Il professore dice **di studiare** il primo capitolo per domani.

a) il verbo può cambiare persona;
b) i pronomi possono cambiare;
c) gli avverbi di luogo possono cambiare;
d) gli aggettivi e pronomi possessivi possono cambiare;
e) l'imperativo si trasforma in **di + infinito**.

	discorso diretto	discorso indiretto (con frase principale al presente)
persona	prima persona singolare (io)	terza persona singolare (lui / lei)
	prima persona plurale (noi)	terza persona plurale (loro)
pronomi soggetto	io	lui / lei
	noi	loro
pronomi diretti	mi	lo / la
	ci	li / le
pronomi indiretti	mi	gli / le
	ci	gli
pronomi riflessivi	mi	si
	ci	si
avverbi di luogo	qui / qua	lì / là
possessivi	mio / mia / miei / mie	suo / sua / suoi / sue
	nostro / nostra / nostri / nostre	loro
verbo	imperativo	di + infinito

ALMA Edizioni | Grammatica pratica della lingua italiana

34 DISCORSO INDIRETTO

ESERCIZI

1 Ognuno di questi ragazzi parla di come passa il tempo libero. Collega le loro affermazioni a sinistra con i discorsi indiretti a destra, come nell'esempio.

discorso diretto

1. Silvia: "Gioco spesso con il mio cane."
2. Lori e Piero: "Andiamo in piscina ogni venerdì."
3. Paolo: "Quando ho tempo vado al cinema con la mia ragazza."
4. Luca: "Rimango spesso qui in casa a giocare con il computer."
5. Franca e Monica: "Ci piace andare in discoteca con gli amici."
6. Dario: "Mi alleno tre volte alla settimana."

discorso indiretto

a. Dice che si allena tre volte alla settimana.
b. Dicono che gli piace andare in discoteca con gli amici.
c. Dice che rimane spesso lì in casa a giocare con il computer.
d. Dice che quando ha tempo va al cinema con la sua ragazza.
e. Dicono che vanno in piscina ogni venerdì.
f. Dice che gioca spesso con il suo cane.

2 Leggi la mail che Enza ha mandato a suo marito.
Completa il racconto di Paolo ai figli, cambiando le parole sottolineate nella mail di Enza.

Nuovo messaggio

Ciao Paolo,
qui va tutto bene, sono arrivata e ho subito cominciato il corso di yoga. La camera in cui dormo è molto carina e Roberta, la donna con cui divido la camera, è davvero simpatica! Il maestro di yoga mi ha insegnato le tecniche di base e mi sento già molto più rilassata. Vorrei stare di più ma purtroppo non posso, comunque ho deciso di iscrivermi a un altro corso di yoga non appena torno in città.
Da' un bacio ai bambini da parte mia e digli che ci rivedremo presto.
Un abbraccio
Enza

Ragazzi,

la mamma ha scritto una mail dove dice che _____ va tutto bene, _____ arrivata e _____ cominciato subito il corso di yoga. Scrive che la camera in cui _____ è molto carina e che Roberta, la donna con cui _____ la camera, è davvero simpatica. Dice che il maestro di yoga _____ ha insegnato le tecniche di base e che lei _____ _____ già molto più rilassata. _____ stare di più ma purtoppo non _____, comunque _____ deciso di iscriver_____ a un altro corso di yoga non appena _____ qui in città. Mi scrive di darvi un bacio da parte _____ e di dirvi che vi rivedrete presto.

LO SAI CHE...

Gli avverbi **sì** e **no** nel discorso indiretto sono preceduti dalla preposizione **di**.

Es:

Sonia: Fabio, sei stanco?
Fabio: **No**.

Sonia: Fabio, sei felice?
Fabio: **Sì**.

Sonia ha chiesto a Fabio se era stanco e Fabio ha risposto **di no**.

Sonia ha chiesto a Fabio se era felice e Fabio ha risposto **di sì**.

ESERCIZI — DISCORSO INDIRETTO 34

3 Marcovaldo racconta la sua storia. Riscrivila alla terza persona.

Le disavventure di Marcovaldo

"Un giorno, nella mia città, ho visto dei funghi nel prato vicino alla fermata dove prendo il tram ogni mattina e ho deciso di aspettare che crescessero per coglierne un po' per la mia famiglia. Nei giorni seguenti ho osservato i funghi e ho aspettato. Naturalmente non ho detto niente a nessuno, perché non volevo dividere i funghi con altre persone. I miei bambini non li avevano mai assaggiati e volevo coglierli tutti solo per loro. Alla fine, una domenica mattina, dopo una notte di pioggia, sono andato con tutta la famiglia a cogliere i funghi. Purtroppo ho avuto una brutta sorpresa perché Amadigi, lo spazzino che normalmente lavora in quella zona, aveva avuto la mia stessa idea ed aveva già cominciato a cogliere dei funghi per sé! Ero così arrabbiato che per vendetta ho fatto vedere i funghi a tutti quelli che passavano e gli ho detto di servirsi. Eravamo tantissimi! Abbiamo passato tutta la domenica a cogliere funghi in compagnia e siamo tornati tutti a casa con i cestini pieni. Quella sera, naturalmente, molte famiglie hanno cenato con i funghi. E poco dopo, durante la notte, ci siamo rivisti tutti all'ospedale. Stavamo tutti malissimo! I dottori hanno detto che era per colpa dei funghi. Ma non capisco perché si sono arrabbiati tutti con me!"

(adattato da Italo Calvino, "Marcovaldo")

> Marcovaldo racconta che un giorno, nella sua città, ha visto dei funghi nel prato vicino alla fermata dove...

4 Un giornalista sta descrivendo alla radio la conversazione fra due politici di partiti opposti. Trasforma le parti sottolineate in un dialogo diretto (usa il **tu**), come nell'esempio a pagina 256.

"Buongiorno a tutti i radioascoltatori! Oggi vi descriverò la discussione fra due politici molto famosi: Bruno Mattone, rappresentante della destra, e Sandro Linetti, rappresentante della sinistra. Bruno Mattone comincia dicendo che è <u>molto contento di avere l'opportunità di discutere con il suo vecchio amico Linetti che conosce da tanti anni</u>, e Sandro Linetti risponde che <u>anche lui considera Mattone un caro amico, anche se ha idee opposte alle sue</u>. Mattone dice che <u>per il suo partito la cosa più importante è sempre stata, ed è ancora, il benessere della nazione; e che il loro programma si basa principalmente sullo sviluppo economico</u>. Linetti lo interrompe dicendo che <u>anche il suo partito si interessa al benessere della nazione e</u> che <u>anche loro vogliono uno sviluppo economico, ma anche il mantenimento dei diritti dei lavoratori</u>. E aggiunge che è <u>sicuro che anche il suo stimato collega è d'accordo</u>. Mattone risponde che è <u>certamente d'accordo</u> ma che gli <u>sembra più importante pensare all'economia e creare posti di lavoro, quindi i lavoratori devono essere preparati a perdere qualcosa per dare la possibilità all'economia di crescere</u>. Linetti risponde che <u>non è affatto d'accordo</u> e dice a Mattone che <u>lui e il suo partito* parlano come servi dei padroni</u>. A questo punto Mattone si innervosisce un po' e dice a Linetti che <u>è un vecchio comunista nostalgico</u>, gli dice anche che <u>gli italiani non ne possono più di seguire la sinistra perché sicuramente nelle prossime elezioni vincerà il suo partito**, come dicono tutti i giornali</u>. Linetti si arrabbia, si alza e urla che <u>i giornali italiani sono tutti servi dello stesso padrone e dello stesso partito</u>, anche Mattone ora si alza e urla a Linetti <u>di sedersi</u>, poi lo spinge sulla poltrona. Linetti urla a Mattone che <u>è un fascista</u> e gli dà un pugno...

*lui e il suo partito: Mattone e il partito di Mattone. **il suo partito: il partito di Mattone.

34 DISCORSO INDIRETTO

ESERCIZI

Bruno Mattone: Sono molto contento di avere l'opportunità di discutere con il mio vecchio amico Linetti che...

Sandro Linetti: ___
Bruno Mattone: ___
Sandro Linetti: ___
Bruno Mattone: ___
Sandro Linetti: ___
Bruno Mattone: ___
Sandro Linetti: ___
Bruno Mattone: ___
Sandro Linetti: ___

LO SAI CHE...

Il prefisso **dis-** prima di un verbo, un aggettivo o un sostantivo dà normalmente un significato negativo alla parola.

Es:

Mio padre approva il mio comportamento. / Mio padre **dis**approva il mio comportamento.
(**disapprovare** è il contrario di **approvare**)
Ho avuto una bella avventura / Ho avuto una **dis**avventura.
(**disavventura** è il contrario di **avventura**)
Dobbiamo attivare il circuito. / Dobbiamo **dis**attivare il circuito.
(**disattivare** è il contrario di **attivare**)

DISCORSO INDIRETTO 34

Discorso indiretto con frase principale al passato

discorso diretto	discorso indiretto
Aldo ha detto: "**Rimango** a casa".	Aldo ha detto che **rimaneva** a casa.
Leo ha detto: "**Sono rimasto** a casa".	Leo ha detto che **era rimasto** a casa.
Sandro disse: "**Stavo** male".	Sandro disse che **stava** male.
Dario diceva sempre: "**Amai** molto Lucia!"	Dario diceva sempre che **aveva amato** molto Lucia.
Luca disse: "Sapevo che Rita **era venuta**."	Luca disse che sapeva che Rita **era venuta**.
Lei disse: "**Cambierò** lavoro!"	Lei disse che **avrebbe cambiato / cambiava** lavoro.
Gli avevamo detto: "**Vorremmo** dormire!"	Gli avevamo detto che **avremmo voluto / volevamo** dormire.
Dissi: "Ebbi l'impressione che **fossero** piuttosto arroganti."	Dissi che avevo avuto l'impressione che **fossero** piuttosto arroganti.
Loro dissero: "Se **vincessimo** alla lotteria, faremmo il giro del mondo."	Loro dissero che se **avessero vinto / vincevano** alla lotteria avrebbero fatto / facevano il giro del mondo.
Loro dissero: "Partiremo **domani**."	Loro dissero che **sarebbero partiti / partivano** il giorno **dopo**.
Voi diceste: "**Oggi** siamo a casa."	Voi diceste che **quel giorno** eravate a casa.
Giorgio disse: "**Ieri** ho mangiato troppo."	Giorgio disse che **il giorno prima** aveva mangiato troppo.
Franco disse: "Sono partito tre giorni **fa**."	Franco disse che era partito tre giorni **prima**.
Ugo ha detto: "Voglio leggere **questo** libro."	Ugo ha detto che voleva leggere **quel** libro.

• Quando il discorso indiretto è introdotto da una frase principale al **passato,** cambiano anche i tempi verbali e alcune espressioni di tempo:

a) il presente diventa imperfetto;
b) il passato pross. diventa trap. pross.;
c) l'imperfetto rimane invariato;
d) il passato remoto diventa trapassato prossimo;
e) il trapassato prossimo rimane invariato;
f) il futuro diventa condizionale composto (futuro nel passato) o imperfetto;
g) il condizionale semplice diventa condizionale composto o imperfetto;
h) il congiuntivo imperfetto rimane invariato;
i) il cong. imperfetto diventa cong. trapassato o indicativo imperfetto nel periodo ipotetico;
l) non usiamo più **domani**, ma **il giorno dopo** o **il giorno seguente**;
m) non usiamo più **oggi** ma **quel giorno**;
n) non usiamo più **ieri** ma **il giorno prima**;
o) non usiamo più **fa** ma **prima**;
p) non usiamo più **questo** ma **quello**.

	discorso diretto	discorso indiretto (con frase principale al passato)
verbo	presente	imperfetto
verbo	passato prossimo	trapassato prossimo
verbo	futuro / condizionale semplice	imperfetto / condizionale composto
verbo	imperfetto / congiuntivo imperfetto	congiuntivo trapassato
espressione di tempo	domani	il giorno dopo / il giorno seguente
espressione di tempo	oggi	quel giorno
espressione di tempo	ieri	il giorno prima
espressione di tempo	fa	prima
dimostrativo	questo	quello

ALMA Edizioni | Grammatica pratica della lingua italiana

34 DISCORSO INDIRETTO

ESERCIZI

1 Abbina le frasi di sinistra con quelle di destra, come nell'esempio.

1. I ragazzi mi raccontarono che il loro padre aveva lavorato molti anni in Africa.
2. La signora Fidi disse che sarebbe partita tre ore dopo.
3. Quel giorno il dottore mi ordinò di smettere di fumare.
4. Mia nonna mi ha promesso che se mi fossi sposata mi avrebbe regalato il suo anello di fidanzamento.
5. Marco mi raccontò che quel giorno si era svegliato troppo tardi.
6. Giorgio disse che avrebbe comprato un nuovo computer per suo figlio.
7. Mi dissero che avrebbero voluto lavorare nel mio negozio.
8. Mi raccontò che aveva traslocato 3 settimane prima.

a. "Oggi mi sono svegliato troppo tardi".
b. "Ho traslocato 3 settimane fa".
c. "Nostro padre ha lavorato molti anni in Africa".
d. "Comprerò un nuovo computer per mio figlio".
e. "Partirò fra tre ore".
f. "Vorremmo lavorare nel tuo negozio".
g. "Smetta di fumare!"
h. "Se ti sposassi, ti regalerei il mio anello di fidanzamento".

2 Queste sono le promesse che l'uomo politico Verdi ha fatto due anni fa, prima delle elezioni. Riscrivile usando il discorso indiretto, cambiando tutte le parole sottolineate.

Verdi: "Sicuramente, quando sarò eletto, mi occuperò di tutti i problemi più importanti dei miei elettori. Mi preoccupa molto l'ambiente e voglio fare una legge per controllare di più i boschi e le coste. Aumenterò le pensioni e, naturalmente, farò di tutto per diminuire le tasse. Anche se c'è una disoccupazione molto alta, sono sicuro che, appena sarò al governo, le mie riforme miglioreranno la condizione economica del paese. Ci saranno più posti di lavoro e orari di lavoro più brevi. Mi piacerebbe creare un'Italia più ricca e moderna per i miei figli."

Due anni fa Verdi disse che, sicuramente, quando sarebbe stato eletto...

ESERCIZI

DISCORSO INDIRETTO 34

3 Trasforma le frasi al discorso diretto, come nell'esempio.

Es: Il bambino ha detto che aveva perso il gatto.
"Ho perso il gatto".

1. Alberto ha detto che era partito due giorni prima.

2. La signora ha telefonato per dire che non poteva venire al lavoro perché sua figlia stava male.

3. Giovanni ha detto che sarebbe arrivato alle 6:30.

4. Mio padre diceva che se avessi superato l'esame mi avrebbe comprato la macchina.

5. Mamma mi ha detto di pulire la camera.

4 Trasforma queste frasi di italiani famosi dal discorso diretto a quello indiretto.

A. Gramsci: "Odio gli indifferenti. Credo che vivere voglia dire essere partigiani. Chi vive veramente non può non essere cittadino e partigiano. L'indifferenza è abulia, è parassitismo, è vigliaccheria, non è vita. Perciò odio gli indifferenti.".
Gramsci scrisse che...

M.T. Cicerone: "Epicuro crede che esistano gli dèi, perché è necessario che esista una natura eccellente, della quale nulla possa essere migliore.".
Cicerone disse che...

E. Morante: "Vivere senza nessun mestiere è la miglior cosa: magari accontentarsi di mangiare pane solo, purché non sia guadagnato.".
Elsa Morante affermò che...

R.L. Montalcini: "Ho perso un po' la vista, molto l'udito. Alle conferenze non vedo le proiezioni e non sento bene. Ma penso più adesso di quando avevo vent'anni. Il corpo faccia quello che vuole. Io non sono il corpo: io sono la mente.".
Rita Levi Montalcini disse che...

34 DISCORSO INDIRETTO

ESERCIZI

5 Spiega il manifesto del Futurismo usando il discorso indiretto, come nell'esempio.

Il manifesto del Futurismo

1. Noi vogliamo cantare l'amor del pericolo, l'abitudine all'energia e alla temerità.
2. Il coraggio, l'audacia, la ribellione, saranno elementi essenziali della nostra poesia.
3. Noi vogliamo esaltare il movimento aggressivo, l'insonnia febbrile, il passo di corsa, il salto mortale, lo schiaffo ed il pugno.
4. Noi affermiamo che la magnificenza del mondo si è arricchita di una bellezza nuova; la bellezza della velocità. [...]
5. Bisogna che il poeta si prodighi con ardore, sfarzo e munificenza, per aumentare l'entusiastico fervore degli elementi primordiali.
6. Non v'è più bellezza se non nella lotta. Nessuna opera che non abbia un carattere aggressivo può essere un capolavoro. La poesia deve essere concepita come un violento assalto contro le forze ignote, per ridurle a prostrarsi davanti all'uomo.
7. Noi vogliamo glorificare la guerra – sola igiene del mondo – il militarismo, il patriottismo, il gesto distruttore dei libertari, le belle idee per cui si muore e il disprezzo della donna.
8. Noi vogliamo distruggere i musei, le biblioteche, le accademie d'ogni specie, e combattere contro il moralismo, il femminismo e contro ogni viltà opportunistica e utilitaria.
9. Noi canteremo le grandi folle agitate dal lavoro, dal piacere o dalla sommossa: canteremo le maree multicolori e polifoniche delle rivoluzioni nelle capitali moderne. [...].

È dall'Italia che noi lanciamo per il mondo questo nostro manifesto di violenza travolgente e incendiaria col quale fondiamo oggi il FUTURISMO perché vogliamo liberare questo paese dalla sua fetida cancrena di professori, d'archeologi, di ciceroni e d'antiquari. Già per troppo tempo l'Italia è stata un mercato di rigattieri. Noi vogliamo liberarla dagli innumerevoli musei che la coprono tutta di cimiteri.

Il 20 febbraio del 1909, Filippo Tommaso Marinetti, esponente del nuovo movimento futurista italiano, pubblicò su Le Figaro il manifesto del Futurismo in cui proclamò che volevano cantare l'amore del pericolo, ...

DISCORSO INDIRETTO 34

Discorso indiretto con i verbi chiedere e domandare

discorso diretto	discorso indiretto
Davide **domanda**: "Livio **è** libero domani?"	Davide **domanda** se Livio **è / sia** libero domani.
Chiediamo: "**Avete visto** quel film?"	**Chiediamo** se **hanno visto / abbiano visto** quel film.
Azzurra **chiese** al marito: "**Hai dormito** bene?"	Azzurra **chiese** al marito se **avesse dormito** bene.

- Nel discorso indiretto con i verbi **chiedere** e **domandare** si può usare l'indicativo o il congiuntivo.

- Di solito si preferisce usare il congiuntivo quando la frase principale è al passato.

- Quando si usa il congiuntivo con i verbi **chiedere** e **domandare** e la frase principale è al passato, i tempi verbali cambiano in questo modo:

discorso diretto	discorso indiretto
Ho chiesto: "**Andate** in vacanza al mare?"	**Ho chiesto** se **andassero** in vacanza al mare.
Ho chiesto: "**Andavate** in vacanza al mare da piccoli?"	**Ho chiesto** se **andassero** in vacanza al mare da piccoli.
Ho chiesto: "**Siete andati** in vacanza al mare?"	**Ho chiesto** se **fossero andati** in vacanza al mare.

a) l'indicativo presente diventa congiuntivo imperfetto;

b) l'indicativo imperfetto diventa congiuntivo imperfetto;

c) l'indicativo passato (passato prossimo, trapassato prossimo, ecc.) diventa congiuntivo trapassato.

- **Discorso indiretto con i verbi chiedere e domandare e frase principale al passato**

	discorso diretto	discorso indiretto
verbo	**indicativo presente**	**congiuntivo imperfetto**
verbo	**indicativo imperfetto**	**congiuntivo imperfetto**
verbo	**indicativo passato (passato prossimo, trapassato prossimo, ecc.)**	**congiuntivo trapassato**

34 DISCORSO INDIRETTO — ESERCIZI

1 Leggi il colloquio di lavoro di Fabiola.

Fabiola: Buongiorno. Mi chiamo Fabiola Diretti, sono qui per l'annuncio di lavoro che avete pubblicato sul giornale della settimana scorsa.
Direttore: Buongiorno. Il suo curriculum è molto interessante. Vedo che è laureata in Scienze Politiche, a Vienna. Ma Lei è italiana?
Fabiola: Sì, ma mia madre è austriaca, per questo vado spesso in Austria dai parenti. Sono anche specializzata in risorse umane.
Direttore: Vedo, vedo. Interessante. Ha lavorato già in questo settore?
Fabiola: Veramente no, dato che ho finito da poco l'università. È importante per voi avere una persona con esperienza?
Direttore: Sì, cerchiamo una persona esperta e con la conoscenza dell'inglese. Sa, i nostri clienti sono spesso stranieri, specialmente americani...
Fabiola: Sì, ma voi siete anche in contatto con la Germania, no? E poi io so anche l'inglese.
Direttore: Certo, ma vedo dal suo curriculum che non lo sa molto bene. Mi dispiace. E poi c'è un'altra candidata che ha più esperienza.
Fabiola: Capisco... ArrivederLa.

Ora completa con i verbi il racconto di Fabiola alla sua amica.

Alcuni mesi fa sono andata ad un colloquio di lavoro in una ditta del centro. Quando sono entrata il direttore mi ha detto che il mio curriculum ___era___ molto interessante e mi ha chiesto se _____ italiana. Io ho risposto che mia madre _____ austriaca e che per quello _____ spesso in Austria dai parenti. Poi gli ho detto che _____ anche specializza in risorse umane. Lui allora mi ha domandato se _____ già in quel settore. Io gli ho risposto di no, dato che _____ da poco l'università e poi gli ho chiesto se _____ importante per loro avere una persona con esperienza. Lui mi ha risposto di sì e mi ha detto che _____ una persona esperta e con la conoscenza dell'inglese perché i loro clienti _____ spesso stranieri. Allora io gli ho domandato se loro _____ anche in contatto con la Germania e ho aggiunto che io _____ anche l'inglese. Solo che lui mi ha risposto che non lo _____ molto bene. Mi ha anche detto molto chiaramente che gli _____ ma c'_____ un'altra candidata che _____ più esperienza. Così me ne sono andata.

2 Trasforma le domande al discorso indiretto usando il congiuntivo, come nell'esempio.

discorso diretto	discorso indiretto
Es: Carlo ha chiesto a Gino: "Hai freddo?"	▸ Carlo ha chiesto a Gino ___se avesse freddo.___
1. Ugo ha chiesto a Rita: "Sei sposata?"	▸ Ugo ha chiesto a Rita se _____
2. Anna ha chiesto a Dino: "Vuoi dormire?"	▸ Anna ha chiesto a Dino se _____
3. Lino ha chiesto a Sara: "Hai telefonato al medico?"	▸ Lino ha chiesto a Sara se _____
4. Teo ha chiesto a Fabio: "Hai già mangiato?"	▸ Teo ha chiesto a Fabio se _____
5. Sandro ha chiesto Paola: "Abitavi a Roma da piccola?"	▸ Sandro ha chiesto Paola se _____
6. Aldo ha chiesto a Mara: "Avevi studiato molto per quell'esame?"	▸ Aldo ha chiesto a Mara se _____

TEST DI CONTROLLO

unità 30 • 34

Hai fatto progressi? Controlla.
Ogni esercizio ripete uno o più argomenti grammaticali, se raggiungi più della metà del totale: BRAVO! In caso contrario ripeti l'argomento che ti dà più problemi.

1 PASSATO REMOTO E IMPERFETTO
Metti i verbi al passato remoto o all'imperfetto.

Buchettino (prima parte)

(Esserci) _____C'era_____ una volta un bambino di nome Buchettino. Un giorno Buchettino (trovare) _____trovò_____ un fico, lo (mangiare) _____ e (buttare) _____ la buccia fuori in giardino. Dopo molti mesi nello stesso posto (nascere) _____ un albero di fichi. Buchettino era molto contento perché finalmente (potere) _____ mangiare tutti i fichi che (volere) _____ !
Quando i fichi sull'albero (essere) _____ maturi Buchettino (chiedere) _____ alla mamma se (potere) _____ salire sul fico a mangiarli. La mamma (rispondere) _____ di sì, così Buchettino (salire) _____ sul fico ma, mentre (mangiare) _____ , (arrivare) _____ l'Orco.
Quando l'Orco (vedere) _____ Buchettino sull'albero, (decidere) _____ di mangiarselo per cena, ma l'albero (essere) _____ troppo alto, così l'Orco (pensare) _____ di chiedere un fico a Buchettino per poterlo catturare più facilmente. Ma Buchettino, furbo, non (muoversi) _____ .
Allora l'Orco (insistere) _____ così tanto che alla fine (riuscire) _____ a convincere il bambino.
Così, mentre Buchettino gli (dare) _____ un fico, l'Orco lo (prendere) _____ per un braccio e lo (mettere) _____ in un sacco per portarlo a casa...

ogni verbo corretto vale 2 punti   totale: ____ /44

2 PASSATO REMOTO, TRAPASSATO REMOTO E IMPERFETTO
Metti i verbi al passato remoto, al trapassato remoto o all'imperfetto.

Buchettino (seconda parte)

Dopo che (catturare) _____ Buchettino, l'Orco tornò verso casa. Intanto il povero bambino, chiuso nel sacco, pensava a come fuggire. Per fortuna (avere) _____ in tasca il coltello che aveva usato per tagliare i fichi, così, appena l'Orco (fermarsi) _____ per riposarsi, Buchettino aprì il sacco e (uscire) _____ .
Poi, mentre l'Orco (fare) _____ pipì, Buchettino (riempire) _____ il sacco con delle pietre molto pesanti. L'Orco non (accorgersi) _____ di niente e (arrivare) _____ a casa con il sacco pieno di pietre. Buchettino, che aveva seguito l'Orco, (rimanere) _____ fuori della casa ad osservare la scena.
Dopo che l'Orco (salutare) _____ la moglie, le (dare) _____ il sacco e le (dire) _____ di cucinare il bambino. La moglie (versare) _____ il contenuto del sacco direttamente nella pentola di acqua bollente e... SPLASH!!... le pietre (cadere) _____ nell'acqua e lei (morire) _____ scottata.
Appena (vedere) _____ quello che era successo, l'Orco (arrabbiarsi) _____ moltissimo, e (correre) _____ fuori a cercare Buchettino. Ma il bambino (salire) _____ sul tetto della casa.
L'Orco allora (prendere) _____ pentole, piatti e bicchieri e (costruire) _____ una scala per salire, ma siccome (essere) _____ troppo pesante, (cadere) _____ giù e (morire) _____ anche lui. Buchettino, invece, (tornare) _____ sano e salvo dalla mamma.

(adattato da una favola popolare toscana)

ogni verbo corretto vale 2 punti   totale: ____ /50

TEST DI CONTROLLO

unità 30 • 34

3 CONCORDANZA DEI TEMPI DELL'INDICATIVO
Scegli il tempo giusto dei verbi.

Un personaggio della Roma antica dell'anno I ci racconta come era la sua vita a quei tempi.

Ah! Quanti ricordi! E com'era diversa la vita di allora da quella di adesso! A quel tempo noi Romani **avevamo / avemmo / abbiamo avuto** alcune convinzioni molto particolari. Io **mi occuperei / mi occupavo / mi fui occupato** di politica e dovevo fare molta attenzione a come **avevo passato / passai / passavo** il tempo libero e anche a come lo **hanno passato / passavano / passarono** i miei figli. Il mio figlio maggiore Aurelio, per esempio, era un grande appassionato di teatro ma io **dovetti / dovevo / ebbi dovuto** proibirgli di fare l'attore, perché i miei concittadini **considerarono / hanno considerato / consideravano** questa professione quasi come la prostituzione. So che per voi adesso **era / è / è stato** normale vedere un attore che **fa / faceva / farebbe** politica, ma ai miei tempi questo **era stato / era / è** assolutamente impossibile! Mi ricordo ancora di mio padre che mi diceva sempre che la cosa più importante **era stata / è stata / era** evitare il ridicolo e gli scandali. Proprio nell'anno I un importante senatore mio amico **perse / aveva perso / ebbe perso** il seggio perché una volta **aveva baciato / ha baciato / baciava** la moglie di fronte a tutti! A parte questo, un uomo ricco e importante **ha potuto / poteva / aveva potuto** fare tutto e concedersi tutti i piaceri. La Roma dell'anno I **aveva avuto / ebbe / aveva** quasi un milione di abitanti, ma l'imperatore Augusto era convinto che la popolazione in futuro **diminuirà / diminuirebbe / sarebbe diminuita**, quindi **incoraggiò / incoraggerebbe / ebbe incoraggiato** il matrimonio. In quell'anno infatti **si sposarono / si sposerebbero / si furono sposati** anche due miei figli maschi e per l'occasione **avevamo fatto / facemmo / abbiamo fatto** una grande festa, con musiche, danze e cento schiavi che servivano a tavola i migliori piatti e i migliori vini di tutto l'Impero. Insomma, era una bella vita, specialmente per le famiglie ricche come la mia. Scommetto che la vostra vita adesso non **è stata / è / fu** così piacevole.

ogni verbo corretto vale 2 punti   totale: ___ /36

4 INDEFINITI
Nel testo ci sono 4 errori nell'uso degli indefiniti. Trovali e correggili.

Il 26 dicembre, dopo una dura giornata di lavoro, Babbo Natale si lamenta: "Mamma mia che brutta notte che ho passato! Ogni volte diventa più difficile. Tre ore prima di partire nessuni dei miei aiutanti aveva preparato una lista completa di tutti i bambini a cui portare i regali! Ho dovuto fare tutto da solo e in pochissimo tempo!
Poi ho dovuto controllare che su ciascun pacchetto ci fosse il nome giusto dei bambini e, naturalmente, qualcuno aveva confuso i regali. Per fortuna me ne sono accorto in tempo! Quando alla fine ero pronto per partire faceva troppo freddo e sono dovuto andare a cambiarmi per mettermi le mutande di lana. Lo so che fa sempre molto freddo la notte di Natale, ma questa volta era davvero un freddo eccezionale!
Alla fine, per fortuna, sono riuscito a partire, ma quando sono arrivato quasi nessun bambino era già a letto!
Fino a pochi anni fa tutti i bambini andavano a letto presto perché sapevano che sarei arrivato io, ora, invece, solo qualche bambini ubbidiente lo fa.
Gli altri aspettano alzati perché vogliono vedermi e poi ci sono alcuni che non credono neanche alla mia esistenza!
E io devo aspettare fuori al freddo finché non si sono addormentati. Sono distrutto!
Voglio fare più niente per molto tempo. Per fortuna che ora ho un anno di ferie!"

ogni correzione vale 10 punti   totale: ___ /40

unità 30 · 34 — TEST DI CONTROLLO

5 FORME IMPLICITE
Completa il testo con le forme implicite della lista.

rientrata • atterrata • guidando • pur avendo viaggiato • guidando
dopo aver visto • essendo • avendo • viaggiando • visitando

_____ molto Nergiz non è mai stata nell'Italia del sud. Quest'anno quindi ha deciso di passare tre settimane in Puglia e Basilicata. _____ convinta che solo _____ in macchina si possono davvero conoscere i Paesi che si visitano, _____ all'aeroporto di Bari è andata direttamente all'autonoleggio. _____ Bari, si è rilassata _____ lungo la costa, verso la bellissima penisola del Gargano. _____ poco tempo, ha deciso di passarci solo un paio di giorni e poi, _____ nell'interno della Puglia, verso sud, ha visto borghi indimenticabili come Alberobello e Ostuni e ha provato le specialità locali.

L'ultima settimana è stata a Matera e ha passato il resto della vacanza _____ questa magica città e i suoi dintorni. _____ a casa ha deciso di tornarci, magari con degli amici.

ogni forma implicita corretta vale 5 punti   totale: ____/50

6 DISCORSO INDIRETTO
Un giornalista riporta l'intervista fatta all'astronauta Samantha Cristoforetti, quando era nella Stazione Spaziale Internazionale. Completa il racconto del giornalista, cambiando le parole numerate.

Giornalista: Samantha, quando hai capito (1) di voler fare l'astronauta?

Samantha: Già a nove anni dicevo (2) ai miei genitori (3): "Da grande diventerò (4) astronauta".

Giornalista: Come si vive (5) nello spazio?

Samantha: Qui (6) deve essere tutto molto regolato. Dal lunedì al venerdì, la mattina, contattiamo (7) i nostri (8) centri di controllo sulla Terra, poi ognuno lavora (9) ai propri esperimenti. A volte, poi, dobbiamo (10) fare delle passeggiate spaziali intorno alla stazione. Anzi, Per esempio ne faremo una domani (11).

Giornalista: Come passate (12) il tempo libero?

Samantha: Alcuni guardano (13) film, ma a me (14) non piace (15) tanto. Mi sono portata (16) qualche libro, ma preferisco (17) fare foto, o semplicemente guardare questo (18) panorama strabiliante e fare video per raccontare come funziona una missione spaziale.

Giornalista: Hai (19) nostalgia di casa?

Samantha: No (20). So (21) che starò (22) qui (23) nello spazio per un periodo molto breve, quindi mi godo (24) ogni giorno, perché fra pochi mesi (25), a settembre, dovrò (26) tornare giù.

Giornalista: Quali saranno i tuoi prossimi obiettivi?

Samantha: Spero (27) di poter continuare a fare cose che mi (28) appassionano. In questo (29) periodo sto studiando (30) il cinese, in vista di future collaborazioni con la Cina.

(adattato da staynerd.com)

TEST DI CONTROLLO

unità 30 • 34

Ho chiesto a Samantha quando (1) _____ di voler fare l'astronauta e lei ha risposto che già a nove anni (2) _____ ai (3) _____ genitori che da grande (4) _____ astronauta. Poi, quando le ho chiesto come (5) _____ nello spazio, Samantha mi ha parlato della sua routine settimanale: ha detto che (6) _____ doveva essere tutto molto regolato, che dal lunedì al venerdì ogni mattina (7) _____ i (8) _____ centri di controllo sulla Terra e che poi ognuno (9) _____ ai propri esperimenti. Ha anche aggiunto che a volte (10) _____ fare delle passeggiate spaziali intorno alla stazione e che ce ne sarebbe stata una (11) _____. Alla mia domanda su come (12) _____ il tempo libero, Samantha ha risposto che alcuni (13) _____ film ma che a (14) _____ non (15) _____ tanto. Ha detto che (16) _____ qualche libro ma che (17) _____ fare foto, o semplicemente guardare (18) _____ panorama strabiliante e fare video per raccontare come funziona una missione spaziale. Allora le ho chiesto se (19) _____ nostalgia di casa e Samantha ha risposto (20) _____. Ha aggiunto che (21) _____ che (22) _____ (23) _____ nello spazio per un periodo molto breve, quindi (24) _____ ogni giorno, perché (25) _____ (26) _____ tornare giù. Infine, le ho chiesto dei suoi obiettivi futuri e Samantha mi ha detto che (27) _____ di poter continuare a fare cose che (28) _____ appassionano e che in (29) _____ periodo (30) _____ il cinese in vista di future collaborazioni con la Cina.

ogni parola corretta vale 2 punti totale: ___/60

7 CONCORDANZA DEI TEMPI DELL'INDICATIVO
Metti i verbi al tempo corretto.

Nella seconda metà del 1800 in un fumoso caffè fiorentino si trovavano ogni giorno artisti, giornalisti, piccoli editori, fra cui anche un genio che non *(sapere)* _____ di esserlo, come non lo *(sapere)* _____ i suoi amici. In passato quest'uomo *(avere)* _____ già molto successo con romanzi per bambini, da giovane *(collaborare)* _____ a diversi giornali locali e aveva appena pubblicato su "Il giornale per ragazzi" la prima puntata di una storia che lui *(essere)* _____ solito chiamare "una bambinata*" e in cui *(raccontare)* _____ le avventure di un burattino di legno.
Questo scrittore *(chiamarsi)* _____ Carlo Lorenzini (in arte Carlo Collodi) e, nei mesi successivi, *(continuare)* _____ a narrare le avventure del suo personaggio. Così *(nascere)* _____ Pinocchio, però nessuno *(accorgersi)* _____ di questo avvenimento. Solo dopo trent'anni un critico francese *(notare)* _____ questo racconto e ne *(rendere)* _____ famoso il nome.
Pinocchio venne tradotto in tutte le lingue del mondo e la sua popolarità *(crescere)* _____ esponenzialmente. Oggi le avventure di Pinocchio *(fare)* _____ definitivamente parte del nostro universo culturale.

*bambinata: un'opera o un lavoro di poca importanza

ogni parola corretta vale 2 punti totale: ___/28

TEST DI CONTROLLO
unità 30 • 34

8 INDEFINITI
Completa le frasi con gli indefiniti e risolvi il cruciverba.

Orizzontali →
3. Sono davvero pieno, ho mangiato T_ _ _ _ _ !
5. Ci teniamo i soldi.
7. Il contrario di "no".
8. Sinonimo di "alcuni".
9. Il contrario di "piccolo".
11. A _ C _ _ _ mie amiche parlano bene il francese.
12. _ _ _ _ _ _ _ volta vado in vacanza da sola.
14. _ _ A _ _ _ _ _ cosa tu dica, non ti crederò.
16. Pronome personale soggetto seconda persona singolare.
17. Il contrario di "meno".
18. _ _ _ _ _ le volte che vado dai miei, mi arrabbio.
20. Q _ _ _ _ U _ _ dice che gli italiani sono rumorosi.
21. Vado _ _ _ 'università.
22. _ _ _ _ giorno telefono alla mia amica del cuore.
26. La lista dei piatti di un ristorante.
27. Si mangia al curry.

Verticali ↓
1. Sinonimo di "però".
2. Si usa per insaporire le vivande, non è pepe.
4. In questa stanza ci sono _ A _ _ C _ _ I libri.
5. Ci prendiamo il caffè.
6. La mamma della mamma.
7. La città toscana del Palio.
10. Non ho visto proprio N _ _ _ _ _ _, il locale era vuoto!
13. _ I A _ C U _ _ deve prendersi le proprie responsabilità.
14. Da _ _ _ _ nazione viene il nuovo calciatore della Roma?
15. Ho finito tutto quello che avevo nel frigo. Non ho _ _ _ R _ da mangiare.
16. Parte dalla stazione.
19. Ci mangiamo sopra.
20. Q _ A _ _ sono le tue materie preferite?
23. Il contrario di "su".
24. Il fratello di papà.
25. Una bevanda delle 5 del pomeriggio.

ogni risposta corretta vale 2 punti   totale: ___/64

CHI HA UCCISO L'ITALIANO?

crimini grammaticali a fumetti • livello B2

SOLUZIONI DEGLI ESERCIZI

1. Sostantivo

Sostantivi in -o e -a / Sostantivi in -e

E2 - *F*: aranciata, pasta, frutta, verdura, birra, acqua, marmellata, panna. *M*: vino, formaggio, prosciutto, aglio, gelato, olio, burro.
E3 - *Anna*: moglie, dottoressa, italiana, ragazza, madre, studentessa, attrice, insegnante, donna, segretaria, cameriera, cantante, commessa. *Marco*: marito, cantante, ragazzo, commesso, studente, italiano, attore, segretario, insegnante, dottore, cameriere, uomo, padre.
E4 - burro, orologio, tavolo, treno, impiegato, cane, errore, lavoro, libro, italiano. *Il nome è* **BOTTICELLI**.
E5 - *m/s*: letto, armadio, terrazzo, comodino, bicchiere; *m/pl*: libri, scaffali, uccelli, quadri; *f/s*: camera, libreria, gabbia, lampada, sveglia, bottiglia; *f/pl*: porte, pareti, fotografie.

Altri sostantivi

E1 - **uomo** / uomini, città / **città**, **dentista** / dentisti, **autobus** / autobus, **cuoca** / cuoche, mano / **mani**, computer / **computer**, **università** / università, orologio / **orologi**, amica / **amiche**, **foto** / foto, greco / **greci**, **pacco** / pacchi, programma / **programmi**, **bacio** / baci, radio / **radio**, **uovo** / uova, **spiaggia** / spiagge, camicia / **camicie**, crisi / **crisi**, dito / **dita**.
E2 - sport / sport, pacco / pacchi, operaio / operai, albergo / alberghi, radio / radio, greco / greci, problema / problemi. *Il lago più grande d'Italia è il* **LAGO DI GARDA**.
E3 - città, mare, abitanti, turisti, tedeschi, slavi, scandinavi, spiagge, bambini, ragazzi, persone, ristoranti, discoteche, bar, notte.
E4 - **R**oma, **i**taliano, **m**are, **i**sola, **n**otte, **I**schia. **RIMINI**
E5 - pesci, arance, gelati, ananas, fiaschi, pacchi, asparagi, ciliegie, salsicce, yogurt, pesche.
E6 - spiagge, problemi, poeti, autobus, film, università, mogli, superfici, serie, cinema, foto, radio, mani, valigie, banche, amici, amiche.

2. Articolo

Articolo determinativo

E1 - *il*: vestito di Armani, casco, computer portatile; *lo*: zaino Invicta; *l'(m)*: appartamento in centro, orologio; *i*: biglietti per La Scala; *gli*: occhiali da sole, stivali di Dolce e Gabbana; *la*: lavatrice nuova, moto, bicicletta nuova, borsa di Gucci; *l' (f)*: automobile elettrica; *le*: scarpe di Ferragamo.
E2 - 1: La, il; 2: il; 3: i; 4: la; 5: la; 6: la; 7: il; 8: l'.
E3 - gli, la, I, i, il, il, la, le, la, la, La, i, le, i, la, i, le, la, la, gli.
E4 - gli, lo, I, i, gli, gli, gli, gli, gli, i, il, i. **IL CALCIO**.
E5 - 1: il, vero; 2: il, falso; 3: l', falso; 4: lo, vero; 5: l', falso; 6: la, falso; 7: la, vero; 8: il, falso; 9: la, vero; 10: il, vero; 11: gli, vero; 12: il, falso.
E6 - 1: ~~i~~ (gli) italiani; 2: ~~la~~ (le) spiagge; 3: ~~i~~ (le) colline; ~~gli~~ (i) laghi.

Articolo indeterminativo

E1 - 1: un giornale; 2: una sedia; 3: uno spazzolino; 4: un ombrello; 5: un'oliva; 6: uno zaino; 7: una bicicletta; 8: un'automobile.
E2 - *un*: ristorante indiano, servizio taxi, teatro, cinema, hotel, ufficio postale, parco, supermercato, ospedale; *uno*: zoo, stadio; *una*: scuola, banca, discoteca, pizzeria, stazione, spiaggia; *un'*: università, autostrada.
E3 - a): una, un', una, un', un, un, una, un, un, *l'imprenditrice si chiama* **Chiara Ferragni**; b): un, un, un', Un, un, un, una, un, un, una, un, *l'attore si chiama* **Roberto Benigni**; c): un, un, un, uno, un, un, Un', uno, un, una, un, un, *l'artista si chiama* **Leonardo da Vinci**.
E4 - Es: un, vero; 1: un, vero; 2: un, un, vero; 3: una, falso; 4: un, vero; 5: una, falso; 6: un, falso; 7: un, vero; 8: un, falso; 9: un', vero; 10: un, vero; 11: un, falso; 12: un, vero.
E5 - *turista*: un costume, una camicia hawaiana, una maschera subacquea, un paio di pantaloncini sportivi, un passaporto, un telo da spiaggia, un tubetto di crema solare; *tifoso*: uno striscione con scritto FORZA ROMA, un biglietto per lo stadio, un giornale sportivo, una maglietta della squadra, un paio di pantaloncini sportivi, una sciarpa della squadra; *manager*: un computer portatile, un'agenda, un biglietto da visita, una cartella di documenti, una cravatta, una penna.
E6 - 1: un; 2: un'; 3: uno; 4: un'; 5: uno; 6: un; 7: un; 8: un; 9: un'; 10: un'; 11: uno; 12: un.

Articolo determinativo e indeterminativo

E1 - L', una, uno, Gli, le, L', il, il, il, il, lo, l', la, una, il, la, uno, il, il, l', un, una, lo, la, una.
E2 - un, un, La, un', la, un, la, la, i, un, una, un, *Il nome del mare d'Italia e il titolo del film è* **MEDITERRANEO**.
E3 - 1: L'; 2: Il, uno; 3: una; 4: un; 5: una; 6: Il, un; 7: Il; 8: La, un'; 9: gli, il.
E4 - un, un, l', Un, l', Il, Il, il, Il, un.
E5 - un', un, il, un, un, una, la, una, lo, lo, La, un / il, I, un, le, il / i, un, la, gli, una / la, la, la, un.

3. Essere e avere

E1 - *essere*: io sono, tu sei, voi siete, loro sono; *avere*: io ho, lui / lei / Lei ha, noi abbiamo, loro hanno.
E2 - 1: è triste; 2: è contento; 3: ha fame; 4: ha sonno; 5: ha caldo; 6: ha freddo; 7: è sorpreso; 8: è arrabbiato; 9: ha sete.
E3 - 1: sono; 2: è; 3: siamo; 4: sono; 5: sono; 6: è; 7: siete; 8: è; 9: sono, sono.
E4 - a) ha, abbiamo, hanno, Abbiamo. **gli inglesi**. b) ha, hanno, Abbiamo, hanno, avete, abbiamo. **i brasiliani**; c) hai, Abbiamo, ha, hanno, abbiamo. **i greci**.
E5 - è, Ha, è, sono, sono, ha / hanno, è, sono, hanno, sei, hanno, è, è. *La città è* **FIRENZE**.
E6 - 1: ci sono; 2: c'è; 3: c'è; 4: ci sono; 5: ci sono; 6: c'è; 7: c'è; 8: ci sono.
E7 - c'è, è, ha, è, ci sono, c'è, ci sono, ha, ci sono, ci sono.
E8 - 1/c: ho; 2/f: ho; 3/a: ho; 4: Hai/g; 5/b: È; 6: hai/d; 7/e: ho.

4. Aggettivo qualificativo

Aggettivo qualificativo – 1° gruppo
Aggettivo qualificativo – 2° gruppo

E1 - m/s: interessante, abbondante, facile; m/p: distesi; f/s: rilassata, chiusa, spenta, comoda, ideale, forte, debole, adatta; f/p: allungate.
E2 - *Andrea*: anziano, basso, calvo, miope, stanco, triste. *Simona*: alta, bionda, felice, giovane, riccia, sportiva.
E3 - un cane bianco, un letto grande, un gatto nero, un film americano, un lavoro stressante. *Il punto più a sud d'Italia è* **Lampedusa**.
E4 - fedeli, simpatici, eleganti, puliti, ideale, perfetto, pigro, lento, solitario, indipendente, affettuoso, anziani, generosa, gentile, preciso, ordinato, intelligente, socievole, chiacchieroni,

SOLUZIONI DEGLI ESERCIZI

grande, precise.
E5 - 1: fredda, falso; 2: estivi, caldi, vero; 3: nazionale, vero; 4: abbondante, falso; 5: scolastico, falso; 6: festivo, vero; 7: piene, vero; 8: invernale, vero.
E6 - argentina, famosa, stranieri, brava, privata, cari, inglese, romana, simpatica e socievole, grande, tranquilla, piccolo, contenta, grande, luminosa, perfetti, ordinati, puliti, simpatici, piccola, bella, vecchie, italiani, indiani, cinesi, napoletana.
E7 - grande, brutto, tante / molte, grande, piccolo nuovo, vecchia, brutte, cattivo, vecchia, antipatico, noiosa.

5. Presente dei verbi regolari

E1 - 1/e; 2/h; 3/d; 4/m; 5/n; 6/c; 7/i; 8/f; 9/o; 10/b; 11/g; 12/l; 13/a.
E2 - *parlare*: tu parli, noi parliamo, voi parlate, loro parlano; *vedere*: io vedo, tu vedi, noi vediamo, voi vedete, loro vedono; *partire*: tu parti, lui / lei / Lei parte, voi partite, loro partono; *finire*: io finisco, lui / lei / Lei finisce, noi finiamo, loro finiscono.
E3 - 1: lavoro; 2: parla, abita; 3: giocate; 4: Penso; 5: arriva; 6: compri; 7: porta; 8: studiano; 9: Torniamo; 10: suona.
E4 - 1: Vedi; 2: Perdo; 3: chiude; 4: Vivo; 5: mettete; 6: permettono; 7: viviamo; 8: cade; 9: vende; 10: vediamo.
E5 - 1: preferisce, preferisco; 2: parte; 3: finisci; 4: Senti; 5: finisce; 6: dorme; 7: capiscono; 8: offriamo; 9: pulisco; 10: partite.
E6 - 1: vive, lavora; 2: studio, ascolto; 3: partono, Prendono; 4: pulisci, mangi; 5: lavorate; 6: preferisce; 7: gioca; 8: parla, capiscono; 9: finisce; 10: vede, passa.
E7 - conosce: conoscere, terza persona singolare; usate: usare, seconda persona plurale; succedono: succedere, terza persona plurale; diventano: diventare, terza persona plurale; decidono: decidere, terza persona plurale; sono: essere, terza persona plurale; cerca: cercare, terza persona singolare; trova: trovare, terza persona singolare; ritrova: ritrovare, terza persona singolare; legge: leggere, terza persona singolare; contatta: contattare, terza persona singolare.
E8 - a) giro, vivo, conoscono, vedono, comprano, chiamo, canto. *Il personaggio è* **ANDREA BOCELLI**. b) Abito, Ho, viaggio, porto, aspetta, apro, parlano. *Il personaggio è* **IL PAPA**. c) viaggio, vivo, Lavoro, conoscono, indossano, disegno, rappresentano, chiamo. *Il personaggio è* **DONATELLA VERSACE**.
E9 - lavora, approfittano, risale, aggredisce, nasce, diventa, cancella, inserisce, riprende, organizzano, partecipano.
E10 - 1) viaggiano, organizzano, ospita, allestisce. *La città è* **VENEZIA**. 2) visiti, decidi, scopri, cammini, vedi, passi, diventa, vendono, mangiano, preparano. *La città è* **NAPOLI**. 3) abitano, camminano, ammirano, visitano, troviamo. *La città è* **MATERA**.
E11 - conosce, affermano, raccontano, descrivono, crescono, diventano, cambiano, perdono, leggiamo vediamo, sono.
E12 - è, sono, cresce, vediamo, organizzano, sono, hanno, amano, troviamo, cambia, mettono, preferisce, seguono.
E13 - a) Si chiama Andrea Fiorini e ha 26 anni. È di Milano e abita in centro, dove lavora in una agenzia turistica dal lunedì al venerdì. Di solito comincia a lavorare alle 9:00 e finisce alle 5:00, poi, tre volte alla settimana, gioca a tennis con un amico. Non è fidanzato perché preferisce rimanere libero e indipendente, però ha molte amiche e una vita molto attiva. La sera vede spesso gli amici per bere qualcosa o andare a ballare. b) Si chiama Veronica Biaggi e ha 49 anni. È di Reggio Emilia, ma vive a Bologna dove insegna in una scuola elementare. È sposata e ha due figli, un maschio e una femmina. Nel tempo libero legge molto, è appassionata di libri e spende molti soldi nelle librerie. Qualche volta pensa di scrivere un libro per bambini, ma ora non ha molto tempo. c) Si chiama Caterina Cussu, ha 28 anni, è sarda e vive a Nuoro, dove lavora in una società informatica come designer grafico. È un lavoro molto creativo e qualche volta, quando non ha idee, prende la macchina e gira lungo la costa, a pensare. Non è sposata né fidanzata. Viaggia volentieri e conosce sempre nuove persone.

Test di controllo • unità 1 – 5

E1 - *maschile*: orologio, autobus, padre, salame, vino, pane, film, bar, cinema, fiore, problema. *femminile*: stazione, casa, stagione, città, bici, birra, mano, radio.
E2 - *plurale*: penne, amici, libri, amori, operai, infermieri, avvocati, uomini, professoresse, mani, amiche, pesche, università, foto, bar, dischi, giornali, letti, alberghi, caffè, pizzerie.
E3 - la, il, Il, la, i, l', il, La, le, gli, i, lo, la.
E4 - una, Le, una, il, il, Il, la, l', L', Il, le, le, Le, la, la, un, Gli, l',la, I, le, la, il, la, una.
E5 - ha, ha, sono, sono, hanno, sei, sei, sei, hai, hai, sei, siamo, sono, sono, è.
E6 - arriva, aspetta, prende, è, Ho, pensa, apre, vede, decide, è, È, è, sente, aumenta, prende, comincia, È, lavora, è, gira, sono, sono, ha, entra, compra, porta, finisce, decide, ha, pensa, Odio.
E7 - 1: Il tedesco è una lingua germanica; 2: Gli italiani normalmente prendono le vacanze ad agosto; 3: D'inverno le montagne italiane sono piene di sciatori; 4: La Sardegna ha un mare bellissimo; 5: La montagna più alta degli Appennini è in Abruzzo; 6: Gli sciatori estivi preferiscono il Monte Rosa; 7: Le isole Tremiti sono tre isole italiane; 8: I turisti tedeschi amano le spiagge italiane; 9: Molti turisti visitano le cascate delle Marmore in Umbria; 10: Il fiume più lungo d'Italia è il Po; 11: Il Po nasce sulle Alpi e finisce nel mare Adriatico.
E8 - È, pensa, parto, vedo, comincia, chiude, aspetta, sono, spedisce, scrive, organizzo, sente, prende, legge, Hai, sono, capisce, Sono, sei, passi, continuano, hanno, pensano, succede.
E9 - 1: I giovani italiani studiano principalmente l'inglese; 2: La Valle d'Aosta ha due lingue ufficiali e è la regione più piccola in Italia; 3: Nel mondo ci sono circa 67 milioni di persone che parlano italiano; 4: Molti argentini sono di famiglia italiana e parlano italiano; 5: Anche in Australia vivono molte famiglie di origine italiana; 6: Gli abitanti della Corsica capiscono bene l'italiano; 7: Anche tanti albanesi comprendono l'italiano perché vedono la televisione italiana; 8: La legge italiana protegge 12 comunità linguistiche minoritarie; 9: Queste lingue sono in programmi televisivi e radiofonici.

CHI HA UCCISO L'ITALIANO?
crimini grammaticali a fumetti • livello A1
vedi pagina 286

6. Presente dei verbi irregolari

Verbi modali e verbo sapere

E1 - 1: devo; 2: vogliono; 3: possiamo; 4: vuoi, devi; 5: può; 6: devono; 7: può; 8: dovete; 9: vogliono; 10: puoi.
E2 - 1/f; 2/c; 3/h; 4/g; 5/b; 6/e; 7/d; 8/a.
E3 - 1: Sai; 2: posso; 3: sa; 4: sa; 5: Potete; 6: può, sa; 7: possono; 8: sappiamo; 9: Possiamo; 10: Potete.
E4 - vuole, può, può, deve, sa, vuole, sanno.
E5 - 1: Tutti gli italiani sanno chi è Dante Alighieri; 2: Gli studenti

SOLUZIONI DEGLI ESERCIZI

italiani normalmente devono studiare questo autore a scuola; 3: L'opera più famosa di Dante Alighieri è la Divina Commedia, un capolavoro famosissimo in tutto il mondo; 4: La Divina Commedia risale al XIV secolo; 5: Questa / Quest'opera descrive il viaggio di un uomo, Dante, attraverso (l')Inferno, (il) Purgatorio e (il) Paradiso; 6: Il poeta deve attraversare questi tre mondi per ottenere la salvezza; 7: Noi lettori italiani moderni riusciamo a capire la lingua di questa / quest'opera; 8: Infatti Dante non vuole usare il latino come altri poeti del periodo ma preferisce usare la lingua parlata a Firenze; 9: Il primo libro che descrive l'Inferno è l'ispirazione per molti film, fumetti, videogiochi e musical; 10: Chi non sa almeno l'inizio dell'Inferno?

Altri verbi con presente irregolare

E1 - *dire*: io dico, lui / lei / Lei dice, noi diciamo, voi dite; *rimanere*: io rimango, tu rimani, noi rimaniamo, loro rimangono; *scegliere*: io scelgo, tu scegli, voi scegliete, loro scelgono; *sedere*: tu siedi, lui / lei / Lei siede, voi sedete, loro siedono; *tenere*: io tengo, tu tieni, noi teniamo, voi tenete; *tradurre*: tu traduci, lui / lei / Lei traduce, noi traduciamo, loro traducono.
E2 - 1: Vogliamo andare in vacanza; 2: Renato rimane a casa perché deve studiare; 3: D'estate beviamo più birra; 4: La politica italiana per gli stranieri è incomprensibile; 5: Perché non dai la mancia al cameriere?; 6: Non posso venire a ballare; 7: Marco sa il tedesco; 8: Cosa fai domani?; 9: Perché non usciamo stasera?
E3 - state, stiamo, Stiamo, andiamo, facciamo, fa, arriva, facciamo, vado, preferiscono, usciamo, andiamo, vengono, vanno.
E4 - 1: sei, a: sei, b: vai, c: vuoi, d: sei; 3: a: devo, b: Va, c: Voglio, d: ha, È; 4: fai, vuoi, b: sei, c: Stai; d: hai; 5: a: sono, c: è, d: Voglio.
E5 - 1: dicono, vero; 2: devi, vero; 3: devi, vero; 4: vanno, falso; 5: è, vero; 6: vanno, falso; 7: vanno, vero; 8: devono, falso; 9: diamo, diciamo, vero; 10: dai, vero.
E6 - 1: posso; 2: vuoi; 3: sa; 4: diciamo; 5: fate; 6: stanno; 7: fanno; 8: vengono; 9: riesco.
E7 - molti italiani ~~fa~~ (fanno) colazione; ~~usciamo~~ (escono) e vanno a prendere il caffè.
E8 - è, diventa, dice, devi, vanno, arrivano, vive, vede, vuole, siede, riesce, sa, mette, può, va, può, sale, sta, vuole, sa, è, riesce, beve, muore.

7. Forma di cortesia

E1 - 1/c; 2/a; 3/b.
E2 - f, e, c, b, a, d, g.
E3 - Buongiorno signor Palazzi! / Buongiorno signora Paoletti, come sta? / Abbastanza bene, e Lei? / Bene grazie! Ha tempo? / Sì, perché? / Prende un caffè con me? / Ottima idea, signor Palazzi!
E4 - Vuole, vieni, sai, hai, fa, hai, sa, pensi, ha, deve, ascolta, capisce, puoi, hai, fai.
E5 - a) lavori, devi, prendi, vuoi, puoi; b) pensa, crede, Va, Scherza, mangia, è.

8. Verbo stare

Presente progressivo (stare + gerundio)

E1 - 1/c; 2/f; 3/a; 4/h; 5/e; 6/g; 7/d; 8/b.
E2 - stanno, sta, stanno, sta, sto, sto.
E3 - 1: intervistando una persona; 2: preparando il pane; 3: pettinando una cliente; 4: scrivendo alla lavagna; 5: facendo una multa; 6: ballando; 7: seguendo la partita; 8: vendendo un mazzo di fiori; 9: tagliando la carne.
E4 - stanno facendo, stanno passando, sta mangiando, stanno preparando, sta gustando, stanno cucinando, stanno riposando, sta mangiando, sta gustando.

Stare per + infinito

E1 - 1/d; 2/b; 3/e; 4/a; 5/c.
E2 - 1: Il treno sta per partire; 2: Il film sta per cominciare; 3: L'anno sta per finire; 4: I miei genitori stanno per arrivare; 5: Mi sento male, sto per svenire; 6: Mancano solo 2 chilometri, stiamo per arrivare; 7: Prendiamo l'ombrello, sta per piovere; 8: Non uscire, sta per nevicare; 9: Sono stanco, sto per andare a letto; 10: Il sole sta per tramontare.
E3 - 1: Sta per leggere un libro; 2: Sta per aprire la finestra; 3: Sta per uscire di casa; 4: Sta per mangiare; 5: Sta per bere; 6: Sta per fare una doccia; 7: Sta per mettere lo zucchero nel caffè; 8: sta per entrare in casa.

9. Possessivi

E1 - La mia, il mio, La sua, la sua, il mio, i miei, la loro, i miei, la mia, il mio.
E2 - a: vostri/4; b: mie/7; c: tuo/2; d: vostra/6; e: nostri/1; f: tue/5; g: mie/8; h: miei/3.
E3 - 1: Il suo, Pisa; 2: La loro, austriaci; 3: la tua, passaporto; 4: i nostri, banca; 5: La sua, Bologna; 6: I suoi, Bolzano; 7: i tuoi, armadio.
E4 - loro, sua, suo, suo, mia, miei, nostra, nostra / sua, loro, nostra, nostro / suo, loro.
E5 - 1: i nostri documenti; 2: la nostra prenotazione; 3: i nostri biglietti; 4: le nostre valigie; 5: il mio costume da bagno; 6: il suo costume da bagno; 7: i miei vestiti; 8: i suoi vestiti; 9: i miei cosmetici; 10: i miei sandali nuovi; 11: le mie pillole contro il mal di mare; 12: la sua attrezzatura da sub; 13: i suoi medicinali; 14: il nostro abbronzante; 15: le nostre riviste.

Possessivi e articoli

E1 - a) Il padre di Paolo è americano; b) Christian ha 17 anni; c) Anna ha 4 anni.
E2 - 1: La sua, Anna; 2: Sua, Vincenza; 3: Suo; 4: I suoi, Alberto, Serena, Pietro; 5: I suoi, Oreste, Milena; 6: Sua, Cristina; 7: Le sue, Franca, Giovanna, Ada; 8: Suo, Domenico; 9: Suo, Gennaro.
E3 - a: tua, il mio; b: mio, tuo / suo.
E4 - suo, La sua, suo, il suo, il suo, suo, il suo, la sua, la sua, la sua, Il suo, Il suo.
E5 - 1, **B**; 4, **O**; 6, **R**; 7, **G**; 9, **I**; 11, **A**. *Il cognome di Lucrezia è* **BORGIA**.
E6 - il suo, la nostra, la sua, Suo, Suo, i suoi, il nostro, la sua, la sua, la sua.

SOLUZIONI DEGLI ESERCIZI

10. Verbi riflessivi e reciproci

E1 - 1: si mette, **v**iola; 2: si riposano, **e**state; 3: ti svegli, **s**veglia; 4: si divertono, **t**ombola; 5: si scontrano, **I**nter; 6: si trovano, **r**ane; 7: ci sentiamo, **S**occorso; 8: si trova, **I**schia. *Il verbo riflessivo è* **vestirsi**.

E2 - si trova, si svolge, si interessano, si alzano, si divertono, si fanno, si annoiano, si intristiscono, si vergogna, si fanno, si sposa, si sentono, si chiama. *Il titolo del film è* "**I vitelloni**".

E3 - a: ci divertiamo, ci troviamo, si travestono, si conoscono, si salutano, si divertono. *Il luogo misterioso è* **Venezia**. b: si offrono, si trova, ti preoccupi, mi innamoro. *Il luogo misterioso è* **la Sicilia**. c: si trova, si diverte, si sforza, si impegna, vi sentite. *Il luogo misterioso è* **Londra**.

E4 - mi devo sfogare, sa controllarsi, mi devo trasferire, può sentirsi, mi so fare, mi devo organizzare, ti cominci a(d) abituare.

E5 - 1: si vedono; 2: vedono; 3: alza; 4: Mi alzo; 5: annoiare; 6: mi annoio; 7: incontrano; 8: si incontrano; 9: chiama; 10: si chiama.

E6 - si svegliano, si godono, si alzano, si preparano, si siedono, si decidono, si incontrano, si divertono, si vedono, si raccontano, si innamorano.

E7 - *Stefania*: si sveglia, si alza, si prepara… va, torna, si fa, si veste, si trucca, si pettina, prende, arriva, ritorna, fa, si incontra, torna, cena, va… si addormenta. *Jacopo*: si sveglia, si innervosisce, si riaddormenta, si alza, si fa… si fuma, si lava e si prepara, prende, lavora, va, si rilassa, prepara, cena, esce, torna, fa, si addormenta.

E8 -

E2 -

E3 - Gentile signora Aceti, ho avuto il suo indirizzo e-mail dalla Sua segreteria. Mi chiamo Chiara Passanti e sono una lettrice di italiano per stranieri nella Sua stessa università. So che Lei lavora per la sezione informatica e si occupa del laboratorio linguistico del Dipartimento di Lingue e vorrei sapere se può dire ad uno dei Suoi tecnici di laboratorio di installare sui computer un programma molto importante per i miei corsi: Second Life. Il programma è scaricabile direttamente da Internet, dà accesso ad un mondo virtuale dove io insegno italiano e non crea problemi di virus. Ho parlato con un tecnico che dice che ha bisogno della Sua autorizzazione ma, secondo me, non ha provato a parlare con Lei. Prova Lei a comunicare con lui? Spero davvero di avere il Suo aiuto e che si possa risolvere questo problema al più presto. Come forse sa, i corsi cominciano fra 2 settimane, e senza accesso a questo programma, io non posso insegnare. Grazie mille e arrivederci/arrivederLa Chiara

E4 - Se hai (ha) tempo; La notte dormi (dorme) bene; Cosa pensi (pensa) dottore; Mentre scrivi (scrive); Devi (deve) smettere.

E5 - 1: mangiamo; 2: andate; 3: Sto facendo; 4: gioca; 3: vado; 6: andiamo; 7: ascolti; 8: sto uscendo; 9: Sto studiando; 10: abitate.

E6 - si sta per laureare / sta per laurearsi, sta preparando, sta per finire, sta stampando, si sta per mettere / sta per mettersi, sta lavorando, stai lavorando, sto leggendo, Sto andando, Sto aspettando, sta per chiudere, sto inviando.

E7 - Alle 7:00 mi alzo, mi lavo, mi vesto, mi preparo la colazione; Alle 8:00 esco per andare al lavoro, prendo l'autobus; Alle 8:30 mi prendo un caffè al bar; Alle 9:00 entro al lavoro; Alle 13:00 mi prendo un panino al bar, mi fumo una sigaretta; Alle 14:00 finisco la pausa, ricomincio a lavorare; Alle 18:00 esco dall'ufficio; Alle 19:00 arrivo a casa, mi rilasso, mi bevo un prosecco; Alle 20:00 mi preparo la cena, ceno; Alle 21:00 mi faccio la doccia, mi preparo per uscire con gli amici; La notte torno a casa stanca, ma contenta.

E8 - 1: suo cugino; 2: sua nonna; 3: sua sorella; 4: suo zio; 5: sua nipote; 6: le sue nipoti; 7: i suoi nonni; 8: suoi genitori; 9: suo cognato; 10: i suoi cugini; 11: sua zia.

Test di controllo • unità 6 – 10

E1 - sa, amiamo, beviamo, è, conoscono, ordinano, ottengono, si chiama, c'è, organizza, sanno, deve, beviamo, si dilata, andiamo, vogliamo, diviene, possono, deve, influenza, ordinate, dovete, è, deve, bevete, potete, fate, vedete, dicono, migliora, deve.

ALMA Edizioni | Grammatica pratica della lingua italiana

SOLUZIONI DEGLI ESERCIZI

E9 - 1: Mia madre si chiama Anna; 2: Quando Paolo si alza presto è sempre nervoso; 3: Giorgio va a casa domani; 4: Veniamo al mare con i nostri genitori; 5: Paolo dice che sua nonna è tedesca; 6: Quando bevi troppo sei insopportabile; 7: Se ci dimentichiamo di telefonare a nostro padre lui non viene alla stazione.

11. Forma impersonale

E1 - 1: si va; 2: beviamo; 3: si vede; 4: mangia; 5: si sta; 6: si lavora; 7: vanno; 8: si vive; 9: si prega.

E2 - 1: Si legge, si parla a voce bassa, si studia: in biblioteca; 2: Si parla a voce alta, si balla, si beve: in discoteca; 3: Si fatica, si diventa forti, si suda: in palestra; 4: Si dorme, si riposa, si sogna: a letto; 5: Si gioca, si scommette, si vince, si perde: all'ippodromo; 6: Si cammina, si passeggia, si porta il cane: al parco; 7: Si scia, si cammina, si gioca con la neve: in montagna; 8: Si studia, si impara, si legge: a scuola; 9: Si tifa per la squadra preferita, si urla, si va con gli amici: allo stadio.

E3 - *primavera*: si va in campagna a fare un pic-nic, si cucina per il pranzo di Pasqua; *estate*: si va al mare, si finisce di andare a scuola, si fugge dal caldo della città; *autunno*: si cucina con i funghi, si comincia ad andare a scuola, si va nei boschi a cogliere le castagne; *inverno*: si va a sciare, si sta in casa con il riscaldamento acceso, si va alle feste di Carnevale, si sta insieme per festeggiare il Natale, si va alle feste di Capodanno.

Forma impersonale dei verbi riflessivi

E1 - 1: lamentarsi / Se si ha mal di denti, ci si lamenta; 2: divertirsi / Se si guarda un film comico, ci si diverte; 3: sentirsi male / Se si beve troppo, ci si sente male; 4: vestirsi eleganti / Se si è invitati ad una festa formale, ci si veste eleganti; 5: allenarsi molto / Se si vuole vincere in uno sport, ci si allena molto; 6: lavarsi / Se si è sporchi, ci si lava.

E2 - 1: tagliare la carta / Si taglia la carta; 2: mangiare / Si mangia; 3: scrivere / si Scrive; 4: ripararsi dalla pioggia / Ci si ripara dalla pioggia; 5: comunicare / Si comunica; 6: vedere meglio / Si vede meglio; 7: tenersi aggiornati / Ci si tiene aggiornati; 8: entrare a teatro / Si entra a teatro; 9: viaggiare / Si viaggia; 10: tenersi svegli / Ci si tiene svegli.

E3 - 1: va; 2: si va; 3: esce; 4: si esce, si va; 5: vanno; 6: mi alzo; 7: ci si alza; 8: ci annoiamo; 9: ci si annoia; 10: ci si stanca; 11: si stanca.

E4 - mostra, si legge, indica, si sa, si osserva, si nota, si vede, vive, ha, ricopre, è, legge, si parla, si scrive, si pubblica, si traduce, compra.

12. Passato prossimo

E1 - 1/c; 2/b; 3/e; 4/f; 5/a; 6/d.

E2 - ho, ho, sono, sono, è, sono, ho, Sono, hanno, sono, ho, è, siamo, siamo.

E3 - diventato, studiato, inventato, andato, sposato, partito, continuato, ricevuto, nominato.

E4 - 1: sono andate, **M**, 2: è diventata, **A**; 3: ha comprato, **R**; 4: sono partiti, **C**; 5: ha passato, **O**; 6: è caduto, **N**; 7: ho ricevuto, **I**. *Il personaggio è Guglielmo* **MARCONI**.

E5 - è diventato, è diminuita, ha avuto, ha voluto, è arrivata, è andato, ha scritto, è tornata, ha cucinato, è tornato, ha infilato, si sono seduti, è stato, hanno mangiato, hanno dato.

Avere o essere?

E1 - *avere*: ho avuto / avere; ho trovato / trovare; ho fatto / fare; abbiamo incontrato / incontrare; abbiamo dormito / dormire; abbiamo conosciuto / conoscere; Abbiamo passato / passare; hai capito / capire; ho cominciato / cominciare; ho trovato / trovare; ho fatto / fare. *essere*: Mi sono laureata / laurearsi; sono partita / partire; Siamo andate / andare; siamo arrivate / arrivare; siamo tornate / tornare; È stata / essere; Ci siamo divertite / divertirsi; è successa / succedere; mi sono innamorata / innamorarsi; sono venuta / venire; sono tornata / tornare; mi sono trasferita / trasferirsi; È stata / essere; è stato / essere.

E2 - hanno divorziato, si sono messi, hanno organizzato, siamo andati, sono arrivati, è durata, hanno ballato, hanno mangiato, si sono divertiti, sono tornati.

E3 - Durante i primi anni '90 **è scoppiato** un grave scandalo nella vita politica italiana. La polizia e i magistrati **hanno cominciato** a controllare gli affari di personaggi politici e imprenditori e **hanno trovato** le prove delle relazioni illegali tra politica, mondo degli affari e mafia. Molti uomini di governo corrotti **sono diventati** ricchissimi grazie ai soldi della mafia. Dopo questo periodo di continui scandali i maggiori partiti **sono spariti**. Alcuni **hanno fondato** nuove organizzazioni politiche e altri **hanno cercato** di rifondare i vecchi partiti con nuovi nomi. Da allora **è iniziata** quella molti **hanno chiamato** la Seconda Repubblica.

E4 - ha passato, ha ottenuto, è uscito, è ritornato, ha cercato, ha trovato, ha saputo, è andato, hanno controllato, è entrato, hanno riconosciuto, hanno arrestato, hanno riportato.

Alcuni verbi con participio passato irregolare

E1 - 1: È corso, ha detto; 2: Hanno acceso, hanno chiamato; 3: Ha deciso, è stata; 4: Hanno perso, hanno chiesto; 5: È morto; 6: sono uscito/a, ho spento, è scoppiato; 7: Ha scelto, ha offerto, ha fatto; 8: Ha scritto, ha letto; 9: È andata, ha avuto, ha preso, ha perso; 10: Sono rimasti, hanno vissuto, hanno aperto, hanno fatto, sono venuti, hanno comprato.

E2 - 1: ha rotto un bicchiere; 2: ha chiuso la porta; 3: ha vinto alla lotteria; 4: ha fatto il bagno; 5: è morto; 6: ha preso l'autobus; 7: è nato; 8: ha sceso le scale.

E3 - 1: ha preso l'autobus ed è uscita per andare al lavoro; 2: ha avuto un appuntamento con alcuni avvocati; 3: ha studiato un caso importante; 4: ha fatto una pausa pranzo con i colleghi; 5: si è occupata di un omicidio nella città; 6: ha parlato con i giornalisti; 7: ha preso un caffè con un giudice; 8: ha dato gli ordini per il lavoro notturno; 9: è andata al corso di judo; 10: è tornata a casa stanchissima; 11: è andata a letto e ha letto un giallo. *Il lavoro della signora X è*: **LA COMMISSARIA DI POLIZIA**.

E4 - Trenta anni fa *si è innamorato* di una compagna del Liceo ▶ Oggi *sta* con il fratello della ex-moglie; Venti anni fa *ha sposato* l'ex compagna di Liceo ▶ Cinque anni fa *si sono separati*; Venticinque anni fa *si è laureato* in ingegneria e *ha trovato* subito un buon lavoro ▶ Quattro anni fa *si è licenziato* e *ha cominciato* una nuova attività; Oggi *possiede* una barca e passa le vacanze in mare ▶ Un paio di anni fa *ha venduto* la casa di famiglia in montagna; Al momento *dirige* una piccola agenzia di viaggi-avventura ▶ L'apertura dell'agenzia *è costata* abbastanza ma lui *è stato contento di aprirla*; Roberto non *ha mai voluto* avere una macchina ▶ Ora lui *desidera* comprare un'automobile elettrica; Ora *va* spesso in palestra e *fa* sport ▶ In passato *ha giocato* per un po' di tempo a tennis; Ieri *è cominciato* il torneo di tennis di Wimbledon ma Roberto non *ha avuto* il tempo di vederlo ▶ Domani lui e il compagno *partono* per una vacanza negli Emirati Arabi.

SOLUZIONI DEGLI ESERCIZI

E5 -

E6 - a) è nato, è morto, ha introdotto, Si è interessato, ha scritto, Ha / È vissuto, ha viaggiato è finito, è andato, ha scritto, ha composto; 1: rotto (**A**), 2: offeso (**C**), 3: preso (**H**), 4: accorto (**E**), 5: tradotto (**L**). *Il cognome è* **MACHIAVELLI**. b) è nata, Ha imparato, è diventata, ha denunciato, ha rappresentato, ha sposato, si è trasferita, è migliorata, ha lavorato, È morta, 1: letto (**N**), 2: messo (**I**), 3: scelto (**E**). *Il cognome è* **GENTILESCHI**. c) è / ha vissuto, ha cominciato, è diventato, Ha composto, è stato, Ha scritto, è rimasto, è morto, 1: chiuso (**I**), 2: chiesto (**V**), 3: spento (**D**), 4: acceso (**I**). *Il cognome è* **VIVALDI**.

E7 - 1: È successo ad agosto. Un uomo ha preso l'auto ed è andato al mare. Quando è arrivato si è accorto di non avere il costume, quindi ha parcheggiato in fretta e(d) è entrato in un negozio per comprarlo. Quando è tornato però non ha trovato più l'auto. Ha telefonato ai carabinieri e, quando sono arrivati ha spiegato la situazione. Dopo quasi un'ora però si è ricordato la posizione dell'auto… in un'altra strada… I carabinieri non si sono arrabbiati, per fortuna; 2: Un gruppo di amici ha deciso di fare un pic-nic in campagna. Ognuno ha portato qualcosa da mangiare o da bere, ma nessuno ha pensato a portare cucchiai, forchette e coltelli. Uno di loro ha proposto di andare in un paese vicino a comprarli, ma alla fine hanno preferito mangiare con le mani e si sono divertiti tantissimo. Nel pomeriggio hanno fatto tutti un bagno nel fiume vicino e hanno giocato nell'acqua. Sono tornati a casa stanchi e contenti; 3: Daria e Karen hanno organizzato un'escursione in montagna. La camminata della mattina è stata bellissima, dopo circa tre ore le ragazze si sono fermate vicino a una fattoria, dove hanno comprato del formaggio fresco e del pane e si sono sedute a mangiare e a riposarsi. Al ritorno Daria è voluta passare a visitare una chiesetta dall'altra parte della montagna. Hanno camminato per due ore, ma sul sentiero sbagliato e così sono dovute tornare indietro. Alla fine hanno fatto alcuni chilometri in più, ma sono riuscite ad arrivare alla chiesetta e a visitarla. È stata una bella esperienza.

13. Pronomi diretti

E1 - a/6, b/4, c/1, d/2, e/5, f/9, g/3, h/10, i/7, l/8.
E2 - 1/d; 2/h; 3/b; 4/e; 5/f; 6/i; 7/g; 8/l; 9/a; 10/c.
E3 - **mi:** me (passeggero 1); **lo:** il corno rosso; **lo:** il corno rosso; **lo:** questo volo; **li:** i problemi; **la:** la foto; **li:** i miei figli; **mi:** me (passeggera); **lo:** l'aereo; **Lo:** l'oroscopo; **lo:** un bicchiere di prosecco; **lo:** un bicchiere di prosecco.
E4 - a) lo, lo, lo, lo, lo, li, li. *La ricetta è:* **SPAGHETTI AGLIO, OLIO E PEPERONCINO.** b) li, li, la, li, li, lo. *Il dolce è il* **TIRAMISÙ**.
E5 - 1: lo, Roma; 2: lo, Venezia; 3: li, Benigni; 4: la, Fellini; 5: lo, "La grande bellezza"; 6: li, spaghetti western; 7: lo, Pasolini.
E6 - a) lo, la, lo, le, lo, la, la, la, la, li, li, li; b) le, la / l'.

Pronomi diretti con participio passato

E1 - 1/e; 2/c; 3/f; 4/a; 5/d; 6/b.
E2 - l'hanno organizzata, l'hanno portato, spedirlo, l'hanno dato, l'ha aperta, li ha minacciati, lo hanno raggiunto.
E3 - 1: l'ha invitat**a**, Aldo: l'amicone; 2: l'ha chiamat**a**, salutar**la**, Marta la timida; 3: **li** ho spaventat**i**, Gioia e Pino i paurosi; 4: **l'**ho portat**a**, aiutar**la**, Sandra l'imbranata; 5: **l'**ha lasciat**o**, Vincenzo il ritardatario; 6: **L'**ho vist**a**, **la** trovi, Stefania la sportiva; 7: **le** vediamo, **le** abbiamo chiamat**e**, Carla e Sonia le pigre; 8: **l'**ha mangiat**a**, **lo** fa, Bruno il goloso; 9: **li** trovano, **li** ho mai capit**i**, Ursula l'artista; 10: **Le** ho incontrat**e**, **le** ho potut**e**, Maria e Barbara le chiacchierone; 11: **li** ho mai sopportat**i**, Marco e Roberto i viziati.
E4 - l', l', l', mi, l', lo, l', li, li, li, mi, l', lo.
E5 - La Nutella è sicuramente uno dei prodotti italiani più famosi al mondo, tutti i bambini **LA** (la Nutella) amano e le mamme fanno fatica a fermar**LI** (i bambini) quando sono davanti al barattolo. Il creatore della Nutella è stato Pietro Ferrero, negli anni '50. Ferrero aveva una pasticceria ad Alba, in Piemonte, una regione che produce molte nocciole e **LE** (le nocciole) usa molto in cucina. Siccome l'Italia non produce cacao e **LO** (il cacao) deve importare, il prezzo della cioccolata in Italia varia molto. Alla fine degli anni '40 in un periodo in cui il cacao era molto caro, in Piemonte hanno pensato alle nocciole e **LE** (le nocciole) hanno usate per produrre un tipo di cioccolato più economico che **LE** (le nocciole) contiene: il Gianduia. Da questa idea Pietro Ferrero nel 1951 ha inventato la Supercrema. Ferrero **L'/LA** (la Supercrema) ha fatta diventare un prodotto di successo e molti italiani hanno cominciato a comprar**LA** (la Supercrema). Poi, negli anni '60 Michele, il figlio di Pietro, ha modificato il prodotto del padre e **L'/LO** (il prodotto) ha chiamato con un nuovo nome, Nutella. Il nuovo nome del prodotto è formato con una parola inglese "nut" perché Michele ha deciso di commercializzar**LO** (il prodotto) in tutta Europa e infatti, da allora, tutta l'Europa **LO** (questo prodotto) conosce e **LO** (questo prodotto) apprezza. Il logo e il nome della Nutella sono nati proprio in quel periodo e la famiglia Ferrero non **LI** (il logo e il nome) ha più cambiati. In Italia la Nutella non è solo una crema amata e popolare, ma anche un fenomeno culturale. Molti ricercatori e giornalisti **L'/LA** (la Nutella) hanno studiata in saggi e relazioni accademiche. Cantanti famosi, come Giorgio Gaber, i Negrita e Ivan Graziani **L'/LA** (la Nutella) hanno cantata. Per non parlare di un librettino divertente "Nutella Nutellae", che ha avuto un successo incredibile. La casa editrice **L'/LO** (il libro) ha venduto a sole 1000 lire (più o meno 50 centesimi di euro) del tempo e più di un milione di italiani **L'/LO** (il libro) ha comprato e **L'/LO** (il libro) ha reso uno dei libri più venduti in Italia in quel periodo.

SOLUZIONI DEGLI ESERCIZI

14. Preposizioni

E1 - a) di, in, in. *Il nome della famiglia è* **I MEDICI**. b) di, in, in, in, a, da, in. *Il personaggio è* **CASANOVA**. c) in, da, in, in, da. *Il dolce è il* **PANETTONE**.
E2 - 1: in, in; 2: In, a / ad; 3: A; 4: A, in; 5: a; 6: in, in; 7: in, in.
E3 - 1: da, vero; 2: da, da, falso; 3: da, vero; 4: da, falso; 5: di, falso; 6: di, vero; 7: da, vero; 8: di, falso.
E4 - a) a, da, da, da. b) a, in, a, da.
E5 - a, da, a, da, da, di, di, da.
E6 - a (in) Germania; in (a) Roma; a (da) noi; a (in) Africa.

Preposizioni di tempo
E1 - da, per, da, a, da, fra.
E2 - da, per, per, fra / tra, da.
E3 - da, da, da, per, per, fra.
E4 - da, per, dal, al, fra.
E5 - fra, da, a, Da, a, Fra, da.

Altre preposizioni
E1 - 1/d; 2: da/f; 3/g: in; 4: in/h; 5/l: da; 6/i: di; 7/b: da; 8/a: di; 9: da/e; 10/c: di.
E2 - da, di, da, da, in, di, in, in.
E3 - a) di, in, da, in, in, di, fra. 1: **L**, 2: **U**, 3: **P**, 4: **O**. *Il nome di questo animale è* **LUPO**; b) in, in, da, fra, da, fra. 1: **O**, 2: R, 3: **S**, 4: **O**. *Il nome di questo animale è* **ORSO**.
E4 - da, in, da, a, in, in, da, di, a, a, per.

Preposizioni articolate
E1 - 1: al; 2: della; 3: dalle, all'; 4: nella; 5: con la; 6: Sul; 7: per gli; 8: fra le; 9: Tra la; 10: degli.
E2 - alla, negli, dalla, dalle, dei, nella, del.
E3 - 3, **L**; 4, **I**; 7, **G**; 8, **U**; 10, **R**; 11, **I**; 14, **A**. *Il nome della regione è* **LIGURIA**. *frasi sbagliate*: 1: di università / dell'università; 2: in Stati Uniti / negli Stati Uniti; 5: in auto di / nell'auto di; 6: su prati / sui prati; 9: a miei genitori / ai miei genitori; 12: in Paesi Bassi / nei Paesi Bassi; 13: a teatro di / al teatro di.
E4 - 1: sul, vero; 2: Agli, degli, falso; 3: dell', vero; 4: della, falso; 5: all', falso; 6: alla, falso; 7: sul, vero.
E5 - sull', della, degli, della, dei, degli.
E6 - dell', di, agli, ai, di, nelle, in, in, in, sul.
E7 - dallo, del, di, in, nell', Da, dalla, in / nel, nel, In, a, di, nel, nel, a / di, a / di, a / di, Da.
E8 - 1: dalle, alle. un impiegato di banca; 2: dalla, all'. il tassista; 3: di. un direttore di una scuola di lingue; 4: di. il commesso di un negozio di abbigliamento; 5: dal. il padrone di un ristorante; 6: di. la sposa prima del matrimonio; 7: di, da. una ragazzina; 8: a, in, a. un milionario; 9: da. la maschera a teatro; 10: da. il cliente al ristorante; 11: nei. un olandese; 12: nel, di. una guida turistica.

Di + articolo con significato partitivo
E1 - 1. delle patate, 2. dei giochi da tavolo, 3. del latte in polvere, 4. dei chiodi, 5. degli stracci, 6. delle bottiglie, 7. della vernice, 8. dei bulbi, 9. dei vecchi giocattoli dei bambini, 10. degli arnesi da lavoro, 11. del detergente, 12. della carta da riciclare, 13. della plastica da riciclare, 14. degli scatoloni, 15. degli ombrelli, 16. dello zucchero, 17. del pane secco, 18. del vetro da riciclare, 19. del vino, 20. dei sacchi a pelo, 21. dell'aglio, 22. delle provviste, 23. delle cipolle, 24. dei bulloni.
E2 - dei, del, delle, degli, del, dell', del, del, delle, del, del, dell', del, del, del, delle, delle, delle.

15. Pronomi indiretti

E1 - *Dialogo 1)* 1/b, 2/d, 3/a, 4/c; mi = a me, (lasciar)gli = al dottor Rossetti, gli = al dottor Rossetti. *Dialogo 2)* 1/c, 2/e, 3/b, 4/d, 5/f, 6/a, 7/g; Le = a Lei, Le = a Lei, gli = a lui (mio marito), mi = a me. *Dialogo 3)* 1/c, 2/b, 3/d, 4/a; vi = a voi, le = a lei (Carla), ci = a noi.
E2 - Sono stanchissima! Che giornata! Oggi al lavoro abbiamo avuto diversi problemi: la mattina si è rotta la fotocopiatrice. È sempre così difficile avere un tecnico urgentemente! **Gli** abbiamo telefonato diverse volte e, alla fine, quando **gli** abbiamo detto che pensavamo di rimandare indietro la macchina, è arrivato. Ha guardato la fotocopiatrice, ha fumato una sigaretta, ha telefonato all'azienda e, quando dopo circa 40 minuti ha finito e ci ha dato una fattura di 100 euro, **gli** abbiamo chiesto di spiegar**ci** il problema. "Non lo so – **ci** ha risposto – ma ora funziona". Poi **mi** ha chiamata il capo, la signora Ferranti, per discutere del nuovo progetto su cui lavoro. Naturalmente non **le** è piaciuto e mi ha detto di rimanere in ufficio fino a tardi per rivederlo perché **le** serve urgentemente. Sono rimasta al lavoro fino alle 10:00 per finire il progetto! Quando alla fine ho telefonato a un taxi per andare a casa **mi** hanno detto di aspettare almeno mezz'ora, perché di venerdì sera c'è molta gente in giro a divertirsi e hanno molto da fare. Finalmente sono arrivata a casa! Alle 11.00! Quando sono entrata in casa, la mia amica Francesca **mi** ha detto che ha dei biglietti gratis per l'Opera di domani e vuole invitarmi ad andare con lei. Finalmente una buona notizia!
E3 – 1: Le, il vigile; 2: Le, il ladro; 3: ti, la professoressa; 4: mi, la postina; 5: vi, la mamma; 6: mi, l'uomo d'affari; 7: mi, mi, mi, il bambino; 8: Le, la commessa; 9: Mi, l'italiano all'estero; 10: Le, il controllore.
E4 - *gatto*: gli, gli; *piante*: gli, gli, Gli; *vicini*: ti, -gli / loro; *Serena*: le.
E5 - 1: le, le, compleanno; 2: gli, Epifania; 3: ci, Pasqua; 4: Ci, gli, matrimonio; 5: Ti, Capodanno; 6: Le, Carnevale.
E6 - *Mamma*: -le, le; *Papà*: -gli; *La fidanzata*: le, le, le, le; *I futuri suoceri*: gli, gli.

Test di controllo • unità 11 – 15
E1 - ci si rilassa, si è stressati, si dorme, ci si alza stanchi e svogliati, si è nervosi, si vive, ci si libera, si è sportivi, si può, ci si alza riposati, si è pronti, ci si deve.
E2 - passano, offrono, si passeggia, si nuota, ci si abbronza, ci si rilassa, pescano, vanno, giocano, fanno, si divertono, ci si sveglia, ci sono, Si va, si cammina, si può, organizzano, fanno, escono, vanno.
E3 - è tornato, ha messo, ha detto, ha guardato, ha precisato, ha avvicinato, ha sentito, è successo, ha chiesto, Ho visto / veduto; ha risposto, è venuto, sono uscite, è cominciata, ha detto, ha proposto, è salito, è rimasta, Ha cercato, ha riempito, ha guardato, ha chiuso, è restata, ha sentito, è andata, ha visto, ha capito.
E4 - è entrato, ha cominciato, ha messe, è arrivato, ha sorpreso, ha gridato, hai fatto, si è spaventato, ha risposto, sono arrivato, È successo, si è alzato, ha portato, ha domandato, è successo, ha detto, È stata, ho avuto, ho afferrato, ha sbattuto, sono riuscito, Ha chiesto, è finita, ha guardato, ha risposto, ho pensato, ho capito, è successo, è riuscito.
E5 - a, a, a, a, a, in, in, a, in, per, a, da, da, in, in, a, a, da.
E6 - 1: nei; 2: con la; 3: a; 4: di, negli, da; 5: in, da; 6: da, al; 7: di; 8: da, a; 9: in; 10: in; 11: di / d'; 12: Nelle; 13: a; 14: Da; 15: di; 16: da;

SOLUZIONI DEGLI ESERCIZI

17: da, in; 18: per; 19: fra / tra.
E7 - fra, delle, dalla, di, in, di, di, di, a, di, della, nei, nelle, A.
E8a - le frasi da cancellare sono: 5, 8, 9, 10, 13, 14, 15, 17, 18, 20, 21, 22, 23. *Il personaggio si chiama* **ARLECCHINO**.
E8b - le preposizioni corrette sono: 2. in, 5. a, 8. in, 9. da, 10. da, 13. nell', 14. nella / alla banca, 15. fra, 17. a, 18. nei, 20. per, 21. dalle… alle, 22. negli, 23. nell'.
E9 - 1: diretto; 2: indiretto ; 3: indiretto; 4: indiretto; 5: indiretto; 6: diretto; 7: indiretto; 8: diretto; 9: indiretto; 10: indiretto
E10 - l'ho riemp**i**ta, Mi, la, mi, mi, le, la, sentir**la**, versar**lo**, ber**lo**.
E11 - un, dei, degli, un, un, un, un, dello, delle, della, della, delle.

16. Imperfetto

Forme dell'imperfetto

E1 - 1: era, vero; 2: parlavano, falso (parlavano latino); 3: avevano, vero; 4: c'erano, vero; 5: si chiamavano, falso (si chiamavano Romolo e Remo); 6: rappresentava, vero; 7: si trovava, falso (i colli erano 7); 8: erano, vero; 9: veniva, falso (veniva da Firenze).
E2 - a) ero, dicevano, ero, era, piaceva, Era, voleva, faceva, rideva, andavi; b) era, viveva, era, mangiavano, erano, era, dovevano, potevano, vivevano.
E3 - *Liguria*: vivevano, si ritrovavano, mettevano, avevano, andavano, tornavano. *Lombardia (Valtellina)*: trovavano, chiedevano. *Calabria*: vivevano, volevano, erano, poteva, Era, portava, lavoravano, parlava, andava, erano, volevano, cercava.

Uso dell'imperfetto

E1 - *Passato prossimo*: è nato, nascere; ha voluto, volere; ha tenuto, tenere; è arrivata, arrivare; ha lasciato, lasciare; ha cominciato, cominciare; si è fermato, fermarsi; è arrivato, arrivare; ha salito, salire; è entrato, entrare; si è accorto, accorgersi; è andato, andare; ha visto, vedere; si è scusato, scusarsi; è uscito, uscire; ha pianto, piangere. *Imperfetto*: era, essere; c'era, esserci; sembrava, sembrare; era, essere; aveva, avere; era, essere; piangeva, piangere; si trovava, trovarsi; era, essere; aspettava, aspettare; stava, stare; era, essere; era, essere; era, essere; si trovava, trovarsi; era, essere; rideva, ridere; era, essere; vedeva, vedere.
E2 - vedi testo E1.
E3 - c'era, faceva, si sentiva, ha deciso, era, ha dovuto, ha risposto, poteva, doveva, ha risposto, sapeva, era, ha pensato, era, Si è fatta, ha messo, ha passato.
E4 - ha avuto, era, si sentiva, riusciva, Ha deciso, si è collegata, erano, è cominciata, dormivano, è andata, presentava, hanno cominciato, si è alzata, è uscita, ha spento, hanno provato, c'era, miagolava, abbaiava, gridava, è tornata, Era, si è accorta, è diventata.

Passato prossimo o imperfetto di alcuni verbi

E1 - 1: Ho saputo; 2: ha voluto; 3: conosceva; 4: ha saputo; 5: dovevi; 6: potevo; 7: ho potuto; 8: hanno conosciuto; 9: Volevo; 10: sono dovuto; 11: dovevano; 12: sapevo; 13: Ho saputo.
E2 - era, chiamavano, è stata, ha aperto, è diventata, è stata / era.
E3 - 2, **T**; 3, **O**; 5, **R**; 8, **I**; 9, **N**; 11, **O**. *La città è* **TORINO**.
E4 - ha festeggiato, ha compiuto, hanno organizzato, Erano, sono venuti, era, aveva/ha avuto, volevano, ha raccontato, ha ricordato, era, si occupava, ha parlato, ha fatto, si è congratulato, usciva, ha dato.

E5 - È nata, era, aveva, ha promessa, ha passato, si è circondata / si circondava, si sono sentiti / si sentivano, hanno dedicato / dedicavano, si sono sposati, si conoscevano, si sono innamorati, sono stati, è morto, voleva, ha deciso, è rimasta, ha cominciato.
E6 - 1: Ho studiato (C), 2: ha piovuto (O), 3: Ho saputo (L), 4: avevo (O), 5: Volevamo (N), 6: telefonavo (N), 7: parlava (A). *Il cognome di Vittoria è* **COLONNA**.

17. Pronomi combinati

Pronomi indiretti con pronomi diretti

E1 - glielo, glielo, me lo, glielo.
E2 - 1: Me lo; 2: -glieli; 3: ve le; 4: te lo; 5: Ce lo; 6: ve li; 7: -gliela; 8: Me li; 9: glielo.
E3 - 1: **gliela** ha aper**ta**; 2: **gliel'**ha presta**ta**; 3: me **li** ha taglia**ti**; 4: ce **li** hanno tira**ti**; 5: **Gliel'**hanno racconta**ta**; 5: **gliel'**hanno dett**o**; 7: te l'hanno mai racconta**ta**?; 8: Ve **li** hanno porta**ti**?; 9: me l'hanno rott**o**; 10: Ce l'hanno rovina**ta**; 11: **gliel'**ha comprat**o**; 12: **Gliel'**hanno recapitat**o**?; 13: **Gliel'**ho dett**o**; 14: **gliel'**hai dett**o**?
E4 - 1: te la spedisco; 2: glieli guardo; 3: te li taglio; 4: ve la spiego; 5: Glielo compro; 6: glieli pago; 7: te lo cucino; 8: ve li presto; 9: te lo presto; 10: Gliela porto.
E5 - ve lo, ce la, gliela, gliela, me li, glielo, gliela.
E6 - ce lo (la) hanno; glieli ha mandate (mandati); ce li (le) hanno ancora confermate.

Pronomi riflessivi con pronomi diretti

E1 - se le, se le, se la, me le, se le, me lo, se lo.
E2 - 1: Me la dimentico sempre accesa; 2: Lucia se li trucca sempre di blu; 3: Stasera ce li vediamo tutti; 4: Piero se le perde sempre; 5: Io me li lavo ogni giorno; 6: Me lo sono fatto a La Scala; 7: Me lo porto sempre al lavoro, così non devo uscire per comprarlo; 8: Perché non te li metti? Vedresti meglio; 9: I miei non se la ricordano mai; 10: Te li lavi prima di andare a letto?
E3 - a: me lo rifaccio mai; b: me la faccio; c: me lo metto; d: me la metto; e: me lo compro; f: me li mangio; g: me lo ricordo; h: me la preparo; i: me le stiro.
E4 - 1: ve l'ha / ve la ha raccontata; 2: gliel'hai / glielo hai regalato; 3: me l'hai / me lo hai portato; 4: glielo; 5: ce la; 6: gliel'hai / glielo hai ricordato; 7: ve le siete messe; 8: gliele hanno comprate; 9: se l'è / se la è dimenticata; 10: me l'hanno / me la hanno portata; 11: ve l'ho / ve lo ho detto.
E5 - 1: me lo sono portato; 2: glielo dico; 3: me lo ricordo; 4: Te lo riporto; 5: Gliele ho regalate; 6: me li metto; 7: ve la do; 8: te lo presto; 9: te la racconta; 10: glielo regaliamo; 11: me lo hai detto.
E6 - te lo: te (a te - Paolo), lo: (che) non sopporto più vivere con te; te lo: te (ti, riflessivo con ricordarsi) + lo (Checco); te l': te (a te) + l' (questo, che la porta l'ho aperta io); te lo: te (a te) + lo (questo, che ha trovato qualcuno che gli vuole bene più di me); se le: se (lui, pronome riflessivo che dà più intensità alla frase) + le (le scarpe); me lo: me (a me) + lo (questo, che non sopporti i gatti); te lo: te (ti, riflessivo con portarsi) + lo (il cane); melo: me (a me) + lo (questo, di portare a casa il cane); te li: te (ti, riflessivo con togliersi) + li (i vestiti); te l': te (a te) + lo (questo, di gettare i vecchi giornali); -gliele: gli (alla mia amica Sara) + le (le mie cose); me lo: me (a me) + lo (questo, che non eri l'uomo per me); me le: me (a me) + le (le mie cose).

SOLUZIONI DEGLI ESERCIZI

18. Condizionale

Condizionale semplice
E1 - 1/a; 2/c; 3/b; 4/e; 5/a; 6/d.
E2 - a) Vorrei, Potrei; b) dispiacerebbe, si soffocherebbe, dovrebbe, Farebbe.
E3 - 1/e, Potrebbe; 2/a, Dovresti; 3/b, direste; 4/g, Dovresti; 5/f, Sembrerebbe; 6/h, Dovreste; 7/d, piacerebbe; 8/c, Potresti.
E4 - 1: mi prenderei tre giorni di riposo; 2: chiederei un prestito in banca; 3: mi trasferirei in campagna; 4: prenderei un'aspirina; 5: telefonerei a un'amica e organizzerei la serata; 6: manderei il curriculum ad altre aziende; 7: farei una passeggiata sulla spiaggia; 8: chiamerei il tecnico; 9: accenderei il riscaldamento; 10: andrei a mangiare fuori.
E5 - vorrei, farei, organizzerei, sarebbe, ci sarebbero, potrebbe, mi metterei, comprerei, investirei, farei, piacerebbe, farei.
E6 - piacerebbe, potremmo, preferirei, vorresti, sarebbe, sarebbe, Potremmo, vorrei, interesserebbe, ti divertiresti, vorrei, vorrei.
E7 - ho, vado, vorrei, piacerebbe, Vado, ho, alleno, cerchi, farebbe.

Condizionale composto
E1 - 1/5; b/4; c/9; d/7; e/3; f/8; g/2; h/6; i/1.
E2 - sarebbe dovuta, sarebbe diventata, avrebbe aiutato, avrebbe vinto.
E3 - 2, **M**; 3, **U**; 4, **S**; 7, **S**; 9, **O**; 10, **L**; 12, **I**; 13, **N**; 14, **I**. *Il personaggio è* **MUSSOLINI**.
E4 - 1: non si sarebbe mai sposata; 5: avrebbe mai fatto; 6: sarei tornato/a; 9: mi sarebbe tanto piaciuto; 11: mi avrebbe aspettato.
E5 - 1: Grazia ha telefonato per dire che sarebbe arrivata in ritardo; 2: Stefano ha risposto che non si sarebbe laureato in tempo; 3: Il ministro ha affermato che si sarebbe preso le sue responsabilità; 4: Francesca ha creduto che sarebbe cambiato tutto; 5: La segretaria mi ha assicurato che avrebbe spedito quel documento importante; 6: Antonio ha confermato che avrebbe fatto il pagamento; 7: La bibliotecaria ha detto che i libri sarebbero arrivati presto.
E6 - a: il cancro sarebbe stato sconfitto; b: la nostra vita sarebbe stata meno complicata; c: sarebbe stata più ricca e democratica e avremmo lavorato tutti meno; d: fra i Paesi nel mondo si sarebbero allargate sempre di più; e: infatti avrebbero prodotto principalmente servizi e cultura; f: si sarebbero occupati della produzione di beni materiali per i primi; g: invece, non avrebbero prodotto niente, ma avrebbero offerto manodopera a basso prezzo; h: sarebbero potuti scomparire.
E7 - Provo, è successo, ha telefonato, sarebbe passato, avrei mangiato, sono andata, avrei pranzato, Sarei voluta.
E8 - 1/a; 2/a; 3/b; 4/b; 5/a.
E9 - aumentare: sarebbero aumentate, smettere: avrebbe smesso, piacere: sarebbe piaciuto, migliorare: sarebbe migliorato, essere: sarebbe stato, preparare: avrebbe preparato.

19. Avverbi

E1 - 1: particolarmente; 2: storicamente; 3: Tradizionalmente; 4: direttamente; 5: annualmente; 6: recentemente; 7: Probabilmente; 8: regolarmente.
E2 - 1) a) nuova / aggettivo, subito / avverbio, personali / aggettivo, meglio/ avverbio, b) personale / aggettivo, molto / avverbio; 2) quasi / avverbio, sempre / avverbio, a) sgargianti / aggettivo, b) preferito / aggettivo, c) anche / avverbio, chiari / aggettivo; 3) bassa / aggettivo, c) sempre / avverbio, necessario / aggettivo; 4) decisamente / avverbio, triste / aggettivo, a) perché/ avverbio, b) suoi / aggettivo; 5) solitamente / avverbio, a) sì / avverbio, spesso / avverbio, meglio / avverbio, b) importanti / aggettivo, c) tue / aggettivo, praticamente / avverbio, ferme / aggettivo; 7) maggiormente / avverbio, a) estroversi / aggettivo, strani / aggettivo, famosi / aggettivo; 8) preziosa / aggettivo, a) vistoso / aggettivo, costoso / aggettivo, b) verde / aggettivo, brillante / aggettivo, c) azzurra / aggettivo, trasparente / aggettivo; 9) utile / aggettivo, b) sicuramente / avverbio, interessante / aggettivo, c) assolutamente / avverbio, no / avverbio; 10) a) tanto / aggettivo, mai / avverbio, c) necessaria / aggettivo, molte / aggettivo, impiccione / aggettivo.
E3 - fa, particolarmente, oggi, spesso, già, subito, solamente, abitualmente, Inizialmente, Incredibilmente, ancora, normalmente.
E4 - *soluzione possibile*: bene, male, grande, bella, buona, bella, grande, brutta, male.

20. Particelle ci e ne

Particella **ci** con significato locativo
E1 - 1/c; 2/g; 3/i; 4/f; 5/h; 6/b; 7/d; 8/a; 9/l ; 10/e.
E2 - 1: dal dentista; 2: in vacanza; 3: in biblioteca; 4: da mia madre; 5: a ballare;
6: in Sardegna; 7: alla partita; 8: da Anna; 9: a casa; 10: al supermercato.
E3 - Normalmente ci va; ha deciso di andarci; non ci è mai stato; ci sarebbe andata volentieri.

Altri significati della particella **ci**
E1 - *ci locativo*: ci andavo, ci rimanevo; *a*: ci ho creduto, Ci tengo, ci penso; *in*: / ; *su*: posso sempre contarci; *con*: /.
E2 - 1/g; 2/d; 3/e; 4/b; 5/f; 6/c; 7/a.
E3 - a: su Sergio; b: al cinema "Odeon"; c: con Raffaella, con Raffaella; d: alla vita di città; e: alla vita extraterrestre; f: con la famiglia di mio marito; g: a questa cosa (alla notizia che Leo si vuole fare prete).
E4 - non ci ero mai stata, non ci avevo pensato, ho deciso di provarci, ci siamo arrivati, ci ho scommesso, ci ho scommesso, ritornarci.

Particella locativa **ci** con i pronomi diretti
E1 - a: mi ci, ti ci, ce li, mi ci; b: vi ci, mi ci.
E2 - a: **mi ci**: me = me, ci = al circo; **ti ci**: ti = te, ci = al circo; **ce li**: ce = al circo, li = gli animali; **mi ci**: mi = me, ci = al circo. b: **vi ci**: vi = voi, ci = al parco; **mi ci**: mi = me, ci = sul trenino.
E3 - ce la, mi ci, Ce le.
E4 - ti ci; 2: ce le; 3: Me lo; 4: Ce li; 5: mi ci; 6: ce la; 7: vi ci; 8: -celi; 9: ci.

Particella **ne** con significato partitivo
E1 - Ne prendo = (metà di pane casereccio); Ne ho provato = (un po') di pane di Altamura; Ne vuole = (un po') di pane di Altamura; ne prendo = (un pezzo) di pane di Altamura; non ne ho = (più) di prosciutto; ne prendo = (un etto) di prosciutto di Parma; Ne ho = (tanta) di ricotta; ne prendo = (un po') di ricotta.
E2 - Ne ho tantissimi; non devo comprarne altri / non ne devo comprare altri; Ne guarda molte; Lei ne ha lette alcune pagine.
E3 - ci, ne, -ci, ci, ne, ci, ne, ne, -ci, ci, -ci.

SOLUZIONI DEGLI ESERCIZI

Altri significati della particella ne
E1 - 1/e; 2/g; 3/f; 4/a; 5/d; 6/c; 7/b.
E2 - a: ne = di pasta; b: ne = delle amiche di Silvia; c: ne = di Claudio; d: ne = di caffè; e: ne = dall'ospedale; f: Ne = di aver cambiato lavoro; g: -ne = dalla brutta situazione.
E3 - ne parla con Samir, tu ne hai comprata una, Cosa ne pensi, ne ero proprio soddisfatto, non ne ha molti, ne ho due, ne so un po' di più.
E4 - 1: ci; 2:ne; 3: ci; 4: ci; 5: ne; 6: ne; 7: ci.

Particella ci con particella ne
E1 - 1/d; 2/e; 3/c; 4/b; 5/a; 6/g; 7/f
E2 - a: ce = volerci, ne = (due) di documenti; b: ce = metterci, ne = (20) di minuti; c: Ce = alla festa, ne = (una trentina) di persone; d: ce = volerci, ne (10) di sedie; e: Ce = nel Martini, ne = (una) di olive; f: ce = al museo, ne = (due) di classi; g: ce = nel caffè, ne = (due cucchiaini) di zucchero.
E3 - 1: Ce ne ho messo poco; 2: Ce ne ho passati due; 3: Ce ne sono molti; 4: Ce ne ho messe tre; 5: Ce ne vogliono 3; 6: Ce ne ho messo molto.

Particella ne con pronomi indiretti e riflessivi
E1 - 1/c; 2/d; 3/f; 4/e; 5/b; 6/a.
E2 - a: gli = a loro, ne = (due) di giocattoli; b: ce = a noi, ne (25) di anni; c: ce = a noi, ne = della loro nipotina; d: te = ti (riflessivo), ne = (una decina) di litri; e: me = mi (riflessivo), ne = di invitare Carla; f: ce = a noi, ne = (troppa) di cioccolata.
E3 - gliene, Ce ne, se ne, gliene, me ne, -tene, te ne.

Test di controllo • unità 16 – 20
E1 - a: era, doveva, seguiva, controllava, si amavano, volevano, organizzavano, fuggivano, rimanevano, erano. b: erano, andavano, avevano, funzionavano, rimaneva, si chiamava, passava, aveva, entrava, aveva.
E2 - erano, hanno preso, è stato, ha cominciato, ha avuto, frequentavano, amavano, è nato (nasceva), era, è stato, cantava, ha composto.
E3 - ho avuto, hai lasciata/o, dovevo, Avevo, sono andata, mi sono avviata, doveva, era, ero, è arrivato, ha detto, c'erano, dovevamo, sono scesi, siamo andati, era, sono arrivata, ero, avevo, Stavamo, ha detto, andava, sapeva, era, ha cominciato, si sono messi, sono andati, mi sono seduta, ho aspettato, abbiamo sentito, annunciava, stava, Siamo corsi, siamo arrivati, abbiamo visto, lasciava, è successo, erano, avevo, ha annunciato, partiva / sarebbe partito, è andato, sono tornati, ci siamo accorti, era.
E4 - era, hanno deciso, è stata, volevano, si chiamava, aveva, è diventata, avete visitato, avete assaggiata.
E5 - *Padre:* Comprerei una moto, lascerei il lavoro, farei un giro del mondo avventuroso con mia moglie, mi dimenticherei di fare attenzione alle spese, affitterei una casetta in riva a un lago in Canada, andrei a pescare più spesso, metterei su una band hard rock; *Madre:* Troverei una brava baby-sitter per i miei figli, organizzerei un lungo viaggio con mio marito, partirei con lui per almeno un paio di mesi, comprerei una casetta per mia madre, iscriverei i ragazzi in una scuola privata, investirei gran parte dei soldi in immobili, progetterei gli studi dei ragazzi, mi farei almeno un massaggio al giorno.; *I ragazzi:* Noi smetteremmo di andare a scuola, tanto se sei ricco non ne hai bisogno, andremmo prima a Disney World poi a Disneyland e poi anche a Disneyland a Parigi, compreremmo regolarmente tutti gli smartphone che escono, ci faremmo costruire una piscina in giardino, faremmo feste con gli amici ogni giorno, andremmo a vivere da soli in una casa grandissima; *Nonna:* Lei farebbe una crociera nei mari del Sud, passerebbe la maggior parte del tempo a giocare a bridge, andrebbe a vivere in una casa nel centro di Parigi, prenoterebbe una vacanza con le sue amiche, cercherebbe di trovare un brav'uomo on cui passare delle ore divertenti, avrebbe sempre a disposizione un bravo parrucchiere.
E6 - 1: Vorrei; 2: Verresti; 3: sarei voluto/a; 4: avreste dovuto; 5: faresti; 6: sarebbe diventato; 7: sarebbero scappati; 8: Saremmo arrivati.
E7 - a: me lo; b: glieli; c: Ce li; d: gliela; e: glielo; f: te la.
E8 - 1: me l'; 2: ve lo; 3: te l'; 4: ve le; 5: me li; 6: gliel'.
E9 - a: difficile; b: bene; c: Stranamente; d: cattiva; e: troppo; f: Difficilmente; g: male, meglio; h: peggior; i: bene; l: fa.
E10 - ci, ci, Ne, ci, Ci, ne, ne, ne.
E11 - ce le, ce n', gliene, ce n', -ci, -ne, mi ci, mi ci.

CHI HA UCCISO L'ITALIANO?
crimini grammaticali a fumetti • livello A2
vedi pagina 286

21. Futuro
Futuro semplice
E1 - *essere:* io sarò, tu sarai, lui / lei / Lei sarà, voi sarete, loro saranno; *potere:* io potrò, lui / lei / Lei potrà, noi potremo, voi potrete, loro potranno; *vivere:* io vivrò, tu vivrai, lui / lei / Lei vivrà, noi vivremo, loro vivranno; *venire:* tu verrai, lui / lei / Lei verrà, noi verremo, voi verrete, loro verranno; *fare:* io farò, tu farai, faremo, voi farete, loro faranno; *avere:* io avrò, lui / lei / Lei avrà, noi avremo, voi avrete, loro avranno; *andare:* io andrò, tu andrai, noi andremo, voi andrete, loro andranno; *volere:* io vorrò, tu vorrai, lui / lei / Lei vorrà, voi vorrete, loro vorranno; *rimanere:* tu rimarrai, lui / lei / Lei rimarrà, noi rimarremo, voi rimarrete, loro rimarranno; *stare:* io starò, tu starai, lui / lei / Lei starà, noi staremo, voi starete.
E2 - andrà, Incontrerai, vorrà, avrai, comprerete, vivrete, dovrai, saranno, lasceranno, avrai, dedicherai.
E3 - sarò, dovranno, mi sveglierò, berrò, mi metterò, andrò, mi farò, mangerò, ricomincerò, terrò, dovrà, Studieremo, cucineremo, mi preparerò, dormirò, Passerò.
E4 - vivremo, si puliranno, avranno, ci sveglieremo, troveremo, mostrerà, farà, ci sarà, diventeranno, ci sposteremo, sarà, saremo, potrà.
E5 - 1/e; 2/d; 3/g; 4/h; 5/c; 6/l; 7/i; 8/b; 9/f; 10/a.

Futuro anteriore
E1 - avranno finito, telefoneranno, avrò firmato, dovrò, andrà, avrò ricevuto, farò.
E2 - 1/d; 2/b; 3/e; 4/a; 5/g; 6/c; 7/f.
E3 - 1: avremo superato, potremo; 2: si taglierà, avrà passato; 3: parlerò, avrà chiesto; 4: avrò guadagnato, prenderò; 5: si saranno trasferiti, prenderanno; 6: darò, sarò arrivato/a; 7: avranno ricevuto, prenoteranno; 8: Andrete, avrete fatto.
E4 - 1: litigare con la moglie / Avrà litigato con la moglie; 2: svegliarsi due minuti fa / Si sarà svegliato due minuti fa; 3: sapere che suo padre non sta bene / Avrà saputo che suo padre non sta bene; 4: superare l'esame / Avrà superato l'esame; 5: lavorare tutto il giorno / Avrà lavorato tutto il giorno; 6: non fare niente tutto il giorno / Non avrà fatto niente tutto il giorno; 7: cadere

SOLUZIONI DEGLI ESERCIZI

dalla bicicletta / Sarà caduta dalla bicicletta.

22. Comparativo e superlativo

Comparativo di maggioranza e minoranza
E1 - 1: che; 2: di; 3: che; 4: di; 5: che; 6: che i; 7: di; 8: che la.
E2 - dell', che, di, di, che, che.

Superlativo relativo e superlativo assoluto
E1 - 1/d, la più economica; 2/g, difficilissimi; 3/i, meno interessante; 4/h, interessantissimo; 5/e, più emozionanti; 6/a, bravissimi; 7/f, noiosissima; 8/c, il più adatto; 9/b, simpaticissimo.
E2 - 1: più famoso; 2: famosissimo; 3: Il più interessante; 4: le più disperate; 5: I più bravi; 6: tristissima; 7: più importanti; 8: conosciutissime.
E3 - apprezzatissimi, bravissimi, più importanti, più stimati, bravissima, più innovative, bellissimo, originalissimo, più ambite.
E4 - 1/d, Prestissimo; 2/i, stranissime; 3/b, addoloratissimi/o; 4/h, sgradevolissima; 5/a, grossissimo; 6/f, Prestissimo; 7/e, Difficilissimo; 8/g, Complicatissimo; 9/c. goffissimo.

Comparativi e superlativi particolari
E1 - 1: La torta di mele è migliore di quella di ricotta; 2: Questo hotel è migliore di quello; 3: Stefano è il maggiore dei fratelli; 4: È un ristorante ottimo; 5: Quell'uomo è una pessima persona; 6: Fra tutti i fratelli Amelia è la minore; 7: È il peggiore film di Visconti; 8: Il mio lavoro è peggiore del tuo; 9: È davvero il vino migliore della zona del Chianti; 10: Noi abitiamo al piano inferiore; 11: Devo salire al piano superiore.
E2 - più importanti, migliori, migliori, famosissima, bellissima, bravissimo, maggior.
E3 - *la scelta è soggettiva*. 1: che; 2: di; 3: che; 4: di; 5: che; di.
E4 - il più bravo, inferiore, massimo, superiore, pessime.

23. Pronomi relativi

Pronomi relativi che e cui / Pronome relativo chi
E1 - che = Le due grandi passioni; con cui = con Amundsen; che = la spedizione; con cui = con il dirigibile; di cui = del dirigibile Italia; che = Amundsen; che = l'aereo.
E2 - 1: che; 2: che; 3: da cui; 4: che; 5: che, che; 6: che, che; 7: in cui.
E3 - 1/c; 2/e; 3/f; 4/i; 5/h; 6/b; 7/l; 8/g; 9/d; 10/a.
E4 - che, con cui, che, con cui, di cui, che, che.
E5 - 1: che; 2: Chi; 3: chi; 4: che; 5: chi; 6: che; 7: che; 8: chi.

Pronome relativo "possessivo"
E1 - la cui, la cui, il cui.
E2 - 1: Claudia, la cui madre fa la hostess, è mia amica; 2: Ugo, per la cui ditta ho fatto un lavoro, non mi ha ancora pagato; 3: Mio cugino, della cui ragazza abbiamo parlato prima, è partito oggi; 4: Quel ragazzo, il cui padre è spagnolo, mi piace molto; 5: Anna, i cui genitori abbiamo incontrato poco fa, è una mia amica di infanzia; 6: Mio fratello, nel cui letto hai dormito stanotte, è in vacanza; 7: Una ditta americana, i cui affari vanno benissimo, ha comprato la mia azienda; 8: La nuova collega, il cui fratello vive nel mio palazzo, è molto preparata; 9: Quel guru, i cui insegnamenti seguo ormai da anni, è il mio maestro; 10: Aldo, il cui padre hai visto alla conferenza, è molto bravo; 11: Lo studente, con la cui madre il professore ha appena parlato, ha problemi in matematica.

Pronome relativo il quale
E1 - il quale, nella quale, con il quale, la quale, dei quali, alla quale.
E2 - che, cui, quali, che, che, che, che, quali, cui.
E3 - chi, quale, chi, chi, che, quale, che, che, quale, che, che, quali.

24. Trapassato prossimo

E1 - 1/b, aveva bevuto; 2/g avevamo lavorato; 3/f, erano andati; 4/b, avevo mangiato; 5/c, aveva fatto; 6/h, avevo comprato; 7/e, ero stato; 8/a, era andato.
E2 - si era dimenticato, era tornato, aveva lavato, aveva portato, avevano organizzato, avevano ballato, avevano giocato, avevano guardato, si era rifiutata, Aveva detto.
E3 - erano già state, studiavano, si erano spostate, avevano dormito, hanno comprato, hanno prenotato, hanno contattato, avevano conosciuto, vivevano, è stato, è voluta, avevano visitato, avevano passato, hanno visto, avevano avuto.
E4 - Voleva, aveva pensato, si era ricordato, erano andati, si erano conosciuti, facevano, si chiamava, era, si muovevano, avevano preso, sono usciti, avevano visto.
E5 - 1/h, avevo vista; 2/e, avevamo passato; 3/g, aveva dimenticato; 4/a, erano finite; 5/b, avevano dimenticato; 6/c, aveva preparato; 7/d, avevo dimenticato; 8/f, era uscita.
E6 - vivevano, volevano, erano, Era, era, avevano già organizzato, avevano anche già trovato, sapevano, aveva visto, aveva deciso, doveva, aveva mandato, hanno aspettato / avevano aspettato, sapevano, era andato, hanno spaventato/avevano spaventato, hanno scoperto, sono fuggiti, è andato, sono rimasti, ha avuto, c'è stata, ha fatto, sono potuti, aveva saputo, ha sposati.
E7 - a) si era ispirato, vero (P); b) aveva trovato, vero (R); c) era stata, falso; d) era rimasta, falso; e) aveva scritto, vero (O); f) aveva costruito, vero (M); g) aveva dato, vero, (E); h) aveva lavorato, falso; i) si era laureata, vero (S); l) falso; m) erano arrivate, vero (S); n) aveva avuto, vero (I); o) vero (S); p) si era stancato, vero (P); q) aveva fatto, falso; r) era stato, vero (O); s) aveva cambiato, vero (S); t) aveva *sempre* avuto, vero (I). *Il titolo del romanzo è* **I PROMESSI SPOSI**.

25. Imperativo diretto

Imperativo diretto (tu - noi - voi)
Verbi con imperativo irregolare
Imperativo diretto negativo

E1 - 1: prenotiamo il ristorante; 2: facciamo spese; 3: decidiamo chi sono i testimoni; 4: scegliamo il vestito; 5: organizziamo la lista di nozze; 6: andiamo all'agenzia di viaggi. *Stanno organizzando il* **MATRIMONIO**.
E2 - 1/d; 2/f; 3/i; 4/g; 5/h; 6/c; 7/a; 8/e.
E3 - 1: Non portate; 2: Offrite; 3: Non togliete; 4: Non ruttate.
E4 - 1: Non portare; 2: Offri; 3: Non togliere; 4: Non ruttare.
E5 - 1: Dormi; 2: fare; 3: usare, Chiedi; 4: dimenticare; 5: Usa; 6: Controlla; 7: Rilassati; 8: Mangia; 9: Cerca.
E6 - ricorda, accendi, tieni, spingi, dare, dare, usa, fare.
E7 - abbiate, Sappiate, cercate, vi preoccupate / preoccupatevi, piangere, dare, approfittate, Uscite, vedete, dite, siate.
E8 - 1: Fa' / Fai; 2: Fate; 3: Sta' / Stai; 4: State; 5: Da' / Dai; 6: Date; 7: Di'; 8: Dite.

SOLUZIONI DEGLI ESERCIZI

Imperativo diretto e pronomi

E1 - 1: Vacci; 2: Dimmi; 3: stammi; 4: Dategli; 5: Fagli, invitalo; 6: Vallo; 7: andiamoci; 8: Prestamene; 9: Diglielo.

E2 - Ascoltami, Fa' / Fai, dimenticarti / ti dimenticare; Guarda, mettiti, Rimani, Telefonami, farmi, Mettile, Stammi, portala, fa' / fai, cominciare, fammi, fare, Dammi.

E3 - **dare una mano**: a lui, dagli una mano; a lei, dalle una mano; a noi, dacci una mano; a loro, dagli (da' loro) una mano. **fare un favore**: a me, fammi un favore; a lui, fagli un favore; a noi, facci un favore; a loro, fagli (fa' loro) un favore. **dire la verità**: a me, dimmi la verità; a lui, digli la verità; a lei, dille la verità; a noi, dicci la verità.

Test di controllo • unità 21 – 25

E1 - porterà, potremo, vivremo, saranno, potranno, saranno, aiuteranno.

E2 - sarà andato, sarebbe venuto, parteciperemo, Sarà, avrei fatto.

E3 - migliore, che, che, degli, che alla, delle, la più dolce, la più stressante, esaurite, calme, superiore, migliori.

E4 - in cui, che, chi, chi, che, che, in cui, che, che, a cui, che, di cui.

E5 - 1: ho trovata, era uscita; 2: hanno mangiato, avevano cenato; 3: è rimasta, aveva visto; 4: dormiva; 5: ha salutato; 6: avevo visto; 7: ero stato.

E6 - 1: Affronta, nasconderti / ti nascondere, cerca; 2: chiediti; 3: Impara, semplificati; 4: Dillo; 5: dedicagli, fa' / fai; 6: Parla; 7: falle; 8: avere; 9: Scegli; 10: Impara.

E7 - è nata, è durata, era / è stata, ha fatto, attaccavano, considerava, è partita, ha attaccato, ha organizzato, è diventata, ha cacciato, si è fatta, c'era, voleva, aveva conquistato, aveva, voleva, aveva scelto, aveva deciso, ha attaccato, è corso.

E8 - Se volete diventare cittadini italiani: a) Sposate, risiedete, avete sposato; b) Fate, adottate, potrete; c) Lavorate; d) Vivete, siete; e) siete cittadini, abitateci.

CHI HA UCCISO L'ITALIANO?
crimini grammaticali a fumetti • livello B1
vedi pagina 286

26. Congiuntivo

Forme del congiuntivo presente
Forme del congiuntivo passato

E1 - *a) verbi regolari* - *parlare*: io parli, lui / lei / Lei parli, voi parliate, loro parlino; *scrivere*: io scriva, tu scriva, noi scriviamo, voi scriviate; *partire*: tu parta, lui / lei / Lei parta, noi partiamo, loro partano; *capire*: tu capisca, lui / lei / Lei capisca, noi capiamo, voi capiate. *b) verbi irregolari* - *essere*: io sia, lui / lei / Lei sia, noi siamo, voi siate, loro siano; *stare*: io stia, tu stia, lui / lei / Lei stia, noi stiamo, voi stiate; *pagare*: io paghi, tu paghi, lui / lei / Lei paghi, voi paghiate, loro paghino; *fare*: io faccia, tu faccia, noi facciamo, voi facciate, loro facciano; *rimanere*: io rimanga, tu rimanga, lui / lei / Lei rimanga, noi rimaniamo, loro rimangano; *andare*: tu vada, lui / lei / Lei vada, noi andiamo, voi andiate, loro vadano.

E2 - sia, sia, sappia, dia, piacciano, possa, manchino, studi.

E3 - faccia, sia, sia, cerchi, sia, decida, parli.

E4 - 1: abbia mai visto; 2: sia partito; 3: sia tornata; 4: abbiano pensato; 5: abbia nevicato; 6: abbia lasciato; 7: abbia spento; 8: si siano sposati.

Concordanza del congiuntivo presente e passato

E1 - si sia innamorata, abbia, faccia, abbia ereditato, abbia deciso, si trasferisca/vada, vada/si trasferisca, possa, si allontani.

E2 - 1: abbia deciso; 2: voglia; 3: abbia parlato; sia; 5: rischi; 6: abbia contattato, abbia preso; 7: abbia prenotato.

E3 - 1/c, abbia *mai* visto; 2/g, ci sia; 3, passi/f; 4, abbia deciso/a; 5, partiate/b, sia; 6/h, facciano; 7, mi iscriva/e; 8/d, sia finito.

E4 - sia andato, sia, sia nata, siano stati, abbiano usata; pensino, siano, vogliano, risalga, sia nata, abbia organizzato.

Forme del congiuntivo imperfetto
Forme del congiuntivo trapassato

E1 - *parlare*: io parlassi, tu parlassi, lui / lei / Lei parlasse, noi parlassimo, loro parlassero; *scrivere*: io scrivessi, tu scrivessi, noi scrivessimo, voi scriveste, loro scrivessero; *partire*: io partissi, lui / lei / Lei partisse, noi partissimo, voi partiste, loro partissero; *capire*: io capissi, tu capissi, noi capissimo, voi capiste, loro capissero; *essere*: io fossi, tu fossi, lui / lei / Lei fosse, voi foste, loro fossero; *stare*: io stessi, lui / lei / Lei stesse, noi stessimo, voi steste, loro stessero; *dare*: io dessi, tu dessi, lui / lei / Lei desse, noi dessimo, loro dessero.

E2 - aiutasse, fosse, appassionasse, piacessero, fosse, potesse, conoscesse, desse.

E3 - fosse, trattasse, comprasse, portasse, lavasse, facesse, comprasse.

E4 - 1: avessi lavorato; 2: fosse *già* partito; 3: avessimo bevuto; 4: avesse nevicato; 5: avessi fatto; 6: avessero vinto; 7: fosse stato; 8: fossi andato; 9: aveste avuto.

Concordanza del congiuntivo imperfetto e trapassato

E1 - 1: facesse; 2: avessi fatto; 3: fossi venuto; 4: studiasse; 5: potessero; 6: avesse ricevuto; 7: avesse studiato; 8: dica; 9: dicessi; 10: avesse ereditato.

E2 - avesse rimesso, avessi, fossi, fosse, venisse, avesse lasciato, fosse, entrassero, rientrasse, fosse entrato.

E3 - arrivassero, avessimo avvertiti, avessero risposto, fosse, facessimo, accompagnassimo, portasse, tenesse, cucinassimo, promettessimo.

Uso del congiuntivo

E1 - siano, rispettino, preferiscono, sembri, hanno, sono, guidano, di essere, conoscano, rispettino, abbiano, decidano, dipenda, stare, essere, di essere, hanno, sono, sono.

E2 - 1: voglio; 2: Sebbene; 3: a condizione che; 4: è meglio; 5: ho creduto; 6: È giusto; 7: Vorrei; 8: Si dice; 9: Sono contenta; 10: prima che.

E3 - 2: **A**; 4: **R**; 5: **G**; 6: **E**; 8: **N**; 9: **T**; 11: **I**; 12: **N**; 13: **A**. *Il paese è l'***ARGENTINA**.

E4 - 1: ~~abbiano chiesto~~ / hanno chiesto; 3: ~~che siano~~ / di essere; 7: ~~che loro vadano~~ / andare; 10: ~~parlano~~ / parlino.

E5 - sia stato, siamo, arrivasse, abbia perso, sia, è arrivato, presenterà / presenta, abbiano capito, hanno visto, sia, siano, stia, ha lavorato, hanno fatto, sono arrivati, ci siano.

E6 - 1/a, sia = sperare; 2/f, 3, sia = sebbene/b; 4/c, paghiate = esigere; 5/d; 6/h, dica = essere meglio; 7/e, durassero = volere; 8/m; 9/o; 10, scelga = qualsiasi/p; 11/i, ci fossero = si diceva; 12/g, parta = prima che; 13/q; 14/n, telefoni = aspettarsi; 15/l, accorgessi = senza che.

E7 - servano, ci vogliono, capiscano, faccia, è, vogliamo, siano, presentano, si serva.

SOLUZIONI DEGLI ESERCIZI

E8 - sia passata, esistevano, poteva, decidesse, faceva, avesse avvelenato, alludesse, dava, aveva tradito / tradiva, aveva sottratto / sottraeva, si riferisce, era, metteva, dicesse, significa, esigeva, risarcisse, offrisse.

27. Imperativo indiretto

E1 - 1/c; 2/e; 3/g; 4/l; 5/h; 6/b; 7/i; 8/d; 9/a; 10/f.
E2 - dica, segua, Venga, si sieda, Guardi, guardi, Si faccia, provi, dica, faccia.
E3 - 1: La smetta di mangiare dolci, Le fanno male; 2: Non vada troppo veloce! Prenderà una multa; 3: Ascoltino con attenzione...; 4: Dove ha messo le chiavi? Me lo dica subito che ho fretta; 5: Si metta quel vestito rosso, Le sta benissimo; 6: Non facciano rumore, gli ospiti...; 7: Metta un po' di sale...; 8: Chiuda la porta, per favore; 9: Si siedano qui; 10: Aspettino, torno subito; 11: Non telefoni a quest'ora. È troppo tardi.
E4 - entri, si accomodi, Faccia, Guardi, Senta, si preoccupi, dica, si tenga, Prepari.
E5 - Vieni, Smetti, datti, porti, Senti, Aspetta, fare, dica, va' / vai, farti.

28. Periodo ipotetico

E1 - 1/l; 2/f; 3/e; 4/i; 5/b; 6/g; 7/c; 8/d; 9/a; 10/h.
E2 - esistesse, dovesse, si organizzerebbe; portasse, dovrebbe; facesse, percorrerebbe; dovesse, dovrebbe; volessimo, scopriremmo.
E3 - 1: vedessi, a: andresti, b: aiuteresti, c: faresti finta; 2: cercasse, a: grideresti, b: reagiresti, c: parleresti; 3: offrissero, a: lasceresti, b: accetteresti, c: chiederesti; 4: facesse, a: avvertiresti, b: offenderesti, c: cercheresti; 5: offrisse, a: avresti, b: rimarresti, c: partiresti.
E4 - 1: Se Dario avesse studiato... non avrebbe avuto...; 2: Se avessimo avuto... saremmo andati...; 3: Se qualcuno mi avesse insegnato... sarei venuto/a...; 4: Se Luca avesse dormito... non sarebbe stato...; 5: Se avessi seguito... sarei stata...; 6: Se Lauro avesse trovato... sarebbe andato...; 7: Se avessi gestito... sarei riuscito/a...; 8: Se non foste andati... avreste conosciuto...; 9: Se avessi preso... saresti arrivato...
E5 - 1: si iscrivesse, avrebbe; 2: cantasse, sarebbe; 3: riuscissi, potremmo; 4: avesse conosciuto, se ne sarebbe innamorato; 5: parlassi, troveresti; 6: fosse, farebbe; 7: avesse studiato, avrebbe passato; 8: fossimo, sarebbero; 9: fossi andato, starei; 10: avessi visto, avrei salutato.
E6 - 1: Se la sveglia non si fosse rotta, non mi sarei svegliata tardi; 2: Se non avessi avuto paura di arrivare tardi in ufficio, non avrei saltato la colazione; 3: Se ci fosse stato parcheggio, non avrei messo la macchina in seconda fila; 4: Se il vigile non fosse passato di lì, non avrebbe visto la mia macchina; 5: Se non fossi corsa fuori per fermarlo, non sarei scivolata e non mi sarei slogata la caviglia; 6: Se non fossi stata così confusa, avrei saputo cosa dire; 7: Se non lo avessi visto scritto sulla mia agenda, non ci avrei creduto.

29. Forma passiva

Forma passiva / Forma passiva con il verbo essere

E1 - il ristorante è stato prenotato, i fiori sono stati ordinati, gli inviti sono stati spediti, gli zii d'America non sono stati dimenticati, le bomboniere sono state preparate, le fedi sono state scelte, la musica per la chiesa è stata decisa, il vestito è stato comprato.

E2 - 1: Milioni di persone hanno letto quel libro; 2: Tutta la nazione ha ascoltato il Presidente in TV; 3: Il terremoto ha distrutto molte case; 4: Il rettore ha inaugurato il nuovo anno accademico; 5: Il consiglio di amministrazione ha approvato il bilancio; 6: Fonti autorevoli hanno confermato la notizia; 7: Probabilmente in futuro nessuno utilizzerà le automobili a benzina; 8: In quel periodo molti pensieri turbavano Anna; 9: Il Po attraversa Torino; 10: Napoleone ha fondato la Scuola Normale Superiore di Pisa.
E3 - 1: Dopo che la Sardegna è stata invasa dai Romani; 2: la vita e cultura sarda non è stata mai influenzata / sono state mai influenzate profondamente dalle nuove invasioni; 3: la lingua sarda è ancora parlata da molti sardi; 4: gran parte della popolazione è mantenuta dalle entrate del turismo; 5: la costruzione di industrie petrolchimiche, chimiche e metallurgiche è stata favorita dallo Stato italiano.

Forma passiva con il verbo venire

E1 - a): viene considerata, viene bagnata, vengono organizzati. *La regione è l'***Umbria**; b): viene chiamata, viene visitata, vengono coltivati. *La regione è la* **Calabria**; c): vengono bevuti, viene prodotto, viene coltivata. *La regione è il* **Piemonte**.
E2 - 1: Questo vino viene prodotto in Veneto; 2: *la sostituzione non è possibile*; 3: *la sostituzione non è possibile*; 4: La festa di domani viene organizzata dal comitato di quartiere; 5: Per il suo compleanno Anna ha voluto che il dolce venisse preparato da sua madre; 6: Quando eravamo bambini, spesso i giocattoli venivano fatti di legno; 7: *la sostituzione non è possibile*; 8: *la sostituzione non è possibile*; 9: Sembra che in provincia di Caserta venga prodotta un'ottima mozzarella; 10: In futuro l'energia verde verrà utilizzata da tutti; 11: L'AIDS viene considerata da molti la più grave malattia dell'ultimo secolo; 12: In Valle d'Aosta il francese viene parlato da tutti.

Il si passivante

E1 - si nomina, si considerano, si trovano, si cantano, si ballano, si trovano, si possono, si può.
E2 - 1: si produce; 2: *la sostituzione non è possibile*; 3: *la sostituzione non è possibile*; 4: si userà; 5: si sono utilizzate; 6: *la sostituzione non è possibile*; 7: si sono fatti; 8: si usa; 9: *la sostituzione non è possibile*; 10: si canta; 11: si spendono; 2; si conservano.

Forma passiva con il verbo andare

E1 - 1: Va comprato; 2: Va comprato; 3: Va portato; 4: va timbrato; 5: Vanno tenuti; 6: Va preso.
E2 - 1: Va assunto...; 2: Vanno messe in ordine...; 3: Vanno contattati tutti i clienti per...; 4: Andrebbero comprati dei nuovi computer; 5: Vanno aggiornati i file degli ordini; 6: Andrebbe fatto un corso di...
E3 - 1: va; 2: vanno; 3: vengono; 4: va; 5: viene; 6: va; 7: va; 8: vengono; 9: va; 10: viene (venga).

Test di controllo • unità 26 – 29

E1 - 1: voi siate, impazienti; 2: io fossi straniera; 3: gli esami siano stati facili; 4: fosse, ha preso; 5: loro escano; 6: abbia spedita; 7: voi stiate; 8: tu avessi; 9: vengano gli amici; 10: il bambino non beva; 11: lo studente studi; 12: voi, portiate; 13: noi sapessimo; 14: fossi partito/a.
E2 - 1: porti; 2: sia venuto; 3: fossi venuto; 4: sposassi; 5: possa; 6: sia; 7: scriva; 8: studiassero; 9: si sia tagliato; 10: foste partiti; 11: venisse; 12: perda; 13: perdesse.
E3 - 1: ha conosciuto; 2: abbia conosciuto; 3: parta; 4: preferisca; 5:

SOLUZIONI DEGLI ESERCIZI

stia; 6: sta; 7: fosse; 8: fossimo; 9: eravamo; 10: avevo sbagliato.
E4 - 1: Apra; 2: Stia, spenga; 3: Telefoni; 4: Mi dia; 5: mi dica; 6: Mi faccia; 7: mi faccia; 8: Mi racconti; 9: Mi porti, ci metta; 10: si accomodino.
E5 - 1: venisse, potremmo; 2: avessi frequentato; 3: riusciremmo; 4: avessi avuto; 5: dispiacerebbe, venissi; 6: avesse giocato, avrebbe perso; 7: si fosse arrabbiata, avrebbe; 8: vi foste fermati, avreste fatto; 9: sarebbe, avessi.
E6 - 1: L'impiegato è rimproverato dal capo ufficio; 2: L'impiegato viene rimproverato dal capo ufficio; 3: Secondo i giornali l'assassino sarebbe stato visto da un testimone; 4: In futuro le automobili elettriche saranno usate da tutti; 5: In futuro le automobili elettriche verranno usate da tutti; 6: L'aria è stata cantata dal tenore Ugoletti; 7: Trenta anni fa si passava meno tempo davanti alla TV; 8: D'estate si mangiano molti gelati; 9: Prima di prendere il sole va messa la crema protettiva; 10: Vanno pagate le tasse.
E7 - a) Guarda, dire, ascoltare, Va' / Vai, prendi, chiedi; b) Senta, dica, Guardi, prenda, dimentichi, Compri, metta, faccia, unisca, lasci; c) entra, siediti, aspetta, Dimmi, Scusi, consigli, Guarda, prendi, cerca, togli, fa' / fai.

30. Passato remoto e trapassato remoto

Passato remoto

E1 - **verbi regolari** - *parlare*: io parlai, lui / lei / Lei parlò, noi parlammo, voi parlaste, loro parlarono; *potere*: tu potesti, lui / lei / Lei poté, noi potemmo, voi poteste, loro poterono; *partire*: io partii, tu partisti, lui / lei / Lei partì, voi partiste, loro partirono; *andare*: io andai, tu andasti, noi andammo, voi andaste, loro andarono. **verbi irregolari** - *essere*: io fui, lui / lei / Lei fu, noi fummo, voi foste, loro furono; *scrivere*: io scrissi, tu scrivesti, lui / lei / Lei scrisse, noi scrivemmo, voi scriveste; *prendere*: io presi, tu prendesti, noi prendemmo, voi prendeste, loro presero; *chiedere*: tu chiedesti, lui / lei / Lei chiese, noi chiedemmo, voi chiedeste, loro chiesero.
E2 - si ammalò / ammalarsi, morì / morire, fecero/fare, videro/ vedere, cominciarono / cominciare, prese / prendere, raccolse / raccogliere, pensarono / pensare, chiamarono/chiamare, pregò / pregare, cambiò / cambiare, disse / dire, continuarono/ continuare, morirono/morire.
E3 - cominciarono, si spostarono, fondarono, diedero, diventarono, ebbero, entrarono, estesero, Fu. *Il nome della civiltà è* **Magna Grecia**.
E4 - venne, diventò, prese, Fu, prese, arrivò, si trasformò, continuò, fuggì, costrinsero, lasciò, si ritirò, rimase, votarono, dové / dovette.
E5 - 1: **S**; 4: **A**; 5: **V**; 7: **O**; 10: **I**; 11: **A**. *Il nome è* **SAVOIA**.
E6 - 2: mossi; 3: piacqui; 6: bevvi; 8: amai; 9: vidi.
E7 - 1: ero; 2: scoppiò; 3: aveva; 4: si sono sposati; 5: morì; 6: vinse; 7: ha fatto; 8: era; 9: emigrarono; 10: si sviluppò.
E8: Anni fa Linda decise di fare una vacanza un po' diversa dal solito: si comprò una bicicletta nuova, convinse un paio di amici a unirsi a lei e organizzò con loro un viaggio in bicicletta lungo il fiume Arno, che passa dalle città di Firenze e Pisa. I tre amici si divisero i compiti: Linda si occupò dell'attrezzatura e dei rifornimenti, Daria preparò l'itinerario e Stefano prenotò gli alloggi lungo il percorso. L'intenzione era di fare una vacanza rilassante, quindi Daria scelse delle tappe brevi per fermarsi in piccoli borghi medievali e Stefano riuscì sempre a trovare delle camere a poco prezzo, in conventi o in agriturismi. A Firenze, invece, gli amici rimasero per tre notti e girarono la città in bicicletta, visitando tutti gli angoli più belli. Dopo Firenze decisero di allungare il percorso e andarono nella bella città di San Miniato, dove assaggiarono il famoso tartufo bianco. Infine si diressero verso Pisa, videro la città, salirono sulla famosa Torre pendente e poi continuarono verso il mare, dove trovarono un bel campeggio e passarono quattro giorni di relax.

Trapassato remoto

E1 - si innamorò, decise, parlò, ebbero risposto, continuò, ebbe finito, vide, consigliò, fu, se ne fu andata, ebbe, disse, chiese, fermò, ebbe ucciso, portò, lasciò.

31. Concordanza dei tempi dell'indicativo

Concordanza dei tempi dell'indicativo (1)

E1 - 1: sta venendo; 2: è venuto; 3: verrà; 4: volevi; 5: avete fatto; 6: vuole; 7: arriva; 8: c'è stato; 9: c'è; 10: era; 11: vorrei; 12: sta scrivendo; 13: ha scritto; 14: comincerà; 15: s'innamorò; 16: farebbe; 17: ha visto; 18: è stato; 19: andranno; 20: ho.
E2 - è nato / nacque, si trovavano / si trovano, era, ero, volevo, hanno fatto / fecero, hanno parlato, è stata, hanno incontrato, rallenta, cammina, riscopre, troverò, sono, farò / faccio, mi stancherò / mi stanco, mi abituerò / mi abituo, sarà, ho, voglio/ vorrei.

Concordanza dei tempi dell'indicativo (2)

E1 - 1: avevano fatto; 2: era, girava; 3: si sarebbero sposati; 4: aveva divorziato; 5: avevo visto; 6: partì; 7: aveva conosciuto; 8: aveva; 9: aveva avuto; 10: era; 11: era stato; 12: si sarebbe sposato; 13: si era sposato; 14: erano; 15: avrebbe lasciato; 16: si innamorava.
E2 - avrei fatto, era nato / è nato, si trovano / si trovavano, ero, era / sarebbe stato, avevano fatto, avevano parlato, era stata, avevano incontrato, rallenta / rallentava, cammina, riscopre / riscopriva, avrei trovato, avrei fatto, mi sarei stancata, mi sarei abituata, sarebbe stato, sarebbero bastate, sarei riuscita, era, sarei dovuta / avrei dovuto/dovevo, volevo / avrei voluto, avevo conosciuto, faceva, è stata / fu.

32. Indefiniti

Aggettivi indefiniti / Pronomi indefiniti
Aggettivi, pronomi, avverbi indefiniti

E1 - Quali, Molti, qualche, problema, pochi, nessun, errore, qualche, indicazione, diversi, problemi, ogni, volta, tutti, ogni, partecipante, troppo, bassa, molto, difficile, molto, forte, qualcuno, troppo, piena, altri, ognuno, tante, persone.
E2 - *aggettivi*: quali (regole), qualche (problema), nessun (errore), qualche (indicazione), diversi (problemi), ogni (volta), ogni (partecipante), tante (persone); *pronomi*: molti, pochi, tutti, qualcuno, altri, ognuno; *avverbi*: troppo, molto, molto, troppo.
E3 - 1: Ogni, qualche, troppo, tutti, altro; 2: tutti, nessuno, niente, certi, niente; 3: troppo, altro, Ogni, nessuno, qualsiasi; 4: altro, ogni, qualcuno, nessuno, tutti.
E4 - *Diario di Maria*: poche, niente, pochi, poca, nessuna, nessuno.
E5 - piuttosto / abbastanza / molto / tanto, Tutti, qualche, qualcuno, ogni, molti / alcuni / parecchi / tanti, molti / parecchi / tanti, alcun / nessun, qualche, niente, qualcuno, molti / alcuni / parecchi / tanti, qualche, troppi / molti, uno, Chiunque.

SOLUZIONI DEGLI ESERCIZI

33. Forme implicite

Gerundio presente e gerundio passato
E1 - 1: guardando; 2: ascoltando; 3: facendo; 4: seguendo; 5: andando; 6: leggendo.
E2 - 1: Studiando moltissimo per due mesi; 2: Investendo in borsa; 3: Seguendo un corso di canto lirico; 4: Contattando un'agenzia immobiliare; 5: Passando le vacanze in Gran Bretagna; 6: Frequentando un corso di cucina; 7: Allenandomi ogni giorno.
E3 - 1: Essendo; 2: Lavorando; 3: Avendo lavorato; 4: Parlando; 5: Avendo; 6: Avendo giocato; 7: avendo cantato; 8: Essendo; 9: avendo speso; 10: Essendo, potendola.
E4 - 1: Pur essendo; 2: Pur essendo; 3: Pur avendo; 4: Pur avendo; 5: pur essendo; 6: Pur avendo fatto; 7: Pur essendosi lasciati.
E5 - 1: Se continui / continuerai; 2: Se studi /studierai; 3: Se prendi / prenderai; 4: se fai / farai; 5: se lavori / lavorerai; 6: Se ti iscrivi / iscriverai.
E6 - Uscendo, piangendo, guardandomi, essendo andato, Essendo, essendo, essendo, essendo, Continuando.

Infinito passato
E1 - 1: Dopo aver visto; 2: dopo essere usciti; 3: dopo aver passato; 4: dopo aver mangiato; 5: dopo aver finito; 6: Dopo averlo salutato.
E2 - 1: per aver saltato; 2: per essere arrivata; 3: per non aver studiato; 4: per non aver pagato; 5: per essere uscita; 6: per avermi accompagnato.

Participio passato
E1 - 1: Pagato; 2: Ascoltato; 3: Arrivati; 4: Accompagnato; 5: Finito; 6: Partito.
E2 - 1: Visto; 2: viste; 3: Tornata; 4: cantata; 5: Studiate; 6: Partiti; 7: Affittati; 8: Ascoltate.

34. Discorso indiretto

Discorso indiretto con frase principale al presente
E1 - 1/f; 2/e; 3/d; 4/c; 5/b; 6/a.
E2 - lì / là, è, ha, dorme, divide, le, si sente, Vorrebbe, può, ha, -si, torna, sua.
E3 - Marcovaldo racconta che un giorno, nella sua città, **ha visto** dei funghi nel prato vicino alla fermata dove **prende** il tram ogni mattina e **ha** deciso di aspettare che crescessero per coglierne un po' per la **sua** famiglia. Nei giorni seguenti **ha** osservato i funghi e **ha** aspettato. Naturalmente non **ha** detto niente a nessuno, perché non **voleva** dividere i funghi con altre persone. I **suoi** bambini non li avevano mai assaggiati e **voleva** coglierli tutti solo per loro. Alla fine, una domenica mattina, dopo una notte di pioggia, **è** andato con tutta la famiglia a cogliere i funghi. Purtroppo **ha** avuto una brutta sorpresa perché Amadigi, lo spazzino che normalmente lavora in quella zona, aveva avuto la **sua** stessa idea ed aveva già cominciato a cogliere dei funghi per sé! **Era** così arrabbiato che per vendetta **ha** fatto vedere i funghi a tutti quelli che passavano e gli **ha** detto di servirsi. **Erano** tantissimi! **Hanno** passato tutta la domenica a cogliere funghi in compagnia e **sono** tornati tutti a casa con i cestini pieni. Quella sera, naturalmente, molte famiglie hanno cenato con i funghi. E poco dopo, durante la notte, **si sono** rivisti tutti all'ospedale. **Stavano** tutti malissimo! I dottori hanno detto che era per colpa dei funghi. Ma non **capisce** perché si sono arrabbiati tutti con **lui**.

E4 - **B. M.**: ...conosco da tanti anni; **S. L.**: Anche io considero Mattone un caro amico, anche se ha idee opposte alle mie; **B. M.**: Per il mio partito la cosa più importante è sempre stata, ed è ancora, il benessere della nazione; il nostro programma si basa principalmente sullo sviluppo economico; **S. L.**: Anche il mio partito si interessa al benessere della nazione e anche noi vogliamo uno sviluppo economico, ma anche il mantenimento dei diritti dei lavoratori. Sono sicuro che anche il mio stimato collega è d'accordo; **B. M.**: Certamente sono d'accordo, ma mi sembra più importante pensare all'economia e a creare posti di lavoro, quindi i lavoratori devono essere preparati a perdere qualcosa per dare la possibilità all'economia di crescere; **S. L.**: Non sono affatto d'accordo. Tu e il tuo partito parlate come servi dei padroni; **B. M.**: Sei un vecchio comunista retrogrado, gli italiani non ne possono più di seguire la sinistra perché sicuramente nelle prossime elezioni vincerà il mio partito, come dicono tutti i giornali; **S. L.**: I giornali italiani sono tutti servi dello stesso padrone e dello stesso partito! **B. M.**: Siediti! **S. L.**: Sei un fascista!

Discorso indiretto con frase principale al passato
E1 - 1/c; 2/e; 3/g; 4/h; 5/a; 6/d; 7/f; 8/b.
E2 - si sarebbe occupato, suoi, Lo preoccupava, voleva, Avrebbe aumentato, avrebbe fatto, c'era, era, sarebbe stato, sue, avrebbero migliorato, Ci sarebbero stati, Gli sarebbe piaciuto, suoi.
E3 - 1: "Sono partito due giorni fa"; 2: "Non posso venire al lavoro perché mia figlia sta male"; 3: "Arrivo / Arriverò alle 6.30"; 4: "Se superi / superassi / avessi superato l'esame, ti compro / comprerei / avrei comprato la macchina"; 5: "Pulisci la camera!".
E4 - Gramsci scrisse che odiava gli indifferenti, che credeva che vivere volesse dire essere partigiani. Chi viveva veramente non poteva non essere cittadino e partigiano. L'indifferenza era abulia, era parassitismo, era vigliaccheria, non era vita. Perciò odiava gli indifferenti; Cicerone disse che Epicuro credeva che esistessero gli dei, perché era necessario che esistesse una natura eccellente, della quale nulla potesse essere migliore; Morante affermò che vivere senza nessun mestiere era la miglior cosa: magari accontentarsi di mangiare pane solo, purché non fosse guadagnato; Levi Montalcini disse che aveva perso un po' la vista, molto l'udito. Alle conferenze non vedeva le proiezioni e non sentiva bene. Ma pensa / pensava più adesso / allora di quando aveva vent'anni. Disse che il corpo facesse quello che voleva, lei non era il corpo: lei era la mente.
E5 - 1: volevano; 2: sarebbero stati elementi essenziali della loro poesia, 3: volevano esaltare, 4: affermavano che la magnificenza del mondo si era arricchita, 5: bisognava che il poeta si prodigasse, 6: non vi era più bellezza nessuna opera che non avesse un carattere aggressivo poteva essere la poesia doveva essere concepita, 7: volevano glorificare, 8: volevano distruggere, 9: avrebbero cantato, avrebbero cantato. Scrisse che era dall'Italia che loro lanciavano per il mondo questo loro manifesto di violenza travolgente e incendiaria col quale fondarono allora il FUTURISMO, perché volevano liberare questo / quel paese dalla sua fetida Già per troppo tempo l'Italia era stata loro volevano liberarla dagli... che la coprivano tutta di cimiteri.

SOLUZIONI DEGLI ESERCIZI

Discorso indiretto con i verbi chiedere e domandare
E1 - era; fossi / ero, era, andavo, ero, avessi lavorato / avevo lavorato, avevo finito, fosse/era, cercavano, erano, fossero / erano, sapevo, sapevo, dispiaceva, era, aveva.
E2 - 1: fosse sposata; 2: volesse dormire; 3: avesse telefonato al medico; 4: avesse già mangiato; 5: abitasse a Roma da piccola; 6: avesse studiato molto per quell'esame.

Test di controllo • unità 30 – 34
E1 - C'era, trovò, mangiò, buttò, nacque, poteva, voleva, furono, chiese, poteva, rispose, salì, mangiava, arrivò, vide, decise, era, pensò, si mosse, insisté / insistette, riuscì, dava, prese, mise.
E2 - ebbe catturato, aveva, si fermò, uscì, faceva, riempì, si accorse, arrivò, rimase, ebbe salutato, diede / dette, disse, versò, caddero, morì, ebbe visto, si arrabbiò, corse, salì, prese, costruì, era, cadde, morì, tornò.
E3 - avevamo, mi occupavo, passavo, passavano, dovetti, consideravano, è, fa, era, era, perse, aveva baciato, poteva, aveva, sarebbe diminuita, incoraggiò, si sposarono, facemmo, è.
E4 -1: Ogni volte / Ogni volta; 2: nessuni / nessuno; 3: qualche bambini / qualche bambino; 4: Voglio fare più niente / Non voglio fare più niente.
E5 – Pur avendo viaggiato, Essendo, viaggiando, atterrata, Dopo aver visto, guidando, Avendo, guidando, visitando, Rientrata.
E6 - 1: avesse capito; 2: diceva; 3: suoi; 4: sarebbe diventata; 5: vivesse / viveva; 6: lì; 7: contattavano; 8: loro; 9: lavorava; 10: dovevano; 11: il giorno dopo / il giorno successivo; 12: passassero / passavano; 13: guardavano; 14: lei; 15: piaceva; 16: si era portata; 17: preferiva; 18: quel; 19: avesse / aveva; 20: di no; 21: sapeva; 2: sarebbe stata; 23: lì; 24: si godeva; 25: dopo pochi mesi; 26: sarebbe dovuta; 27: sperava; 28: la; 29: quel; 30: stava studiando.
E7 - sapeva, sapevano, aveva avuto, aveva collaborato, era, raccontava / aveva raccontato, si chiamava, continuò / avrebbe continuato, nacque / è nato, si accorse / si era accorto, notò, rese, crebbe, fanno.
E8 -

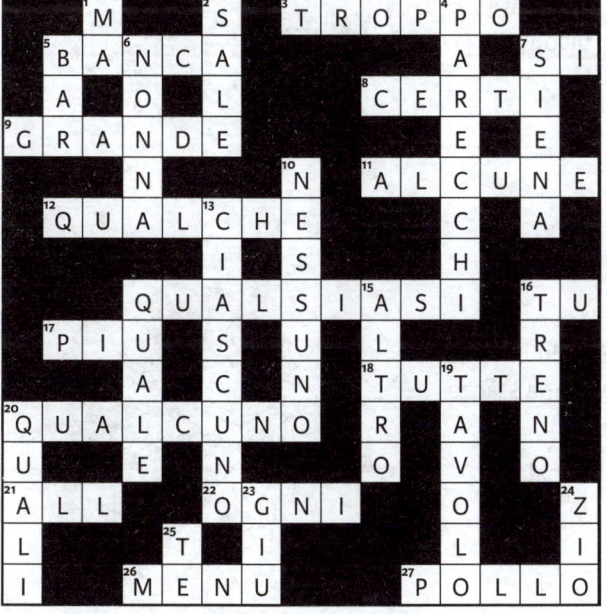

CHI HA UCCISO L'ITALIANO?
crimini grammaticali a fumetti • livello B2
vedi pagina 286

CHI HA UCCISO L'ITALIANO?

crimini grammaticali a fumetti • soluzioni

livello A1 La colpevole è: **Urszula**

Ha mentito quando ha detto: "Io sono seduta qui ferma da due ore!".
Sul suo banco si vede chiaramente un bicchiere di **caffè** caldo che ha comprato alla macchinetta automatica, insieme al resto in monete.

Inoltre ha detto "Che idee interessante!", questa frase non è corretta!
La parola "idee" è **plurale** (*l'idea / le idee*) ma l'aggettivo "interessante" è **singolare** (*interessante / interessanti*).

- ✅ *Che idea interessante!* o *Che idee interessanti!*
- ❌ *Che idea interessanti!*

livello A2 Il colpevole è: **Barney**

Ha mentito quando ha detto: "Sono stato leggendo il mio libro e non ho visto niente!".
Il **libro** che ha davanti a sé è stato aperto senza seguire un ordine. Probabilmente fingeva di leggere mentre controllava Mario e aspettava il momento migliore per ucciderlo.

Inoltre, la sua frase contiene un errore. Non si può dire "Sono stato leggendo il mio libro".
Con l'espressione **stare** + **gerundio** al passato si usa l'**imperfetto**.

- ✅ *Stavo leggendo il mio libro.*
- ❌ *Sono stato leggendo il mio libro.*

livello B1 Il colpevole è: **Luiz**

Ha mentito quando ha detto: "Io non sono nemmeno entrato in bagno!".
L'**asciugamani** del bagno è rotto e si vede chiaramente che sta cercando di asciugarsi le mani con un fazzoletto. Probabilmente ha seguito Mario in bagno, lo ha ucciso, si è lavato le mani e poi è uscito dal bagno con le mani bagnate.

Inoltre ha detto: "Chiedi al ragazzo chi lavora qui.", questa frase non è corretta!
Il pronome relativo **chi** si usa con il significato di "tutti quelli che", non si usa per unire due frasi che hanno un elemento in comune. In quel caso bisogna usare il pronome **che**.

- ✅ *Chiedi al ragazzo che lavora qui.*
- ❌ *Chiedi al ragazzo chi lavora qui.*

livello B2 La colpevole è: **Hiroko**

Ha mentito quando ha detto: "Io ero in bagno! Sono appena uscita!".
La **chiave** che ha in mano non corrisponde a quella del bagno. Probabilmente ha ucciso Mario e ha nascosto l'arma del delitto chiudendola a chiave in una stanza.

Inoltre ha detto: "Penso che vado al cinema", questa frase non è corretta!
Quando il soggetto della frase secondaria è lo stesso della frase principale, si usa l'**infinito**, e non l'indicativo.

- ✅ *Penso di andare al cinema.*
- ❌ *(io) Penso che (io) vado al cinema.*

INDICE ANALITICO

aggettivo
aggettivo qualificativo -
1° gruppo — p. 24
aggettivo qualificativo -
2° gruppo — p. 24
aggettivi indefiniti — p. 242
alcuno — p. 242
altro — p. 242
andare — p. 41, 224

articolo
articolo determinativo
(il, lo / l', la / l', i, gli, le) — p. 12
articolo indeterminativo
(un, uno, una / un') — p. 15
aver — p. 251
avere — p. 20, 77

avverbi
avverbi — p. 137
avverbi indefiniti — p. 242
braccio / braccia — p. 9
certo — p. 242
c'è / ci sono — p. 20
che (pronome relativo) — p. 173
chi (pronome relativo) — p. 173
chiedere — p. 261
chiunque — p. 242
ciascuno — p. 243
cui
(pronome relativo) — p. 173, 175

ci (particella ci)
particella **ci** con significato
locativo — p. 140
particella **ci** (altri significati) — p. 142
particella locativa **ci**
con i pronomi diretti — p. 144
particella **ci** con particella **ne** — p. 150

comparativo
comparativo di maggioranza
e minoranza — p. 167
comparativi e
superlativi particolari — p. 171

concordanza
concordanza del congiuntivo
presente e passato — p. 198
concordanza del congiuntivo
imperfetto e trapassato — p. 202
concordanza dei tempi
dell'indicativo — p. 238, 239

condizionale
condizionale semplice — p. 129
condizionale composto — p. 133

congiuntivo
forme del congiuntivo
presente — p. 195
forme del congiuntivo
passato — p. 196
concordanza del congiuntivo
presente e passato — p. 198
forme del congiuntivo
imperfetto — p. 200
forme del congiuntivo
trapassato — p. 200
concordanza del congiuntivo
imperfetto e trapassato — p. 200
uso del congiuntivo — p. 205
conoscere — p. 120
da (agente) — p. 218, 220, 224
dito / dita — p. 9

discorso indiretto
discorso indiretto con frase
principale al presente — p. 253
discorso indiretto con frase
principale al passato — p. 257
discorso indiretto con
i verbi **chiedere** e
domandare — p. 261
domandare — p. 261
dovere — p. 40, 120
essere — p. 20, 79, 218

forma di cortesia
forma di cortesia — p. 48
imperativo indiretto
(forma di cortesia) — p. 210

forma impersonale
forma impersonale — p. 72
forma impersonale
dei verbi riflessivi — p. 74

forma passiva
forma passiva con il
verbo **essere** — p. 218
forma passiva con
il verbo **venire** — p. 220
il **si** passivante — p. 222
forma passiva con il verbo
andare — p. 224

forme implicite
gerundio presente e
gerundio passato — p. 247

infinito passato — p. 251
participio passato — p. 252

frase
frase principale — p. 198,
202, 238, 239, 253, 257, 261
frase secondaria — p. 198,
202, 238, 239
frasi ipotetiche — p. 213

futuro
futuro semplice — p. 161
futuro anteriore — p. 164

gerundio
stare + gerundio — p. 51
gerundio presente e
gerundio passato — p. 247
ginocchio / ginocchia — p. 9

imperativo
imperativo diretto
(tu / noi / voi) — p. 183
verbi con imperativo
irregolare — p. 183
imperativo diretto negativo — p. 184
imperativo diretto e pronomi — p. 187
imperativo indiretto
(forma di cortesia) — p. 210

imperfetto
forme dell'imperfetto — p. 116
uso dell'imperfetto — p. 118
passato prossimo o
imperfetto di alcuni verbi — p. 120

indefiniti
aggettivi indefiniti — p. 242
pronomi indefiniti — p. 242
aggettivi / pronomi /
avverbi indefiniti — p. 242

indicativo
indicativo presente
dei verbi regolari — p. 28
indicativo presente
dei verbi irregolari — p. 40, 43
concordanza dei tempi
dell'indicativo — p. 238, 239
inferiore — p. 171
infimo — p. 171
infinito passato — p. 251
ipotesi — p. 213
labbro / labbra — p. 9
maggiore — p. 171
mano / mani — p. 9

ALMA Edizioni | Grammatica pratica della lingua italiana

INDICE ANALITICO

massimo	p. 171
meno	p. 167
migliore	p. 171
minimo	p. 171
minore	p. 171
molto	p. 243

ne (particella ne)
particella **ne** con significato partitivo	p. 146
altri significati della particella **ne**	p. 148
particella **ci** con particella **ne**	p. 150
particella **ne** con pronomi diretti e riflessivi	p. 152
nessuno	p. 242
niente / nulla	p. 242
ogni	p. 242
ognuno	p. 242
ottimo	p. 171
parecchio	p. 243

participio passato
participio passato	p. 76
verbi con participio passato irregolare	p. 82
pronomi diretti con participio passato	p. 92
partitivo (particella **ne** con significato partitivo)	p. 146

passato prossimo
passato prossimo	p. 76
participio passato	p. 76
ausiliare **avere** o **essere**	p. 79
verbi con participio passato irregolare	p. 82
passato prossimo o imperfetto di alcuni verbi	p. 120
passato remoto	p. 231
peggiore	p. 171
pessimo	p. 171
periodo ipotetico	p. 213
più	p. 171
poco	p. 243

possessivi
possessivi	p. 55
possessivi e articoli	p. 58

potere	p. 40, 120

preposizioni
preposizioni di luogo	p. 95
preposizioni di tempo	p. 97
altre preposizioni	p. 99
preposizioni articolate	p. 101

presente
presente dei verbi regolari	p. 28
presente dei verbi irregolari	p. 40
presente progressivo (**stare** + gerundio)	p. 51

pronomi
pronomi diretti	p. 88
pronomi diretti con participio passato	p. 92
pronomi indiretti	p. 107
pronomi combinati	p. 123
pronomi indiretti con pronomi diretti	p. 123
pronomi riflessivi con pronomi diretti	p. 126
particella locativa **ci** con pronomi diretti	p. 144
particella **ci** con particella **ne**	p. 150
particella **ne** con pronomi diretti e riflessivi	p. 152
pronomi relativi **che** e **cui**	p. 173
pronome relativo **chi**	p. 173
pronome relativo "possessivo" (**il cui, la cui, i cui, le cui**)	p. 175
pronome relativo **il quale**	p. 177
imperativo diretto e pronomi	p. 187
pronomi indefiniti	p. 243
pur	p. 247
qualche	p. 243
qualcosa	p. 243
qualcuno	p. 243

quale
pronome relativo **il quale**	p. 177
indefinito	p. 243
qualunque / qualsiasi	p. 243
sapere	p. 40, 120
se	p. 213

si	p. 72, 74, 222

sostantivo
sostantivi in **-e**	p. 6
sostantivi in **-o** e **-a**	p. 6
sostantivi in **-ore**	p. 6
sostantivi in **-zione**, **-sione**, **-gione**	p. 6
sostantivi in **-ca** e **-ga**	p. 9
sostantivi in **-cia** e **-gia**	p. 9
sostantivi in **-co** e **-go**	p. 9
sostantivi in **-io**	p. 9
sostantivi in **-ista**	p. 9
sostantivi in **-si**	p. 9
sostantivi stranieri	p. 9
sostantivi in **-tà** e **-tù**	p. 9
sostantivi maschili in **-a**	p. 9

stare
presente progressivo (**stare** + gerundio)	p. 51
stare per + infinito	p. 53

superlativo
superlativo relativo e superlativo assoluto	p. 168
comparativi e superlativi particolari	p. 171
superiore	p. 171
supremo	p. 171
tanto	p. 243
trapassato prossimo	p. 179
trapassato remoto	p. 236
troppo	p. 243
tutto	p. 168, 243
uno	p. 243
uomo / uomini	p. 9
uovo / uova	p. 9

verbi
verbi in **-are, -ere, -ire, -isco**	p. 28
verbi regolari	p. 28
verbi irregolari	p. 40
verbi modali	p. 40, 120
verbi riflessivi e reciproci	p. 61
venire	p. 43, 220
volere	p. 40, 120